DAS SOMMERLESEBUCH

*Geschichten
für lange Sommerabende*

Herausgegeben von
Patrick Niemeyer

WILHELM HEYNE VERLAG
MÜNCHEN

HEYNE ALLGEMEINE REIHE
Nr. 01/13021

Umwelthinweis:
Dieses Buch wurde auf
chlor- und säurefreiem Papier gedruckt.

Originalausgabe 6/2000
Copyright © 2000 by
Wilhelm Heyne Verlag GmbH & Co. KG, München
Copyright © der Einzelrechte s. Quellenverzeichnis
Printed in Germany 2000
Umschlaggestaltung: Nele Schütz Design unter Verwendung
des Gemäldes »Long Branch, New Jersey«
von Winslow Homer, 1869
Satz: Buch-Werkstatt GmbH, Bad Aibling
Druck und Bindung: Pressedruck, Augsburg

ISBN: 3-453-17160-8

http://www.heyne.de

Inhalt

DAVID LODGE
In schwülen Klimazonen dieser Welt 7

SEÁN O'FAOLÁIN
Der Mann, der die Sünde erfand 25

ELIZABETH BOWEN
Menschliche Ansiedlung 41

HERMANN BROCH
Vorüberziehende Wolke 60

FANNY MORWEISER
Weißer Fingerhut 71

JURI KURANOW
Die vorüberziehende Gewitterwolke 79

KARIN KUSTERER
Der Feuerschlucker 97

MILENA MOSER
Der Ausflug 105

MARGIT SCHREINER
Die Eskimorolle 109

STEFAN ANDRES
Bootspartie zu dritt 122

BRIGITTE KRONAUER
Meer 134

KETO VON WABERER
Am Meer 137

JAVIER MARÍAS
Sonntag mit Fleisch 154

CHRISTA ESTENFELD
Die Menschenfresserin 158

GERHARD POLT
Menschenfresser 178

JOAN AIKEN
Auf der Suche nach dem Sommer 183

MARTIN AMIS
Einsichten am Flame Lake 193

AMBROSE BIERCE
Der mittlere Zeh des rechten Fußes 212

DEAN KOONTZ
Kätzchen 223

PETER JACOBI
Sommervirus 230

WOLFGANG BORCHERT
Schischyphusch oder Der Kellner meines Onkels 234

ACHIM SZYMANSKI
Cabrios und Coladosen 246

HANS ERICH NOSSACK
Der Jüngling aus dem Meer 257

RICHARD LAYMON
Die Nixe 276

NANCY A. COLLINS
Catfish Gal Blues 305

T. CORAGHESSAN BOYLE
Stones in My Passway, Hellhound on My Trail 320

ROBERT GERNHARDT
Elch, Bär, Biber, Kröte 328

RAYMOND CARVER
Federn 335

JURIJ TRIFONOW
An einem Mittag im Sommer 360

ITALO CALVINO
Abenteuer einer Badenden 374

PETER USTINOV
Die Grenzen des Meeres 386

Quellenverzeichnis 409

DAVID LODGE

In schwülen Klimazonen dieser Welt

Vor vielen, vielen Jahren, im August 1955 (weit vor der Entdeckung der Pille und der Permissiven Gesellschaft), schlugen sich auf der Insel Ibiza, die als beliebtes britisches Urlaubsziel ebenfalls noch der Entdeckung harrte, vier junge Leute aus England unbeholfen mit ihren sexuellen Sehnsüchten herum. Damals war Ibiza noch eine exotische Ferienoase, deren Name der Urlauber vor Antritt seiner Reise fallenlassen konnte, ohne in ein schlechtes Licht zu geraten, ja, der ihm im Gegenteil ein gewisses Maß an Abenteuerlust bescheinigte. Und ein Abenteuer war die Insel für Desmond, Joanna, Robin und Sally allemal.

Des, Jo, Rob und Sal, wie sie sich untereinander nannten – die nicht so wesentlichen Zweitsilben ihrer Namen hatten sich durch ständigen Gebrauch verschlissen –, hatten sich in ihrer zweiten Studienwoche an einer Provinzuniversität bei einer Tanzerei für Erstsemester kennengelernt. Was sie in dieser quirligen Masse nervöser und erregbarer junger Menschen zusammengeführt hatte, könnte man eine gewisse Wahlverwandtschaft nennen. Alle vier waren, beunruhigt durch die starke sexuelle Konkurrenzsituation in der neuen Umgebung, halb unbewußt auf der Suche nach sympathischen, vorzeigbaren Partnern, die sie auf Dauer der Notwendigkeit entheben würden, ständig neu darüber nachzudenken, mit wem man »gehen« sollte. Sie hatten gut gewählt. Während ihre Altersgenossen in den nächsten drei Jahren mit schöner Regelmäßigkeit die Partner wechselten oder partnerlos am Rande des Geschehens dahinkümmerten, während in ihrem Umfeld verlassene Knaben sich dem Trunk ergaben und betrogene Maiden Tutorentaschentücher naßweinten, während übereilte Verlobungen in bitterem Trennungsschmerz endeten und Nervenzusammenbrüche durch die Studentenschaft fegten wie Grippewellen, blieb die Beziehung von Desmond und Joanna beziehungsweise

Robin und Sally fest und friedsam – eine stabile Vier-Sterne-Konstellation in einem expandierenden und spaltbaren Universum.

Die beiden Mädchen studierten Geisteswissenschaften, die Jungen Chemie. Außerhalb des Hörsaals bildeten sie ein unzertrennliches Quartett. Sobald es im zweiten Studienjahr die Hochschulvorschriften zuließen, nahmen sich die Mädchen zusammen ein kleines Apartment, und dort traf man sich abends zu viert zum Essen und zum Arbeiten. Um zehn machten sie sich eine letzte Tasse Kaffee und dunkelten die Beleuchtung ab. Und dann legten sie sich für eine halbe Stunde, bis die Jungen auf ihre Bude mußten, auf die Doppelbettcouch, um ein bißchen zu schmusen. Mehr erlaubten die Umstände nicht, aber die Regelung kam ihnen auch durchaus entgegen. Joanna und Sally waren anständige Mädchen und Desmond und Robin rücksichtsvolle junge Männer. Beide Paare gingen davon aus, daß sie irgendwann wohl heiraten würden, aber diese Möglichkeit war zu fern und zugleich zu wirklichkeitsbezogen, als daß sie damit schon jetzt konkrete Vorstellungen hätten verbinden können. Während sie sich auf der Bettcouch streichelten, ging häufig ein lebhaftes Gespräch zwischen den vier jungen Leuten hin und her.

Für die Prüfung lernten sie fleißig. Zur Belohnung und als Abschluß ihrer Studienzeit wollten sie sich einen Urlaub auf dem Kontinent leisten, »was ganz Improvisiertes, abseits vom üblichen Touristentrott«, wie Desmond sich ausdrückte, für den vier Wochen Jobben in einer Fabrik für Tiefkühlkost eingeplant waren. Wie vernünftig und verantwortungsbewußt sie waren, sah man schon daran, daß von den betroffenen acht Elternteilen kein einziger Einspruch gegen diesen Plan erhob. Daß ein mediterranes Klima sich auf eher leidenschaftslose englische Naturen zuweilen durchaus unerwartet auswirken kann, hatten sie dabei wohl nicht bedacht. Wie Joanna, die für die Abschlußprüfung ein Byron-Thema vorbereitet hatte, mit geradezu nervtötender Beharrlichkeit auf Ibiza zu zitieren pflegte:

»Was für den Mann galante Tändelei und was ein Gott für
Eh'bruch hält,
ist allemal alltäglicher in schwülen Klimazonen dieser
Welt.«

Damals hatte Ibiza noch keinen Flugplatz. Ein Studentenflug mit einer in allen Fugen ächzenden alten Dakota brachte sie bis Barcelona, von dort ging es noch am gleichen Abend mit der Fähre zu den Balearen. Desmond und Robin blieben an Deck, und als der Morgen dämmerte, kamen auch die Mädchen nach oben und sahen mit lautem Entzücken zu, wie allmählich die weißen Giebel der Stadt Ibiza aus dem türkisblauen Mittelmeer auftauchten. Zum Frühstück gab es in einem kleinen Lokal am Hafen Brötchen und Kaffee; schon brannte ihnen die Sonne heiß auf die Schulterblätter. Dann fuhren sie mit dem Bus quer über die Insel zu einem ruhigen Ort mit Sandstrand, wo sie Zimmer in einer Pension gebucht hatten.

Zuerst füllten das Schwimmen, Sonnenbaden und die anderen schlichten Zerstreuungen des kleinen Badeortes sie ganz aus – die Cafés und *bodegas*, wo der Alkohol so lächerlich billig war, die Geschäfte, in denen man knallig bunte Korb- und Lederwaren kaufen konnte, und die sogenannten »nightclubs«, in denen sie sich eine Flasche süßen spanischen Sekt leisteten, zu der hämmernden Musik einer dreiköpfigen Band tanzten und hin und wieder einen laienhaften, aber feurigen Flamenco zu sehen bekamen. Die jungen Leute benahmen sich gesittet und liebenswürdig, wie sie es gewohnt waren, und die Pensionswirtin, die sie zunächst mit leichtem Argwohn beäugt hatte, strahlte jetzt wohlwollend, wenn sie kamen, um die nicht sehr abwechslungsreichen, aber durchaus schmackhaften Mahlzeiten einzunehmen – Suppe, Fisch oder Kalbfleisch, Pommes frites, Salat und Wassermelone.

Der Verlust der Unschuld begann möglicherweise mit der Erkenntnis, wieviel attraktiver sie alle vier äußerlich geworden waren. Nach wenigen Tagen war unter der südlichen Sonne die Hörsaal- und Fabrikblässe verschwunden, und sie sahen sich freudig überrascht und mit leiser Erregung wie in einem getönten Ballsaalspiegel. Wie gut sie aussahen, wie hübsch sie geworden waren. Wie reizvoll Joannas leicht gebräuntes, sommersprossiges Gesicht mit dem sonnenhellen Haar war, wie geschmeidig Sallys braungebrannte Figur in dem gelben Badeanzug, wieviel gesunde Männlichkeit die Jungen am Strand oder in weißen Hemden und flotten Freizeithosen ausstrahlten!

Auch der Rhythmus des spanischen Tages verlockte zu sinnlichem Sichgehenlassen. Sie standen spät auf, frühstückten und liefen zum Strand. Gegen zwei gingen sie zurück in die Pension zum Mittagessen, zu dem sie reichlich Wein tranken, und zogen sich zu einer Siesta auf ihre Zimmer zurück. Um sechs machten sie, geduscht und umgezogen, einen kleinen Spaziergang und nahmen einen Aperitif. Um halb neun gab es Abendessen, und danach gingen sie durch die laue mediterrane Nacht in ihre Lieblingsbodega, wo sie sich an einen der Holztische setzten und gewissenhaft die ganze Skala der auf den Balearen angebotenen Liköre durchprobierten. Nach Mitternacht kamen sie dann, leicht schwankend und auf der Treppe kichernd und einander mit scharfem Zischeln zur Ruhe mahnend, in die Pension zurück. Sie gingen alle vier in das Zimmer der Mädchen, und Joanna machte mit einem kleinen Tauchsieder heißes Wasser für die letzte Tasse Kaffee. Danach schmusten sie ein bißchen auf den Betten. Bald aber hatten sie heraus, daß der erotische Kitzel am größten zur Stunde der Siesta war, dann lagen sie wohlig satt und leicht vom Wein benebelt nur in ihrer Unterwäsche auf den Betten, schläfrig, meist aber, ohne richtig einzuschlafen, benommen von der Hitze, die vor den geschlossenen Fensterläden stand, widerstandslos müßigen Gedanken und Wünschen ausgeliefert.

Eines Nachmittags – Desmond und Robin lagen in Unterhosen auf dem Bett, Robin blätterte lustlos in einem alten ›New Statesman‹, den er aus England mitgebracht hatte, und Desmond starrte wie hypnotisiert auf die geschlossenen Fensterläden, durch deren Ritzen das Sonnenlicht sickerte wie flüssiges Metall – klopfte es an der Tür der Jungen.

»Seid ihr salonfähig?« fragte Sally.

»Nein«, antwortete Robin.
»Ganz ohne was?«
»Nein.«
»Dann geht's ja noch.«
Sally kam herein. Die Jungen machten keine Anstalten, sich zu bedecken. Bei dieser Hitze war einem einfach alles zuviel. Außerdem war auch bei Sally unter dem Herrenhemd, einer Leihgabe von Robin, das sie als Negligé trug, deutlich der Schlüpfer zu erkennen.
»Was willst du?« fragte Robin.
»Ein bißchen Gesellschaft. Jo schläft. Rück mal 'n Stück.« Sie setzte sich auf Robins Bett.
»Au, mein Sonnenbrand!« jammerte er.
Desmond machte die Augen zu und hörte sich eine Weile das Flüstern, Kichern, Wühlen und Knarren auf dem anderen Bett an. »Es ist euch vielleicht entgangen, daß ich versuche, Siesta zu halten«, sagte er schließlich.
»Dann leg dich doch auf mein Bett«, schlug Sally vor. »Bei uns ist es schön ruhig.«
»Gute Idee.« Desmond stand auf und zog den Bademantel über.
Als er weg war, gickerte Sally.
»Was ist?« fragte Robin.
»Jo hat nichts an.«
»Überhaupt nichts?«
»Keinen Faden am Leib.«
Desmond klopfte. Als sich nichts rührte, steckte er den Kopf zur Tür hinein. Joanna hatte ihm den Rücken zugekehrt und schlief. Ihre Hinterbacken, die sich weiß von dem gebräunten Körper abhoben, leuchteten blaß wie Zwillingsmonde im Dämmerlicht; die Fensterläden waren geschlossen. Rasch machte er die Tür wieder zu und blieb auf dem Gang stehen. Sein Herz hämmerte. Beim zweiten Anlauf klopfte er energischer.
»Wie ... was ... Wer ist da?«
»Ich bin's, Des.«
»Sekunde. Okay, kannst kommen.«
Joanna hatte sich mit einem Laken zugedeckt. Sie sah er-

hitzt aus, und das Haar klebte ihr feucht an der Stirn. »Ist es schon Zeit zum Aufstehen?«

»Nein. Rob und Sal kaspern in unserem Zimmer rum, da habe ich gedacht, ich mach meine Siesta heute mal hier.«

»Ach so ...«

»Nichts dagegen?«

»Fühl dich wie zu Hause.«

Desmond legte sich in soldatisch strammer Haltung auf Sallys Bett.

»So richtig bequem hast du es aber offenbar nicht«, befand Joanna.

»Kann ich zu dir kommen?«

»Meinetwegen.« Im Nu war er da.

»Aber nicht unters Laken.«

»Warum nicht?«

»Ich hab nichts an.«

»Ach nein?«

»Es ist so heiß.«

»Finde ich auch.« Desmond zog den Bademantel aus.

»*Und bilden eine Gruppe ganz antik ...*«

»Wie war das?«

»*Halbnackt, naturhaft-griechisch, nicht publik.*« Joanna wurde ein bißchen rot. »Byron.«

»Der schon wieder! Muß ganz schön sexy gewesen sein, der Typ.«

»War er auch.«

»Genau wie ich«, sagte Desmond selbstgefällig und streichelte Joanna durch das Laken hindurch.

Als sie am nächsten Tag nach dem Mittagessen zur Siesta oben angekommen waren, standen sie alle vier einen Augenblick verlegen herum. Dann sagte Desmond zu Robin: »Geh du doch heute in Sallys Zimmer!«, und wenig später kamen Robin und Joanna im Bademantel und schamhaft lächelnd auf dem Gang aneinander vorbei. Am nächsten und übernächsten Tag wiederholte sich die Szene. Abends saßen sie dann still und nachdenklich bei ihrer letzten Tasse Kaffee zusammen. Das gemeinschaftliche Schmusen war zu einer eher mechanischen Pflichtübung geworden; alle hatten nachmittags schon größere Glückseligkeit erfahren. Hinterher schliefen sie schlecht in ihren heißen dunklen Zimmern.

»Des?«

»Hmmm?«

»Hast du es schon mal ... du weißt schon ...«

»Was?«

»... mit einem Mädchen gemacht?«

Lange Pause. »Weiß ich nicht«, sagte Desmond schließlich.

Robin setzte sich auf. »Na hör mal! Entweder du hast, oder du hast nicht.«

»Ich hab's mal versucht, aber ich glaube, so richtig hingekriegt hab ich's nicht.«

»Mit Jo?«

»Spinnst du? Natürlich nicht.«

»Mit wem dann?«

»Wie sie hieß, hab ich vergessen, es ist schon Jahre her. Ich war mit den Pfadfindern in Yorkshire zum Zelten, und abends haben sich immer diese beiden Mädels aus dem Dorf bei uns rumgedrückt. An einem Abend sind wir dann mit ihnen spazierengegangen, ich und noch ein Junge. Und dann hat die, mit der ich ging, plötzlich gesagt: Wenn du willst, kannst du's mir besorgen.«

»Ich werd verrückt«, flüsterte Robin neidisch.

»Die Erde war klatschnaß, da haben wir uns an einen Baum gelehnt. Ich bin ständig an irgendwelche Wurzeln gestoßen und konnte nicht die Hand vor Augen sehen. Hinterher hat sie gesagt: 'n Orden verdienst du dafür aber nicht, du Held!«

Robin lachte herzhaft und deutlich erleichtert.

»Und du?« wollte Desmond wissen.

Robin verging das Lachen. »Noch nie.«

»Wieso fragst du?«

»Diese Nachmittage mit Sal machen mich wahnsinnig.«

»Kann ich dir nachfühlen. Heute wären wir fast aufs Ganze gegangen.«

»Wir auch.«

»Ich glaube, wir müssen mal ernsthaft drüber reden.«

»Tun wir doch die ganze Zeit.«
»Wegen Verhütung und so, meine ich.«
»Ach so. Ja. Wär wohl ziemlich riskant!«
»Riskant!«
»Du hast wohl keine Dingsbums mit, wie heißen sie noch ...«
»Pariser.«
»Genau.«
»Machst du Witze?«
»Einer mit deinen Erfahrungen ...«
»Erfahrungen?«
»Bei den Pfadfindern.«
»Red kein Blech.«
»Und was machen wir jetzt?«
»Wir könnten es hier in den Geschäften versuchen.« Robin brummte skeptisch. »Wahrscheinlich sind die Dinge hier verboten. Katholisches Land und so weiter. Wie heißen die überhaupt auf spanisch?«
»Vielleicht steht's im Sprachführer.«
»Gute Idee.« Robin sprang aus dem Bett und machte Licht. Gemeinsam beugten sie sich über den *Urlaubssprachführer Spanisch*.
»Wo soll ich nachsehen?«
»Versuch's mal unter ›Apotheke‹. Oder ›Beim Friseur‹.«
»Da sieht man's mal wieder«, bemerkte Robin bitter, nachdem er sich ein paar Minuten in das Buch vertieft hatte. ›Ich habe Blasen an den Füßen‹ steht drin und ›Ich hätte gern ein Shampoo für trockene Kopfhaut‹, aber wenn man was wirklich Wichtiges sucht ...«
»Warte mal«, sagte Desmond. »Unter ›Besuch beim Arzt‹ haben wir noch nicht geguckt. Da ist ein Allzwecksatz, der heißt ›Mir tut ... weh‹. Wenn wir den ein bißchen abwandeln ...«
»Nein.« Robin machte das Licht aus und tastete sich zum Bett zurück. Nach einer Weile wurde es wieder hell im Zimmer, und neben ihm stand Desmond, der ihn heftig schüttelte und »›New Statesman‹!« zischelte.
»Wa-was?«

»Im ›New Statesman‹ sind immer Anzeigen zur Familienplanung.«

Robin war mit einem Schlag hellwach. »Des, du bist ein Genie. Nur – das kriegen wir zeitlich nicht hin.«

»Ich hab's mal ausgerechnet. Wenn wir die Bestellung morgen rausschicken, müßten sie in einer Woche da sein.«

»Ganz schön knapp.«

»Weißt du was Besseres?«

Und darauf mußte Robin natürlich die Antwort schuldig bleiben. In der Anzeige, die sie im ›New Statesman‹ fanden, wurde nur ein kostenloser Katalog offeriert, und weil sie weder Preis noch genaue Benennung der gewünschten Ware kannten, taten sie sich mit der Bestellung einigermaßen schwer, aber schließlich war es geschafft. Den beigefügten Scheck hatten sie eher großzügig bemessen. »Wenn wir schreiben, daß sie den Rest behalten können«, meinte Robin, »geht's vielleicht schneller.«

Inzwischen hatte im Zimmer gegenüber ein anderes Gespräch stattgefunden, das diese Bemühungen ins Leere laufen ließ. Vormittags am Strand brachten die Mädchen es ihnen schonend bei.

»Jo und ich haben uns gestern abend mal ernsthaft unterhalten«, sagte Sally, »und wir sind uns darüber einig, daß damit Schluß sein muß, ehe es zu spät ist.«

»Schluß womit?« fragte Robin.

»Warum?« fragte Desmond, der fand, daß nichts damit gewonnen war, sich dumm zu stellen.

»Weil es unrecht ist«, sagte Joanna.

»Und weil wir das ganz genau wissen«, bekräftigte Sally.

Beim Mittagessen waren die Jungen muffig und maulfaul. Hinterher zogen sie sich zur Siesta entschlossen in ihr gemeinsames Zimmer zurück, und die Mädchen machten es genauso.

Sally seufzte. »Hoffentlich haben wir uns damit jetzt nicht den Urlaub verdorben.«

»Wir müssen einfach mal was anderes sehen«, befand Joanna sehr vernünftig. »Ich schlage vor, daß wir morgen Ibiza unsicher machen.«

Am nächsten Morgen fuhren sie mit dem Bus in die Inselhauptstadt. Am Kai hatte sich eine kleine Gruppe Schaulustiger versammelt, die eine schnittige schwarze Jacht bewunderte. Robin schnappte den Namen eines bekannten Filmstars auf.

»Toll«, sagte Sally. »Vielleicht kommt er ja an Land.«

Sie warteten eine Weile, aber der berühmte Mann ließ sich nicht blicken. Eine gutgebaute junge Frau im Bikini tauchte einen Augenblick in einer Luke auf, musterte sie sehr von oben herab und zog sich gleich wieder zurück.

»Kein Wunder, daß er keine Lust auf einen Landgang hat«, meinte Desmond.

»Kommt, das ist doch langweilig«, sagte Joanna.

Sie schlenderten durch die Altstadt, machten nach Möglichkeit einen großen Bogen um die schaurig verkrüppelten Jammergestalten, die bettelnd an den Straßenecken saßen, und stiegen durch steile, übelriechende, mit Wäsche vollbehängte Gassen hügelan, bis sie an der Brüstung eines festungsähnlichen Bauwerks standen. Zu ihren Füßen lag der Hafen. In der Festung war ein kleines archäologisches Museum mit Feuersteinen, Tonscherben, ein paar Münzen und Plastiken untergebracht. Joanna und Sally machten sich auf die Suche nach den Toiletten. Sally kam – noch einigermaßen erschüttert – zuerst wieder heraus und trat zu den Jungen, die sich über einen der gläsernen Ausstellungskästen beugten.

»Was habt ihr entdeckt?«

Robin griente. »Sieh selbst.«

In dem Kasten lagen etliche winzige primitive Tonfiguren mit stark vergrößerten Geschlechtsorganen – gewaltigen Penissen, Riesenbrüsten, gefurchten Blähbäuchen. »Allerhand«, erklärte Sally nach eingehender Betrachtung. »Daß man so was in ein Museum stellt ...«

»Was habt ihr denn da?« wollte jetzt auch Joanna wissen.

Desmond rückte beiseite. »Fruchtbarkeitsdingsbumse.«

»Das Thema läßt uns offenbar nicht los«, sagte Sally zu Joanna, als sie eingehakt wieder bergab gingen. Die Jungen liefen hinterher und gickerten unentwegt.

An diesem und dem nächsten Tag steckten sie ständig zusammen und kümmerten sich nicht weiter um die Mädchen.

Wenn ihr es bei der Siesta so wollt, sollte das wohl heißen, können wir es ja auch sonst so halten. Die Mädchen, die diese Botschaft sehr wohl verstanden hatten, machte der Zustand nervös und unzufrieden. Beim Abendessen unterhielten sich Robin und Desmond angeregt über die Molekularstruktur von Ton und die Möglichkeit, dadurch das Alter von Fruchtbarkeitsdingsbumsen zu bestimmen, und als in der *bodega* der grüne Chartreuse vor ihnen stand, hatten sie den Gegenstand immer noch beim Wickel. Zwei junge Amerikaner in knallig karierten Bermudashorts fragten höflich, ob sie sich zu ihnen setzen könnten, denn das Lokal war überfüllt, und wurden prompt in die Diskussion einbezogen. Robin und Desmond schilderten in liebevollem Detail die Schätze des Museums in Ibiza, und die beiden Amerikaner sahen die Mädchen an und feixten.

»So geht das nicht weiter«, sagte Sally abends in ihrem Zimmer.
»Aber umschwenken können wir doch auch nicht«, wandte Joanna ein.
»Wenn wir verlobt wären«, sagte Sally, »wäre es was anderes.«
»Ja«, bestätigte Joanna versonnen. »Das wäre es wohl …«
Am nächsten Tag stieg dann die Verlobung, zunächst inoffiziell – den Eltern wollte man es erst nach der Rückkehr sagen –, aber in aller Form. Die Mädchen suchten sich an einem Marktstand »für den Übergang« billige Ringe aus und trugen sie stolz am Mittelfinger. Abends war in einem Restaurant Verlobungsessen, und zwischen den einzelnen Gängen hielten sie gefühlvoll Händchen. Die Amerikaner, die auch zufällig da waren, sahen die Ringe und gratulierten.

»Ich bin unheimlich froh, daß wir uns verlobt haben, Des«, sagte Joanna am nächsten Tag nach dem Mittagessen. »Du nicht auch?«
»Klar.«
»Nicht nur wegen der Siesta?«
»Natürlich nicht.«

»Irgendwie ist es was anderes, richtig verlobt zu sein. Vorher hab ich nie gewußt, ob wir es nicht nur zum Vergnügen machen. Jetzt weiß ich, daß es Liebe ist.«
»Aber auch Vergnügen.«
»Ja, das auch. Ach, Des!«
»Ach, Jo!«

»Allmächtiger!« Sally sah schnell weg. »Du siehst aus wie ein Fruchtbarkeitsdingsbums.«
»So komme ich mir auch vor«, sagte Robin.

Es dauerte nicht lange, bis alle vier dahinterkamen, daß sie ihr Problem nicht gelöst, sondern nur den Preis für die Lösung in die Höhe getrieben hatten. Die allgegenwärtige Schicksalsfrage beschäftigte sie in jeder wachen Minute, und deren gab es viele, denn sie redeten bis spät in die Nacht darüber.
»Sal.«
»Ja.«
»Heute wär's bei uns um ein Haar passiert.«
»So ist es bei uns immer.«
»Nein, du, im Ernst ... ›Wenn du willst – ich könnte dich nicht bremsen‹, hab ich zu Des gesagt.«
»Wahnsinn. Und dann?«
»Er war unheimlich lieb. ›Du kannst dir's noch überlegen; ich zähle bis zehn‹, hat er gesagt und sich auf das andere Bett gesetzt.«
»Ja und?«
»Bis er mit Zählen fertig war, hatte ich mich einigermaßen wieder berappelt.«

»Hat's dir nicht leid getan, daß du nicht schneller gezählt hast?« fragte Robin.
»Eigentlich nicht. Ich bin auch wieder zur Besinnung gekommen. Was ist, wenn Jo schwanger wird, hab ich gedacht. Vom Heiratenkönnen sind wir ebenso weit entfernt wie vor einer Woche.«
»Höchste Zeit, daß die Dinger vom ›New Statesman‹ kommen«, sagte Robin. »Es wird sonst verdammt knapp.«

»Jetzt haben wir ja nicht mehr lange«, sagte Joanna.
»Wenn wir erst wieder in England sind, wird es einfacher.«
»Ja, im Ausland kommt einem alles so anders vor.«
»*Was für den Mann galante Tändelei und was ein Gott für Eh'bruch hält ...*«
»Das wäre aber Unzucht und kein Ehebruch«, sagte Sally, die das Zitat inzwischen herzlich satt hatte.

Am nächsten Tag war für Desmond ein brauner Umschlag in der Post. Er verschwand damit auf seinem Zimmer, und Robin ging ihm erwartungsvoll nach.
»Nichts drin«, sagte Desmond vergrätzt. »Das merke ich schon.« Er riß den Umschlag auf und holte ein Briefblatt und seinen Scheck heraus.
»Mist!«
»Was schreiben sie?«
»Zu unserem Bedauern sehen wir uns aufgrund gesetzlicher Vorschriften außerstande, unsere Produkte in die Spanische Republik zu liefern.«
Robin fühlte sich bestätigt. »Hab ich's nicht gesagt? Ein katholisches Land.«
»Faschistische Schweine«, sagte Desmond. »Inquisitoren. Polizeistaat.« Er steigerte sich in eine heftige antispanische Stimmung hinein. »Pfaffendiener. Heuchler.« Er beugte sich aus dem Fenster. »Nieder mit Franco!« brüllte er. »Es lebe Sir Walter Raleigh!«
»He, krieg dich wieder ein«, mahnte Robin.
Die beiden Amerikaner, die gerade unten vorbeigingen, sahen verblüfft hoch. Desmond winkte ihnen zu. »Du, Robin«, sagte er über die Schulter, »vielleicht haben die Amis welche ...«

»Sie haben Gummis«, sagte Sally abends zu Joanna.
»Ich weiß.«
»Wir müssen zusammenhalten, Jo.«
»Ja.«

»Warum nicht?« fragte Robin. »Es ist bombensicher.«

»Das glaub ich dir ja«, sagte Sally, »aber ...«

»Was aber?«

»Ich finde, wir sollten damit warten, bis wir verheiratet sind.«

»Das kann noch Jahre dauern.«

»Eben drum.«

»Du denkst wohl, ich hätte dann keine Achtung mehr vor dir«, sagte Desmond. »Hinterher.«

»Nein, Des, darum geht es nicht.«

»Ich hätte nur noch mehr Achtung vor dir. Weil du zu deinen Überzeugungen stehst.«

»Aber es ist keine Überzeugung. Nur so ein Gefühl, daß wir es bereuen würden.«

Desmond rollte seufzend von ihr herunter. »Du enttäuschst mich, Jo.«

»Findest du, daß wir unvernünftig sind?« fragte Joanna am Abend.

»Ich finde, sie sind unvernünftig«, sagte Sally. »Wir machen doch andauernd nur Zugeständnisse.«

»Irgendwo muß man eine Grenze ziehen.«

»Eben.«

»Bei Jungen ist es wahrscheinlich anders«, überlegte Joanna.

»Rob sagt, es ist, als wenn du versuchst, mit dem Daumen den Strahl aus einem Wasserhahn zu stoppen«, sagte Sally.

Schweigend sannen sie in der Dunkelheit diesem anschaulichen Bild nach. Joanna fächelte sich mit ihrem Bettuch. »Es wird immer heißer«, sagte sie.

So kam es, daß sich gegen Ende des Urlaubs die Spannungen verstärkten und in wahren Redeorgien Luft machten. Sie hielten sich nun nicht mehr an die Konvention, daß jedes Paar sein Intimleben für sich abzumachen habe, sondern sprachen ihr gemeinsames Problem ganz offen an und diskutierten – am Strand, bei den Mahlzeiten, in der *bodega* – mit einem Maß an Freizügigkeit und Weltläufigkeit darüber, das sie selbst am meisten verwunderte. »Wir sind uns wohl alle darüber einig, daß Jungfräulichkeit an sich noch keine Tugend ist«, sagte dann wohl Robin wie ein Tagungspräsident, der spürt, daß er die Zuhörer hinter sich hat, und die anderen nickten weise. »Im Gegenteil, ich möchte behaupten, daß gewisse sexuelle Erfahrungen vor der Ehe durchaus wünschenswert sind.«

»Im Prinzip finde ich das richtig«, sagte Sally. »Das erste Mal kann eine Katastrophe sein, wenn beide nicht wissen, was läuft. Und warum soll schließlich immer die Frau unberührt in die Ehe gehen? Das ist Schnee von gestern.«

»Aber findest du es nicht schade«, wandte Joanna ein, »daß man nichts mehr hat, worauf man sich freuen kann, wenn man heiratet? Ich meine, wenn man damit nur etwas legalisiert, was schon passiert ist?«

»Der Haken ist«, meldete sich Desmond zu Wort, »daß man sich auf den Partner, den man heiraten möchte, festgelegt hat, ehe man Gelegenheit hatte, mit anderen sexuelle Erfahrungen zu machen.«

»Gut gesagt, Des«, fand Sally.

Es war wieder wie früher in der locker-kameradschaftlichen Atmosphäre der Studentenzeit. Wenn sie vor dem Schlafengehen ihren Kaffee tranken, gab es die gewohnten lebhaften Debatten zu viert. Aber erst am vorletzten Urlaubstag rangen sie sich zu der Erkenntnis durch, daß es für ihr Dilemma nur eine Lösung gab.

Gerötet und mit blanken Augen von den im Lauf des Abends konsumierten Drinks (mehr als sonst, denn die Peseten saßen ihnen mittlerweile ziemlich locker) hockten sie auf den Betten im Zimmer der Mädchen, als Desmond es offen aussprach.

Nachdenklich ließ er seinen Kaffeerest im Zahnputzbecher kreisen. »Wenn uns allen an einschlägigen Erfahrungen liegt und wir weder der Ehe vorgreifen noch zu einer Nutte oder einem Gigolo gehen wollen ...«

»Na hör mal!« sagte Sally.

»Widerliche Vorstellung«, sagte Joanna.

»... bleibt uns, so wie ich das sehe, nur eine Möglichkeit.«

»Partnertausch?« fragte Robin.

»Genau.« Staunend stellte Desmond fest, daß keiner lachte. Er sah rasch von einem zum anderen. Sie blickten alle zu Boden, aber unter den gesenkten Lidern glitzerten die Augen mit der schlauen Lüsternheit von Kindern, die an einem Regentag zu lange in einem leeren Haus allein geblieben sind.

Zwei Stunden später klopfte Sally an die Tür des Zimmers, in dem sie mit Joanna schlief. Robin machte rasch auf. Er war blaß und blickte leicht irre.

»Seid ihr fertig?« flüsterte Sally.

Er nickte wie ein Automat und trat zurück, um sie einzulassen. Sie mied seinen Blick. »Gute Nacht«, sagte sie und schob ihn mit sanfter Gewalt auf den Gang hinaus. Er stand noch da und starrte sie an, als sie die Tür schloß. Joanna schluchzte leise in ihr Kissen.

»Himmel«, stieß Sally hervor, »sag bloß nicht, daß ihr es gemacht habt.«

Joanna fuhr hoch. »Ihr nicht?«

»Nein.«

»Gott sei Dank.« Joanna brach erneut in Tränen aus. »Wir auch nicht.«

»Und warum heulst du dann?«

»Ich dachte, du und er ... Es hat so lange gedauert.«

»Wir haben auf euch gewartet. Des war schon fix und fertig.«

»Armer Des.«

»Wie du es bloß mit dem aushältst ...«

»Rob war ekelhaft.«

»Wirklich?« fragte Sally zufrieden.

»Was ist nur in uns gefahren, Sal? Wie konnten wir uns bloß auf etwas so Abartiges einlassen?«

»Wenn ich das wüßte ...« Sal legte sich ins Bett. »Vielleicht macht's die Umgebung. Schwüles Klima, Ehebruch und so.«

»Du hast gesagt, es ist kein Ehebruch«, schnuffelte Joanna.

»Wär's aber diesmal fast geworden«, sagte Sally.

Als Robin ins Zimmer kam, war alles dunkel, und Desmond rauchte. Schweigend zog er den Bademantel aus und legte sich ins Bett.

Desmond räusperte sich. »Alles okay?«
»Ja. Und bei dir?«
»Kein Problem.« Pause. »Ich meine, hat's geklappt?«
»Ja. Dachte mir schon, daß du es so meinst.«
»Ach so.«
»Hast du gedacht, daß ich das meinte, als du gesagt hast: Kein Problem?«
»Ja.«
»Eben. Das hab ich mir gedacht. Und gemeint.«
Desmond drückte seine Zigarette aus. »Ja dann ... gute Nacht.«
»Gute Nacht.«
Sie drehten sich beide mit dem Gesicht zur Wand, hellwach und gemartert von Haß und Eifersucht.

Während sie am nächsten Morgen aufstanden, sich anzogen und rasierten, schwiegen sie sich feindselig an. Beide ließen unauffällig eine unbenutzte Packung Kondome verschwinden, ehe sie nach unten gingen.
Beim Frühstück herrschte eine gespannte Atmosphäre. Joanna und Sally waren geneigt, da ja aus ihrer Sicht nichts Unabänderliches passiert war, die ganze Geschichte eher von der heiteren Seite zu nehmen. Daß Robin und Desmond sich nicht gegenseitig ins Vertrauen gezogen hatten, kam ihnen gar nicht in den Sinn. Sie fanden, daß die beiden sich ungehobelt und unkameradschaftlich benahmen, regten sich aber nicht weiter darüber auf, während die Jungen Joannas und Sallys leichten Sinn als herzlos, ja verderbt empfanden. Als Joanna wieder ihr Lieblingszitat vom Stapel ließ, beugte sich Desmond über den Tisch und gab ihr eine schallende Ohrfeige. Im Speisesaal wurde es totenstill. Ein junger Kellner flüchtete mit scheppernden Tablett in die Küche. Joanna hielt sich wimmernd die gerötete Wange, in ihren fassungslosen Augen standen Tränen.
»Das war gemein, Des«, stieß Sally empört hervor.
»Du hast sie noch aufgehetzt«, warf Robin ihr vor.
Joanna stand taumelnd auf, und Sally stützte sie. »Ihr seid widerlich«, fauchte sie die beiden Jungen an. »Soll ich euch

mal sagen, was mit euch los ist? Impotent seid ihr, alle beide, deshalb versucht ihre eure Männlichkeit zu beweisen, indem ihr um euch schlagt.«

Impotent? *Alle beide?* Desmond und Robin sahen sich an. Der Groschen war gefallen.

»Jo!«

»Sal! Warte doch!«

Sie wollten den Mädchen nachlaufen, aber ein kleiner schnurrbärtiger Spanier baute sich vor ihnen auf und blähte die Brust. Die Pensionswirtin kam herein, den jungen Kellner auf den Fersen, und schwenkte drohend eine Kasserolle. Die Mädchen verschwanden nach oben, und Des und Robin beschlossen, sich erst mal zu verziehen. Als sie vors Haus traten, kamen die beiden Amerikaner in einem gemieteten Ponywagen vorbei. Sie zwinkerten den Jungen zu und sahen sie fragend an. Einer packte seinen Bizeps und winkelte den Arm an, der andere legte Zeigefinger und Daumen zu einem Kreis zusammen.

»Ihr könnt mich mal«, sagte Robin.

Der Streit war schnell beigelegt, das Mißverständnis ausgeräumt. Am letzten Urlaubsnachmittag fanden sie sich zur Siesta wie gewohnt zusammen: Desmond und Joanna, Sally und Robin. Ein Vierteljahr später heirateten Desmond und Joanna ziemlich plötzlich. Sally war Brautjungfer, Robin Trauzeuge. Wenige Wochen danach fand eine zweite Hochzeit statt, bei der die Rollen vertauscht waren.

Den gemeinsamen Sommerurlaub behielten sie bei. Da beide Paare drei Kinder in etwa gleichem Alter hatten, lief das immer recht gut. Inzwischen sind die Kinder erwachsen und buchen Flugpauschalreisen für junge Leute unter dreißig, deren Werbebroschüren eine eindeutige Anstiftung zu sexueller Ausschweifung sind. Desmond und Robin, Joanna und Sally haben sich in mittleren Jahren mit großer Begeisterung dem Golfsport zugewandt und erkunden im Sommerurlaub die schönsten Plätze an der Ostküste Schottlands, der ein ausgesprochen »frisches« Klima nachgesagt wird.

Seán O'Faoláin

Der Mann, der die Sünde erfand

Als wir jung waren und in den Sommermonaten in die Berge fuhren, um dort Irisch zu lernen, wurden Gegenden, die das ganze Jahr hindurch einsam und still waren, plötzlich von heiterem Leben erfüllt. Jeder Tag brachte Picknicks und Ausflüge; jede Nacht gab es Tanz und Kahnfahrten bei Mondschein und gemeinsames Singen in den Hütten. Die Dorfstraße wurde zu einer bevölkerten Promenade. Die Fenster wurden nie vor ein Uhr nachts dunkel; die Schenke war nie leer. Wo es sonst in der Heide und auf den Bergen schon eine halbe Meile von der Landstraße entfernt völlig einsam war, konnte man jetzt nirgends mit Sicherheit auf Alleinsein rechnen. Wenn man hoch in die Berge stieg, um nackt in einem winzigen Seelein zu baden, konnte man unversehens eine Reihe junger Studenten gewahren, die wie Alpinisten von der nächsten Felsschulter lachend auf einen niederpurzelten; oder man konnte an einem verlassenen Bergpaß Arm in Arm mit seiner Liebsten um eine Felsnase biegen und platzte mitten in eine Schar junger Nonnen, die würdevoll zwischen den Felsen Choräle sangen – denn Lehrer aller Art, Laien und Frauen, Nonnen und Priester und Mönche, wurden in jenen Jahren angespornt, in die Berge zu gehen, um Irisch zu erlernen.

Wieso wir stets alle unterkamen, ist mir ein Rätsel. Die Priester wohnten in den Dörfern. Die Mönche und Nonnen kauften leere Herrenhäuser, die nach der Revolution von den Besitzern aufgegeben worden waren. Und uns andern traten die Bergleute ihre besten Zimmer ab, oder sie verwandelten die Dachspeicher in Schlafsäle, und ein oder zwei Familien stellten sogar Zelte auf. Eines Sommers im Juli war es so erstickend heiß in dem Haus, in dem ich wohnte – in jedem Zimmer schliefen mindestens unser sechs –, daß ich mir Abend für Abend meine Bettdecke holte und damit auf den Heuboden kletterte, und immer waren noch vier oder fünf andere da, die sich gleich mir lieber von Zecken beißen und in aller Herrgottsfrühe vom Gesang der Vögel und von der frischen Bergluft wecken ließen, als in Federbetten unter dem backofenheißen Schieferdach zu schmoren. Doch gegen Ende des Monats hatte ich es so satt, die kleinen, krabbenähnlichen Zecken unter meiner Haut hervorzugraben, daß ich zu Ryders am unteren See, zwei Meilen von der Straße entfernt, übersiedelte – in ein Haus, das für gewöhnlich nie jemanden aufnahm. Und tatsächlich konnte ich Mrs. Ryder erst nach langem Schmeicheln dazu überreden, mich aufzunehmen. Nun befürchtete ich nur noch, es könne mir zu einsam sein. Doch ehe Mrs. Ryder wußte, wie ihr geschah, hatte sie anstatt des einen Mieters deren fünf, denn Anfang August war plötzlich die Mönchs-Herberge überfüllt, und sie mußte zwei Mönche und zwei Nonnen unterbringen.

Es war weiter nichts Auffallendes an meinen Mitstudenten, es sei denn, daß die kleine Schwester Magdalen so zierlich und heiter und übersprudelnd war, daß es ein Jammer schien, sie der Welt zu entziehen und in ein Kloster zu sperren. Schwester Chrysostom war von hohem Wuchs, aber zart; sie hatte große Hände und eine verpickelte Haut und ging einwärts. Sie war in ihrem Wesen etwas steif, und ich glaube, aus diesem Grunde war sie auch der kleinen Schwester Magdalen als Gefährtin zugeteilt worden. Bruder Virgilius war ein Bauernsohn von mächtigem Körperbau und gewaltiger Stimme; er hatte runde rote Backen und Nerven wie Stricke: weshalb gerade er hatte Mönch werden wollen, weiß ich nicht. Mir schien es, er eigne sich viel besser zum Bauern als zum Lehrer. Ich entdeckte jedoch, daß er ein ausgezeichneter Hurleyspieler war, und seine Schüler liebten ihn, weil er so natürlich war. Bruder Majellan war ganz anders, ein bebrillter Mann mit Pfirsichwangen und einer Haut wie ein junges Mädchen, mit Zähnen, so weiß wie ein Hundegebiß, und mit sanften, strahlenden Augen. Er war ein kluger und sensibler Mensch. Ich begeisterte mich sofort für ihn.

Zuerst sahen wir nur wenig voneinander. Sie hatten ihre Hauptmahlzeit in ihren Herbergen und studierten fast den ganzen Tag. Die einzige Zeit, zu der wir uns alle trafen, war des Abends, wenn wir im kleinen Vorgarten saßen und uns gegenseitig höfliche kleine Bemerkungen über den Gartenpfad hinweg zuriefen: etwa über die Politik oder das Wetter. Wenn es regnete, trafen wir uns im Wohnzimmer, wo ein Torffeuer brannte, und sprachen von unseren täglichen Lektionen. Sie hielten die Klosterzeit inne: abends waren sie spätestens um neun in ihren Zimmern, und lange bevor ich aufstand, waren sie schon zur Frühmesse ins Dorf gegangen. In jenem Jahr verschlechterte sich jedoch Mitte August das Wetter plötzlich, so daß wir fast jeden Abend im Wohnzimmer über unsern Heften und der Grammatik und dem Wörterbuch saßen. Wir glichen jetzt Reisenden auf einer langen Eisenbahnfahrt, die das Schweigen gebrochen haben und gesellig zu plaudern beginnen. Wir konnten wohl noch eine Viertelstunde schweigend dasitzen, doch dann sagte jemand etwas, und wir kamen alle in Gang. Eines Abends zum Beispiel hob Majellan seine eifrigen, ernsten Hundeaugen und fragte:

»Schwester Magdalen, wie sprechen Sie das Wort aus, das sich *c-e-a-r-r-b-h-a-c-h* buchstabiert?«

»Oh, Bruder Majellan«, lachte sie und war über sich selber entsetzt und gleichzeitig vergnügt wegen ihrer Torheit, »ich weiß leider nicht einmal, was das Wort bedeutet!«

Virgilius schlug seine beiden riesigen Bauerntatzen zusammen und brüllte vor Lachen.

»Schwester Magdalen, da muß ich mich aber sehr über Sie wundern! Sie kennen das Wort *cearrbhach* nicht? Da muß ich mich aber sehr wundern! Es bedeutet Kartenspieler oder Glücksspieler.«

»Ach, das bedeutet es? *Cearrbhach*!« Und sie sprach das Wort mit seinen Kehllauten so vornehm aus, als reime es sich auf ›Perücke‹.

Sie war eben eine Städterin und hatte Irisch früher nur immer von Stadtleuten gehört.

»Nein, Sie sprechen es ganz falsch aus! Viel zu damenhaft! Sprechen Sie es so aus, wie das Volk spricht! *So!*«

»Aha!« Und wieder kam die vornehme Aussprache mit dem Anklang an das Wort ›Perücke‹. »So, nicht wahr?«

»Hören Sie mal zu, Schwester! Ich erkläre Ihnen jetzt, wie man Irisch sprechen muß. Machen Sie, mit Verlaub zu sagen, einen Haufen Spucke in Ihrem Mund und gurgeln Sie damit. So: *gorrrwuuuchhkkk*!«

Schwester Chrysostom protestierte sofort.

»Nein, bitte, Bruder Virgilius! Wenn wir unsre Landessprache nicht wie Damen sprechen dürfen, wollen wir sie überhaupt nicht sprechen!«

»Aber«, entgegnete Bruder Majellan, »so sprechen eben die Leute auf dem Lande! So ähnlich wie Deutsch.«

»Aber nicht wie Bayrisch! Die Preußen allerdings ...«

Und schon waren sie mitten in einer hitzigen Diskussion von der Art, wie wir sie in jenen Tagen ständig hatten, zum Beispiel, ob Irland immer ein Agrarland bleiben müsse, und was andre Länder zuwege gebracht hätten. Virgilius, der Diskussionen verabscheute, stülpte schmollend die Lippen vor und blickte düster auf seine beiden großen Füße, die er weit von sich gestreckt hatte, und Majellan und Magdalen gerieten in eine solche Aufregung, daß Chrysostom wie üblich eingreifen mußte:

»Schwester Magdalen, ich glaube wirklich, es ist Zeit für uns, in unser Zimmer zu gehen.«

Im »College«, wie wir die hitzeglühende Blechbaracke nannten, in der wir von zehn bis eins studierten, wurden wir eines Morgens aufgefordert, einen Aufsatz über ein irisches Sprichwort zu schreiben, das etwa dem Dichterwort »Das Kind ist des erwachsenen Mannes Vater« entspricht. Ich erinnere mich, wie dann am Nachmittag die Nebelschiffe sich aus den Bergtälern hoben und wie die Sonne den Felsen sanfte Dunstschleier abschmeichelte und die Forellen aus einem See hochsprangen, der blau war wie das Fetzchen Himmelsbläue zwischen den vergehenden Wolken. Wir breiteten alte Zeitungen auf die feuchten Gartenbänke, und während wir über die richtigen irischen Ausdrücke sprachen, die wir in dem Aufsatz benutzen wollten, begannen die vier, ohne es gewahr zu werden, sich über ihre Kindheit zu unterhalten – wo sie geboren wurden und zur Schule gingen und so weiter. Schwester Magdalen knabberte am Ende ihres Silberstifts und sagte:

»Ich kenne das irische Wort für ›Ich wurde geboren‹. Es heißt *Do rugadh mé*. Und der Ort ist Templemore. Das heißt natürlich *An Teampall Môr*: Der große Tempel oder Die große Kirche. Obschon es weiß Gott keine einzige große Kirche in Templemore gibt.« Sie seufzte. Dann legte sie plötzlich den Kopf auf die Seite: »Sie waren sicher noch nie in Templemore, Bruder Majellan? Nein, wie sollten Sie auch! Es ist ein so abseits gelegener kleiner Ort.«

Chrysostom klopfte mir ärgerlich mit ihrem Bleistift auf die Finger, weil ich gedankenlos eine Fuchsienblüte zerrupft hatte.

»Wie würden Sie das ausdrücken, Schwester?«

»Wie bitte? Was? Was hatten Sie gesagt?«

»›Ein abseits gelegener kleiner Ort‹? Ich möchte das nämlich auch sagen. Ich wurde in einer ebenso kleinen Ortschaft wie Templemore geboren.«

»Wo war denn das?« fragte Virgilius nachlässig. Er schaute die Fuchsienblüte, die ich ihm in den Schoß geworfen hatte, ernsthaft an.

»In Kilfinnane! In der Grafschaft Limerick!« sagte Schwester Chrysostom.

Sofort wirbelte Virgilius herum und klopfte ihr aufs Knie.

»*Yerrah*, Chrysostom, wollen Sie etwa behaupten, daß Sie aus Kilfinnane stammen?«

»Bruder!« Sie packte ihn aufgeregt beim Ärmel. »Kennen Sie denn Kilfinnane?«

»Wie meinen eigenen Vater! Ich wurde ja ein bißchen unterhalb davon, in Kilmallock, geboren! Oh, *wisha*, manch schönen Sonntag bin ich auf meinem alten Fahrrad nach Kilfinnane gefahren und hab hinter dem Rath Hasen gejagt. Wenn Sie aus Kilfinnane stammen, kennen Sie doch sicherlich auch den Rath?«

»Der Rath ist ja auf unserm Land!«

»Nein, wirklich?« rief er in großer, kindlicher Begeisterung.

»Wer weiß wie oft hab ich auf dem Rath gestanden und auf

die Rauchwolke geschaut, wenn der Zug nach Kilmallock fuhr – eine kleine weiße Rauchfahne, die zwischen den Baumkronen verschwand und wieder auftauchte. Und dann, nachdem der Zug Kilmallock verlassen hatte, konnte ich ihm noch eine halbe Stunde lang nachschauen, wie er weiterpuffte nach Cork.«

»Ich glaub's Ihnen gern! Es ist eine herrliche Aussicht! Wie es heißt, kann man von dort aus sechs Grafschaften sehen.«

»Eine Stunde lang sogar«, erinnerte sie sich. »Eine kleine weiße Rauchfahne. Hab mich immer gefragt, wer wohl im Zug saß und ob ich jemals selber damit verreisen würde!«

»Und ich bin jeden Abend an den Zug gegangen, um die Dubliner Zeitungen zu holen, denn mein Onkel hatte an der Hauptstraße einen Laden. Wir nannten den Zug immer den Corker. Majellan, du bist doch von Cork, nicht?«

Majellan hatte uns nicht zugehört. Er hatte über den verdämmernden See geblickt, dessen Halbinseln blaß wie Rauch schimmerten.

»Mein Vater war ein Arzt«, erzählte Schwester Magdalen nachdenklich. »Und das kann ich auch auf irisch sagen. Meine Mutter starb, als ich vierzehn war ... Ich war ein einsames Kind ... Mein Vater hat sich ein zweitesmal verheiratet.«

Majellan blickte immer noch über den See. Magdalen sagte etwas von einem Heft und huschte ins Haus. Ich war es leid, Virgilius und Chrysostom noch länger zuzuhören, und stand auf, um zum Tanz zu gehen. Erst dann fiel mir auf, daß Majellan und Magdalen im Flur standen. Sie trocknete sich mit seinem großen roten Taschentuch die Augen.

Als ich vom Tanz zurückkam, hatte der Halbmond einen schwermütigen Lichtschleier über das feuchte Land gehängt. Das Haus lag schwarz und schweigend.

Ich glaube, es war Virgilius, der zuerst auf dem Gartenpfad »Kopf oder Wappen« zu spielen begann, und am Abend jenes Tages nannte Magdalen Bruder Majellan »Jelly«. Ich kam zu ihnen, als sie gerade über das Spiel lachten, das Bruder Virgilius den andern dreien beibringen wollte. Bruder Majellan nannte Schwester Magdalen nun schon »Maggie«, Chrysostom wurde natürlich zu »Chrissy« und Virgilius bildete als »Jilly« die Ergänzung zu »Jelly«. Wie sie darüber lachten! Ich krönte ihren Abend, indem ich sie ins Wohnzimmer mitnahm und ihnen auf dem Klavier ein Lied mit einem Kehrreim beibrachte: *Bab Eró'gus O mo mhíle grá.*

Chrissy überraschte uns so mit ihrer vollen, lieblichen Stimme, daß Virgilius nach Beendigung des Liedes in die Hände klatschte und rief: »Jetzt haben wir dich, Chrissy! Ich wußte doch, daß du es in dir hast!« Und er verlangte, daß sie das Lied noch einmal ganz allein sänge. Während sie sang, hörten wir ein klares Echo: es kam von einer Kahnpartie auf dem See draußen. Die im Kahn griffen den Kehrreim auf und sandten ihn Chrissy zu, bis sie, noch immer singend, hinter einer Halbinsel verschwanden.

»Aber wißt ihr«, kicherte Magdalen, »ich weiß wirklich nicht, was die Worte bedeuten. Kannst du's mir nicht übersetzen. Jelly?«

»Kleinigkeit«, sagte Jelly. »Ein junger Bursche ist's, der seiner Freundin ein Lied singt, und die Worte lauten so ...«

Während er übersetzte, errötete er allmählich immer heftiger, und Virgilius zwinkerte, weil Magdalen so große, kugelrunde Augen und ein spitzes Mündchen machte, das bereit war, mit einem Lachen herauszuplatzen. Als Majellan dann den Kopf aus dem Fenster steckte und auf den See blickte, platzte Magdalen los. Chrysostom sagte: »Ich glaube wirklich, Schwester, es ist Zeit für uns, in unser Zimmer zu gehen.«

Nachdem sie gegangen waren, sagte Virgilius zu Majellan: »Jelly, du alter Esel, du bist dümmer als ein Zweijähriges!«

Wenn Mönche und Nonnen sich streiten, scheinen sie, wie ich merke, eher erstaunt und erschrocken als ärgerlich zu sein. Etwa wie Kinder, die gegen eine Tür gerannt sind, oder wie ein Kalb, das auf seine erste Brennessel gebissen hat. Erwachsene hätten mit einem Schimpfwort oder einem Knuff reagiert. Ich flüchtete mich in die Küche unten, um mein Irisch an Mrs. Ryder auszuprobieren. Sie war dabei, einen Kuchen zu backen, und summte: »Bab Eró ...« Ihre Base, die das Postfräulein vom Dorf war, saß auf der Bank vor dem Kamin. Sie fragte mich, wer die schöne Stimme gehabt hätte. Mrs. Ryder meinte, ihr Haus sei glücklich zu preisen:

»Die guten Kinder! Ist es nicht schön, mit anzuhören, wie sie sich freuen? Ich hab wirklich vier Heilige in meinem Haus.«

»Nur vier?« protestierte ich.

»Wann sind Sie denn letzte Nacht nach Hause gekommen?« fragte sie, und danach wurde die Unterhaltung ausgesprochen unbequem.

Auch der nächste Abend war von einem köstlichen Frieden. Die leisen Sprünge der Forellen waren deutlich zu hören, und jenseits des Sees lagen die Kühe wiederkäuend auf dem trockenen Strand. Wir waren alle oben im Wohnzimmer. Ich spielte Geige; Virgilius saß im offenen Fenster und sang und schlug den Takt mit einem Silberseidel, das der junge Ryder bei einem Wettkampf gewonnen hatte; Jelly und Maggie versuchten, Walzer zu tanzen, und wenn Chrissy nicht über die Bemühungen des armen Jelly lachen mußte, der die Tanzschritte erlernen wollte, dann sang auch sie wie eine Amsel *Bab Eró*. Die Musik wurde sicher weit übers Wasser getragen.

Plötzlich wurde die Tür mit einem solchen Ruck aufgerissen, daß alle Klaviersaiten summten, und in der Türöffnung stand wie ein schwarzes Faß unser Dorfvikar und versperrte den Eingang, denn er war dick, obschon er nicht älter als fünfundzwanzig war – ich glaube, es war seine erste Pfarre. Er war ohnehin aufgeblasen und überheblich, und im Kolleg nannten wir ihn auf irisch »Lispeen« was »Frosch« heißt. Einen Augenblick war es genau so, wie wenn ein Filmstreifen angehalten wird: das Seidel schwebte in der Luft, die beiden Tänzer standen wie Wachsfiguren still, und Chrissy hatte den Mund noch zum Singen geöffnet.

»Barmherziger Gott!« stöhnte er. »Ich bin also richtig informiert worden!« (Erst hinterher fiel mir das Postfräulein ein, das am Abend vorher auf der Kaminbank gesessen hatte: man kann ebensogut in ein Mikrophon sprechen wie etwas in Gegenwart eines Postfräuleins äußern.) »Und sich vorzustellen, daß dieser Betrieb sich seit Wochen unter meiner Nase abgespielt hat!« Er ließ die Stimme feierlich sinken, so daß es fast verstohlen klang. »Niemand wußte darum!« Und dann brüllte er wieder. »Und sich vorzustellen, daß ich keinen Sommerspaziergang machen und mein Brevier lesen kann, ohne diese Katzenmusik zu hören!« Seine Stimme wurde wieder leise. »Wenn Martin Luther das hätte sehen können! Wie heißen Sie?« fuhr er Chrissy an. Sie war so weiß wie ihre Haube geworden.

»Schwester Chrysssosssossstom, Father.«

»Und Sie, Schwester?«

»Ich bin Schwester Maria Magdalena«, sagte Maggie sehr würdevoll und durchaus überlegen; sie sah sehr zornig aus.

»Ein treffender Name!« grollte er. Ich sah, wie Jelly vor Wut rot anlief. »Gehen Sie jetzt in Ihr Zimmer! Ich spreche nun mit den Herren!« Das letzte Wort betonte er sehr verächtlich.

Sie flatterten gehorsam zur Tür hinaus: Magdalen trug den Kopf hoch, während Chrysostoms Augen vor Schreck geweitet waren. Majellan wollte auf ihn losgehen. Ich hielt ihn am Arm zurück. Er war nur ein Mönch und hatte einem Vikar in seiner Pfarre nichts zu sagen.

»Sie haben kein Recht, Father, so zu den Schwestern zu sprechen!«

Der Vikar blähte sich auf.

»Wagen Sie es, junger Mann, mir Widerworte zu geben?«

Majellans Stimme zitterte, doch er ließ sich nicht einschüchtern:

»Wir haben nichts Böses getan!«

Selbst Virgilius muckste auf, wenn auch etwas respektvoller, da er die Macht kannte, die ihm gegenüberstand.

»Wir haben doch nur ein wenig gesungen, Father!«

Der Vikar ächzte theatralisch (ich wette, daß er auf seinem Seminar einen Preis für Vortragskunst erhalten hatte!), dann verfiel er in einen wunderbar sarkastischen Ton.

»Nur ein wenig gesungen? Nur ein wenig gesungen? So, so!« Er klemmte sich seinen Stock wie einen Jagdsitz ins Kreuz und schaukelte darauf hin und her. Er war sehr von sich eingenommen. »Vielleicht glauben wir, meine Herren, daß wir in den Tagen der Reformation leben?« Dann ließ er seine Stimme wieder zu einem Gebrüll anschwellen. »Mit Singen? Und Tanzen? Und Trinken?« Der Stock wirbelte durch die Luft und hieb auf das Seidel.

Virgilius blickte ins Seidel und seufzte: »Lose zu den Pferderennen!«

Da stieg dem Frosch das Blut zu Kopf.

»Morgen früh werde ich mir die jungen Gesellen wieder vorknöpfen – nachdem ich mit Ihrem Vorgesetzten gesprochen habe! Ich wünsche Ihnen einen guten Abend!«

Die Tür wurde zugeschmettert. Wir hörten ihn nach unten gehen. In der Küche donnerte seine Stimme die Ryders an. Dann sahen wir seinen Schatten vor dem verblassenden Glanz des Sees vorüberziehen.

»Der Flegel!« zischte Majellan.

»Jelly«, stöhnte Virgilius, der die Lage sofort erfaßt hatte, »das kostet uns den Kragen!«

Und damit schlichen wir uns den Flur entlang, klopften bei den Schwestern an die Tür und berieten wie verwirrte Schafe. Virgilius und Chrysostom machten Majellan Vorwürfe, weil er sich aufgelehnt hatte, aber Magdalen sagte: »Du hattest ganz recht, Jelly! Er ist kein Gentleman!« Chrysostom jedoch zupfte dauernd an ihren Fingern und blickte uns alle der Reihe nach an. Auch sie wußte, welchen Eindruck es in der Stadt machen würde, wo der Bischof und ihre Oberinnen sagen würden: »Was ist das? Nonnen und Mönche wohnen im gleichen Haus? Und tanzen zusammen? Und singen Lieder? Und spielen im Garten Kopf und Wappen? Und wieso ist auch noch von einem *Seidel* die Rede?«

Am andern Morgen erzählte Magdalen, sie habe gehört, daß Chrysostom bis spät in die Nacht hinein geweint habe.

Indessen geschah überhaupt nichts. Der alte Ryder und der Gemeindepfarrer hatten offenbar dem heftigen Galopp des Vikars Einhalt geboten. Schließlich ist es bei Vikaren so, daß sie erscheinen und wieder verschwinden, Gemeindepfarrer dagegen bleiben ewig.

Aber die Sache sprach sich bei uns herum, und die andern Studenten gesellten sich zu den vieren und trösteten sie und redeten ihnen Mut zu, und an den Abenden begannen viele, zu den Ryders hinauszuwandern, und trotz der Warnungen und Ängste von Schwester Chrysostom kam es mit der Zeit zu regelmäßigen Konzerten im Garten. Die vier begannen sogar, sich zu Kahnpartien davonzustehlen, und aus der Neun-Uhr-zu-Bett-Regel wurde allmählich Zehn-Uhr-zu-Bett und sogar Elf-Uhr-zu-Bett, bis sie sich schließlich ebenso ihres Lebens freuten wie wir ... oder es hätten tun können, falls ihr Gewissen ruhig gewesen wäre. Aber wie stand es damit? Denn wenn ich jetzt an jene Zeit denke, glaube ich zu verstehen, was damals geschah. Die Schlange war mit der hinterlistigsten aller Versuchungen in den Garten gekommen. Sie hatte gesagt: »Wie könnt ihr euch unterstehen, von diesem Apfel zu essen?« Und sofort begannen sie davon zu essen. Den letzten Biß von diesem Apfel aßen sie am Vorabend ihrer Rückkehr in die Stadt zurück in die übelriechenden Armenviertel rings um ihre Schulen – vielleicht auf Lebenszeit.

An jenem letzten Abend im Garten waren wir niedergeschlagen.

»Ich glaube, es ist das letztemal, daß wir den Mondschein auf dem See betrachten können«, sagte Schwester Magdalen.

Der Mond würde jedoch erst nach elf Uhr aufgehen, und daß jetzt ein Feenwind durchs Schilf fuhr und die Sterne auf dem Wasserspiegel durcheinanderbrachte und zerfaserte, bedeutete sogar, die Nacht würde selbst dann noch bewölkt bleiben.

»Unser Autobus geht um sieben«, sagte Schwester Chrysostom. »Wann fährt der Ihre, Bruder Virgilius?«

Sie wurden schon vorzeitig wieder formell zueinander.

»Um halb acht«, sagte Bruder Virgilius.

»Wer kommt mit an den See?« schlug Bruder Majellan vor.

Sie gingen den weißen Weg entlang. Es wurde bereits herbstlich. Ein weißer Nebel hing tief über dem Fluß. Der See war überhaucht. Sie standen am Rande des Sees und blickten auf die niedrigen Hügel am andern Ende.

»Aber wir können uns doch auf nächstes Jahr freuen!« meinte Bruder Virgilius fröhlich.

»Falls nächstes Jahr überhaupt Sommerkurse sind«, murmelte Schwester Magdalen.

Ein leises Geräusch von Rudern war zu hören, und draußen auf dem Wasser erschien ein Kahn. Die Menschen, die darin saßen, sangen leise: offenbar war es eine letzte Ausfahrt. Es war eins von den großen, flachen Booten, wie sie für Ausflügler gebaut werden, und sicher saßen etwa zwanzig Menschen Schulter an Schulter gedrängt darin. Majellan rief ihnen etwas zu, und sie kamen näher, und als sie die vier zu einer Ruderfahrt einluden, erhob selbst Chrissy kaum Einwendungen dagegen. Die Anwesenheit der zwei Mönche und der zwei Nonnen schien die Ausflügler zu erfreuen, denn als sie zur Landenge ruderten und auf den oberen See zuhielten, wurde ihr Gesang lauter und fröhlicher. Die Lichter des Dörfchens flossen in den See. Spaziergänger hörten die Rudergesellschaft singen und stimmten mit ein. Zweifellos hörte sie auch der Vikar, und sicher dankte er Gott, daß sie am nächsten Morgen alle abreisen würden.

Auf dem Wasser steht die Zeit still. Das weiß jeder Fischer. Jemand sagte, der Mond ginge um elf Uhr auf und würde ihren Heimweg erhellen. Chrissy flüsterte Maggie zu, daß es dann aber sehr spät sei, und was gäbe es wohl, wenn von der Nonnen-Herberge noch eine Botschaft geschickt würde? Doch Maggie brachte sie temperamentvoll zum Schweigen, und Virgilius rief: »Die letzte Nacht soll die längste sein!«

Es war viel später als elf, als sie durch die Landenge kamen – die alte Barke blieb dort stecken, wie sie es jedesmal tat. Dann schwoll der graue Berg vor dem sich ausbreitenden Mondschein wie ein Gespenst an, und das ganze Land wurde schwarz und weiß. Auf der hellen Seite leuchteten die weißgetünchten Hütten unter ihrem geteerten Dach, und auf der andern Seite mit den dunklen Hügeln luden die zerstreuten gelben Lichter nach Hause ein. Auf dem Wasser wurde es kalt. Es war mühsam, gegen die Strömung anzurudern. Schwere Phosphortropfen fielen von den Ruderblättern nieder. Dann sagte eine Stimme: »Hört mal, es ist fast zwölf, wir müssen uns ins Zeug legen!« Jetzt sangen sie nicht mehr. Sie sangen erst wieder, als sie die letzten Dorflichter sahen – es waren ihrer nur noch eins oder zwei. Und sie sangen nun nicht mehr die irischen Volkslieder, die fast alle schwermütig sind, sondern alte Schlager wie *Daisy, Daisy* und *Mädchen, die du nie vergißt* und *Ich bin einer von den Knuts von Barcelona*. Die Barke war keine vier Meter vom Ufer entfernt, als sie, deutlich vom Mondschein erhellt, die schwarze Gestalt auf der Landstraße erblickten. Majellan schrie: »Rückwärts!«

Die Barke schwang herum.

»Es kümmert Sie wohl gar nicht, verehrte Damen und Herren, daß Sie das halbe Dorf aus dem Schlaf reißen?«

Keiner antwortete. Die Ruderer hielten aufs gegenüberliegende Ufer zu. Die beiden Mönche stellten ihre Jackenkragen hoch, um den weißen Priesterkragen zu verstecken. Die beiden Nonnen versteckten ihre Hauben und Gimpen unter geliehenen Mänteln. Jedermann war verdrießlich und müde. Als sie sich dem fernen Ufer näherten, erwartete sie dort die gleiche schwarze Gestalt. Sie war um den See herumgerast, war über die Brücke und über Heide und Moortümpel gesprungen.

»Ich lasse Sie nicht landen, ehe ich nicht die Namen von allen an Bord Anwesenden notiert habe!«

Der mitternächtliche Berg wiederholte es laut: »Notiert habe!«

Das Boot stieß wieder auf den See hinaus. Mitten auf dem Wasser wurde beraten, denn selbst die Laien-Lehrer vermeiden es, einen Priester zu erzürnen. Und die beiden Mönche und die beiden Nonnen? Es blieb ihnen nur eins zu tun. Majellan und Virgilius zu verkleiden, war einfach: die schwarzen Hüte wurden gegen Mützen vertauscht, der Priesterkragen wurde entfernt. Die Nonnen mußten die Hauben und Gimpel abnehmen, Kopftücher umbinden und die Röcke hochstecken. Dann ruderte das Boot wieder zum Landeplatz, die Männer scharten sich dicht um den Priester und redeten laut auf ihn ein, und die andern rannten fort. In fünf Minuten stand er allein auf der Landstraße. Zu seinen Füßen bemerkte er auf den Steinen einen weißen Gegenstand: die gestärkte Gimpe einer Nonne. Als er sie entdeckte, zitterte er wie ein Hund.

Er stand nicht länger allein am mondüberfluteten See. Er sah sich donnernd auf der Kanzel stehen, die Gimpe in der Hand; er sah sich im Bischofspalast, wo er schweigend einen weißen Gegenstand aus dem braunen Packpapier wickelte; er sah sich im Sprechzimmer des Gemeindepfarrers, und das weiße Ding lag zwischen ihnen auf dem Tisch; er sah sich, wie er an Ryders Haustür klopfte – ja wenn es selbst beinah ein Uhr nachts war. All das hätte er vielleicht getan, wenn er nicht, als er zu seiner Hütte zurückkehrte, zu einer Krankenvisite gerufen worden wäre, so daß er seinen Wagen hervorholen und sofort dreiundeinhalb Meilen weit in die Berge fahren mußte. Eine halbe Stunde später kam er wieder angebraust. Jemand hatte ihm einen Streich gespielt. Das Fenster seiner Hütte stand offen. Die Gimpe lag nicht mehr dort. Es war die einzige gute Tat, die ich meinen vier Freunden erweisen konnte.

Ich wurde durch ein übernatürlich helles Licht geweckt: es war nicht die aufgehende Sonne – es war der untergehende Mond. Meine Uhr zeigte auf kurz nach fünf. Tau und Nebel hüllten das stille Haus auf allen Seiten ein. Der See sah frostig aus; der Himmel war bleich. Schlaf lastete auf den Bäumen. Nur der unermüdliche Bergbach und die durch das Licht irregeführten Vögel schwätzelten leise. Unten im Garten an der Holzpforte standen Majellan und Magdalen und sprachen ...

Ich sah Magdalen nie wieder; ich sah Virgilius nie wieder; ich sah Chrysostom nie wieder.

Im Jahre 1920 war es gewesen, und erst nach dreiundzwanzig Jahren traf ich Majellan wieder. Er war natürlich immer noch Mönch und wird es auch immer bleiben: er war grau geworden und hielt sich ein wenig krumm und war viel magerer. Seine eifrigen Hundeaugen leuchteten auf, als er mich sah – bis ich scherzend von damals zu sprechen begann: da erlosch das Licht. Ich fragte ihn nach den andern, und er erzählte mir, daß Virgilius irgendwo Rektor sei. Von den beiden Nonnen hatte er seit jener Nacht auf dem See nie wieder gehört.

»Ach«, seufzte ich, »herrliche Tage waren das! Aber heute

will kein Mensch mehr die Sprache erlernen! Die Berge sind einsam.«

»Ja. Die Berge sind einsam.«

»Eine Schande!« sagte ich.

»Ach, wissen Sie«, sagte er nach kurzem Nachdenken, »ich glaube nicht, daß ich es restlos billige, wenn die jungen Leute dort hingehen. Ich erscheine Ihnen damit hoffentlich nicht prüde oder dergleichen, aber ... nun, Sie wissen ja, wie es dort zugeht!«

Ich war so erschrocken, daß ich einen Augenblick nichts erwidern konnte.

»Aber es ist doch bestimmt alles ganz harmlos?«

Er schüttelte ernst den Kopf.

»Vielleicht. Das weiß man ja nie.«

Ich sagte etwas Belangloses. Dann fragte ich ihn, ob er überhaupt noch einmal dort gewesen sei.

»Nein. Das war unser letztes Jahr draußen.«

»Hoffentlich hatten Sie keine Unannehmlichkeiten mit Ihren Vorgesetzten?« fragte ich besorgt.

»O nein, das nicht. Nein. Es war nur ...« Er blickte beiseite. Dann sagte er; halb über die Schulter gewandt: »Ich wollte eigentlich nicht gern hingehen.« Darauf sah er mich an, und in einer Anwandlung von Vertrauen sagte er: »Sie begreifen es vielleicht nicht. Aber ich halte es nicht für richtig, Menschen aus ihrem Geleise herauszuholen. Mir gefiel jener Sommer nicht.«

Ich sagte, das könne ich verstehen. Nach ein paar weiteren Worten trennten wir uns. Er lächelte und sagte, er freue sich sehr, daß ich so gut aussähe, und dann ging er und kehrte gebückt in sein Kloster zurück, das im Elendsviertel lag.

Durch einen sonderbaren Zufall stand ich zwei Stunden später Seite an Seite mit Lispeen, der ins Schaufenster einer Buchhandlung blickte. Er hatte sich kaum verändert, abgesehen von einem leichten Anflug von Grau an den Schläfen. Er trug einen Zylinder und einen Regenschirm mit silberner Krücke. Als ich ihn ansprach und er sich umdrehte, beleuchtete die untergehende Sonne sein rosiges Gesicht und die Seiten seines Zylinderhuts, so daß sie glühten und glänzten. Es war nicht einfach, ihn an jene fernen Jahre zu erinnern, doch als es ihm dann einfiel, begrüßte er mich sehr herzlich, als sei ich sein bester Freund, und in der Erinnerung an jene alten Zeiten lachte er so fröhlich, daß ich schon darauf gefaßt war, er würde mir auf die Schulter klopfen.

»Ach, wissen Sie«, vertraute er mir mit strahlenden Augen an, »es waren die reinsten Kinder! Solche Unschuldsseelen!« Er lachte beim Gedanken an die Unschuldsseelen. »Natürlich mußte ich ihnen einen Schreck einjagen!« Und er lachte wieder, und dann warf er den Kopf in den Nacken und sagte schnaufend: »Ah ja!« Dann schüttelte er mir die Hand, lächelte mir wohlwollend zu, sagte, ich sähe großartig aus, und ging munter von dannen. Er dankte mit leutseliger Verbeugung für jeden respektvollen Gruß längs der rötlich glühenden Straße, und jedesmal, wenn er es tat, wedelte sein verlängerter Schatten hinter ihm wie ein Schwanz.

Elizabeth Bowen

Menschliche Ansiedlung

Zum zwanzigsten Mal, während die nasse Dämmerung immer undurchdringlicher mit Dunkelheit beladen wurde, blickte Jefferies mißtrauisch zu Jameson hoch und fragte herausfordernd: »Vermutlich bist du sicher, daß dies der richtige Weg ist?«

Jameson, der hochgewachsene Mann, trug die Karte; er brauchte einen Schritt, wo Jefferies anderthalb machte, und so verursachten ihre Schritte ein ungleichmäßiges, schlurfendes Geräusch, unsäglich erschöpft, auf Schlamm und Geröll des Treidelpfades. Die letzte Stunde waren sie, abgesehen von Jefferies' Fragen, völlig stumm gewandert. Hin und wieder sprang ein Kiesel schräg unter einem Tritt hoch, überflog das binsenbestandene Ufer des Kanals und wirbelte mit einem boshaften *Plonk* ins stille Wasser. Es war spät im September; nicht der Hauch eines Windes; der feine Regen nadelte die Luft.

Jamesons dünnes Profil war vor dem dunkler werdenden Himmel verschwommen geworden; seine Stimme drang von so unheimlicher Höhe herab, daß Jefferies zusammenzuckte, als er sagte: »Nun, mein lieber Bursche, wenn du mir nicht glauben willst, nimm doch die Karte selbst.«

»Ich habe keine Streichhölzer«, entgegnete dieser und reckte mißmutig den Hals, um den Worten mehr Nachdruck zu verleihen. »Du sagtest, ich hätte unmöglich bis Middlehampton die Streichhölzer aufbrauchen können. Jetzt sind sie aber alle. Vermutlich kannst du mir deine leihen, wenn ich mir eine neue Pfeife anzünden will?«

Jameson blieb stehen, bückte sich, steckte die Karte unter den Arm, fummelte in der Tasche, brachte seine Streichhölzer zum Vorschein und schüttelte ängstlich die Schachtel. »Nicht mehr viele drin«, sagte er unnötigerweise. Es hörte sich an, als wären nicht mehr als drei Hölzer in der Schachtel.

»Wir rauchen besser eine Weile nicht«, meinte er bekümmert, »das heißt, wenn du die Karte sehen willst.«

»Na, vermutlich weißt du ohnehin, daß wir auf dem richtigen Weg sind. Aber was ich nicht begreife, ist, warum wir nicht die Lichter von Middlehampton sehen.«

»Die Luft ist so schwer vom Regen.«

»Aber doch nicht so sehr. Du hast vor einer halben Stunde schon gesagt, daß Middlehampton nur dreieinhalb Meilen weit entfernt sein kann.«

Sie trotteten weiter, die Kragen hoch-, die Mützen heruntergeschlagen. »Oh, Herr!« jankte der kleine Jefferies, als er stolperte und ausglitt. »Vorsicht – der Kanal.«

»Nun, ich müßte eigentlich wissen, daß der Kanal dort ist, nicht wahr? Nachdem wir seit vier Tagen daran entlangwandern.«

Sie hatten sich gegen Ende des Semesters in der London University kennengelernt. Sie studierten beide Naturwissenschaften. Jameson wußte, er ging gern auf Wandertour, und Jefferies hatte gedacht, es würde ihm vermutlich gefallen. Jamesons helle Vogelaugen, so dicht beisammenstehend über der langen, dünnen Nase, faszinierten Jefferies. Er war ein schrecklich herausfordernder Bursche. Wie er redete ... So machten sie zusammen diese Wanderung: Am Ende der Sommerferien würden sie total frisch an die Universität zurückkehren. Sie hatten sich die Kanäle Mittelenglands ausgesucht. »Es gibt ein regelrechtes Netz«, hatte Jameson gesagt, »und du siehst ganz hübsche Landschaften. Man liest eine Menge Gedichte und so Zeugs gegen die Midlands, aber ich persönlich finde sie schön. Und von unserem Standpunkt aus, absolut unentdeckt. Und wenn du im Sommer in den Westen gehst oder auch nach Südengland – Wales ist natürlich hoffnungslos, außerdem kostet es eine Menge, dorthin zu kommen –, ist alles voll von reichen, schicken Leuten, die in Autos herumfegen. Du weißt schon, die richtig schlimme Sorte. Selbst die kleinsten Kneipen sind voll von ihnen. Sie haben das ganze Jahr über Ferien, und doch kommen sie und verstopfen alles für *uns andere*. Natürlich ist das alles okay, aber mir wird schlecht davon. Mädchen, du weißt schon, richtige Schmetterlinge, und Burschen, die besser arbeiten sollten.«

»Fürchterlich«, sagte Jefferies, der so was auch nicht leiden konnte.

So wanderten sie also durch die Midlands, folgten den Kanälen von einem Dorf zum anderen in Richtung auf die Stadt Middlehampton, wo es ein paar schöne alte Kirchen gab und Jefferies eine Tante hatte. Sie verbrachten die Nächte in Gasthäusern, die nicht angenehm waren, und an den Abenden saßen sie unten in der Kneipe und versuchten, mit den Leuten ins Gespräch zu kommen. Jameson sagte, man müsse die englischen Landschaften anders kennenlernen als nur als poetische Impression und die Menschen anders denn als politischer Faktor, und Jefferies stimmte dem als sehr wahr zu. Sie fanden die Leute in den Kneipen nicht sonderlich interessant, aber Jameson sagte, das würde sich schon geben.

Dann hatte es zu regnen begonnen. Es regnete ein wenig am zweiten Tag, nicht erwähnenswert, und sie lachten und schlugen die Kragen hoch. Der dritte Tag war fast ausschließlich naß, wenn es sich auch gegen Abend aufhellte und ein schöner Sonnenuntergang den Kanal rötlich färbte. Heute hatte es zur Mittagszeit angefangen, ein anderer Regen, feiner, sanfter, unausweichlicher, der die Luft trübe machte, einem einen schlammigen Geschmack im Mund verursachte und alles dämpfte. Sie trotteten voran; Regen biß in ihre Gesichter, bis sie erstarrt waren; ihre Gedanken wurden stumpf. Seit vier Uhr waren sie an keinem Dorf vorbeigekommen: Jameson, der ständig auf die Karte blickte, versprach, daß bald eines kommen würde, aber das Dorf wich allzeit vor ihnen zurück, wenn sie darauf zudrängten. Einmal, in sehr weiter Entfernung, hatten sie während einer kurzen Aufheiterung einen Kirchturm gesehen, der sich durch ein paar verschwommene Bäume bohrte, und etwa um halb fünf waren sie an einer Reihe kleiner Ziegelhäuser vorbeigekommen, die abweisend neben einer Brücke standen. Jefferies meinte: »Gibt's da Tee?« und deutete fragend und sehnsüchtig den Kopf in die Richtung, aber Jameson, der die Häuser mit einem momentan unsicheren Blick abschätzte, hatte gesagt: »Verdammt, Mann, wir können doch nicht einfach bei englischen Leuten zu Hause auftauchen und Tee bestellen, nur weil wir in der Lage sind, dafür zu bezahlen. Wie fändest du das ... Immerhin sind wir nicht im Ausland.«

Jefferies hatte gesagt: »Nein, oh, nein«, ohne große Überzeugung, und sich erinnert, daß Jameson zweimal soviel zu Mittag gegessen hatte wie er. So platschten sie also weiter.

Seitdem war nichts mehr aufgetaucht. Nicht ein einziges Mal in der letzten Zeit der verschwommene Umriß von Bäumen, kein Haus, kein Licht, man hörte nicht einmal eine Stimme rufen, einen Hund bellen oder einen Karren rumpeln. Nur hatten sie vor sich auf dem Treidelpfad das Gefühl von einer Möglichkeit, daß irgend etwas kommen würde. Ja, einmal waren ihnen zwei Lastkähne entgegen gekommen; die Pferdehufe wurden nach jedem Schritt aus dem saugenden Morast gezogen, was lauter klang als das Auftreten. Wasser wirbelte und gurgelte unter den Kielen; Rauch tröpfelte aus einem Schornstein der Kabine, konnte aber nicht aufsteigen durch den Regen, sondern blieb niedrig in der Luft hängen und löste sich langsam auf. Auf dem ersten Kahn war der Schiffer zu sehen, dunkel und leblos; ein weiterer Mann führte das erste Pferd am Zügel. Wenn es auch schien, als hätten sie sich den ganzen Nachmittag lang angekündigt, spuckte sie die Dämmerung doch so rasch aus, daß Jameson und Jefferies fast unter der Nase des Pferdes in eine Hecke springen mußten, und zwar mit solcher Unvermitteltheit, daß sie zwischen den dornigen Zweigen landeten, um dem Zugseil zu entgehen, das sie von den Beinen gerissen hätte. Die dampfenden Flanken der Pferde ragten neben ihnen auf, und Jameson, der seine Haltung wiedergefunden hatte, rief aus der Hecke: »Das ist doch der Weg nach Middlehampton?« Anstatt einer Antwort grüßte der Mann, der das Pferd führte, tonlos zurück und ging weiter, ohne noch einmal den Kopf zu wenden, weil Jamesons gerufene Wiederholung vom Klopfen der Pferdehufe, dem Quatschen des Schlamms, dem Fließen des Wassers unter dem Bug übertönt wurde. Die unbeleuchtete Kavalkade entfernte sich langsam und wurde verschluckt. Nichts anderes begegnete den beiden, und nichts kam an ihnen vorbei.

Als die Regenwände sie dichter umschlossen und es undurchdringlich dunkel wurde, fühlte sich Jefferies durch eine Welt von dem nun fast unsichtbaren Jameson getrennt. Nichts war neben ihm als ein lebendiger Organismus, der röchelnd atmete und sich weiterkämpfte, ein wenig gegen den Regen nach vorn gebeugt. Und neben diesem großen, seelenlosen Körper trottete ein kleinerer Körper, schlurfend, manchmal verzweifelt den Schritt wechselnd, in dem Versuch, einen Rhythmus zu finden. Nach diesen beiden Körpern hielt der stumpfer werdende Blick in Jefferies Vorstellung Ausschau. Er dachte verschwommen: »Wenn ich das Bewußtsein von mir selbst verliere, werde ich dann nicht mehr sein? Ich glaube nicht an Jameson, ich glaube nicht einmal, daß er da ist; es ist einfach etwas, das, wenn ich meine Hand ausstrecke, diese aufhält; etwas, gegen das ich stoßen würde, wenn ich zum Kanal hin fiele. Warum sollte ich mir um die Tatsache Sorgen machen, daß dem Mann die Beine weh tun? Ich glaube an beide nicht. Verflucht, wie mir die Beine weh tun! Verflucht seien sie, meine Beine! Es gab einmal einen Mann mit Namen Jameson, der einen Mann Jefferies aufforderte, Jahre um Jahre an einem Kanal entlang zu wandern – und sie wanderten und wanderten, bis Jefferies sich selbst vergaß und das, was er jemals gewesen war. Was geschah dann? Ich kann mich nicht erinnern ... Verdammt, ich spinne. Oh, meine verdammten Beine, sie sind auf jeden Fall echt. Sind sie das wirklich? Vielleicht spürt irgendwo anders irgendein anderer Schmerzen und denkt, es sind Schmerzen in den Beinen eines Mannes mit Namen Jefferies, und so scheint es einen Mann mit Namen Jefferies zu geben, dem die Beine weh tun und der durch den Regen wandert. Aber bin ich der, der den Schmerz verspürt und irgendwo anders ist, oder bin ich der, den sich andere vorstellen?« Er war, entschied er, jemand, den jemand anders sich ausgedacht hatte; er fühlte sich unendlich neutral, wandernd, wandernd. Solche Stille; es hätte eine Nacht im Mai sein können ... er streckte eine Hand aus und strich über die

Hecke; die Hecke war immer da, und der Regen durchweichte sie lautlos.

Jameson war stehengeblieben; Jefferies spürte, wie er plötzlich voranschoß. Er blieb stehen und fragte: »Nun?« dumpf, ohne sich umzudrehen. Jameson klang nicht mehr so sicher.

»Vielleicht sehen wir noch einmal auf die Karte; es beruhigt einen – hier, du bist besser mit den Streichhölzern – mach eins an, Alter, und ich werde dir mit der Karte helfen.« Raschelnd klappte er sie auf. Jefferies nahm die Streichholzschachtel, und ehe das dritte Streichholz zitternd verlöschte, hatte Jameson, der seine lange, glänzende Nase über die Karte beugte, genug gesehen. Der letzte glühende Streichholzkopf zischte, als er im Wasser auftraf, und Jefferies, der an seinem versengten Finger saugte, blickte Jameson mit stummer und tierhafter Erwartung an. Der andere sagte langsam:

»Nun, ich will verdammt sein! Ich will verdammt sein!«

»Warum?« fragte Jefferies stumpf.

Jameson erklärte rasch und teilnahmslos, daß sie an der Gabelung doch die falsche Abzweigung genommen hatten. Irgendwie war es ihnen gelungen. Das war sehr sonderbar. Jameson hielt es wirklich für fürchterlich sonderbar. Dieser Arm des Kanals schien nur zu einem Ziegeleigelände zu führen; es mußte ein fürchterlich großes Ziegeleigelände sein, nicht wahr, daß es einen ganzen Kanalarm für sich beanspruchte. Er lachte nervös, und sie lauschten beide, während sein Lachen verebbte. Jefferies war sehr still. Er fragte nach einiger Zeit, wie beiläufig, was sie nun tun würden.

»Ich habe eine Straße eingezeichnet gesehen, die von dem Ziegeleigelände abzweigt und direkt nach Middlehampton führt. Ohne jede Abzweigung, eine Straße zweiter Ordnung, fürchterlich gut zum Wandern. Wir erwischen vielleicht einen Bus. Weißt du, wir werden einfach die beiden Seiten eines Dreiecks gegangen sein. Das ist alles. Pech, nicht wahr – wir hatten eine richtige Pechsträhne.«

»Ja«, sagte Jefferies. »Gehen wir los.« Es machte ihn noch müder, einfach nur dazustehen. So gingen sie weiter. Sie glaubten vielleicht nicht mehr, daß sie durch Gehen viel erreichten; alles war ihnen entglitten. So machten sie einfach um der Sache willen weiter, und weil sie nicht sprechen konnten, konnten sie auch nicht denken. Jefferies hatte ein Gefühl, als würde die Anstrengung, einen zusammenhängenden Gedanken zu fassen, einen Riß in seinem Gehirn hervorrufen. Er begann nun vage zu glauben – die Vorstellung nahm in seinem Gehirn eine verschwommene Gestalt an, ohne daß ein bestimmter geistiger Prozeß ablief –, daß sie unbemerkt über eine Schwelle in den leeren und toten Raum einer Welt träten, die neben ihnen verlief und manchmal gefährlich zugänglich war, wenn man nicht achtgab. Dort lag ein Kanal, aber gab es nicht auch auf dem Mond Kanäle – oder war es der Mars? Das reglose Wasser begleitete sie stumm, immer dicht hinter Jameson, einen halben Ton heller als der Himmel, und wie eine Linie, gezogen mit einem Griffel über eine vergessene Schiefertafel, die man fortgelegt hatte.

»Sieh da drüben«, flüsterte Jameson. »Ich könnte schwören, ich sehe Lichter.« Er sprach so leise, als fürchte er, die Lichter zu verschrecken, daß Jefferies der Gedanke kam, er müsse Menschen meinen, die Laternen trugen. »He«, rief er und blickte mit zusammengekniffenen Augen durch den Regen, »das sind Lichter von einem Haus. Rechteckig, unbeweglich – Fenster.«

»Dann muß da ein Haus sein«, schloß Jameson. »Dort werden auch Menschen sein, und sie lassen uns vielleicht an ihren Kamin. Sie werden uns den Weg sagen, aber ich erwarte doch, daß sie uns ein Weilchen bleiben lassen. Weißt du«, sagte er, als sie näher herankamen, »das sind sehr gedämpfte Lichter, abgeschirmt. Sieht für mich so aus, als hätten sie die Vorhänge zugezogen.«

»Ja, haben sie vermutlich; sie wollen ja nicht, daß jeder hineinsehen kann. Oben sind auch Lichter, siehst du sie? Vermutlich sind sie wohlhabend, wenn sie zwei Stockwerke haben. Vermutlich sind die Leute wohlhabend und leben hier, weil es ihnen gefällt. Muß ein unheimlich schöner Ort zum Wohnen sein.« Er sah ein Bild des Hauses im Sommer, mit weißer Fassade, ein Haus vielleicht wie auf dem Kontinent, ein wenig im Glitzern des Kanals sich spiegelnd, mit Sonnenjalousien und einem Garten mit weißem Zaun hinab zum Treidelpfad, und scharlachroten Stockrosen, die sich träge gegen den Zaun lehnten. Er stellte sich vor, es müßte eine oder zwei Ulmen geben, ein wenig abseits, um dem Haus und dem Garten Schatten zu spenden: das wäre sehr hübsch, dachte Jefferies: »Ich denke, es ist sehr hübsch hier im Sommer«, sagte er fröhlich und sich zu Jameson wendend. »Toll«, fanden sie beide. »Und wenn sich das Wetter aufklärt, glaube ich, wird es morgen toll werden.« Es war außerordentlich, wie glücklich sie sich fühlten, als sie sich dem Licht näherten, und wie bedeutend.

Es gab wirklich einen kleinen Garten, und das Tor fiel hinter ihnen zu; das Schloß klickte von selbst ein. Das brachte jemanden an ein Fenster im oberen Stockwerk, ehe Jameson, der mit erhobener Hand ein wenig mahnend vor der Tür stand, Zeit hatte, zu klopfen. Eine Jalousie schwang zur Seite, eine Gestalt wurde sichtbar, das Fenster wurde geräuschvoll geöffnet, und eine Frauenstimme rief freudig und vorwurfsvoll und mit einem Ton unermeßlicher Erleichterung: »Oh, Willy!«

So sicher war sie, daß sie einen Moment Jefferies und Jameson an ihrer Identität zweifeln ließ. Sie traten einen Schritt zurück, um sie besser sehen zu können: Sie lehnte gegen den Fensterrahmen, hielt die Jalousie in Falten mit einem Ellbogen zurückgeschoben. Sie sahen ihre Gestalt vor dem dämmrigen, dunkelgelben Lampenlicht – eine Frau, alle Frauen dieser Welt begrüßten sie mit Erleichterung und Erwartung daheim. Etwas regte sich warm in ihnen beiden: So würde es sein, eine Frau zu haben. Sie war dort oben mit ihrem Kind; sie hörten einen Ausbruch nörglerischen Weinens, worauf sie den Kopf aber nicht umdrehte, sondern nur noch eindringlicher in die Dunkelheit spähte. Der Regen schimmerte vor dem Fenster im herausfließenden Lampenlicht.

»Nun?« rief sie. »Komm doch herein. Du kommst spät. Oh, Willy!«

Sie war so blind ihnen gegenüber, daß sie gern weitergespielt hätten, bis Jefferies sich zusammenriß und bedauernd rief: »Wir sind es nicht.« Es klang so heiser, daß es zweifelhaft war, ob sie seine Worte verstand, aber sie zuckte zurück und erstarrte angesichts der unvertrauten Stimme. Dann beugte sie sich vor und reckte ihnen den Kopf entgegen.

»Fort mit euch!« platzte sie heraus. »Macht euch fort, los! Das ist keine Kneipe; der *Grüne Mann* ist gleich hinter der Ziegelei. Macht hier kein Theater, sonst schicke ich meinen Mann hinunter, und wenn ihr euch nicht aus dem Staub macht, dann holt er seinen Bruder ...« Sie lauschte einen Moment, ob sie sich entfernten, und fügte dann hinzu: »... und den Hund!«

»Aber Madam, bitte!« rief Jameson mit kultivierter Stimme. Es war schlecht; wenn sie es so aufnahm, wie konnten sie sie bitten, einzutreten und beim Feuer zu sitzen? Wenn sie sie nur sehen könnte, wenn es nur nicht so dunkel wäre! Sie war eine freundliche junge Frau; ihr Arm, mit dem sie nun ungeduldig die Jalousie beiseite hielt, zeichnete sich vor dem Licht rund ab. »Nur eine Minute, wenn Sie nichts dagegen haben. Wir haben uns verirrt; würden Sie bitte so freundlich sein und uns den Weg weisen?«

Sie spürten, wie sie perplex die Stirn runzelte, denn es klang durch ihre Stimme, als sie fragte: »Wer sind Sie? Was wollen Sie?«

»Wir sind Studenten; wir machen eine Wanderung. Wir haben den Weg verfehlt und sind stundenlang gelaufen, ohne einer Seele zu begegnen. Können wir mit Ihrem Mann sprechen?«

»Er schläft«, sagte sie rasch. »Und sein Bruder und der Hund schlafen auch, beim Feuer im Wohnzimmer. Ich will sie nicht wecken. Wenn ich hier weiterrufe, wird das Kind nicht einschlafen. Versprechen Sie, kein Theater zu machen? Dann komme ich herunter.«

Sie ließ die Jalousie zurückschwingen, und sie hörten, wie sich Schritte zur Tür entfernten. Dann warteten sie, scheinbar ewig. Ein Fenster darunter, ein Erker im Erdgeschoß, war beleuchtet; auch hier waren die Jalousien herabgelassen und mit den symmetrischen Schatten von Vorhängen gerahmt. In diesem beleuchteten, verborgenen Raum hörten sie, wie sich eine Tür öffnete, man hörte Stimmen – Information, Wiederholung, Frage, Wiederholung, Information. Jemand drinnen hatte schweigend und geräuschlos allem zugehört, was gesagt wurde; jetzt wurde dieser jemand befragt, und sie wußten, daß das Urteil über sie gesprochen wurde.

Wenn sie auch inzwischen dem Regen gegenüber gleichgültig geworden waren, waren sie doch instinktiv in den Schutz des Windfangs vorgerückt, und dort stehend hörten sie das Quietschen des Riegels in den Halterungen und das Rasseln einer Kette. Jameson hatte noch Zeit zu flüstern: »Die sind ganz schön verbarrikadiert!«, ehe das Gesicht der Frau in einem Lichtstreifen um die Tür spähte.

Wie Jameson vermutet und wie Jefferies heimlich erwartet hatte, erwies es sich als nicht schwirig, eine Verständigung herbeizuführen.

»Sie sind was? Studenten ... oh, am College? Dann seid ihr ja ganz junge Burschen.« Sie verhielt sich jetzt entspannter ihnen gegenüber. »Ja, Sie haben schon vor Meilen die falsche Abzweigung genommen. Wie sind Sie hierhergekommen? Sehr naß. Ist eine schlimme Nacht. Mir tut jeder leid, der noch draußen ist. Ja, Sie haben noch eine gute Strecke vor sich. Sie müssen dem Pfad über das Ziegeleigelände folgen; das bringt Sie auf die Straße nach Middlehampton. Sechs Meilen, meint mein Mann, oder sechseinhalb. Ja, mittwochs fährt ein Bus, aber Sie müssen bis neun Uhr dreißig warten. Von hier bis zur Haltestelle sind es fast zwanzig Minuten zu Fuß. Nein, hier gibt es kein Dorf oder etwas ähnliches. Nur eine Kreuzung. Wir wohnen einsam.«

»Danke«, sagte Jameson zögernd. »Dann werden wir uns wieder auf den Weg machen. Ob wir wohl einen Unterstand in der Ziegelei finden?«

Sie zögerte, spielte mit dem Riegel an der Tür und spähte in dem unsicheren Licht eindringlich in ihre Gesichter.

»Wenn Sie hereinkommen wollen ...«, sagte sie schließlich langsam. »Ich weiß, ich kann mich auf Sie verlassen, daß Sie keinen Krach machen und das Kind wecken – und meinen Mann und seinen Bruder. Sie können ins Wohnzimmer kommen; dort ist nur die Tante.«

Sie folgten ihr ins Haus.

Im Licht, das auf die beiden wie blendende Pracht von Lampenschein wirkte, zeigte die junge Frau nette Züge, mit scheuen, unruhigen, aber nicht unfreundlichen Augen. Ihr Rücken war immer noch sehr gerade; sie war eigentlich noch ein Mädchen, kaum älter als sie. Es schien sonderbar, daß es ihr Kind sein sollte, das oben geschrien hatte. Sie trug eine rosa Bluse und eine Korallenkette um den Hals und vermittelte den Eindruck, als habe sie sich erst vor kurzem zurechtgemacht, sei sich aber dessen so wenig bewußt, daß sie nicht mehr daran dachte. In ihren Augen lag ein ängstlicher, ausweichender Blick; auf die jungen Männer wirkte sie, als sei sie sich ihrer Gegenwart heftig bewußt, doch als sei es ihr zugleich völlig egal, ob sie nun da waren oder nicht. Die Lampe stand auf einer wachsbeschichteten Tischdecke; neben der Lampe, ein wenig hinter dem Mädchen, saß reglos eine sehr stämmige ältere Dame, die Hände unter dem Busen gefaltet, und sie blickte ausdruckslos über den Teich aus Lampenlicht zu den beiden jungen Männern. Sie standen da, die Mützen in der Hand, die Wangen brennend in der plötzlichen Wärme, die Augen wegen der Helligkeit zusammengekniffen, und sahen von der jüngeren Frau zur älteren, auf Bilder, Möbel und Porzellan im Zimmer, mit einer Raschheit, die sie geflissentlich überspielten. Hier war eine Frau ... eine Tante ... ein Wohnzimmer ... ein *Heim.*

»Ich habe die Herren hereingebeten, Tante.«

»Ach«, sagte die Tante, von der sich nur die Augen bewegten, und überprüfte sie. »Ja, sie sind sehr naß – kommen sie von weither?« Wenn sie Jameson auch nicht direkt anredete, sah sie ihn doch fragend an, und der antwortete ebenfalls indirekt, indem er sich an die Nichte wandte, daß sie seit zwei Uhr unterwegs seien, seit sie Pidsthorpe verlassen hatten. »Dann können sie kein Abendessen gehabt haben«, schloß die alte Dame mit offensichtlichem Vergnügen. Nun, nein, sie gaben zu, sie hatten keins gehabt.

Tantchen war eine Seele an Gastfreundlichkeit. Sie gab nun ein Lächeln frei, das sich langsam ausweitete und sich in den Wangen niederließ. Sie lud sie ein, sich zu setzen, und fragte sie, ob sie die Mäntel abnehmen und neben das Feuer hängen wollten. Als sie dies getan und die Mäntel auf zwei leere, zwei bedeutsame leere Haken gehängt hatten, setzten sie sich ihr gegenüber und lächelten höflich, und Jameson zwinkerte mit seinen Vogelaugen und fuhr sich durch das Haar. Die weite Ebene von Tantchens Busen wurde von einem Seufzer auf- und abbewegt, als sie sagte, sie hätte auch nichts gegen eine Tasse Tee, wenn jemand eine mittrinke, da sie bereits länger als eine Stunde auf das Abendessen warteten und es wahrscheinlich sei, daß sie noch länger warten müßten – Gott wisse, wie lange. Sie ließ großmütig den Blick auf ihnen ruhen und sagte, sie habe gern ein wenig Gesellschaft. »Ich weiß wirklich nicht«, sagte sie und neigte ihre Körpermasse vertraulich zu ihnen, »ich weiß wirklich nicht, was aus William geworden ist. Er ist sehr zuverlässig, hat noch nie sein Abendessen versäumt. Oh, ich hoffe nicht, daß etwas passiert ist!«

Das Mädchen war aus dem Lichtkreis geschlüpft und stand beim Fenster, lauschte intensiv nach draußen. Sie drehte sich langsam mit aufgerissenen Augen um, als die Tante wiederholte: »Ich hätte sicher ein schlimmes Gefühl, wenn etwas passiert wäre.«

»Oh, Tante«, sagte sie vorwurfsvoll. »Wie du auch immer redest! Passiert! Was soll denn passiert sein? Er ist einfach aufgehalten worden.«

»Noch nie hat ihn irgend etwas aufgehalten«, verfolgte die andere diesen Gedanken unbeirrt weiter. »Ich kann mich an keine andere Gelegenheit erinnern, wo er zu spät kam. Ich würde nie glauben, er sei in die Wirtschaft gegangen, aber wirklich ...«

»Oh«, rief das Mädchen und zuckte mit den Schultern, als sei sie hart getroffen worden.

»Aber ich dachte ...«, wandte Jameson eifrig ein und brach wieder ab, weil Jefferies ihn unter dem Tisch getreten hatte. Sie beide erinnerten sich plötzlich, daß sie unten nur ein erleuchtetes Fenster gesehen hatten. Diese Erkenntnis, daß sie ihnen gegenüber aus Angst gelogen hatte, ließ sie sich sehr großzügig, verzeihend und als Beschützer fühlen. Die alte

Dame zwinkerte ihnen gastfreundlich und wissend zu, tat den Gefühlen ihrer Nichte Genüge, wie sie auch dem Haus ihrer Nichte Genüge tat. »Es ist sehr schlimm für sie«, sagte sie und forderte mit einer Geste ihre Zustimmung. Sie richtete den Blick nach ein paar Sekunden unheilvollen Schweigens auf das Mädchen und sagte: »Nun, Annie, laß uns das Abendessen auftragen und Tee trinken und ein bißchen was knabbern. Was ich immer sage: Wenn man wartet und alles für sie aufspart, das bringt sie auch nicht schneller herbei. Wenn er kommt, dann kommt er, und um so schneller, wenn wir nicht auf ihn warten.«

»Wenn er kommt!« echote das Mädchen und drehte sich vor der Anrichte um, wo sie ein paar Teller aus einem Gestell genommen hatte. »Wenn er in sein Zuhause zurückkehrt! Man könnte denken, du meinst, er sei in den Kanal gefallen«, rief sie aufgeregt, und hielt dann den Atem an, überkommen vom Schrecken ihrer eigenen Worte, als habe sie jemand anders ausgesprochen.

»Ach«, sagte Tante, als ließe sie einen Stein fallen.

Die Teller waren aus weißem Steingut mit einem Goldrand und einer goldenen Blume in der Mitte. Jefferies beugte sich vor, um sie zu betrachten, und dachte, sie seien bedeutsam und schön, während sie – nachdem sie die Lampe gehoben hatte, um noch einmal über den Tisch zu wischen – sie mechanisch in regelmäßigen Abständen um den Tisch verteilte, als teile sie Karten für ein Spiel aus. Es schien Jefferies wie ein Spiel, das sie alle spielten, ein Spiel um ihr Leben, das sie gewinnen mußte; und jede Schüssel und Schale und jedes Messer, das sie unter die Lampe legte, damit es glänze, schien ein Zugeständnis, das sie an einen Gegner machte, ein Zugeständnis, das sie akzeptierte. Sie ging mechanisch zwischen Anrichte und Tisch hin und her, doch mit einem leisen Zögern, und manchmal blieb sie stehen und tastete ein wenig blind mit den Fingern über die Anrichte. Die Tante, die in die Lampe blickte, schürzte die Lippen, faltete die Hände wieder mit Präzision und kuschelte sich in ihren Busen. Eine Uhr mit großem rundem Zifferblatt tickte laut; das stumpfrote Feuer knisterte und zuckte, und plötzlich begann der Kessel zu singen, so laut und unvermutet, daß Jefferies zusammenzuckte.

»Jetzt brauchst du nur noch den Tee aufzubrühen«, gab Tantchen das unvermeidliche Stichwort, »und die Bücklinge aus dem Ofen zu nehmen. Oh, das waren gute Fische; wäre zu schade, wenn sie zu trocken würden.«

Sollten Jefferies und Jameson Williams Bücklinge bekommen? Das Mädchen kniete vor dem Feuer, öffnete den kleinen Backofen und nahm halb etwas heraus, dessen Duft ihnen entgegenströmte. Dann ließ sie die Schüssel mit lautem Klappern zurückgleiten und schloß leise und verächtlich, aber sehr fest die Ofentür. Sie blieb auf Knien wie im Gebet auf der Matte vor dem Feuer hocken und sagte, ohne sich umzudrehen: »Wir haben noch Eier, Tante, ich mache schnell ein paar Eier.«

»Aber es ist schade, die Fische nicht zu essen«, meinte die Tante nachdenklich.

Das war entsetzlich. Etwas wurde hier verletzt. »Es wäre sehr freundlich«, sagte Jefferies, »wenn wir eine Tasse Tee bekommen könnten und ein Butterbrot. Wir sollten nicht zu Abend essen, ehe wir nach Middlehampton kommen; man wird dort mit dem Essen auf uns warten.«

»Oh?« fragte Jameson und blickte ihn dümmlich an.

»Ja«, sagte Jefferies mit wachsender Überzeugung. »Man wird mit dem Essen auf uns warten.«

So wurde also Tantchens Fisch auf einem Teller zu ihr gebracht, und das Mädchen kam langsam zu seinem Platz am Tisch, die riesige Teekanne mit beiden Händen tragend. Als sie sich vorbeugte, um sie auf dem Untersetzer abzustellen, zuckte sie heftig zusammen; der Untersetzer schepperte, und sie richtete sich auf und dämmte mit erhobener Hand und angespanntem Gesicht Tantchens Redeschwall ein. Tante hatte Jameson bereits erzählt, daß sie einen Neffen in London habe, und nun berichtete sie, wie nett dieser Neffe sei. Sie alle zuckten zusammen und erstarrten, dann hörten sie nur das Kind oben leise und krampfhaft schreien. »Gehst du hoch?«

»Oh, nein, dann wird es nur schlimmer, dann schreit er die ganze Nacht«, gab die Mutter gleichgültig zurück.

Der Tee dampfte in den Tassen und duftete. Jefferies, der in die braune, klare Flüssigkeit starrte, beobachtete, wie der Zucker, den er großzügig hineingelöffelt hatte, sich auflöste, ehe er die Klarheit mit einer Milchwolke trübte. Er spreizte die Finger um die Tasse, und die Spitzen, immer noch taub, tauten langsam auf. Das Mädchen schnitt sehr methodisch das Brot in Scheiben und schob ihm den Buttertopf über den Tisch zu. Er blickte in ihre verstörten Augen, mit einer Sehnsucht nach dem, was in ihnen lag.

Jameson, ein Wesen, das sich leichter entspannte, war sichtlich bis ins Mark aufgetaut. Er strahlte; seine Lippen, schleimig vor Aufregung, glänzten im Lampenschein; er beherrschte den Tisch. Tante sagte: »Also wirklich!«, wenn sie innehielt, um sich eine weitere Scheibe Brot zu nehmen, oder die leere Tasse zum Nachfüllen herüberschob; das Mädchen beugte sich, während ein Teil von ihr immer noch Wache hielt (verständlich für Jefferies), mit erstaunten Brauen über der Teekanne zu Jameson. Er malte jene neue Erde aus, die für sie alle ein neuer Himmel sein würde, und die er, Jameson, und andere rasch verwirklichen würden. Er vertraute ihnen an, daß vielleicht sogar sie bei der Schöpfung teilnehmen könnten. Sie starrten darauf, und Jefferies starrte wie sie, aber es war, als sei er plötzlich farbenblind geworden. Er konnte nichts von dem Neuen Jerusalem erkennen als das unendliche Kreuz und Quer von Ziegelmauern und Jameson, der an einer leeren Straßenecke brüllte. Die plötzliche Verschiebung seiner Werte machte ihn schwindlig; er lehnte sich zurück, um nachzudenken, konnte aber nichts anderes erkennen als das Wohnzimmer: Es weitete sich aus, bis sein Rand an der Grenze seines Sehfeldes lag. Immerhin ließ sich alles darauf zurückführen – auf die individuelle Perspektive, die emotionalen Faktoren der Umwelt, Häuser, die ein Zuhause waren, Wohnzimmer, Leute, die ausgingen und wieder zurückkehrten, Leute, die nicht zurückkehrten zu anderen Leuten, die auf sie in Zimmern warteten, die kleine bewachte Rechtecke aus Licht waren, sorgfältig gegen die hungrige Dunkelheit abgeschirmt, die endgültig alles verschlingende Dunkelheit. Immerhin war hier die Bühne für das Alltagsdrama. Nur sehr dünn und schwach hörte man die Stimme Jamesons, der in der Wildnis schrie.

Was immer man dem Körper versagte, es mußte immer etwas geben, ein Irgendwo, zu dem die Seele zurückkommen konnte.

Jameson lehnte eine dritte Tasse nicht ab; er griff eifrig danach über den Tisch, immer noch redend. »Leben?« sagte er gerade. »Nun, wir werden alle leben, leben, bis wir uns in einem Schlaf grandioser Erschöpfung zur Wand drehen und nie wieder aufwachen. Haben Sie schon einmal eine große, perfekte Maschine gesehen, wie sie ekstatisch dröhnt? Nun, das könnten wir sein – man muß es nur merken; es liegt nichts zwischen unserem Etwas und jenem Etwas, zusammenhängend, unwiderstehlich, majestätisch, als unser Un-Wille, die Schwäche unserer Wünsche. Wenn jede Hand der Menschheit einmal nur ein einziges Mal einmütig ausgestreckt würde, dann gäbe es nichts, das jene Hände, jene gemeinsame Hand, meine ich, nicht ergreifen könnten; nichts wäre zu hoch, nichts zu groß. Ich – ich denke immer, das ist ein ungeheuer feierlicher Gedanke. Denn, wissen Sie, der Schrei nach Leben liegt auf den Lippen eines jeden Kindes, und wir – Sie, die Menschen – ersticken ihn, weil wir Angst vor dem Leben haben. Man denkt, das Leben ist zu groß ... Danke, nur eine halbe Scheibe, wirklich.« Er sah sich zerstreut nach dem Buttertopf um, und Jefferies dachte, daß genauso Zarathustra gesprochen haben mußte.

»Nun, Sie können aber reden!« sagte die Tante mit friedlichem Vergnügen.

Das Mädchen war vor Jameson zurückgewichen; sie lehnte sich wieder zurück, die gefalteten Hände träge und vergessen auf dem Tisch vor ihr, und sah zu dem Ring des Lampenlichts an der Decke. Ihr Gesicht war zurück in den Schatten geneigt; nur ihr Kinn glänzte und der dünne Hals. Sie wollte nicht, was Jameson ihr anbot, sie verstand es nicht. Man bekam nicht den Eindruck, daß sie ein dummes Mädchen war; es war möglich, daß sie Jameson einfach für zu laut hielt. Man merkte, daß sie in sich ein feingesponnenes, recht einsames Leben zurechtgebaut hatte, eintönig unter dem großen Schatten von William. Jameson bekräftigte seine These mit dem Löffel, den er gegen die Tasse schlug, und redete lauthals über Zusammenhänge, aber er wäre unfähig, die sonderbare Einheit zu verstehen, die Annie geschaffen und zerstört hatte. Sie hätte sich in den gelben Kreis beugen können, ganz strahlend, sie anlachen und die Augen blitzen lassen können, ein begehrenswertes und erreichbares Ding.

»Sie wissen«, sagte die Tante schelmisch zu Jameson, »das ist Sozialismus, wovon Sie reden. Natürlich würde ich nicht sagen, daß Sie alles so meinten, wie Sie es gesagt haben, aber manch einer könnte sich ziemlich vor den Kopf gestoßen fühlen. Manchmal geht es nicht an, über Sozialismus zu reden, auch nicht zum Spaß. Aber, wie ich immer sage: Jungen bleiben Jungen, und junge Männer auch. Ich vertrage Spaß.«

So begann Jameson aufs neue; er war entschlossen, der Tante Gerechtigkeit widerfahren zu lassen.

»Oh!« flüsterte das Mädchen unfreiwillig. Sie drehte den Kopf und sah Jefferies fast flehend an, der zurückstarrte und sich ganz krank fühlte, weil er nichts für sie tun konnte. »Ich habe auch die ganze Zeit gelauscht«, flüsterte er.

»Ja, man kann Schritte schon von weither hören, wenn sie den Weg entlang kommen.«

»Haben Sie denn nicht gehört, daß unsere zweifach waren?«

»Ja, ich habe es gehört. Aber irgendwie wollte ich es nicht hören.«

»Nein. Soll ich ihm entgegengehen?«

»Oh, nein, das geht nicht. Er wird wütend sein, daß ich jemand hereingelassen habe.«

»Wir müssen jetzt gehen. Kann ich irgend etwas tun, um Ihnen zu helfen?«

»Nun, das können Sie nicht, oder? Ich muß einfach warten.«

»Ich wünschte, es wäre morgen früh«, sagte er heftig, obgleich er nicht genau wußte, was er damit sagen wollte.

»Was?« fragte sie dumpf. Eine Träne tröpfelte über ihr Gesicht herab.

»Es ist schrecklich, daß Sie so ängstlich sind.«

»Angst? Es gibt keinen Grund für Angst. Er ist ... er hat sich einfach verspätet.«

»Ja, natürlich.« Er fühlte, daß es Dinge gab, die er hätte tun können, um es ihr leichter zu machen; er wollte Tantes Kopf zum Schweigen bringen und die tickende Uhr erwürgen. Beides konnte er nicht tun, und so sagte er: »Wir müssen jetzt aufbrechen, um diesen Bus zu bekommen«, mit lauter Stimme, schob den Stuhl zurück und sah hinüber zu Jameson.

Es war schwierig, das Wohnzimmer zu verlassen; sie fühlten sich wie blakende Kerzen, die bald verlöschen würden. Sie nahmen die Mäntel herunter und mühten sich mit ihnen ab, ließen die Haken beim Feuer leer und wartend auf Williams Mantel zurück. Annie fuhr mit der Hand über Jamesons nassen Ärmel und seufzte; dann ging sie ihnen voran zur Tür. Tante blieb erstaunt und gekränkt wegen der Auflösung des Abendbrottisches sitzen; nachdem sie sich verabschiedet hatten, folgte sie ihnen mit einem langen, harten, bedauernden Blick, ließ dann ihre Augen zurückschweifen, wo sie am liebsten ruhten. Bei ihrem letzten Blick zurück saß sie wieder reglos, die Hände unter dem Busen gefaltet, und starrte in die Lampe.

Jefferies murmelte, als er im Türrahmen gegen Annie stieß: »Wenn wir ihm begegnen, sollen wir ... gibt es ...?«

»Oh, nein«, erwiderte sie mit einem verzweifelten Auflachen, »da gibt es nichts zu sagen. Wenn Sie an ihm vorbeikommen, wird er auf dem Nachhauseweg sein.«

»Auf Wiedersehen«, dröhnte Jameson und streckte unvermittelt seine große Hand aus. »Sie sind fürchterlich nett gewesen. Danke Ihnen vielmals für den Tee und ... alles. Sie sind fürchterlich nett gewesen.«

»Oh, nein«, sagte sie vage und streckte unsicher die Hand Jefferies entgegen. Er zuckte bei der kühlen Berührung zusammen, sagte mürrisch »Wiedersehen« und tauchte an ihr vorbei in die Höhle der Dunkelheit jenseits der Schwelle. Jameson stolperte hinter ihm her, und die Tür wurde abrupt geschlossen. Sie hörten, wie der Riegel quietschte und die Kette rasselte, als sie, die Hände vor sich ausgestreckt, blind den Weg hinabgingen. Sie blieben stehen, um Kanal und Zaun

Gestalt annehmen zu lassen, noch verschwommener als zuvor, traten dann wieder auf den Treidelpfad und schlossen leise das Törchen hinter sich. Wieder schritten sie aus, rasch, schlurfend, niemals im Gleichschritt. Die Luft schien kälter, der Regen dichter und feiner. Der Treidelpfad verlief weiter, und er schien so unendlich, daß es, als sie plötzlich hörten, wie ihre Schritte gedämpft wurden und sie sich vor der drohenden Masse des Ziegeleigeländes sahen, unglaublich schien, daß der Pfad jemals ein Ende haben könnte.

»Geht es einem nach einem Täßchen Tee nicht viel besser?« fragte Jameson, der zum ersten Mal wieder redete.

»Enorm ... Was für ein sonderbares Haus!«

»Ich frage mich, wann er zurückkommt.«

»Ja. Das werden wir nie erfahren.«

Sie wurden sich mehr instinktiv einer Lücke bewußt, einer kurzen Unterbrechung in der Hecke, und bogen ab auf einen Karrenpfad, platschten durch die Radspuren, glitten im Schlamm aus.

»Sie sagte, der Weg sei nicht lang. Wir sind zu lange geblieben – glaubst du, daß wir den Bus bekommen, alter Junge?«

»Weiß nicht. Jameson, werden wir je erfahren, ob er zurückkam?«

Keine Antwort.

Sie stolperten weiter durch die Dunkelheit mit erregten Gedanken.

Hermann Broch

Vorüberziehende Wolke

Sonderbar, sagte ein Teil der Seele des Fräuleins zu einem andern Teil, sonderbar, wie lange der Mann braucht, um mir entgegen zu kommen.

Die Straße lag langgestreckt vor ihr. Ein Auto verschwand in der Ferne. Es war ein heller Frühsommermorgen. Die Bäume warfen gute gleichmäßige Schatten, die in der Nähe unruhig und sonnenfleckig waren, während sie schon in kurzer Entfernung zu einem dunklen Streif zusammenflossen und längs der Allee den Fahrdamm säumten. Weit hinaus war auf dem Gehsteig niemand zu sehen; bloß der Mann dort oben kam langsam die sanfte Neigung der Straße herunter, kam entgegen und brauchte so sonderbar lang dazu.

Das Fräulein ging zum Sonntagsgottesdienst in die Schloßkirche. Das Gebetbuch lag schräg in der behandschuhten Hand; sie trug es ein wenig gegen den Leib gepreßt, weil sie noch außerdem das Täschchen halten mußte. Das ergab ein züchtiges Bild, das das Fräulein mit unzähligen Kirchenbesucherinnen verband, nicht nur mit jenen, die sich jetzt gleichzeitig in alle anderen Gotteshäuser Mitteleuropas begaben, sondern auch mit allen jenen, die dies während vieler vorhergegangener Jahrhunderte getan hatten. Es war eine durchaus konservative Körperhaltung.

Wenn man die Straße bis zu dem sanften Gipfel emporgestiegen ist, dann endigt die schräge Linie der Häusersockel, dann werden Sockellinie und Fensterreihen beruhigend parallel, und man sieht in mäßiger Entfernung den Schloßplatz vor sich liegen, in den die Straße einmündet. Und das großherzogliche Schloß fängt den Blick in schöner barockaler Kulisse auf.

Da die Straße bloß von wenigen Querstraßen durchschnitten wurde, fiel es schwer, das wirkliche Tempo des entgegenkommenden Mannes abzuschätzen. Das war irgendwie unbehaglich, und das Fräulein überlegte, ob sie nicht auf die andere Straßenseite hinüberwechseln sollte. Aber da die ganze Überlegung nicht sehr deutlich war, ja, eigentlich schon wieder verschwand, als der Blick die dort drüben brennende Sonne bemerkte, so blieb das Fräulein auf ihrem Gehsteig und verkürzte bloß den Schritt, als müßte sie sich – war es Angst oder Erwartung? – auf den Entgegenkommenden ebenso langsam zubewegen, wie dieser selber ihr nun zustrebte.

Es mag sein, daß die friedvolle Stille der sonntäglichen Avenue an und für sich schon langsame Bewegungen vorschrieb, selbst wenn es vielleicht auch nur eine scheinbare Ruhe war, denn in den oberen Luftschichten wurden die weißen Zirruswölkchen, verdichtet zu schmalen Bändern, mit ziemlicher Eile vorwärtsgetrieben, und so oft ein solcher Streif vor die Sonne kam, da gab es eine kurzwährende und gleichsam helle Verdunkelung des Tages, eine gleichsam jugendliche Trauer, auf die man zwar nicht achthatte, weil niemand gerne den wechselnden Bewölkungsverhältnissen einen Einfluß auf das eigene Leben zugesteht, die aber trotzdem, ein Sendbote größeren kosmischen Geschehens, in den Augen und in der menschlichen Seele haften bleibt.

Sicherlich haben sich nun auch schon andere Passanten auf dem Gehsteig gezeigt. Doch das Fräulein hatte nun einmal jenen langsamen Fremden im Auge, der vom Schloß herunterkam oder richtiger einherwandelte, und gerade dieses Wandeln brachte ihn mit dem Schlosse, brachte ihn mit der erwarteten barockalen Abschlußkulisse da droben in eine vorderhand noch nicht aufklärbare, in eine wahrscheinlich niemals zu klärende Beziehung. Nicht etwa, daß das Fräulein in der näherkommenden Gestalt einen der einstigen Hofbeamten vermutete oder einen der Offiziere, denen man vor dem Kriege, da sie selber noch ein Backfisch, oftmals und mit stets neu erwünschtem Vergnügen hier begegnet war: derartige Wünsche hatte das Fräulein, das freilich jugendlich aussah, aber auf Würde hielt, längst abgestreift, ja, soweit es anging, aus dem Gedächtnis getilgt, und überdies wußte sie, soweit sie sich erinnerte, daß alles, was damals mit dem Hofe zusammenhing, keineswegs einen bedächtigen, vielmehr einen forschen oder zumindest eleganten Eindruck erweckt hatte – wahrlich, so verhielt es sich keineswegs, sondern es war viel eher so, als wären die ziehenden Zirruswölkchen Teile einer noch unsichtbaren Wolkenwand und als wäre das überaus bedächtige Näherkommen dieses Menschen eine Aussendung jener Bedächtigkeit, die in der weitausladenden Schloßfassade eingebaut ist.

Man muß wohl einer Stadt und ihrer Bauweise sehr verhaftet sein, wenn man solche Gedanken hegt. Ist dem aber so und ist man so sehr verhaftet, dann bilden solche Gedanken eine natürliche Atmosphäre und man bemerkt sie eigentlich gar nicht. Dem Fräulein, das seit Kindheitstagen in dieser Stadt gelebt hatte, war das Schloß aus vielerlei Gründen wert und wichtig. Gründe, von denen allerdings die architektonischen die nebensächlichste Rolle spielten, und sie wußte daher auch nicht, warum sie eigentlich enttäuscht war, als sie des Mannes endlich ansichtig wurde. Daß er gar nicht so langsam ging, als sie angenommen hatte, war dabei von geringster Bedeutung, vielmehr war es daran gelegen, daß der Mann ein derart unhöfisches, ja, beinahe proletarisches Aussehen besaß. Für jemanden, der auf sich hält und der sich auf dem Weg zur Schloßkirche befindet, für jemanden, der es tagtäglich bedauert, daß das alte Schloß der Großherzoge aus der Stille altererbten Privatbesitzes in die Öffentlichkeit eines Museums verwandelt worden ist und daß es heute jedermann erlaubt ist, die Schlafzimmer, in denen eine jahrhundertelange und verzweigte Reihe prinzlicher Kinder gezeugt und geboren wurde, nicht nur mit schmutzigen Stiefeln, sondern auch mit schmutzigen Gedanken an in Schränken verborgene und schmähliche Liebhaber zu betreten, für so jemanden, der m. e. W. die Verschwiegenheit des Boudoirs als eine der wichtigsten Institutionen des Weltgeschehens ansieht, kurzum für eine so geartete Dame ist es, gelinde gesagt, immerhin peinlich, die eigene Aufmerksamkeit auf einen Menschen konzentriert gehabt zu haben, der in seinem ganzen Wesen das Gegenteil solcher Lebensauffassung ausdrückt. Beinahe erstaunt und weil sie es nicht recht glauben wollte, wohl aber auch, weil sie von ihrer Jungmädchenzeit her die Gewohnheit beibehalten hatte, Männer auffordernd und prüfend anzusehen, ohne dabei sich selbst zu gefährden, hatte sich der Blick des Fräuleins auf das Gesicht des Entgegenkommenden geheftet, mehr sogar, er hatte sich stracks in dessen Augen gerichtet, und es war ein auffordernder und dennoch leerer Blick, der, sobald er erwidert wurde, sofort verschwamm, der sofort im Nichts versank, durch das Gesicht hindurchschaute in alle Fernen, die dahinter sich dehnen. Und in der Tat, nicht anders ging es diesmal vonstatten. Zwar war das Fräulein von dem leidenschaftlichen und eigentlich leidenden Ausdruck dieses gewöhnlichen Mannes betroffen, und für eine Sekunde hatte sie vergessen, den Blick ins Unpersönliche zu flüchten, indes sie bewerkstelligte es allsogleich, als ihr Staunen dem des andern begegnete: da war ihr Blick in gewohnter Weise blicklos geworden, und in unverwandter Gleichgültigkeit war sie auch schon vorübergeschritten.

Nun lag die Straße wirklich ganz leer vor ihr, und das war eine Art hoffnungslose Leerheit. Gewiß durfte man dies nicht überschätzen: schließlich war die Wegstrecke nur mehr kurz, und Schloßplatz wie Kirche waren bald erreicht. Nichtsdestoweniger blieb es hoffnungslos, und diese Hoffnungslosigkeit beschränkte sich keineswegs auf das kurze noch zurückzulegende Stückchen Weg, sie beschränkte sich keineswegs auf diesen Sommertag, sondern sie umfaßte das ganze Leben. Denn selbst angenommen, es käme neuerdings eine Gestalt entgegen, noch so langsam oder noch so rasch, es hätte das Fräulein wohl kaum mehr den Mut aufgebracht, neuerliches Interesse an solch entgegenkommender Gestalt zu nehmen, neuerlich sich solcher Enttäuschung auszusetzen. Das war gewiß kein Gelöbnis, obgleich in der Seele eines zur Züchtigkeit neigenden Mädchens bald etwas die Gestalt eines Gelöbnisses annimmt, aber ob nun so oder so, das Fräulein hatte, da sie nun weiterschritt, urplötzlich das Gefühl einer Treue gefühlt, von der sie nicht wußte, wem sie eigentlich galt. Das Erlebnis war durchaus unabgeschlossen, und das Fräulein fühlte sich nun überdies sehr benachteiligt, weil ein inneres und äußeres Gesetz es ihr verwehrt hatte, den Blick länger auf dem zur Antwort bereiten Gesicht ruhen zu lassen. Es stak eine tiefe Ungerechtigkeit in der Situation, in die sie da hineingeraten war, und auch eine arge Gefährlichkeit, denn, kein Zweifel, der Mann hinter ihrem Rücken würde nun stehen bleiben, ihr nachblicken und sodann folgen, während es ihr nicht erlaubt war, sich umzuwenden und zu vergewissern.

Durch Erziehung und Überzeugung daran gewöhnt, heroische Situationen zu ertragen, ging das Fräulein ruhigen Schrittes weiter, sie flüchtete nicht, und es wäre ja auch nutzlos gewesen, da der Unbekannte sie ohnehin einholen konnte. Sie hielt das Gebetbuch an den Leib gepreßt, nicht weil sie von dieser Berührung mit Gott eine besondere Kraft erwartete, wohl aber, weil der Druck in der Magengegend ihr Sicherheit verlieh und die furchtsame Unruhe in dieser Gegend besänftigte. Allein sie vernahm ganz deutlich, wie die Schritte des Mannes hinter ihr Halt machten, sie spürte seine Blicke im Rücken, und kurze Zeit hernach hörte sie auch, wie sein Schritt in gemessener Entfernung ihr nachfolgte. Fast war sie daran, noch langsamer zu gehen, denn nicht nur, daß ihr der Anstieg heute beschwerlicher als sonst fiel, es erschien ihr auch richtig, den Verfolger zu zwingen, daß er sie überhole. Aber da war sie auch schon auf der Höhe, die Linien der Häusersockel und der Fensterreihen wurden parallel, und nicht weit vor ihr öffnete sich die Straße zum großen Oval des Schloßplatzes, in dessen Mitte das kurfürstliche Standbild zum scharfen Galopp gegen die Avenue ansetzte, gehindert bloß von den schweren Eisenketten, die in kleinerem Oval und von Steinbock zu Steinbock sich hinziehend, das Kunstwerk umgaben.

Links war der Platz von der Schloßkirche beschattet, und die Schatten der beiden Türme reichten bis über das Monument hinaus. Rechts dagegen befand sich das triumphale Portal, das zum Schloßgarten führte; seine reichen schmiedeeisernen Flügel standen offen, und man sah auf die sonnigen schnurgeraden Alleen, auf die vielerlei verrenkten Bildwerke aus Sandstein und auf die Wasserkünste. Eine Bonne schob eben einen Kinderwagen durch das Portal; einstens war dies verboten gewesen, Kinderwagen und ihr unanständiger Inhalt hatten in einer Zone höfischen Anstands nichts zu suchen, und für einen Augenblick vergaß das Fräulein, daß auch Herrschergeschlechter sich fortpflanzten: wer über den Menschen steht, darf mit dem Menschlichen nichts mehr zu tun haben, und je tiefer die Gesellschaftsklasse, desto üppiger dünkte dem Fräulein das Überwuchern häßlicher geschlechtlicher Triebe. Die Schichtung des Reinen über dem Unreinen war durch die Demokratisierung der Welt zerstört worden, und wenn das Fräulein sich auch all dies nicht zu Bewußtsein brachte, so war es ihr doch klar, daß in einem geordneten Staat eine Dame nicht von den beharrlichen Schritten eines untergeordneten Menschen hätte verfolgt werden dürfen. Einstens stand auch ein Doppelposten vor dem Schloß. Nichtsdestoweniger fühlte sich das Fräulein auf dem Schloßplatz geborgener; ein Photograph hatte seinen Apparat mit schwarzem Tuch vor dem Schloß aufgeschlagen, die Fremden erwartend, die sich mit dem Reiterstandbild zusammen abkonterfeien lassen wollten – ein spärlicher Ersatz für den militärischen Doppelposten; aber das Fräulein fühlte sich geborgen. Sie überquerte den Platz in gerader Linie auf die Kirchenstufen zu, überzeugt, daß der Verfolger es nicht wagen würde, seine schamlosen Absichten dieser weiträumigen Öffentlichkeit preiszugeben und daß er sich werde begnügen müssen, sie vom Rande des Platzes aus mit den Blicken zu verfolgen. Und tatsächlich, die Schritte hinter ihr verstummten, doch nach wie vor war es ihr untersagt, den Kopf zurückzuwenden und sich zu vergewissern: der Nacken schmerzte vor der Anstrengung, dem Gelüste zu widerstehen, und es brachte auch keine Erleichterung, als das Fräulein nach oben schaute, wo Gott wohnte und die Zirruswölkchen zogen. Dennoch war es ein kleiner Dank, weil die Gefahr vorüber war.

Wie sie jedoch in die Kirche eintrat und eben ihren Platz erreichen wollte, spürte sie wieder das Ziehen im Nacken, spürte, daß der Blick auf ihr brannte. Unschlüssig blieb sie stehen, es war ein Frevel an Gott, verunreinigt durch den Blick eines Gottlosen, gebannt von diesem Blick, dem sie sich nicht entziehen und den sie nicht vergessen konnte, der Andacht beizuwohnen. Der Raum war voller Menschen, sie war ohnehin zu spät gekommen, ein Entweichen war durchaus möglich. Das Fräulein schob sich langsam zwischen den Menschen vorwärts und zum Seitenschiff hin, wo auf den Steinfließen die Tritte, ging man auf den Zehenspitzen, weniger dröhnten als auf dem mit Brettern belegten Boden des Mittelschiffs. Dann schlich sie an den Pfeilern vorbei und gelangte zu dem Seitenausgang, der früher von den Fürstlichkeiten benützt worden war, drückte die mit Leder gepolsterte Pforte lautlos auf, und als sich diese mit einem leisen, ein wenig atemlosen Seufzen sanft hinter ihr schloß, da atmete auch sie sanft auf, und sie griff an ihren Nacken, sei es um dort etwas wegzuwischen, sei es um die schmerzende Stelle zu reiben. Sie befand sich in dem kleinen Hof zwischen der Kirche und dem Seitenflügel des Schlosses, und, welche Erlösung, hier war sie wirklich ganz allein. Eine Art Vorhalle ohne Dach, streng und festlich, lag der kleine Hof da mit seinem großen, so außerordentlich ebenen und gefügten Quaderpflaster, und der Sperling, der zögernd darauf herumhüpfte, hatte hier eigentlich nichts zu schaffen. Gäbe es eine Bank, so könnte man hier bleiben, obwohl der gedämpfte Choral, der jetzt aus der Kirche heraus klang, wie eine Mahnung war. Zögernd trat das Fräulein durch die nicht minder festliche, nicht minder strenge offene Doppelarkade, die auf den Schloßplatz hinausführt, und beinahe listig ließ sie die Augen um den Platz kreisen. Der Photograph war noch immer da, beim Monument stand ein offenbar fremdes Ehepaar, drüben gingen einige Frauen. Sonst niemand. Sie hatte also den Verfolger überlistet, sie hatte sogar Gott überlistet, da sie nun dorthin schaute, wohin sie vordem nicht schauen durfte, sie hatte einen Bogen geschlagen, um nach rückwärts schauen zu dürfen, und es war gelungen. Nein, jetzt war niemand mehr hinter ihr, obwohl der Nacken noch immer schmerzte, obwohl sie noch immer den Blick, den brennenden, im Nacken spürte, [und] als wollte sie sich ein für allemale schützen, als wollte sie die Gefahr aller Ungewißheit, aller Dunkelheit, die rückwärts liegt, für immer bannen, lehnt sie sich an den Pfeiler zwischen den beiden Torbogen, oder richtiger, sie nähert sich ihm soweit, daß sie die strahlende Kühle des beschatteten Mauerwerks im Rücken fühlt. Darf sie hier nicht lehnen und den schönen Platz betrachten? Darf sie hier nicht lehnen an der Grenzscheide zwischen der Dunkelheit des schattigen Hofes hinter ihr und dem besonnten Platze, der vor ihr sich dehnt? Darf sie dies nicht? Viele Leute haben von hier oder daneben von den Kirchenstufen aus den Platz schon betrachtet, haben hinübergeschaut zu den Gärten, deren Alleen im Abhang des Hügels sich verlieren und nun kommt auch das Ehepaar vom Monument herüber: ihre Beine gehen nebeneinander, vier Beine, die zwei Körper und zwei Köpfe tragen; in der Hand des Mannes ist ein roter Baedeker. Der Apparat des Photographen steht auf drei Beinen, und das gekrümmte Bein des Pferdes auf dem Monument schlägt in die Luft, schlägt in den lichtblauen Himmel, der über den Gärten tief sich herniederwölbt, angesaugt von der Erde, die im Grenzenlosen sich verliert. Der amerikanische Ehemann schlägt den Baedeker auf, jetzt blickt auch seine Frau hinein, blickt auf Buchstaben, an denen ihre Blicke sich treffen.

Das Fräulein steht an den Pfeiler gelehnt, und falls sich der Verfolger in dem kleinen Hof befinden sollte – er tut es aber nicht, oh, er tut es gewiß nicht – so kann er sie nicht sehen, der Pfeiler deckt sie vollständig. Aber nun läßt sie die Hand mit dem Gebetbuch sinken, und, weil sie ein wenig schwach sich fühlt, greift sie nach der Kante des Pfeilers, sie berührt die kühle Kante nur ein wenig, nur mit dem kleinen Finger und wohl auch ungeschickt, denn das Gebetbuch in seinem schwarzen Deckel klafft dabei auf, und wenn der Verfolger gute Augen hätte, er könnte mit seinem roten Blick nicht nur den Finger und das aufgeklappte Buch an der Pfeilerkante sehen, sondern auch die Buchstaben entziffern. Rasch zieht das Fräulein die Hand und das Buch zurück.

In dem Torbogen zwitschern Sperlinge. Das Ehepaar kommt näher; sie sind verheiratet und daher sozial gleichgestellt. Sie kommen, um den ovalen Platz zu betrachten und um des fürstlichen Erbauers zu gedenken; für sie ist Ordnung und sie haben soeben aus ihrem roten Buch erfahren, daß dies eine schöne Architektur sei. Der Verfolger in dem Hofe ist ein Mensch mindern Standes, und dennoch kann man ihm nicht enteilen, dennoch ist man hier gebannt an den Pfeiler gleich einer Bettlerin. Das Fräulein hat nun das Gebetbuch wieder an den Leib gepreßt, aber sie weiß zugleich, daß das Herz, gegen das sie das Buch preßt, die Worte nicht zu entziffern vermag, daß nichts als Buchstaben auf den weißen Seiten zwischen den schwarzen Deckeln stehen. Das Rund des Himmels spiegelt sich im Rund des Platzes, das Rund des Platzes spiegelt sich im Kreise um das Monument, der Gesang der Engel spiegelt sich im Gesang, der aus der Kirche heraustönt, und die Kirchenlieder sind in dem Buche an ihrem Herzen, aber man muß wissen, daß es so ist, man muß wissen, daß Gott im Fürsten sich spiegelt und der Fürst in dem Sterblichen, der den Platz überquert: Weiß man es nicht, dann ist das Rund um das Monument niemals der Himmel, ist das Wort im Gebetbuch niemals der Gesang der Engel, dann dürfen die Kinderwagen durch das Portal des Parks geführt werden, und, schändlicherweise, es stört niemanden. Schwarz sind die Kinderwagen, so schwarz wie der tote Blick des schwarzen Photographenapparates, der alles im Bilde festhält, festhält, damit nicht eines in das andere stürze, damit Erde und Himmel geschieden bleiben, wie Gott am ersten Tage es befohlen hat.

Doch ist nicht jede Wolke schon Mittlerin zwischen Erde und Himmel? Löst sie nicht die Erde auf, zieht sie nicht den Himmel herab, auf daß sein Rund sich dränge zwischen die Häuser und die Mauern der Plätze, sie zu sprengen, das sträfliche Rund der Nachahmung? Weiß sind die Mauern, weiß die Wolken, die dem schwarzen Gewölke voranfliegen, schwarz die Bücher und ihre Worte, doch rot und brennend ist der Blick, der herausbricht aus der Höhle der Dunkelheit, einsaugend das Ich immer weiter zurück durch das lärmende Tor des Todes, immer weiter zurück in die brennende Kälte der Finsternis. Es verschlingen sich die geraden Wege des Parkes, schlagen Bogen um Bogen, sie verschlingen sich zu einem unzüchtigen Knäuel, in dem alles gleich ist, und einander verschlingend, fressen sie einander auf, stets aufs neue einander gebärend. Da nützt kein Wachtposten, da nützt es nichts, daß ein rotes Buch das Brennende zu spiegeln trachtet, denn die Spiegelung des Großen im Kleinen ist aufgehoben, es ist das Schöne und die Schönheit aufgehoben, es jagen die Pferde der Monumente aus der Schönheit ihrer Erstarrung und sie fliegen davon, es ersticken die Lungen der Menschen in den Hallen der Kirche, kein Bild kann mehr festhalten, was geschieht, da das Geheimste nunmehr hervorbricht, sich über die öffentlichen Plätze zu ergießen. Und nicht achtend, daß der Verfolger sie nunmehr packen würde, ihre Arme nehmen und sie zurückreißen wird, zu sich und in seine Tiefe, breitet das Fräulein die Arme aus, ja sie greift nach rückwärts, und, angepreßt, angeklebt an den Pfeiler, der nun ihr einziger Halt ist, klammert sie sich an, ohne Rücksicht darauf, daß sie ihren dunklen Mantel an der Mauer beschmutzte. Das Zwitschern der Sperlinge im Torbogen wird immer ärger, es ist zu einem pfeifenden Sausen angeschwollen, und es ist, als wäre aller Schatten von der Welt abgelöst worden, der Schatten weggeflogen, Welt, die nicht mehr Welt ist, in unerträglicher Nacktheit zurücklassend.

Doch das fremde Ehepaar, vierbeinig noch immer, war jetzt bei den Kirchenstufen angelangt, und, immer den entfalteten Plan des Baedekers in der Hand, schickten sich die beiden sogar an, in den Hof einzudringen. Vielleicht war es gleichgültig geworden, wenn dies nun geschähe und wenn die Menschen das Geheimnis und die Schande des siegenden Verfolgers dort entdeckten, es war wohl gleichgültig, denn es gab keinen Schatten mehr, und selbst der Hof, in dem jener stand und befahl, ein Mann niederer Herkunft, und doch in der Mitte des Hofes ragend wie ein Monument, selbst der Hof war jetzt des Schattens entblößt. Aber vielleicht auch, um den Verfolger zu schützen, vielleicht um mit ihm zu flüchten, ehe es zu spät sein würde, vielleicht, um ihn in einem Schrank zu verstecken, löste sich das Fräulein mit großer Anstrengung von der Mauer los und wandte sich dem Hofe zu.

Der lag schattig und leer da, so wie sie ihn verlassen hatte, und der Sperling saß noch immer auf den Fliesen. Die Mauern umschlossen das Geviert, streng und kühl, gleichsam eine freundlich helle Verdunklung des Tages, und für einen Menschen niedern Standes oder einen Kommunisten war hier kein Raum. Das Fräulein wandte sich zum Schloßplatz zurück: der breitete sich vor der weit ausladenden Bedächtigkeit der Gebäude im schönen großen Oval und spiegelte, ein abgeschlossenes Erlebnis, das Rund und die friedvolle Stille des Himmels, die Schatten der Türme reichten jetzt nur mehr knapp bis zum kleinen Oval des Monuments, auf drei Beinen stand das Pferd des Kurfürsten in schöner Starrheit, auf drei Beinen stand das Stativ des Photographen, und von schwarzen schnurgeraden Schatten gesäumt, dehnten sich die Alleen des Parks den Hügel abwärts, überwölbt von der lichtblauen Kuppel, an der die Zirruswölkchen langsam dahinglitten – Reinheit, die über alle Unreinheit geschichtet ist.

Aus der Kirche drang der Choral. – Und das Fräulein, erfüllt von Treue, durchschritt den kleinen Hof und betrat die Kirche durch die gleiche Türe, durch welche ehedem die großherzogliche Familie ihren Einzug in das Gotteshaus gehalten hatte und durch die sie, so Gott will, unablässig einziehen wird. Kein Teil der Seele des Fräuleins brauchte mehr mit einem andern zu sprechen, so einstimmig klangen die Teile ineinander, kaum daß das Fräulein, süßer Hoffnungslosigkeit voll, an sich selbst zu denken vermochte: es schlug das Gebetbuch auf.

Fanny Morweiser

Weißer Fingerhut

In jenem langen heißen Sommer lebte der ganze Landstrich in Angst vor dem geheimnisvollen Mörder, dem es gelungen war, die hohen Mauern der Anstalt, in der man ihn festgehalten hatte, zu überklettern und sich in der weiten Ebene so zu verstecken, daß niemand ihn finden konnte. Das heißt, zwei Menschen hatten ihn gefunden, vielleicht hatte er sie auch gesucht oder sie waren sich zufällig begegnet; wie es gewesen war, würde sein Geheimnis bleiben. Er vergaß, was er getan hatte, er war Schlächter gewesen, ein Mensch, unter dessen Händen lebendige, warme Tierkörper tot und schlaff niedergesunken waren und der eines Tages keinen Unterschied mehr fand zwischen Haut und Haut, Leben und Leben.

Ein Mädchen war in einem Schuppen auf einem Strohbündel gelegen, mit gespreizten Armen und Beinen, den Kopf weit nach unten gebogen, ausgeblutet wie ein geköpftes Huhn. Das andere Opfer war ein Kind, das am Bachrand im Gehölz gespielt hatte, wo man es dann auch fand, halb im Wasser liegend, umgeben von roten Fäden, die sich in der kaum wahrnehmbaren Strömung bewegten wie Würmer.

Die Menschen waren halb wahnsinnig vor Angst. Die Kinder wurden in den Häusern festgehalten, kaum jemand ging allein weg, die Bauern nahmen ihre Hunde mit auf die Felder, und jedes Rascheln am Wegrand in den Brombeerbüschen, jedes Knacken und Stampfen im Wald, ließ diejenigen, die es hörten, einander die blassen Gesichter zudrehen, mit einem Gedanken: das ist er. Es kam soweit, daß den Gendarmen, die abends müde und staubbedeckt in eine Wirtschaft kamen, um etwas zu trinken und mit den Leuten zu reden, vor die Füße gespien wurde.

Es gab Obst auf den Bäumen, und es gab Himbeeren und bereits die ersten Brombeeren im Wald, von denen der Verrückte leben konnte. Es kam vor, daß manchmal irgendwo ein paar Eier fehlten oder ein Kuchen, der zum Abkühlen auf ein Fensterbrett gestellt war. Er wagte sich selten in die Nähe der Häuser, er war dreist und doch vorsichtig. Er wußte, daß er gejagt wurde, und er benahm sich wie ein Tier, das überall Fallen wittert, auch war er unberechenbar, es war nie vorauszusagen, was er als nächstes tun, wohin er sich wenden würde. Er streifte in der Ebene umher, war einmal da und einmal dort. Eines fanden die Gendarmen heraus, niemals entfernte er sich weiter als einen Tagesmarsch von der Anstalt, die er haßte und die ihn doch nicht losließ. Er umkreiste dieses große düstere Haus, das, bei gutem Wetter weithin sichtbar, auf dem einzigen Hügel stand, den es in der Ebene gab, in weiten und wieder enger werdenden Ringen, fast ein Gott, der Menschen sterben ließ, wenn ihm danach zumute war und doch nicht einmal frei genug, von diesen Mauern loszukommen.

An einem dieser heißen Tage im August stellte eine pensionierte Lehrerin, die am Rande des Dorfes, in dem sie viele Jahre Unterricht gegeben hatte, in einem kleinen Haus ruhig und unauffällig lebte, eine Tüte mit Milch auf die Kellertreppe. Sie ließ die Tür zum Keller offen und ging durch den Garten in die Küche zurück, um weiter Aprikosen zu entkernen, aus denen sie Marmelade kochen wollte. Sie rührte gerade in einem großen, schwarzen Topf Zucker und Früchte durcheinander, als sie ein Geräusch im Garten hörte. Mit dem tropfenden Löffel in der Hand beugte sie sich zum Fenster und konnte noch eine große, dunkle Gestalt in dem dichten Gestrüpp, das sich hinter ihrem Garten den Bahndamm entlangzog, verschwinden sehen. Sie ging zur Kellertreppe, die Milch war fort. Auf der Treppenstufe lag ein Stengel weißer Fingerhut, mit der Wurzel ausgerissen und achtlos hingeworfen, sie nahm ihn hoch und drehte ihn hin und her. Wo gab es hier in der Nähe weißen Fingerhut? Sie trat wieder hinaus in den Garten und blieb einen Moment unter einem Baum stehen, Kochlöffel und Fingerhut in den Händen. Das Sonnenlicht, das durch die Blätter des Apfelbaumes über ihr fiel, tupfte helle Kringel und Flecken auf ihr Kleid, sie starrte auf die umgeknickten Zwiebelstengel und das krause Grün des Endiviensalats vor ihren Füßen und fühlte, wie ihr die

Knie schwach wurden. Langsam ging sie in die Küche zurück, schob den Topf auf dem Herd zur Seite und sah auf die Uhr. Es war bald Mittag. Sie stieg hinauf in ihr Schlafzimmer, zog ein anderes Kleid an und puderte sich die Nase. Im Vorbeigehen strich sie über die blaue Decke auf dem Bett, zupfte an den Vorhängen, ging die Stiege wieder hinunter und verließ durch die Küche das Haus.

Sie hatte vor, eine Abkürzung zu nehmen, hinten an den Häusern entlang, und sie konnte nur hoffen, daß man ihr glauben würde. Sie galt als etwas verschroben, man schätzte ihre Freundlichkeit, ihren Ordnungssinn, aber sie gehörte doch nicht dazu. Man brauchte Kinder, um dazuzugehören, einen Mann, auch wenn er manchmal betrunken war oder nichts taugte, sie konnte sich noch soviel Mühe geben, ein Rest von Ablehnung blieb immer.

Ihre Nachbarin, die im Garten war, um Petersilie für die Suppe zu holen, erhob sich mit vom Bücken hochrotem Kopf aus dem Beet.

»Jetzt gehen Sie fort, bei dieser Hitze?«

»Ja.«

»Das ist nicht gut. Wo wollen Sie denn hin, in Ihrem besten Kleid?«

Die Lehrerin straffte die Schultern und knöpfte die Manschette am rechten Ärmel zu.

»Ich ... ich gehe ins Dorf.«

Sie spürte, daß sie rot wurde. Sie hörte auf, an der Manschette zu nesteln und hob den Blick.

»Ich habe jemanden in meinem Garten gesehen.«

»Ach ... ja?«

Die Nachbarin hielt sich das Petersilienbüschel über die Stirn und sah prüfend zu ihr hinüber.

»Sie sehen nicht gut aus, wirklich. Sie sollten lieber zuhause bleiben.«

»Ja, vielleicht.«

Man würde ihr nicht glauben. An dem leisen Zucken der Mundwinkel erkannte sie, woran die Frau dachte. Vor zwei Jahren hatte sie schon einmal geglaubt, einem Verbrechen auf der Spur zu sein. Gekreische und Stöhnen am Waldrand, hinter den dornigen Hecken, fremde Töne, die sie nicht kannte, aber sie war in dem guten Glauben, daß jemandem hier ein Leid angetan wurde, ins Dorf gelaufen, um Hilfe zu holen. Unvergeßlich war ihr das Gelächter der Leute geblieben, als man das aufgestörte Liebespaar aus dem Gestrüpp gezogen hatte.

Sie kam sich häßlich vor, in ihrem guten schwarzen Kleid, mitten im Gemüse stehend, häßlich und lächerlich.

»Dann gehe ich eben spazieren«, sagte sie entschlossen.

»Das sollten Sie nicht tun, Sie fordern ja den Mörder geradezu heraus.«

»Ach was.«

Sie drehte sich um und ging zur Gartentür, die halb offenstand, gleich danach begannen die Brombeerbüsche, die den Bahndamm hinaufwuchsen.

»Ich werde etwas die Gleise entlanggehen«, rief sie zurück. Sie sah noch, wie sich der freundliche und leicht amüsierte Ausdruck des Gesichtes der Nachbarin in einen ängstlichen und besorgten verwandelte, dann kletterte sie schon den steilen Fußweg zum Damm empor. Droben empfing sie die glühende Hitze des Sommermittags. Sie setzte die Füße auf die Holzschwellen, zwischen denen Blumen und Gras wuchs, denn die Strecke war schon lange stillgelegt, aber bald war ihr das zu anstrengend und sie machte kleinere Schritte, trat einmal auf den fast überwachsenen Schotter, einmal auf das verwitterte Holz. Das Dorf lag bald weit hinter ihr, Grillen zirpten, und ein betäubender Duft hing in der Luft, Duft von Heu und Blumen, und wenn sie jung gewesen wäre, so hätte sie sich jetzt vielleicht ins Gras gelegt, mit dem Strohhut auf dem Gesicht und von einem Mann geträumt, der sich zu ihr hinunterbeugen und ihr mit leiser Stimme ins Ohr flüstern würde, so nah, daß es kitzelte, und etwas wie eine verebbende Welle würde durch ihren Körper laufen und ihn weich und schwer machen. Aber sie war eine alte Lehrerin, eine Jungfer, wie die Kinder sie hinter ihrem Rücken spöttisch nannten, und von einem Mann zu träumen bedeutete für sie dasselbe, als träume ein Hase von einem Tiger.

Sie hatte vergessen, warum sie fortgegangen war, und als

sie, schweratmend unter der Hitze, hinter Holunderbüschen fast versteckt das Bahnwärterhäuschen liegen sah, ging sie schneller. Sie hoffte, dort eine Bank im Schatten zu finden, auf der sie sich ausruhen konnte. Sie zwängte sich zwischen zwei Büschen hindurch und ging um eine Hausecke. Wie verwildert hier alles war, sie hob die Füße hoch und setzte sie vorsichtig wieder nieder. Die Brennesseln, zwischen denen das kränkliche Weiß des Fingerhuts leuchtete, wie das von Blumen auf einem Totengebinde, brannten auf der Haut durch die Strümpfe hindurch. Als sie im Schatten war, merkte sie erst, wie das Blut ihr in den Kopf gestiegen war und in den Schläfen pochte. Sie atmete tief und wischte sich mit dem Taschentuch über das Gesicht, nirgends war ein Sitzplatz zu entdecken, außer auf den Steinstufen vor dem Haus. Jetzt erst bemerkte sie, daß die Haustür nur angelehnt war, ein langer dunkler Spalt verhieß Kühle und Dämmerung.

Sie bahnte sich einen Weg durch das Unkraut, stieß die Tür auf und trat ein. Hier war es wirklich kühl und sehr dunkel. Sie wußte, das Häuschen, das normalerweise fest verschlossen war, enthielt noch viele Möbel, denn der alte Bahnwärter war damals kurz nach Stillegung der Strecke gestorben und niemand hatte die Sachen haben wollen, die in vielen Jahren von dem einsamen Junggesellen verwohnt und abgenützt worden waren.

Sie öffnete eine weitere Tür, tastete sich in dem Dämmerlicht, das durch die geschlossenen Fensterläden in staubige Streifen zerteilt hereinkam, zu einem Stuhl und ließ sich darauf nieder. Wie tat das gut. Dieses Gefühl, der glühenden Hitze draußen entronnen zu sein und sich bequem ausruhen zu können, überwog alles andere. Erst als sich dieses wohltuende Gefühl in eine leichte, angenehme Müdigkeit wandelte, begann sie das Unheimliche dieses verlassenen Hauses zu spüren. Warum, erschrocken hielt sie die Luft an, warum war die Tür nicht verschlossen? Eine Woge von Angst schlug in ihr hoch, und nun hörte sie zum erstenmal bewußt das Geräusch, das sie im Unterbewußtsein schon die ganze Zeit wahrgenommen hatte. Es war ein leises Schlürfen ... szch ... und es kam in regelmäßigen Abständen ... szch ... szch.

Langsam, fast wie gelähmt wandte sie den Kopf und sah in die Ecke, aus der das Geräusch kam. Ihre Augen hatten sich an das Halbdunkel gewöhnt, sie erkannte ein Bett und darauf gelagert eine schwere, massige Gestalt. Es war ein Mann, er lag auf der Seite, den einen Arm hatte er auf das Kopfkissen gestützt. Das Gesicht in den Handteller geschmiegt, mußte er sie schon seit ihrem Eintreten beobachtet haben. Sie bemerkte seine großen, bleichen Augäpfel und ein Röhrchen aus Stroh, das von seinem Mund zu der Milchtüte führte, die neben seinem Arm auf dem Bett stand. Ruhig und starr sah er sie an, während er in gleichmäßigen Abständen die Milch hochzog, ohne daß sein Mund sich bewegte.

Sie fühlte einen Schauer über ihren Rücken laufen und atmete ganz flach, als schliefe sie, oder ... oder als wäre sie garnicht da ... nein, nicht hier, draußen in der Sonne war sie, mit stürmischen Schritten zwischen den Gleisen dahingehend, zurück zum Dorf.

Sie saß steif auf dem Stuhl und spürte, wie die Angst in ihr hochkroch und wieder zusammensank. Unzählige Gedanken jagten sich und lösten einander ab, während der Mann nicht aufhörte, seinen unbewegten Blick auf sie zu richten und an seiner Milch zu saugen. Wenn die Milch getrunken war, was dann? Dieser Mann war der Mörder, der gefährliche Irre, der aus einer Anstalt ausgebrochen war, um diesen langen und heißen Sommer auch zu einem blutigen, zu seinem blutigen Sommer zu machen. Warum schreie ich nicht, dachte sie, warum stehe ich nicht auf und renne und schreie, schlage mich an den Möbeln und den Wänden, stürze hinaus, die Treppe hinunter in die Brennesseln. Dort soll er sich auf mich werfen und mich erwürgen. Nein ... er würgte nicht, er schnitt. Er schnitt mit einem Rasiermesser einen sauberen, klaren Schnitt, und in der Kehle öffnete sich ein dunkler, zitternder Spalt, aus dem Blut quoll, Blut, immer mehr Blut ...

Sie wimmerte leise und schlug die Hände vors Gesicht. Das schlürfende Geräusch hatte aufgehört, durch die Finger hindurch blickte sie zu ihm hinüber, er lag noch genau so da wie vorher. Von dem großen, blassen Kopf mit dem schütteren Haarkranz glitt ihr Blick hinunter auf seine rechte Hand, die schlaff über den Bettrand hing. Sie betrachtete die kurzen, schwarzbehaarten Finger und dachte, wer sie wohl finden würde, wer zuerst dem süßen, ekelhaften Geruch nachgehen würde und dem gleichmäßigen Summen der Fliegen.

Vielleicht würde man sie auch nicht finden, wer kam denn schon hierher. Und das, was von ihr übrig war, würde noch in diesem Zimmer sein, wenn draußen schon der Schnee fiel. Weiche und weiße Flocken, die sich auf Haare und Wimpern von Kindern legten, die die Weihnachtskuchen zum Bäcker trugen, große, flache, mit Zimt und Zucker bestreute Kuchen, von denen sie naschten, während über ihren Köpfen sich das Glockengeläute vom Kirchturm mit dem Kreischen der Krähen draußen auf den Feldern zu einer heimlichen Totenklage für die verschwundene Lehrerin verbindet.

Ob irgendjemand ihretwegen traurig sein würde? Sie schloß einen Moment die Augen und fühlte ihre Angst immer kleiner werden. Nein, niemand, niemand würde sie vermissen. Kein Mann, keine Freundin und keines der Kinder, die sie unterrichtet hatte. Was war dieses Leben schon wert, das sie verlieren sollte. Dieses Leben, dessen schönste Augenblicke sich in der kurzen Stunde am Tag erschöpften, wenn sie nachmittags in ihrer sauberen, kleinen Küche Kaffee trank und dabei die Blumen auf der Fensterbank betrachtete, die weißen Wachsdolden und das fleißige Lieschen, dunkelrote Geranien und die altmodischen Levkojen, die sonst keiner mehr hatte.

Sie hatte keine Angst mehr. Dieser Tod, der auf sie zukam, war mehr, als sie jemals hätte erwarten dürfen. Was sagten sie im Dorf immer, wenn sie dachten, sie höre es nicht, die alte Lehrerin liegt eines Morgens tot in ihrem Bett, stocksteif, wie sie immer zur Schule gegangen ist. Aber sie haben sich getäuscht, so wird sie nicht sterben, nein. Sie ist an einem heißen Sommernachmittag die Gleise entlanggegangen zu diesem verlassenen Haus, als folge sie einem Ruf. Sie hat dieses dämmerige Zimmer betreten, als müßte es so sein, und so sitzt sie nun hier und wartet. Sie wartet, und die Bettfedern beginnen zu knarren, der Mann setzt die Beine auf den Boden, und die leere Milchtüte fällt klatschend herunter.

Eine Fliege summt, und sie fragt sich erstaunt, wo diese Fliege herkommt und woher sie weiß ... Der Mann stiert sie immer noch an, seine Hand tastet auf dem Bett umher. Sie hört ihn atmen und sie riecht ihn jetzt auch, er riecht wie ein Tier, scharf und nach Schweiß. Nun ist sie es, die starr ist, unbewegt und ganz ruhig. Er hat das Messer in der Hand, das er endlich gefunden hat, und er stöhnt leise. Tiefes Mitleid mit ihm erfaßt sie, und als er ganz nah vor ihr steht und sich über sie beugt, öffnet sie die Lippen und legt den Kopf zurück.

Jurij Kuranow

Die vorüberziehende Gewitterwolke

Es herrschte heißes Juli-Sommerwetter mit Wolken und Gewittern. Andrej kam mit dem leichten Gang eines Menschen, der tagsüber viel und fröhlich gearbeitet hat, vom Heuen. Er blickte auf den Wald, auf die fernen Berghänge, die mit Klee bewachsen waren, und es schien ihm, als sei er ein ganzes Jahr lang nicht mehr zu Hause gewesen. Er wußte, daß seine Mutter schon in der Hütte war – auch sie war auf dem Feld gewesen, und sie ging gerne allein nach Hause – und ihn jetzt am gedeckten Tisch erwartete.

Die Mutter saß am Tisch und putzte mit ihren langen, alterstrockenen Fingern den Knoblauch für die Okroschka*. Andrej wusch sich. Sie setzten sich und begannen schweigend zu essen. Nach einiger Zeit sah die Mutter aufmerksam zum Fenster hinaus und sagte:

»Sieh nur, was da für eine steht. Sogar der Wind hat sich gelegt.«

Andrej sah ebenfalls aus dem Fenster und erblickte auf dem Weg ein junges Mädchen.

»Sie steht nicht, sie geht«, sagte er.

»Ich meine nicht das Mädchen, sondern die Gewitterwolke.«

Jenseits der Schlucht, auf der anderen Seite der neuen Siedlung und des Waldes, stand eine Wolke. Sie hatte sich schon am Vorabend zusammengezogen, gegen Morgen aber beinahe wieder aufgelöst. Jetzt hing sie tief, still und füllte sich langsam mit eisiger Finsternis. Aus dem Wald, unter der Wolke hervor, kam auf dem Weg zur neuen Siedlung ein junges Mädchen mit einem Kopftuch in der Hand.

»Die Wolke zieht aber langsam herauf«, sagte Andrej.

»Eine Gewitterwolke wie diese da könnte sich vielleicht

---

* Kalte Suppe aus Kwass (einem säuerlichen, bierähnlichen Getränk) mit Fleischstückchen und Grünzeug erst morgen abend entladen«, antwortete die Mutter. »Ist noch Wasser in der Waschschüssel?«

»Nein, und die Eimer sind auch leer.«

»Dann geh und hol welches. Vielleicht ist das Mädchen schon lange unterwegs. Wenn sie bei uns einkehrt, wird sie sich waschen wollen. Mit dem Essen warten wir auch noch ein bißchen. Es wäre nicht schön, wenn sie hereinkäme und wir äßen gerade. Wer weiß, vielleicht ist sie schüchtern.«

Andrej nahm die Eimer und ging zum Brunnen. Das junge Mädchen war an der Kreuzung angelangt, wo der Weg in der einen Richtung zur Siedlung, in der anderen zum Gehöft führte. Sie hielt inne, als überlegte sie, wohin sie gehen sollte. Als sie aber Andrej sah, wandte sie sich dem Gehöft zu. Sie kam näher und fragte:

»Seid ihr viele Leute im Haus?«

»Zwei. Die Mutter und ich.«

»Kann ich etwas zu trinken haben?«

Das Mädchen legte sein Kopftuch auf den Rand des Brunnenkastens.

»Kommen Sie doch mit ins Haus und trinken Sie dort etwas.«

»Zuerst trinke ich aus dem Eimer und dann im Haus.« Das Mädchen lachte.

Andrej stand und sah zu, wie sie mit Lust und Leichtigkeit trank. Er wußte, daß das Wasser dieses Brunnens das wohlschmeckendste im ganzen Umkreis war und von jedem Vorüberkommenden gelobt wurde.

Das Mädchen hatte den Durst gelöscht, die Lippen mit dem Kopftuch abgetupft und sah sich jetzt nach allen Seiten um.

»Was für eine Wolke da heraufzieht! Wie eine Schneewolke!«

»Die steht schon lange da.« Andrej nahm die Eimer. »Kommen Sie herein und essen Sie mit uns zu Abend.«

»Mit Vergnügen«, sagte das Mädchen, »da ich schon mal hier bin.«

»Guten Abend«, grüßte sie, als sie die Hütte betrat. »Guten Abend.«

»Willkommen bei uns«, antwortete die Mutter. »Setzen Sie

sich mit uns zu Tisch. Genießen wir gemeinsam den Feierabend, wir nach der Arbeit, Sie nach dem langen Weg.«

Die Mutter schöpfte die Okroschka in die Teller.

Das Mädchen hatte ein rundes Gesicht, das zum Kinn hin spitzer wurde, und grünliche, eng beieinanderstehende Augen. Das Haar war hell, kurz geschnitten, aber dicht und struppig, und wenn sie den Kopf senkte oder drehte, schien es, als liefen Funken durch das Haar. Wenn sie sich unterhielt, betrachtete sie den anderen genau und blickte ihn mit leicht geneigtem Kopf, wie man bei grellem Sonnenschein unter der Hand hervorspäht, an. Sie trug eine offene, rote Jacke aus dünner Wolle mit kleinen, hellglänzenden Kupferknöpfen und einen weiten Faltenrock, der ihr bis übers Knie reichte. Sie war nicht groß, saß aber so aufrecht am Tisch, als reite sie auf einem Pferd.

»Sie wohnen also nur zu zweit in diesem Haus?« fragte sie nach dem Abendessen.

»Ja, zu zweit«, antwortete die Mutter.

»Was für ein großes Haus! Gerade so eines würden wir brauchen!«

»Wozu brauchen Sie es?« fragte Andrej.

»Nur vorübergehend. Wir sind eine Brigade. Wir führen hier Ermittlungen durch. Hier bei Ihnen soll eine neue Straße gebaut werden. Wir würden es nur für einen halben Monat brauchen.«

»Seid ihr viele?« fragte die Mutter.

»Acht Leute. Einen Teil würden wir bei Ihnen unterbringen und die anderen in dem kleinen Dörfchen dort drüben. Wäre das möglich?« Das Mädchen zeigte dabei auf die neue Siedlung.

»Es ist möglich«, sagte die Mutter, »es ist sowohl hier wie auch dort möglich. Wann wollen Sie in das Quartier einziehen?«

»Ich bin schon hier, und die anderen kommen in drei bis vier Tagen.«

»Wie Sie wollen. Wie es für Sie am besten ist, wird es auch für uns am besten sein«, sagte die Mutter und setzte sich dabei mit ihrem Strickzeug an den Tisch. »Um die Hütte ist es nicht schade, und dann gibt es schließlich auch noch über dem Stall den Dachboden mit den Bettvorhängen. Wie heißen Sie eigentlich?«

»Swetlana.«

Die Mutter und Swetlana blieben sitzen, um sich weiter zu unterhalten. Andrej ging hinaus, um in der Wirtschaft nach dem Rechten zu sehen. Die Sonne war schon untergegangen. Noch immer stand die Wolke jenseits der Schlucht über dem Wald und machte keine Anstalten, sich von der Stelle zu bewegen. Doch allem Anschein nach sammelte sie Kräfte. Andrej machte sich daran, die Kohlpflanzen zu begießen.

Er zog den Brunnenschwengel herunter, und der Eimer sank mit Gepolter in den Schacht. Die Schläge hallten immer hohltönender wider, je weiter es hinabging, als würden dort, in der Tiefe der Erde, viele Frauen eilig ihre Wäsche mit Bleueln schlagen. Andrej schöpfte Wasser und holte den Eimer herauf. Dabei spürte er einen Blick auf sich ruhen. Er sah auf. Auf der Treppe stand Swetlana. Andrej lächelte ihr zu. Swetlana erwiderte sein Lächeln. Die Dämmerung hatte sich noch nicht ganz verdichtet, und von hier aus, vom Brunnen, waren ihre Augen zu sehen. Sie blickten fest und leuchteten ein ganz klein wenig, so, als seien die Wimpern mit Rauhreif bedeckt. Andrej goß das Wasser in den anderen Eimer.

»Warum gießen Sie?«

»Die Mutter ist vom Tag müde, deshalb gieße ich. Außerdem wollte sie sich wohl lieber mit Ihnen unterhalten.«

»Das meine ich nicht. Es zieht doch eine Wolke herauf, heute nacht wird es regnen.«

»Dieser Regen kommt vielleicht erst in zwei Tagen. Wenn es die Wolken nicht sogar erst hinter die Wetluga treibt.«

»Und für Sie war es nicht interessant, sich mit mir zu unterhalten?«

Andrej schwieg und lächelte.

Swetlana kam zum Brunnen.

»Lassen Sie mich in den Brunnen hinunter«, bat sie.

»Wozu?« lachte er verwundert.

»Ich habe irgendwo gelesen, daß in Brunnen kleine Männchen leben. Bei Tag fürchten sie sich, aber nachts kommen sie herausgekrochen. Die möchte ich sehen.«

»Und wenn der Eimer abreißt?«

»Der reißt nicht, bei Ihnen hier ist alles so fest und solide.«

»Es lohnt sich nicht«, sagte Andrej.

Swetlana schüttelte ihre Sandalen ab, sprang auf den Rand des Brunnenkastens und packte mit den Händen die herabhängende Stange des Brunnenschwengels.

»Halten Sie fest, Andrej«, rief sie, »sonst ertrinke ich!«

Sie stellte sich mit den nackten Füßen in den Eimer und glitt hinunter. Andrej neigte sich über den Brunnen und klammerte sich mit beiden Händen an die Stange. Es zog ihn hinab. Er ließ die Stange los, faßte nach und faßte nochmals nach, bis er fühlte, daß der Schöpfeimer auf dem Wasser ankam.

»Und jetzt werde ich ein Seil holen. Bleiben Sie unterdessen im Wasser sitzen«, sagte er ruhig in den Brunnen hinunter.

»Ich werde selber an der Stange hinaufklettern«, hallte Swetlanas Stimme herauf.

»Na, dann klettern Sie doch heraus!«

»Ich bleibe noch ein wenig. Es ist so schön hier.«

»Kommen Sie, ich habe zu tun und halte hier die Stange wie ein Verurteilter.«

»Das stört mich gar nicht«, sagte Swetlana, überlegte es sich aber und erklärte sich einverstanden: »Also gut. Hier ist es auch kalt.«

Sie umfaßte die Stange mit Händen und Knien, kletterte herauf und stieg ohne Schwierigkeiten aus dem Brunnen heraus. Dann setzte sie sich auf den Rand des Brunnenkastens und blickte über die neue Siedlung hinweg.

»Was für eine Wolke!« wunderte sie sich. »Ob sie wirklich noch zwei Tage da stehen wird? Bei euch hier ist alles irgendwie ganz ohne Eile.«

Andrej packte die Stange und senkte den Schöpfeimer in den Brunnen.

»Und sie wird wirklich seitwärts vorüberziehen?« wiederholte Swetlana.

»Deshalb nennt man bei uns solche Wolken auch die ›Vorüberziehenden‹. Die Wetluga läßt sie nicht los.«

»Na schön. Sie müssen arbeiten, und ich muß schlafen«, sagte Swetlana und ging ins Haus.

Andrej stellte die leeren Eimer in die Mitte des Hofes, setzte sich auf den Sägebock neben dem Holzstoß und zündete sich eine Zigarette an. Den Hof erfüllte eine feuchte, vom Sonnenuntergang angeleuchtete Dämmerung, die um diese Sommerszeit bis zum Morgen anhielt. In solchen Nächten singt hinter der Badehütte die Nachtigall, und ihre einsame Stimme hallt in den klangvollen Weiten der Nacht wie in einem leeren, verlassenen Speicher wider. Irgendwo im Gebüsch gehen Pferde umher, kauen und laufen manchmal, aufgescheucht durch irgendein Rascheln, auseinander, und es scheint, als laufe jemand am Waldrand entlang und trage klirrendes Zaumzeug bei sich. Die Nachtigall braucht aber nur ihre Stimme zu erheben, dann erstarren die Pferde und sehen lange auf den warmen, niedrig über den Büschen stehenden Stern.

Gegen Mitternacht wurde die Wolke lebendig. Sie wollte sich von der Stelle bewegen und leuchtete immer wieder in dumpfen, glutrot flammenden Blitzen auf. Alles schmachtete. Die Nachtigall verstummte, unter den Bettvorhängen und Dächern wurde es schwül, die Mücken kamen noch dichter und angriffslustiger angeflogen, und unmittelbar über der Erde breitete sich der eisenhaltige Geruch des Wassers aus.

Andrej zertrat seine Zigarettenkippe und stieg zum Dachboden hinauf, um sich schlafen zu legen. Unter dem diffusen, weichen Licht des Baumwollvorhanges wurde er sogleich müde. Hinter dem Nachbarvorhang hörte man Atmen. Es glich dem Rauschen eines jungen Birkenhains um die Mittagsstunde, und Andrej schien es, als stünde er irgendwo an einem hohen Ufer: unter ihm floß der Fluß, und von dorther wehte ein sanfter Wind.

»Andrej«, hörte er eine ferne Stimme, »schlafen Sie?«

Die Stimme kam von drüben, von der anderen Seite des Flusses. Dort stand, bis zu den Knien im Wasser, ein junges Mädchen in einem leichten weißen Kleid, mit einem Reisebündel.

Er kam zu sich und begriff, daß es Swetlanas Stimme war.

»Nein, ich schlafe nicht«, sagte er.

»Was haben Sie hier für merkwürdige Nächte!« sagte Swetlana hinter dem Vorhang. »In solchen Nächten kann man einfach nicht einschlafen. Nachts ist bei euch alles irgendwie eigenartig, heilig. In solchen Gegenden kann man nicht leben, ohne an etwas Wunderschönes zu glauben, wie es eure Wälder und Blumen oder auch die Augen Ihrer Mutter sind.«

Andrej antwortete nicht.

»Ich bin zum erstenmal auf einer Expedition. Vorher habe ich studiert. Unsere Gruppe arbeitet schon länger als einen Monat«, fuhr Swetlana fort, »und mit jedem Tag habe ich weniger Lust, wieder von hier wegzufahren ... Es wäre schön, für immer hierbleiben zu können, zum Beispiel hier in diesem Haus. Sagen Sie, würden Sie mich hier im Haus wohnen lassen?«

Andrej stockte der Atem. Es war, als blickte er immer noch über den Fluß. Dann holte er tief Luft und sagte:

»Warum denn nicht? Sie müssen es nur wollen. Aber es kann überall schön sein. Was haben sie doch in den Städten für Häuser, die reinsten Paläste! Und Licht in der Nacht! Von solchem Licht hat man in unseren Märchen noch nie etwas gehört.«

»Ach, das wird einem alles schnell langweilig.« Swetlana seufzte: »Man möchte irgend so etwas ... Echtes.«

»Und ich denke, daß in der Welt alles echt ist. Da liegen Sie jetzt hinter dem Vorhang, und wir unterhalten uns. Sind Sie denn nicht echt?«

»Ich bin freilich echt. Deshalb gefällt mir hier auch alles so gut. Übrigens geht es schon auf zwei Uhr. Wir müssen schlafen. Ihre Wolke steht aber tatsächlich noch immer auf der gleichen Stelle. Sie atmet nur.«

»Ja, sie wird sich ungefähr noch zwei Tage zusammenballen. Schlafen sollte man, schlafen, aber man mag schon nicht mehr.«

»Ich will jetzt schon. Lassen Sie uns schlafen!«

Am frühen Morgen – vor Sonne und Tau – ging Andrej glücklich und atemlos durch den Wald zur Heuernte. Es gab noch keine Birkenpilze und Rotkappen, und doch war die ganze Tannenluft von süßlichem Pilzgeruch erfüllt. Andrej ging schweren Schrittes. Er dachte an diese ganze flüchtige Nacht, an die Mücken, die bis zum Morgen gegen den Vorhang wie gegen eine dünne, leichte Glocke schlugen, an Swetlanas ruhigen Schlaf und an ihr tiefes, festes Atmen, das nach ihren Worten »Lassen Sie uns schlafen« sogleich eingesetzt und nicht mehr aufgehört hatte, bis Andrej sich erhob, ankleidete und ins Haus ging.

Andrej gelangte an das Ende des Waldes und auf einem schmalen Weg zum Fluß, an dessen Ufer das Gras etwa zwei Kilometer weit mit Sensen abgemäht war. Es duftete satt und berauschend wie nach Tabak. Die Brigade hatte sich mit ihren Rechen dem Ufer entlang verstreut. Andrej ging zur Feuerstelle, wo neben dem schwarzen Kessel noch vom Vortag die Rechen lagen, und begann ebenfalls das Heu zu wenden.

Dann wartete man wieder, bis das Heu getrocknet war. Sie saßen am Ufer, badeten im Fluß. Andrej ging zweimal ins Wasser und tauchte bis auf den Grund, wo unter der Uferböschung eine Baumwurzel hängengeblieben war, die wie ein Wels im Wasser hing und schaukelte. Dann wurde das Heu zusammengerecht. Die Mutter und Andrej stellten sich an den beiden Enden einer Mahd auf und rechten aufeinander zu. Sie trafen sich. Die Mutter sah Andrej an, sagte aber nichts.

In der mittäglichen Sonnenglut, in einem schwülen, unter der Wolke aufkommenden Wind begannen sie, die Mieten aufzusetzen. Je zwei nahmen eine Trage – zwei lange Stangen – hoben mit ihnen die Heuhaufen vom Boden auf, und die jungen Burschen häuften sie zu Mieten.

Da trat Swetlana aus dem Wald heraus.

Sie kam aus der entgegengesetzten Richtung, wo Ninka Ignatowa mit ihrem zehnjährigen Kolka die Heuhaufen zur Miete schleppte, die Andrej aufstellte. Ninka war kleinwüchsig und untersetzt, hatte einen großen Bauch und riesenhaft herabhängende Brüste und die mächtigen Hände eines Ackermannes. Fest auftretend ging sie barfuß über die Stoppeln und machte mit ihren geraden, dicken Beinen kurze Schritte, während Kolka hinter ihr herlief, sich bückte und einknickte, als bettle er um irgend etwas. Swetlana trat von hinten an Kolka heran, packte mit starkem Griff die Stangen und schleppte mit Ninka die Trage weiter, auch sie trat dabei fest auf, geriet aber manchmal ein wenig ins Schwanken.

Bei der Miete kippten sie die Trage um und schütteten das Heu direkt vor Andrejs Füße. Der blickte sich um und lächelte Swetlana zu.

»Helf dir Gott«, sagte Swetlana und lächelte auch.

»Hoffe auf ihn und mach keine Dummheiten«, schmunzelte Andrej.

»Arbeite, arbeite und stiehl ein bißchen dazu, dann wird dir Gott schon seine Hilfe erweisen«, lachte Ninka.

Die Hitze wurde immer drückender, die Bremsen summten und dröhnten. Eine stieß Swetlana gegen die Wange und fiel vor ihre Füße, eine zweite prallte gegen ihren Rücken, setzte sich auf die Bluse und kroch ihr langsam übers Kreuz.

Auf dem Rückweg gingen sie gemächlich, atmeten die dicke, heiße Luft tief ein und ruhten sich aus. Ninka trat in ein Hummelnest, stöhnte auf, sprang seitwärts und ließ sich auf dem Boden nieder. Die goldenen, durchsichtigen, dicken Hummeln krochen böse auseinander, als nähmen sie Anlauf, und dann startete eine nach der anderen wie von einem Flugplatz.

Ninka hob ihren fleischigen Fuß mit beiden Händen hoch und betrachtete die Sohle angespannt, so als schaute sie durch eine Brille.

»Paß auf, daß du nicht davonfliegst!« rief ein Bursche von weitem.

»Wenn ich fliege, dann bestimmt nicht weit«, grinste Ninka. In einer Zehe fand sie einen winzigen tiefschwarzen Stachel, zog ihn heraus und warf ihn ins Gras.

»So ein winziges Aas«, lächelte sie, »und doch ist es mir durch Mark und Bein gegangen.«

Sie brachten die zweite Trage, kippten sie wieder hinter Andrejs Rücken aus, und Swetlana warf ihm die Last direkt unter seine Knie. Andrej kam ins Stolpern und fiel mit dem Rücken aufs Heu. Swetlana lachte, packte einen Arm voll Heu und warf es Andrej ins Gesicht. Andrej spang auf, faßte sie bei den Schultern, warf sie um und deckte sie ganz mit Heu zu. Ringsherum lachten alle.

»Bring sie zum Lachen, bring sie zum Lachen!« rief jemand von weitem.

»Pack sie, pack sie«, sagte Ninka, »dann wird sie kräftiger werden.«

Als sie zurückgingen, zogen sie die Stangen hinter sich her.

»Sie sind schwanger und arbeiten noch?« fragte Swetlana, als sie wieder zu Atem gekommen war.

»Wieso soll ich schwanger sein, ich habe schon fünf Kinder!«

»Und der Bauch?«

»Ich bin immer ziemlich dick«, sagte Ninka würdevoll. »Weißt du, mein Mann liebt mich so.«

Ihr Mann, Ignat, ebenfalls klein, stämmig, geradbeinig, stand auf der Nachbarmiete und rundete sie nach oben ab. Sie war schon hoch und überragte beinahe den Wald. Ignat war Brigadeführer, und er konnte von dort oben aus die ganze Wiese überblicken. Sein Gesicht war rot und nicht mehr jung, es hatte aber stets einen glücklichen Ausdruck, so als habe er eben klares, kühles Wasser getrunken.

Sie brachten die dritte Trage, und Swetlana warf sie Andrej wieder vor die Füße. Aber diesmal wich Andrej aus und jagte ihr über die ganze Wiese nach. Sie lief mit funkelnden Augen davon, mit den Schritten eines jungen Luchses. Alle lachten und kamen hinter den Mieten hervor.

»Schneller, schneller!« riefen die Frauen.

»Warum hältst du denn an wie ein Hase!« riefen die Burschen.

Andrej hatte sie fast eingeholt.

»Renn, lauf«, sagte die Mutter zärtlich, von der Seite her zuschauend.

»Pack sie, pack sie! Ehe man sich's versieht, wird sie dich heiraten!« rief Ignat von der Miete herab.

»Dann wird sie auch dicker werden«, meinte Ninka und sah ebenfalls erheitert auf Swetlana.

Sie kehrten zur Miete zurück. Andrej nahm mit den drei altersgrauen Zinken seiner gigantischen Holzgabel den ganzen Haufen auf einmal von der Trage, stemmte ihn hoch, blieb darunter wie unter einer Wolke stehen und schleuderte ihn dann mit einer solchen Kraft den Burschen auf die Miete, daß er sie beinahe umgeworfen hätte.

Die beiden Frauen hoben eine neue Trage hoch. Als sie schon nahe an der Miete waren, gabelte Andrej von einer anderen Trage einen riesigen Haufen auf. Er ging in die Knie, spannte sich, und der ganze Haufen rutschte herunter. Andrej verlor das Gleichgewicht und stolperte rückwärts. Die Gabel schwang sich hoch und von ihr flog etwas wie ein langes, schwarzes Band über die Wiese.

»Eine Schlange!« ertönte es von allen Seiten. Alle stürzten sich auf die Schlange. Auch Ninka verließ ihre Trage und rannte los. Die Schlange schlug auf die Erde und glitt blitzschnell zum Ufer. Andrejs Mutter lief ihr nach. Sie bückte sich einigemale, um die Schlange am Schwanz zu packen, aber es gelang ihr nicht. Die Schlange glitt geschmeidig das Ufer hinab und verschwand im Wasser.

Swetlana kam herbeigelaufen, als die Schlange, ihren schmalen, in der Sonne aufglänzenden Kopf sorgfältig aus dem Wasser haltend, schon auf das andere Ufer zuhielt. Jemand stürzte ihr voller Eifer ins Wasser nach.

»Was tun Sie?« rief Swetlana. »Auf keinen Fall! Was wollen Sie mit ihr im Wasser machen?«

Der Bursche schwamm ein wenig herum, tauchte und kam wieder ans Ufer.

Ein kleiner Junge kam zu Swetlana gelaufen und rief schnell:

»Sie sind ihr nachgerannt, aber sie sprang, sie sprang in den Fluß, wie eine Karausche!«

Von der Feuerstelle, wo zwei ältere Kolchosbäuerinnen schon seit längerer Zeit etwas gekocht und gebraten hatten, wurde jetzt zum Essen gerufen.

Sie aßen die Suppe mit großen Holzlöffeln, unter Johannisbeersträuchern, im satten Licht reifer, roter Beeren.

Auch Swetlana bekam so einen großen geschnitzten Löffel. Das junge Mädchen aß, betrachtete den Löffel und dachte: ›Warum wird eigentlich in den Büchern geschrieben, daß die Väter mit solchen Löffeln bei Tisch die Unartigen auf die Stirne schlagen? Damit könnte man doch auch töten.‹ Danach gab es gekochtes Hammelfleisch. Das Hammelfleisch war zart und zerging auf der Zunge.

Gegen Mittag war die Wolke noch größer geworden, sie hatte Kraft gesammelt, und jetzt sah sie irgendwie Ninka ähnlich. Ruhig stand sie da, machte die Hitze nur noch drückender, und ihr entströmten unablässig ganze Schwärme von Mücken. Als Swetlana gegessen hatte, stand sie auf, zog ihren Rock zurecht und machte sich auf den Weg.

»Jetzt muß ich mich um meine eigenen Angelegenheiten kümmern.«

Am Abend, als Andrej vom Heuen zurückkehrte, sah er Swetlana auf einer Waldwiese. Sie schlief tief im Moos versunken, mit dem Gesicht nach oben, hatte die Handflächen unter den Kopf gelegt und die Beine ausgestreckt. Ihr Gesicht war vom grünen Licht des abendlichen Laubs übergossen. Andrej blieb eine Zeitlang stehen, sah auf sie herab und ging dann, vorsichtig auftretend, als fürchte er, die Waldwiese zu erschüttern, seines Wegs.

»Andrej!« rief ihm Swetlana nach.

Andrej hielt inne und blickte zurück.

Swetlana hatte die Ellenbogen aufgestützt und sah ihn an.

Die Mutter saß am Tisch und aß Borschtsch. Der Borschtsch war in einer großen, grünen Schüssel angerichtet, und zwei Löffel lagen daneben. Swetlana und Andrej setzten sich ebenfalls an den Tisch und aßen mit der Mutter.

Nach dem Essen holte die Mutter ihr Strickzeug.

»Geben Sie mir bitte Wolle«, sagte Swetlana. »Ich würde auch gerne etwas stricken. Und wenn es auch nur Fäustlinge für Andrej zum Andenken sind.«

»Kannst du denn stricken?« staunte die Mutter.

»Warum sollte ich's nicht können! Ich kann alles«, sagte Swetlana und lächelte.

»Dann strick nur«, sagte die Mutter zärtlich und holte aus dem Schrank Wolle und Stricknadeln; beide setzten sich auf die Bank am Fenster.

»Andrej, geh du in die neue Siedlung«, sagte die Mutter, »und besprich dort mit Ninka, daß sie die Bettvorhänge für die anderen richtet. Sie kommen doch schon bald.«

Andrej ging hinaus und blieb im Eingang stehen. Er konnte hören, wie die Mutter nach langem Schweigen sagte:
»Gefällt dir Andrej?«
»Er ist ein guter Bursche.«
»Er hat noch kein einziges Mädchen angesehen.«
Swetlana lächelte.
»Von all meinen Söhnen ist er der Standhafteste. Und der Jüngste.«
Swetlana strickte.
Die Mutter sah zum Fenster hinaus.
»Jetzt hat die Wolke angefangen, sich zu drehen. Wie besessen ist sie!«
Die Wolke bäumte sich in der Dämmerung langsam auf, hing aber noch immer an der gleichen Stelle. Manchmal wurde sie von innen her durch einen Blitz aufgerissen. Es donnerte aber nicht. Es schien, als senke sie sich, doch an ihrem oberen Rand wurde sie immer größer.
»Heirate meinen Andruscha, Swetlana, wo findest du einen umgänglicheren Burschen? Und er ist selbständig und hat einen klugen Kopf. Und er wird dich lieben – wird dich nie im Stich lassen.«
Swetlana lächelte. Sie blickte auf ihr Strickzeug, neigte ihren Kopf und verbarg so ihre Augen.
»Was soll man lange herumreden«, sagte die Mutter, »zwischen euch ist doch alles klar. Ich bin die Mutter – ich sehe so was.«
Swetlana hob den Kopf, sah die Mutter mit ruhigen, fröhlichen Augen an und lächelte wieder.
Sie saßen noch lange, mit ihrem Strickzeug beschäftigt, und lauschten, wie die Brennesselpflanzen hinter der Wand rauschten, wie sich die Spatzen über dem Fenster für die Nacht einrichteten und wie die Katze auf dem Dachfirst entlangging, sich vielleicht irgendwohin schlich, oder einfach die Sterne betrachtete.

Erst in der dichten Mitternachtsdämmerung stieg Andrej zum Dachboden hinauf. Er sah, daß Swetlana hinter ihrem Vorhang saß, den oberen Teil zurückgeschlagen hatte und mit leuchtenden Augen in die Dunkelheit blickte. Beim Klang seiner Schritte zuckte sie zusammen, dann sah sie Andrej ruhig und vergnügt ins Gesicht.

»Was ist das für eine drückende Nacht«, sagte sie. »Sind denn bei euch alle Nächte so?«

»Ich weiß nicht, früher ist mir das nicht so aufgefallen«, sagte Andrej.

»Es ist hier aber auch unheimlich und irgendwie freudlos«, sagte Swetlana. »Hier ist alles so, daß man sogar Angst hat, etwas zu berühren.«

Andrej kam näher und setzte sich zu ihr.

»Achte nicht auf meine Worte, ich scherze nur«, sagte Swetlana und nahm Andrejs Schläfen zwischen ihre Hände.

Nachts spürt man durch die dünnen, hellhörigen Wände, wie die Birke über dem Badehaus schlummert, wie die Gräser sich mit Feuchtigkeit sättigen und die Wolke von Zeit zu Zeit vom Blitz aufgerissen wird, und dann scheint es, als seufze jemand schnell und tief. Vielleicht seufzt die Kuh unten im Stall oder es leidet jemand, der im Brunnen ist, in der Dunkelheit und blickt mit großen, freudlosen Augen unter mit zartem Licht wie mit Rauhreif besetzten Wimpern zum Himmel empor.

Morgens beim Frühstück sahen sie alle durchs Fenster, wie ein Mann mit Baskenmütze und leichten Sportschuhen auf dem Pfad von der neuen Siedlung kam. Er lief schnell, seine Arme weit und freudig schwingend, als eile er einem Lied entgegen.

Swetlana stand auf und lief hinaus.

Man hörte, wie sie die Treppe hinunterging und dann stehenblieb.

Der Mann sah sie, schwenkte die Mütze freudig über dem Kopf und beschleunigte seinen Schritt. Er kam zum Aufgang und sagte vergnügt:

»Endlich habe ich dich gefunden, ich habe mich schon so nach dir gesehnt!«

»Auch ich hatte Sehnsucht nach dir«, sagte Swetlana.

»Und wie steht's? Hast du wegen der Unterkunft alles geregelt?«

»Nicht ganz.«

»Nehmen sie uns nicht auf?«

»Wie bist du hergekommen?«

»Ich hatte noch fünf freie Tage zu bekommen. Ich dachte, warum soll ich sie in Moskau verleben, wenn die Reise doch nur vierundzwanzig Stunden dauert.«

Die Mutter und Andrej saßen schweigend da und blickten auf den Tisch.

Swetlana schwieg, und man konnte hören, wie sie atmete.

»Und wie hast du erfahren, wo ich bin?« fragte Swetlana.

»Ich hatte im Dorf eure Gruppe gefunden. Und hier in diesem kleinen Dörfchen konnten sie mir schon sagen, wo du bist. Und daß du mit ihnen gestern beim Heuen so prächtig gearbeitet hast.«

»Ja, gestern war ich kurz beim Heuen. Komm, setzen wir uns ein wenig auf die Stufen. Die Hausleute räumen gerade auf. Wir wollen sie nicht stören.«

Sie gingen zur Treppe und setzten sich. Eine Zeitlang schwiegen sie, dann sagte Swetlana:

»Warte mal ... Im großen und ganzen steht es so mit der Unterkunft: ich hatte schon beinahe beschlossen, mich hier einzuquartieren, aber gestern stellte sich heraus, daß die Hausleute Verwandtenbesuch bekommen. Es wird besser sein, wenn ich im nächsten Dorf etwas vereinbare. Wir wollen gleich dorthin gehen.«

Die Mutter und Andrej aßen schweigend weiter und sahen sich nicht an. Auf dem Dach hüpfte eine Elster den First entlang, und in der Stube hallte es klopfend wider.

»In diesem Haus wohnen überhaupt erstaunliche Menschen«, sagte Swetlana. »Ich werde dich später noch mit ihnen bekannt machen. Die Hausfrau hat einen Sohn. Er ist so ruhig, klug, standhaft – ein echter russischer Bursche. Er ist so höflich. Wenn wir hierbleiben könnten, würdet ihr euch schnell anfreunden. Ich bin davon überzeugt, daß er dir gefallen würde. Ich habe ihm viel von dir erzählt.«

»Und du hast dich ein wenig in ihn verliebt?« lachte der Mann nachsichtig.

»Nein. Er hat sich, wie mir scheint, tatsächlich ein wenig in mich verliebt. Aber er ist so rein und zurückhaltend.«

»Nun, für uns beide ist jetzt alles soweit klar, wenn du von der Expedition zurückkommst, können wir in die neue Wohnung einziehen ...«

»Weißt du was«, besann sich Swetlana plötzlich, »mir ist heute früh so ein Gedanke gekommen! Lassen wir uns doch hier trauen! Wir suchen uns irgend so einen Bauernsowjet, irgend so ein malerisches Dörfchen. Es soll sein wie im Märchen. Nicht wahr, es wird ungewöhnlich sein?«

»Das ist ja großartig!« sagte der Mann. »Ich gehe kurz Wasser trinken. Ich habe Durst.«

»Warte noch, laß sie erst Ordnung machen. Es wäre unangenehm, weißt du, sie sind so schüchtern.«

»Dann geh du und bring mir einen Becher.«

»Drüben ist doch ein Brunnen. Hier gibt es herrliches Wasser.«

Swetlana lief die Treppen hinunter und flüsterte leise in scherzendem Ton: »In diesem Brunnen wäre ich beinahe ertrunken. Ich habe hineingeschaut, mir wurde schwindlig und ich fiel hinein. Zum Glück hatte ich noch Zeit, die Stange zu packen. Sonst wäre ich ertrunken. Niemand war in der Nähe.«

»Na, ertrunken wärst du wohl nicht, aber du hättest dich erkälten können«, sagte der Mann lachend und verließ ebenfalls die Treppe.

Sie gingen zum Brunnen.

»Ich muß zur Arbeit«, sagte Andrej, stand auf und ging schnell hinaus.

Swetlana und der Mann sahen sich nach der Tür um.

»Andrej«, sagte Swetlana, »ich möchte Sie bekannt machen, das ist Igor.«

Igor kam Andrej fröhlich mit ausgestreckter Hand entgegen.

»Vielen Dank«, sagte er, als er näher kam. »Vielen Dank für

alles. Swetlana hat mir erzählt, daß Sie sie so gut aufgenommen haben. Es ist wirklich schade, daß wir nicht bei Ihnen wohnen können.«

»Gestern abend haben wir erfahren, daß wir Gäste bekommen«, sagte Andrej mit belegter Stimme.

Igor gab Andrej die Hand, sah ihm in die Augen, und sein Lächeln nahm einen gespannten Ausdruck an. Er blickte sich nach Swetlana um, als suche er bei ihr Schutz vor Andrejs erstarrtem Gesicht. Swetlana betrachtete sie von der Seite und lächelte gezwungen.

»Guten Tag«, sagte Andrej, »ich muß jetzt zur Arbeit. Ich habe viel zu tun. Und Swetlana ist ein Mensch, der sich leicht einlebt. Sie wird sich auch im anderen Dorf durch nichts beeinträchtigen lassen. Auch dort wird es schön sein. Also, leben Sie wohl!«

Andrej ging zum Fluß.

Er lief, und es schien ihm, als laufe er mit geschlossenen Augen, er sah nichts und hatte ein Gefühl, als habe man ihm den Kopf eingeschlagen. Er kam zur Heuwiese, schlich sich seitlich durch das Dickicht zum Fluß, entkleidete sich am Ufer und stürzte sich nackt ins Wasser. Er schwamm lange, tauchte und warf sich mit voller Kraft von einer Uferseite zur anderen, als durchwühle er den ganzen Fluß bis auf den Grund. Dann stieg er aus dem Wasser, sah sich um, setzte sich hin und rauchte.

Die Wolke war umgekippt und zog seitwärts in Richtung der Dörfer, zu denen Swetlana und Igor wahrscheinlich schon unterwegs waren. Die Wolke drehte sich und wurde von innen her durchgewirbelt und gewürgt. Es blitzte grell, der Donner grollte nervös und heftig und zerprasselte, als durchbräche er Dielenbretter. Dann riß die Wolke mit einemmal ganz auf, es wurde plötzlich düster, und ein dumpfes Tosen durchlief die Wälder. Einen Augenblick lang hielt sie inne, als überlege sie, wo sie niedergehen oder ob sie nicht umkehren sollte. Dann sank sie herab und setzte ihren früheren Weg fort. Sie bewegte sich tief, donnerte, dampfte, stampfte gleichsam die Erde. Andrej dachte mit Genugtuung, daß ihr Donner etwas Rachsüchtiges habe.

»Soll der Donner sie doch in die Erde verschwinden lassen!« dachte er böse und stellte sich vor, wie diese beiden Menschen jetzt geduckt den Waldweg entlangliefen.

Andrej fiel Igors Gesicht am Brunnen ein. So lebhaft und glücklich war es und wurde doch plötzlich jämmerlich und verlegen, als er in ihrem schweren Schweigen nach passenden Worten suchte und seine Gedanken sammelte. Er erinnerte sich, wie Swetlana sie beide von der Seite angesehen hatte, wie vom anderen Ufer eines Flusses aus. Mit einem fremden Blick, unter Wimpern hervor, die wie von Rauhreif bedeckt waren.

»Ich habe den Mann unnötig beleidigt«, dachte Andrej, »ganz unsinnig. Was hatte er damit zu tun? Vielleicht ist er ein einfacher, argloser Bursche.«

Plötzlich fühlte Andrej, daß ihm jemand den Kopf streichelte, seine nassen Haare zart berührte. Er drehte sich um und sah hinter seinem Rücken die Mutter stehen.

»Andruscha, drüben werden schon lange die Mieten aufgesetzt«, sagte sie.

»Sofort, Mama.« Andrej erhob sich. »Gehen wir.«

»Geh du schon, ich komme nach«, sagte die Mutter.

Andrej schritt über die warme Erde am Ufer entlang und ging langsam auf die Heumieten zu. Der Heuduft strich sacht über seine Brust, wehte um seinen Kopf.

Die Leute setzten die Mieten auf und scherzten miteinander. Am gegenüberliegenden Ufer stand, bis zu den Knien im Wasser, ein kleines Mädchen mit dem Essensbündel in der Hand. Es hatte Angst weiterzugehen und sah bald auf das Wasser, bald auf die Heumieten. Schon wollte es nach jemandem rufen, aber dann beherrschte es sich und watete langsam durch den Fluß: vorsichtig auftretend, mit den Füßen den Grund abtastend, im Kleidchen bis zu den Knien, bis zur Hüfte, ja bis zur Brust in das warme, klare Wasser steigend, hielt es das Bündelchen hoch über den Kopf und fühlte schon, daß das Wasser hier nicht sehr tief war.

KARIN KUSTERER

Der Feuerschlucker

Er trug schon damals einen Stoppelbart und hatte seine langen Haare im Nacken mit einem Gummi zusammengebunden, als das noch längst nicht zum lässigen Chic von Jungmanagern und Modemachern gehörte.
  Sie saßen im Uni-Lateinkurs für Studenten des philosophischen Fachbereichs, die ihr Latinum nachholen mußten. Er verstand überhaupt nichts, schlug erfolglose Schlachten gegen den Ablativus absolutus und ähnliche grammatikalische Bestien und machte dabei einen derart rührend-hilflosen und zugleich trotzigen Eindruck, daß sie nicht anders konnte, als ihm gelegentlich zu helfen, obwohl sie selbst herzlich wenig begriff. Kaum waren die eineinhalb Stunden um, stürmte er gewöhnlich davon, um seine Freundin abzuholen, wie er sagte.

Ihr gefielen in dieser Zeit der Unsicherheit zu Beginn des Studiums vor allem ungewöhnliche Typen, die wie sie selbst nicht gut klarkamen mit dem Unibetrieb, aber – zumindest gelegentlich – darauf zu spucken schienen. Und Jungs, die unerreichbar waren. Und solche, die sich über sich selbst lustig machen konnten. Also verliebte sie sich ganz vorsichtig und aus sicherer Entfernung in Peter, den alle Pedro nannten, weil er ein Faible für Spanien hatte und Romanistik studierte.
  Hier und da kam Pedro in die Cafeteria, und dann setzte er sich stets an ihren Tisch. Seine Freundin bekam sie nie zu Gesicht. Er schien immer unter Strom zu stehen, saß auf der äußersten Stuhlkante, wippte mit den Knien auf und ab, blickte sich ständig um und kippte seinen Kaffee hinunter. Wenn er an seinem Hot dog kaute, spuckte er Krümel. Oft schob er sein T-Shirt hoch, kratzte sich am haarigen Bauch und gähnte demonstrativ gegen die ganze Uni an, wobei er seine prachtvollen Zähne und einen ungeheuren Schlund zeigte, all das umrahmt von rötlichen Bartstoppeln. Die dünnen Lehramtsanwärterinnen an den Nebentischen betrachteten ihn mit

Abscheu. Aber Eva war hingerissen. Sie fand ihn ungeheuer männlich und ungezähmt in solchen Augenblicken.

Und dann kam ein Tag, an dem Pedro nicht wie sonst in die Cafeteria stürmte, sondern mit gesenktem Kopf zwischen Tischen und Stühlen hindurchschlich. Schließlich ließ er sich mit herzerweichendem Stöhnen an ihrem Tisch nieder. Er war glattrasiert und hatte ein blaues Auge.

»Was ist denn mit dir passiert?« fragte Eva.

»Wenn ich schon so ein Veilchen hab, dann kann ich mich auch gleich rasieren!«

Eva verstand kein Wort.

»Na ja, sonst versteck ich mich mindestens einen Tag, wenn ich mich mal wieder rasiert hab, weil's mir peinlich ist. Hier und da muß man sich halt rasieren, wenn man keinen Rauschebart haben will.«

Er fuhr sich mit der Hand über das Kinn und zog eine Grimasse. »Aber heute ist es schon egal. Heute rettet mich nichts mehr.« Und verfiel in dumpfes Brüten.

Ich zieh dir nicht alles aus der Nase heraus, beschloß Eva, und schwieg auch.

»Sibylle!« Fatalismus schwang in Pedros Stimme.

»Aha.«

Sibylle war Pedros Freundin.

»Mit ihrem Tennisschläger.«

»Ah ja.«

»Mensch, mir geht's hundeelend, und dir fällt nicht mehr ein als *aha* und *ah ja*«, beschwerte er sich.

»Hast du dich wenigstens gewehrt?«

»Nee. Frauen gegenüber bist du machtlos.«

»Aha.«

Ein paar Tage blieb er verschwunden, vielleicht war er sauer, daß Eva ihn nicht getröstet hatte. Aber dann tauchte er wieder auf, stürmisch, hektisch und gut gelaunt.

»Na, ist Sibylle wieder lieb?«

Er grinste. »Das Beste sind die Versöhnungen!«

Und wackelte anzüglich mit den Augenbrauen.

Eva hatte einige Klausuren zu bestehen und tauchte dann in die Staatsbibliothek ab, um für eine Seminararbeit zu recherchieren. Sie schwänzte drei Lateinstunden und hatte auch keine Zeit für die Cafeteria.

Am Schwarzen Brett fing Pedro sie ab.

»Wo hast du gesteckt?«

Er war fast beleidigt. »Wir haben eine Lateinpaukgruppe gegründet, machst du mit? Wir treffen uns bei Ralf.«

Ralf war der Beste in Latein. Er hockte auf seinem Bett und übersetzte: »*Die Soldaten mußten den Fluß bei reißender Strömung schnell durchqueren.*«

»Wie machst du das bloß?« japste Pedro, der wie die anderen auf dem Boden saß. »Das steht hier gar nicht. Der Fluß ist doch im Nominativ, verflixt noch mal. Das heißt also, der blöde Fluß macht irgendwas, oder wie seh ich das?«

Brigitte lächelte mitleidig. »Nein, Pedro, wortwörtlich steht hier: *Der Fluß war ein von den Soldaten – reißende Strömung – schnell zu durchquerender,* oder so ähnlich.«

»Das ist doch perfider bullshit!« Pedro ließ sich nach hinten fallen und brachte Ralfs Gummibaum ins Wanken. »Lieber übersetze ich zehn Jahre lang Pablo Neruda, bevor ich das lerne!«

Eva konnte es ihm nachfühlen. Pedro war das Trostpflaster für die ganze Gruppe. Wenn er übersetzte, zermalmte er gnadenlos alle antiken Autoren. Dabei schleuderte er seinen rotbraunen Zopf nach hinten und zerbiß einen Bleistift nach dem anderen. Seine Konzentration war kraftvoll und verzweifelt, und Eva mußte an einen eingesperrten Bison denken, der gegen einen Balkenzaun rennt. Ein sehr männliches, rührendes Bild. Sie verlor vollkommen den Faden bei der Übersetzung, verheddderte sich in Deklinationen, während sie sich vorstellte, wie die rotbraune Mähne auf ihr Gesicht niederfiel, wie dieser starke Körper sich über sie beugte, der haarige Bauch sie kitzelte, der Stoppelbart sie kratzte. Und mindestens müßte Pedro dabei mit sonorer Stimme Neruda zitieren: *Cuerpo de mujer ...* und ihr heißen Atem ins Gesicht blasen.

Es war hoffnungslos. In der Woche, in der Sibylle ohne Pedro nach Südfrankreich fuhr, litt er wie ein Tier. Eva versuchte alles, um ihn aufzumuntern, aber vergebens. Sie saßen im Englischen Garten, und fast hätte er in sein Bier geweint. Eva flirtete verzweifelt mit dem halbnackten Feuerschlucker, der zwischen Bänken, Tischen, Maßkrügen und Brathendln seine Kunst zum besten gab und wie Pedro sein langes Haar im Nacken zusammengebunden hatte. Pedro merkte nichts davon. Nicht einmal, als der Feuerschlucker auf Evas Blinzeln mit einer riesigen Stichflamme antwortete, die ihr fast die Haare versengte. Die Leute klatschten und johlten, einige standen auf den Tischen, als der Mann an seinem geölten Oberkörper brennende Fackeln entlangführte und sich dabei mit allerhand Muskelzauber hin und her wand. Unter halb geöffneten Lidern fixierte er Eva. Der Widerschein der Fackeln lag auf ihrem Gesicht.

»He, Pedro, schau doch mal!«

»Okay.« Pedro brummte und starrte weiter in sein Bier.

Da klirrte Glas, der Feuerschlucker hatte ein Tuch mit Scherben auf dem Boden ausgebreitet und darüber noch eine Flasche zerschlagen. Jetzt verwandelte er sich in einen Fakir und strich zärtlich mit dem nackten linken Fuß über die Splitter. Dann setzte er den Fuß fest auf, zog den anderen nach, und schließlich – ein Sprung in die Scherben.

»Jetzt schau doch!« Eva nahm Pedros Kopf in beide Hände und drehte ihn in Richtung Fakir. Pedro starrte auf die Scherben.

»Sibylle zerschlägt auch manchmal Flaschen«, murmelte er.

Der Fakir stand neben dem Scherbenhaufen und zupfte ein paar Splitter zwischen seinen Zehen hervor. Dann ließ er seine Schultern kreisen, zur Vorbereitung auf die nächste Nummer. Mit bloßem Rücken legte er sich auf die Glasscherben und wälzte sich darin. Das Publikum johlte. Eva blickte hoch. Pedro war aufgestanden und starrte auf den Mann am Boden, der den Mund wie zu einem stummen Schrei geöffnet hatte. Und sie sah, wie sich die Mimik des Fakirs in Pedros Gesicht widerspiegelte. Erschrocken wandte sie sich ab.

Sibylle kam zurück von ihrer Reise, und Pedro war wieder glücklich. Eva unternahm lange, einsame Spaziergänge im Englischen Garten. Vielleicht hatte ihre Mutter recht, und sie sollte sich einen braven Medizinstudenten angeln. Sie setzte sich ins Gras am Ufer des Eisbaches, wo sie früher schon einmal erfolgreich geflirtet hatte, aber nun war diese Wiese Nacktbadebereich, und wie bandelt man mit einem nackten Mann an? Ganz in ihrer Nähe lag einer, mit dem Bauch im Gras wie ein Baby auf dem Eisbärfell oder Adam vor dem Sündenfall – mit sonnverbranntem Popo.

So was würde Pedro nie tun. Ach, Pedro! Das dahinten könnte er übrigens sein, mit Pferdeschwanz, über ein braungebranntes Weib gebeugt. Eva sprang auf, griff nach ihrer Tasche und eilte davon.

Es war jammerschade um den schönen Sommer. Bald waren Semesterferien, und sie hatte immer noch keine konkreten Reisepläne. Die Wochenenden vertrödelte sie mit Freundinnen, immer in Angst, sie könne Pedro und Sibylle begegnen. Jeder Typ mit langem Zopf löste einen kleinen Schock bei ihr aus. Drei Tage lang duldete sie einen Verehrer vom Finnougristischen Fachbereich, der unbezopft war, dafür aber einen fiesen Schnurrbart trug. Er war kein Ersatz.

Pedro im Lateinkurs, Pedro in der Lerngruppe bei Ralf, Pedro in der Cafeteria. Pedro mit tiefroten Kratzern im Gesicht, die von sibyllinischen Fingernägeln stammten. Pedro, der tieftraurig und vollkommen glücklich war. Und dann verschwand er spurlos, und Eva war froh.

Drei Wochen später tauchte er wieder in der Cafeteria auf. Er steuerte direkt auf Eva zu. Er war schlanker geworden, ansonsten unverändert.

»Ich lade dich zu einer Pfannkuchenorgie ein!« verkündete er.

Breit setzte er sich auf den Stuhl, zappelte nicht mit den Beinen.

»Wo findet die statt?« fragte Eva neugierig.

»Bei mir!«

»Ich denke, zu dir darf man nicht kommen, das würde Sibylle stören?«

Er schob die Unterlippe über die Oberlippe und nickte mit dem Kopf. Schlug die rechte Faust in die linke Hand und preßte, daß die Fingernägel weiß wurden.

»Sibylle ist weg.«

»Und wann kommt sie wieder?«

»Nie mehr. Sie hat einen anderen. Einen Bankfritzen.«

»Das tut mir leid!« Eva jubelte innerlich.

»Tut's dir nicht.« Pedros Stimme klang fest. »Also was ist, kommst du mit?«

Mit weichen Knien stieg Eva hinter Pedro die Treppe zu seiner Wohnung hinauf. Die war so herrlich verrückt, wie sie es sich vorgestellt hatte. Von der Flurdecke hingen seine Weltreise-Stiefel herunter, über seinem Bett prangte eine riesige Spanienkarte, in einer Ecke lagen Motorradteile, überall stapelten sich spanische Bücher und Bildbände. Dazwischen martialische Entwürfe für das Ufo-Comic ›Konobanuwu‹, das Pedro zusammen mit einem Freund herausgab und in Studentenkneipen verkaufte.

Die Küche blitzte wie nach einem kürzlichen Putzanfall.

Pedro rührte den Pfannkuchenteig. Eva saß am Küchentisch und wartete. Er erlaubte ihr nicht zu helfen, er wollte sie heute verwöhnen.

Eva hatte nicht den geringsten Hunger. Wenn sie sich nicht beherrschte, fing sie an, mit den Beinen zu zucken, wie sonst Pedro.

»Ich warne dich, ich mache keine Crêpes, sondern richtige dicke Pfannkuchen. Du weißt schon, wie in dem Märchen, wo der fette Pfannkuchen kantapper, kantapper zur Tür hinausrollt.«

Durch das Küchenfenster drang die Sommerhitze und vermischte sich mit der Glut der Herdplatte. Pedros Gesicht glänzte. Er schleuderte seinen Zopf nach hinten, wischte mit dem Handrücken schweißverklebte Haare aus der Stirn. Das Fett in der Pfanne zischte, als er den Teig hineingoß.

Während der erste Pfannkuchen buk, knallte Pedro Teller, ein Glas Marmelade und eine Schüssel Apfelmus auf den nackten Holztisch. Aus einer Schublade, in der Besteck, Schnüre, Deckel und Kerzen bunt durcheinander lagen, fischte er Messer, Gabeln und kleine Löffel. Dann wendete er geschickt den Fladen in der Pfanne um und stürmte aus der Küche. Eine Minute später war er wieder da, hatte sein T-Shirt gegen ein blaulila gefärbtes Unterhemd eingetauscht.

Eva bekam den ersten Pfannkuchen, aber sie hatte nur Blicke für Pedro. Während er weiter in der Küche fuhrwerkte, Gläser, Saft und Wein suchte und gleichzeitig einen neuen Pfannkuchen buk, betrachtete sie verzückt das Spiel seiner Muskeln unter den schmalen Hemdträgern.

Dann saßen sie sich gegenüber, in der Mitte ein Stapel dicker, goldgelber Fladen auf einem blauen spanischen Teller, und Eva kippte wahllos Zimt, Zucker, Marmelade und Apfelmus auf ihren Pfannkuchen, um irgendwas zu tun. Pedro mampfte. Irgendwie schlang auch Eva ihr Essen hinunter.

Danach gingen sie in Pedros Zimmer. Sibylles Tür war geschlossen, ihr Zimmer wartete auf einen neuen Untermieter, wie Pedro erklärte. Keinen Fuß würde er da mehr reinsetzen.

Er legte klassische spanische Gitarrenmusik auf und lief ziellos hin und her.

»Willst du Fotos von meiner letzten Reise sehen?«
»Nein.«
»Unser neuestes Comic?«
Eva schüttelte den Kopf.
Er setzte sich zu ihr aufs Bett.
»Was machen wir dann?«
Sie schaute ihn an.
Da legte er sanft wie ein Vögelchen seine Hand auf ihre Schulter und gab ihr einen kleinen Kuß. Sie schloß die Augen, da war sein Mund schon wieder fort.
»Pedro.«
Er stand auf.
»Entschuldige, ich kann nicht. Du bist einfach so lieb ...«
Sibylle war nicht lieb.

Zum erstenmal in ihrem Leben legte jemand Eva deutlich nahe, sie möge doch böse sein. So herrlich böse wie Sibylle ... Evas Kopf glühte. Ihre Beine wurden taub, im Magen kribbelte es. Wie bei einer Lateinprüfung ... Die Augen brannten, aber Weinen war jetzt das letzte, was half. Schnell an etwas Komisches denken, hier, wo weit und breit nichts Komisches war – oder vielmehr alles komisch war. Bestimmt sah er jetzt mitleidig auf sie herab. Liebsein verdient Mitleid. Ich muß unbedingt böse sein! *Böse, fies, gemein!*

Eva stand auf, packte ihre Tasche und rannte in den Flur. Pedro hinterher. Sie hatte die Hand schon auf der Klinke, als er sie mit komisch-treuherzigem Blick festhielt.

»Ich hätte dich vielleicht nicht einladen sollen. Aber ich war so allein.«

Schon gut, wollte Eva sagen. Nein, das war das Falsche. Sie atmete tief ein, pumpte sich auf, wie ein Maikäfer vor dem Flug. Machte eine Faust, öffnete sie wieder. Hob die Hand, senkte sie. Augen zu wie vor dem Sprung vom Fünfmeterbrett.

Peng!

Sie hatte es getan. Vorsichtig blinzelte sie aus halb geöffneten Augen. Pedro stand starr mit offenem Mund und roter Wange. Das Mitleid war weg. Okay, das schien das Richtige zu sein. Also noch mal. Es war gar nicht so schlecht, nur wußte sie nicht, wann es angebracht war aufzuhören. Ich bin jetzt richtig böse! Ich bin lieb, weil ich so böse bin, wie du mich haben willst. Nun weinte sie doch, aber sie schlug weiter auf ihn ein.

Endlich fing er ihre Arme auf, packte sie an den Handgelenken. Jetzt waren seine Augen wild. Er atmete heftig. Sie dachte an den Feuerschlucker. Wie er sich in den Scherben gewälzt hatte. Und sah Pedro vor sich, der sich auch in Scherben wälzte, in Feuer badete. Dann stürzten sie auf den abgewetzten Teppich.

Milena Moser

Der Ausflug

Der grüne Streifen Wald am Horizont verschwamm vor ihren Augen. Die Sonne brannte auf ihre nackten Schultern, der Asphalt schien zu schmelzen, ihre Füße sanken millimetertief darin ein. Mit zusammengebissenen Zähnen schob sie das alte Fahrrad den Hügel hinauf, wo Heinz im Schatten des Waldrands auf sie wartete. Das hoffte sie jedenfalls. Sie atmete schmerzhaft und keuchend durch den Mund, es mußte bis an den Waldrand zu hören sein. Schweiß rann in Strömen zwischen ihren Brüsten hinab, unter ihrem Haaransatz pochte es.

Sie kniff die Augen zusammen. Zerquetschte Tränen im Augenwinkel, vielleicht nur Schweiß. Sie war nahe daran, das Rad fallenzulassen, sich seitlich in den Abgrund zu werfen und die trockenen Sommerwiesenhänge hinunterzukugeln bis auf die Eisenbahnschienen ganz unten im Tal, wo sie einfach liegenbleiben würde, bis sie der nächste Bummelzug barmherzig überrollte ... Statt dessen zwang sie sich weiter. Schritt für Schritt. Heinz würde so etwas überhaupt nicht lustig finden.

Sie kannte ihn erst seit drei Wochen. Das war nicht besonders lange. Sie wußte nicht viel über ihn, aber sie liebte ihn und hatte deshalb die Einladung zur Radtour am Wochenende erfreut angenommen.

Sie hatte dabei an schattige Wege gedacht, an einen eiskalten Bach, in den sie die Zehenspitzen tauchen würden, an verschlafene Dörfer, an Liebe auf einer Wiese, an Mückenstiche, Vanilleeis mit heißer Schokolade unter breiten, grünen Blättern. Auf die Sportlichkeit, den Ehrgeiz und die Unerbittlichkeit von Heinz war sie nicht vorbereitet gewesen. In keiner Weise.

Sie hatten sich morgens in aller Frühe auf einem kleinen Landbahnhof getroffen. Der Tag war noch frisch. Sie fröstelte ein bißchen in ihrem kurzen, engen Rock. An der Lenkstange ihres Fahrrades hatte sie eine Plastikrose befestigt. Sie freute sich auf den Tag. Dann sah sie ihn.

Er trug eine knallbunte Mütze, Handschuhe, Trikothosen und aufwärts gebogene Schuhe. Mit einer Hand hielt er ein federleicht aussehendes Rennrad, mit der anderen hob er eine graue Plastikflasche an die Lippen. Sie hätte ihn beinahe nicht erkannt. Als er sie kommen sah, ließ er die Flasche sinken. Er starrte sie an. So willst du fahren??

Er deutete auf ihren kurzen, ausgewaschenen, roten Rock.

Sie lächelte unsicher. Sie wußte nicht, was sie sagen sollte. Es war ganz offensichtlich, daß sie sich unter Radfahren etwas anderes vorstellte als er.

Er schüttelte den Kopf, murmelte etwas von Zeitplan und wann er die erste Etappe erreicht haben wollte, schwang sich in den Sattel und flitzte davon. In kürzester Zeit hatte sie ihn aus den Augen verloren.

Unterdessen war es früher Nachmittag geworden. Das Mittagessen hatte aus Trockenfleisch und diesem lauwarmen Sportgetränk bestanden, hastig an einem Straßenrand eingenommen. Jede volle Stunde wartete Heinz auf sie, den Blick auf die Uhr geheftet. Kaum sah er sie kommen, fuhr er auch schon wieder davon. Beim dritten Mal hatte sie ihn außer Atem und den Tränen nahe gebeten, sich doch bitte nicht weiter um sie zu kümmern. Ernsthaft hatte er ihr erklärt, er tue das nicht ihretwegen, sondern wegen seiner Kondition. Es erhöhe den Trainingseffekt ungemein, wenn man den Puls sich regelmäßig beruhigen lasse, bevor man ihn um so härter wieder hinaufjage. Darauf hatte sie keine Antwort gewußt.

Er war sowieso schon wieder außer Hörweite.

Während sie ihr Rad zu dem Wäldchen hinaufschob, fragte sie sich, warum sie bis jetzt nichts von der gnadenlosen Sportlichkeit ihres Freundes gemerkt hatte. Dann fiel ihr ein, daß es die letzten drei Wochen beinahe ununterbrochen geregnet hatte. Heinz war ab und zu abends in ein Fitneßcenter verschwunden, aber das taten schließlich viele Menschen, sogar manche ihrer besten Freunde. Obwohl jeder Atemzug in der Lunge stach, brach sie in keuchendes Gelächter aus. Sie blieb einen Augenblick stehen, legte die Hand auf die schmerzende

Seite und lachte bitter beim Gedanken daran, daß der regnerische Frühsommer an allem schuld war. In der Zeitung wurde das ungewöhnlich schlechte Wetter, das schlechteste seit Jahrzehnten – für Krankheiten, Todesfälle, Depressionen und sogar Selbstmorde verantwortlich gemacht. Was war dagegen eine unglückliche Liebesgeschichte?

Ihre Fußsohlen begannen zu glühen, sie setzte sich mühevoll wieder in Bewegung. Täuschte sie sich, oder wich der Waldrand immer weiter zurück, je länger sie sich daraufzuschleppte?

Ich habe die Nase voll, dachte sie trotzig.

Sie kam oben an und sah, daß der Wald nur aus einem schmalen Streifen von Bäumen bestand, und daß es gleich dahinter in der prallen Sonne weiter bergauf ging. In endlosen Schleifen bergauf. Und von Heinz keine Spur. Sie warf das Fahrrad hin und brach in Tränen aus.

Ein Sportwagen kam neben ihr zum Stehen, ein junges, feistes, schnurrbärtiges Gesicht beugte sich aus dem offenen Fenster und bot an, sie bis zur nächsten Ortschaft mitzunehmen. Sie zog die Nase hoch, fuhr sich mit der Hand über das Gesicht und stand auf.

Und das Rad?

Das Rad lasse ich da, sagte sie unbekümmert.

Im Wagen hämmerte Musik. Achthundert Watt und Megabaß, erklärte der junge Mann. Sie fuhren mit quietschenden Reifen los. Ließen den Baumstreifen hinter sieh. Der Mann hieß Albi. Er schielte begehrlich auf ihre langen braunen Beine. Mit näselnder Stimme wies er sie auf all die kleinen Extras hin, die er in seinen Wagen eingebaut hatte, ganz allein übrigens, mit diesen beiden Händen. Sie drehte den Kopf zum Fenster. Er fragte sie, ob sie aus der Stadt sei, und als sie nickte, fand er, sie sei erstaunlich hübsch für eine aus der Stadt.

Er räusperte sich.

Ich bin bei meiner Mutter zum Kaffee eingeladen. Wie jeden ersten Sonntag im Monat.

Aha.

Sie, hm, Sie wollen nicht zufällig mitkommen?

Sie drehte den Kopf und sah, daß er jetzt stark schwitzte.

Nein danke, sagte sie knapp und sah wieder geradeaus.

Ja, die Sache ist die, sagte er verlegen, ich wollte ihr meine neue Freundin vorstellen, und jetzt haben wir uns gestern gestritten, was heißt gestritten, davongelaufen ist sie, und wie soll ich das meiner Mutter erklären, sie hat sich so gefreut ...

Das ist doch nicht Ihr Ernst! Gegen ihren Willen mußte sie lachen.

Meine Mutter hat Ines nie gesehen, fuhr er fort, es käme also gar nicht darauf an. Abgesehen davon würden Sie ihr bestimmt besser gefallen, Sie haben so etwas Natürliches.

Albi zuckte mit den Schultern und entspannte sich ein bißchen. Immerhin hatte sie ihn nicht gleich geohrfeigt. Sie legte den Kopf zurück und blinzelte in die Sonne. In hohem Tempo fuhren sie um die nächste Kurve. Da sah sie Heinz, verbissen, gebückt auf seinem Fahrrad. Rechts von der Straße immer noch der Abgrund, der ihr vor kurzem noch so verlockend erschienen war, der Abgrund, der steil und steinig war und erst sehr viel tiefer auf den Eisenbahnschienen endet. Sie streckte ihre Hand aus und faßte zwischen Albis dickliche, weiche Beine.

Er ließ das Steuerrad los. Schnappte nach Luft. Schloß die Augen. Der Wagen schlingerte nach rechts. Einen Augenblick später hatte er sich wieder gefangen, aber dieser Augenblick hatte gereicht. Sie nahm ihre Hand weg.

Entschuldige, murmelte sie, ich wollte dich nicht erschrecken.

Das ... das ... was war das? Er bremste und brachte den Wagen zum Stehen.

Meine Hand?

Nein ... da war ... ein Stoß.

Sie blickte über ihre Schulter zurück. Von Heinz keine Spur.

Da war nichts, sagte sie sanft, es tut mir wirklich leid, wenn ich dich erschreckt habe.

Sie kuschelte sich in den Sitz zurück.

Deine Mutter, fragte sie, macht sie Kuchen zum Kaffee?

In weiter Ferne hörte sie das Pfeifen des Zuges. Ich liebe Kuchen, murmelte sie träge.

Margit Schreiner

Die Eskimorolle

Immer, wenn ich bei meinen Eltern in Linz zu Besuch bin, besuche ich auch Hans und Maria, alte Freunde aus Linz und Genossen aus dem Kommunistischen Studentenverband in Salzburg. Hans und Maria sind nach dem Studium nach Linz zurückgezogen, wo Hans als Informatiker und Maria als Geographie- und Englischlehrerin arbeiten.

Wenn ich länger als nur ein paar Tage bei meinen Eltern zu Besuch bin, fahre ich auch immer gerne mit den beiden für ein Wochenende in ihr Wochenendhäuschen an einem Stausee bei Altwalden im Mühlviertel. Das Wochenendhaus ist ein ehemaliges Austraghäusel. Das ist das ursprüngliche Haupthaus von kleinen Bauern oder Kleinhäuslern, neben das spätere, zu mehr oder weniger Geld gekommene Generationen ein neues Haus gestellt haben, am Ende meist mit Thermofenstern und fabrikgeschnitzem Holzbalkon. Die alten Eltern bleiben bis zu ihrem Tod im Ursprungshaus.

Hans und Maria haben das ehemalige Austraghäusel vor vielen Jahren offenbar zu einem Spottpreis gekauft. Was ich mir gut vorstellen kann, denn das Haus ist winzig klein und hat weder Komfort noch den von den meisten Städtern geforderten Charme alter Bauernhäuser mit Deckengewölbe in der Küche und Butzenscheiben. Außerdem kommt etwas Entscheidendes dazu, das den Preis gedrückt haben mag: Der Stausee, an dem das Häuschen liegt, wird circa alle drei Tage fast vollständig ausgelassen.

Wenn man zu Hans und Maria ins Wochenendhaus nach Altwalden fährt, weiß man daher nie, ob man den See vorfinden wird oder nicht. An jenem Wochenende im Hochsommer 1989, von dem ich berichten möchte, hatten wir Glück. Er war, als wir vom Ort Altwalden, der auf einem Hügel liegt, die letzte Kurve in die Senke hinunterfuhren, in der er sich erstreckt, halb voll. Aber mit steigender Tendenz, wie Hans, ich weiß nicht woran, sofort erkannte. Hans und Maria hatten ihr neues Faltboot dabei, das sie mir an diesem Wochenende vorführen wollten. Wenn der See leer gewesen wäre, sagte Hans, hätte es auch nichts ausgemacht. Dann wären wir eben mit dem Auto zwanzig Kilometer nordwärts gefahren und hätten in einem anderen Stausee gepaddelt. Ich war aber trotzdem froh, daß die Tendenz steigend war, denn ich hatte mich schon während der ganzen Anfahrt durch den dichten Freitagabendverkehr im glühend heißen Auto darauf gefreut, nach unserer Ankunft in den See zu springen. Aber daraus wurde vorerst nichts.

Hans und Maria waren wochenlang nicht in dem Haus gewesen, und an so einem Wochenendhaus ist ja immer was zu tun. Gleich beim Aufschließen der Haustür stellte Maria fest, daß etwas klemmte. Beim Öffnen schrammte die Tür auf dem Boden. Maria machte sich mit einer Feile daran zu schaffen, während Hans und ich die Tür nach oben drückten.

Im Haus war es, trotz hochsommerlicher Temperaturen draußen, klamm. Es roch auch ein wenig muffig. Wir öffneten alle Fenster und Türen. Maria hatte mir schon vor der Abreise in Linz geraten, einen Pullover mitzunehmen, da die Nächte im Mühlviertel empfindlich kühl seien, und Hans behauptete jetzt sogar, es hätte selbst im Sommer oft nicht mehr als acht Grad in der Nacht. Ich konnte mir das nicht vorstellen. Bei meinen Eltern in Linz hatte es nachts über 25 Grad gehabt.

Wir sahen dann alle gemeinsam in der Stube und in dem winzigen Kämmerchen, in dem ich schlafen sollte und von dem eine breite Holzleiter in den Raum unter dem Dach führte, den Marias Vater ausgebaut hatte und der Hans' und Marias Schlafraum war, nach, ob in den von Hans vor Wochen aufgestellten Mäusefallen Mäuse waren und ob die Wespen inzwischen einen anderen Weg als den von Maria verkleisterten zu ihrem Nest im Dachgebälk gefunden hatten. Wir fanden weder Mäuse noch Wespen. Nur ein Holzwurm nagte laut in dem großen Holzbalken über Hans' und Marias Bett.

Anschließend verließen wir das Haus durch die Dachbodentür, die auf eine höher gelegene Wiese mit Apfel- und

Birnbäumen führt. Es lagen Unmengen von Äpfeln auf dem Boden. Während wir uns daranmachten, sie zu einem großen Haufen unter dem Apfelbaum aufzutürmen, schauten fünf oder sechs Rehe, die jenseits der Wiese hinter einem Stacheldrahtzaun standen, wie gebannt zu uns herüber. Hans sagte, es seien die Rehe aus der Wildzucht des Nachbarn schräg gegenüber.

Das Gras war kniehoch. Maria sagte, sie werde sich gleich am folgenden Morgen ans Mähen machen, und Hans nickte ihr zu. Wir stapften zum Haus zurück. Die Ribisel am Strauch an der Hauswand waren auch schon reif, und an einem anscheinend erst im Vorjahr gepflanzten kleinen Strauch hingen ein paar große hellrote Himbeeren.

Hans zeigte mir dann den Weg, den er während seines letzten Aufenthaltes in dem Wochenendhaus zwischen den Tannen und Fichten geschlagen hatte. Sie waren vom Vorbesitzer an der Hinterseite des Hauses, auf dem Abhang zum Bach hinunter, der in den See fließt, und, wenn der See ausgelassen wird, ebenfalls zu einem Rinnsal wird, gepflanzt worden. Wir gingen den schmalen, fast schon wieder zugewachsenen Pfad hinunter bis zu einer schlammigen Stelle am Bachufer. Hier, sagte Hans, werde er später einmal eine Anlegestelle für das Boot bauen, vielleicht sogar mit einem kleinen Bootshäuschen oder einem Pavillon. Dann könnten sie, wenn sie im Sommer längere Zeit im Wochenendhaus verbrächten, das Boot auf dem eigenen Grundstück anbinden und wären nicht gezwungen, täglich die Luft auszulassen, das Boot wegzuschleppen und am nächsten Tag wieder neu aufzublasen.

Wir kletterten den Abhang hoch und traten, den streng riechenden Komposthaufen hinter uns lassend, an die Vorderseite des Hauses, wo wir uns auf die Bank setzten, die an der Hausmauer steht. Vor dem Haus ist eine kleine Wiese – offenbar beim letzten Aufenthalt gemäht, das Gras war erst ein paar Zentimeter hoch –, die zum Abhang hin eingezäunt ist. Zwischen Haus und See verläuft die Straße. Am Zaun entlang wuchsen Sonnenblumen, Malven und ein Gewächs, dessen Namen ich vergessen habe. Ich weiß nur noch, daß

Maria sagte, es halte die Wühlmäuse vom Garten ab. Von der Bank aus hat man zwischen Haselnußsträuchern und einem alten, fast kahlen Zwetschgenbaum jenseits des Gartenzaunes einen schönen Blick über den See und auf die gegenüberliegenden, dicht bewaldeten Hügel. Hans behauptete, frühmorgens sähe man dort sogar Reiher im Wasser stehen und nach Fischen Ausschau halten.

Als ich dann gegen acht Uhr abends doch noch in dem überraschend kalten Wasser des längst noch nicht vollen Stausees badete, fröstelte mich. Nicht nur wegen der Kälte, auch wegen des Schlamms auf dem Boden und der merkwürdig braunen Farbe des Sees. Außerdem bildete ich mir ein, daß er nach verwestem Fisch stank.

Als ich ins Haus zurückkam, hatte Maria gerade einen selbstgemachten Apfelstrudel aus hauseigenen Äpfeln ins Ofenrohr geschoben, und Hans grillte auf der überdachten Terrasse neben dem Haus, wo kein Lüftchen wehte und es deshalb noch heiß war, Fleisch auf einem roten Holzkohlegrill mit drei dünnen Beinen. Wir bereiteten gemeinsam Salat zu, über den wir zu unseren Füßen gepflückten und mit der Hand zerrissenen Schnittlauch streuten. Anschließend holte Hans zur Feier des Tages eine Flasche alten ungarischen Wein, den er für eine besondere Gelegenheit aufbewahrt hatte, aus dem Geräteschuppen, den Maria auch als Werkstatt benutzte. Sie hat dort eine von ihrem Vater geerbte Werkbank stehen und, soviel ich weiß, auch eine elektrische Allround-Säge. Maria holte dann noch eine Flasche Vogelbeerschnaps und ein paar gewöhnliche Rotweinflaschen ohne Etikett aus dem Auto. »Für später«, wie sie sagte.

Der ungarische Wein schmeckte ausgezeichnet, hatte es aber in sich. Trotzdem ging alles bis zum Apfelstrudel gut. Hans träumte vom Ausbau des Wochenendhauses. Er wollte entweder hinter dem Haus einen Raum anbauen oder die bereits vorhandene überdachte Terrasse als geschlossenen Raum ausbauen oder vorn, wo die Wiese war, noch einen Wintergarten vorbauen. Oder alles zusammen. Maria schien skeptisch zu sein, sie spitzte die Lippen.

Es passierte dann nach dem Apfelstrudel und dem Vogelbeerschnaps – das immer wieder Unvermeidliche. Nun war es nicht das erste Mal, daß es zwischen uns zu verbissenen Diskussionen kam. Wir hatten uns, nach ein oder zwei Flaschen Wein, schon einmal an Gorbatschows Perestroika festgebissen, ein andermal an der Palästinenser- beziehungsweise der Judenfrage, davor an Afghanistan. Diesmal sollte es Pasolini sein. Wir waren uns gerade noch darüber einig, daß Fernsehen verdumme. Hans sagte, er lasse sich von dem Apparat nicht seinen Lebensrhythmus aufzwingen. Wenn wirklich einmal ein schöner Film im Fernsehen laufe, dann nehme er ihn auf Video auf. Fertig. Die Nachrichten schaue er auch schon lange nicht mehr an. Dann sagte er noch, daß er sogar mehr und mehr aufs Zeitunglesen verzichte. Höchstens, daß er hin und wieder mal die Nachrichten im Radio höre, sonst nichts mehr. Er habe das Gefühl, dabei nichts zu versäumen.

Ich fand das zwar merkwürdig für einen Informatiker in einem doch immerhin renommierten Linzer Industrieberatungsbüro, sagte aber nichts.

Die Wiener Amtszeitung habe er abonniert, sagte Hans, da stünden alle Bekanntmachungen und Ausschreibungen drinnen. So sei er wenigstens vor jeder Ideologie sicher. Und was ihn wirklich interessiere, stünde ja sowieso nicht in den Zeitungen.

»Was denn zum Beispiel?« fragte ich nun doch.

»Zum Beispiel«, sagte er, »wie Pasolini zu Tode gekommen ist.«

Ich war einigermaßen verblüfft. Immerhin war Pasolini zwanzig Jahre her. Die Zeitungen waren damals voll davon gewesen.

Ich sagte, ich erinnerte mich aber, wie Pasolini zu Tode gekommen sei. Er sei von einem oder mehreren Strichjungen umgebracht worden.

Das wisse er auch, sagte Hans. Aber sonst wisse es niemand. Weil es von den Zeitungen und Zeitschriften verschwiegen worden sei.

Ich hätte es aber in Zeitungen und Zeitschriften gelesen, sagte ich.

»Welche Zeitschrift? Welche Nummer?« fragte Hans.

»Überall«, sagte ich. In meinem Hals steckte der Kloß, den ich immer verspüre, wenn Diskussionen so einen Verlauf nehmen.

Maria schenkte Vogelbeerschnaps nach. Trotz der geschützten Lage wurde es auf der Terrasse tatsächlich schnell kühl. Ich war froh, daß ich Marias Rat befolgt und einen Pullover von meiner Mutter aus Linz mitgenommen hatte. Den holte ich jetzt aus dem Haus. Dabei kramte ich mein Wissen über Pasolinis Tod zusammen.

Pasolini habe damals an der Stazione Termini einen siebzehnjährigen Strichjungen aufgelesen, sagte ich, als ich mit dem Pullover wieder zurück war, er sei mit ihm in Richtung Ostia gefahren. Irgendwo unterwegs sei er noch essen gegangen, der Wirt, der Pasolini gekannt habe, hätte das bestätigt. Und dann sei er zu einer dieser verwahrlosten Freiflächen am Stadtrand von Ostia gefahren, wo er von diesem einen oder mehreren Strichjungen umgebracht worden sei.

»Was nun?« sagte Hans, »von einem oder von mehreren?«

Das sei, sagte ich, meines Wissens nie ganz geklärt worden.

»Na eben«, sagte Hans.

»Wieso na eben?« fragte ich.

Die Indizien am Tatort, sagte Hans, hätten eindeutig dafür gesprochen, daß es nicht der siebzehnjährige Strichjunge allein gewesen sei, sondern daß es mehrere gewesen seien, die den siebzehnjährigen nur vorgeschoben hätten, weil der im Fall der Entdeckung mit einer Jugendstrafe davongekommen wäre. Vielleicht hätten sie den ja auch bezahlt.

Ja, sagte ich, einiges habe meiner Erinnerung nach in diesem Fall tatsächlich darauf hingewiesen. Es solle da auch eine Gruppe Zuhälter vom konkurrierenden Frauenstrich mit von der Partie gewesen sein.

Vor allem seien auch die Briefe aufschlußreich gewesen, sagte Hans, die der Journalist Franco Rossi von ›Paese-Sera‹ und ein gewisser Nino Marazzita, Vertreter der Familie Pasolini als Nebenkläger am Jugendgericht in Rom, erhalten hätten.

»Ich dachte«, sagte ich, »du weißt nicht, wie Pasolini zu Tode gekommen ist.«

Nur, weil er selbst sich informiert habe, sagte Hans, bedeute das nicht, daß man nicht versuche, die Öffentlichkeit über den Mord im unklaren zu lassen.

Der Kloß in meinem Hals wurde immer größer. Und jetzt schaltete sich auch noch Maria ein.

»Sag mal«, sagte sie, »bist du wirklich so naiv, oder tust du nur so?«

Ich fühlte mich vollends in der Defensive. Was wollten die eigentlich von mir? Sie wußten offenbar genau Bescheid über den Sachverhalt, taten dabei zuerst so, als hätten sie keine Ahnung, um dann mich als die Düpierte hinzustellen und schließlich noch so zu tun, als verfügten sie über Geheiminformationen.

»Du solltest wissen«, sagte Hans, »daß Pasolini aus politischen Gründen ermordet worden ist.«

Ich sagte, soviel ich wüßte, sei diese Vermutung der ersten Stunde längst widerlegt.

Es stellte sich dann im Verlauf des Gesprächs, bei dem wir immer mehr und immer schneller tranken, heraus, daß Hans tatsächlich den Fall bis ins kleinste, und das bedeutet hier auch: bis ins blutigste, Detail hinein studiert haben mußte. Er sprach von Erkenntnissen der Spurensicherung, als wäre das alles gestern passiert und er dabeigewesen. Eine Zeitlang ging es um die Ausrichtung verschiedener Tennisschuhabdrücke auf der verwahrlosten Freifläche, um Blutspuren auf dem Dach über dem Beifahrersitz des Fluchtautos und darum, ob der Strichjunge, wenn er wirklich ein Einzeltäter gewesen sein sollte, selbst ohne Verletzungen und nur mit einem Blutspritzer auf dem Hemd aus einem Kampf hervorgegangen sein konnte, bei dem dem Opfer der Schädel so aufgeschlagen worden sei, daß das Blut in Fontänen herausgespritzt sein mußte. Hans sprach von abgerissenen Ohren, zerquetschten Händen, gespaltenen Nägeln. Dann wieder ging es darum, daß Pasolini zu Lebzeiten an verschiedensten Gerichten Italiens wegen verschiedenster Delikte angezeigt worden sei. Von miesen kleinen Abgeordneten, die ihre Allerweltsnamen in seinen Filmen verunglimpft gesehen, von irgendwelchen reichen römischen Muttersöhnchen, die sich in Gedichten von ihm falsch widergegeben gefunden hätten und dergleichen. Sogar ein Raubüberfall auf eine Tankstelle wegen 2000 Lire sei ihm unterstellt worden.

»Ja«, sagte ich. »Aber was hat das mit seinem Tod zu tun?«

Wir waren inzwischen, glaube ich, schon bei der dritten Flasche Wein.

Das meiste, was Hans anführte, war mir nicht bekannt. Aber eines wußte ich, daß nämlich keine der Zeitungen und Zeitschriften, die ich gelesen hatte und keiner meiner Freunde und Bekannten, die der Tod Pasolinis wie mich beschäftigt hatte, je seit zwanzig Jahren behauptet hätten, daß Pasolini aus politischen Gründen ermordet worden sei. Und das sagte ich auch.

Vom See her gluckerte es. Entweder waren die Fische nachts besonders aktiv, oder es waren irgendwelche Schleusen geöffnet worden, durch die nun das Wasser einströmte, um den See zu füllen.

Er hoffe nur, sagte Hans, ich käme ihm nun nicht auch noch mit dem Parteiausschluß Pasolinis aus der KPI 1949. Und legte ihm persönlich zur Last, daß der homosexuelle Dichter von den italienischen Genossen wegen moralischer und politischer Unwürdigkeit und bourgeoiser und dekadenter Neigungen aus der Partei ausgeschlossen worden sei. Er selbst, sagte Hans, sei nie auf der Seite der KPI gewesen. Auch den historischen Kompromiß habe er immer abgelehnt. Wie Pasolini übrigens ebenfalls. Er lasse sich von niemandem in die falsche Ecke drängen. Auch nicht von mir.

Hans war inzwischen aufgestanden. Einen Augenblick hatte ich das Gefühl, er wollte jetzt auf mich losgehen. Aber er trat nur an den Hopfen, der am Gartenzaun wuchs und von dort auf das Dach der Terrasse kletterte. Ich glaube, er pinkelte. Mir kam es so vor, als kippte er dabei fast vornüber. Als er zum Tisch zurückkam, schwankte er jedenfalls. Um am Ende die Katze doch noch aus dem Sack zu lassen.

Es sei doch nach allem sonnenklar, sagte Hans – oder lallte er da schon? –, daß Pasolini liquidiert worden sei. Und zwar von einer Bande von Neofaschisten, die in Tateinheit handelten mit den verbürgerlichten italienischen Kommunisten.

Ich angelte mir nun die Schnapsflasche und goß mein Weinglas randvoll. Ob ich es dann allerdings auch austrank, weiß ich nicht mehr. Ich weiß nur noch, daß es hier nichts mehr zu argumentieren gab. Hans und Maria wußten ja wie immer längst Bescheid, und zwar in jedem Fall besser als ich. Hatten sie mir nicht sogar schon gesagt, was ich schreiben sollte?

»Schreib doch mal ein Theaterstück«, hatte es geheißen. Oder Hans hatte empfohlen: »Schreib ein politisches Buch.« Dabei war es mir vorgekommen, als hätte er das Buch vor Augen, das er selbst gern verfaßt hätte. Auch Maria wollte immer, daß ich bestimmte Bücher schreibe. Aber sie drückte sich noch vager aus als er.

Sie sagt etwa, wie die Christa Wolf zu schreiben sei sicher sehr schwer. Warum, frage ich, denn ich bin auf der Hut, warum sollte das besonders schwer sein? Aber auch Maria ist auf der Hut. Sie zuckt die Schultern. Wegen des umfassenden Stoffes, sagt sie, oder: wegen der epischen Form. Oder sie sagt einfach nur, daß die Christa Wolf mit Rückblenden arbeite. Das imponiere ihr. Sofort überlege ich dann, wo ich zum Beispiel mit Rückblenden arbeite und stelle fest, daß ich meistens mit Rückblenden arbeite (und frage mich natürlich auch, warum ihr das eigentlich nicht imponiert). Sie sagt nichts mehr. Aber das ist es eben. Weder Hans noch Maria sagen etwas zu meinen Büchern. Ich habe sie ihnen geschenkt, und sie haben sie gelesen. Aber sie sagen nichts. Höchstens daß sie einmal sagen, mein Buch sei in der Weihnachtsauslage der Neugebauer-Buchhandlung gelegen. Oder mein Buch sei überhaupt nirgends gelegen.

Mir fällt ein, wie oft ich im Garten vor dem Wochenendhaus gesessen und auf den entweder vollen oder leeren oder halbvollen oder halbleeren Stausee geschaut und mich gefragt habe, ob ihnen meine Bücher eigentlich gefielen. Ich glaube letztlich, sie gefallen ihnen nicht, denn sonst hätten sie doch einmal etwas gesagt. Maria hat einmal nach einer Lesung in Linz gesagt, ich hätte die Geschichte, die ich vorgelesen hatte, sehr gut vorgelesen. Über die Geschichte selbst sagte sie nichts. Und Hans, der mich voriges Jahr nach Freistadt in Oberösterreich, das fast an der tschechischen Grenze liegt, zu einer Lesung gefahren hat, die im dortigen katholischen Bildungswerk stattfand und zu der nur vier Zuhörer kamen, sagte nachher, daß ich in der Diskussion nach meiner Lesung sehr gut gegen den Katholizismus in Österreich argumentiert hätte. Ich erinnere mich nicht daran. Ich erinnere mich nur, daß niemand etwas über die Geschichte sagte, die ich vorgelesen hatte. Auf der Rückfahrt von Freistadt nach Linz war ich, wie meist nach Lesungen, ziemlich mundfaul gewesen. Ich hatte damals gleich den Verdacht, Hans hielte mich deswegen für hochmütig. Und tatsächlich hat er später am Telefon einmal gesagt, er glaube, viele Menschen seien viel bessere Zuhörer, als ich glaubte. Ja, uns trennten seit langem Welten.

Als ich am Morgen nach dem Pasolini-Exkurs aufwachte, hatte ich einen dicken Kopf und eine pelzige Zunge. Ich erinnerte mich nicht, wie ich ins Bett gekommen war. Eine Stunde lang versuchte ich, noch einmal einzuschlafen, aber der Druck auf dem Kopf und ein flaues Gefühl im Magen hinderten mich daran.

Etwa um zehn Uhr, als ich aus dem Haus trat, war der See randvoll. Auf dem Terrassentisch standen fünf leere Weinflaschen und eine halbleere Schnapsflasche. Gläser standen keine da. Ein Stuhl war umgekippt, und vom Gartenzaun her, dort, wo der Hopfen aus der Erde kam, roch es säuerlich.

Es war bereits sehr heiß. Weit weg, am gegenüberliegenden Seeufer, plantschten Kinder im Wasser. Irgendwo kreischten Vögel.

Als Maria und Hans kurze Zeit später ebenfalls aus dem Haus kamen, standen wir zuerst eine Weile schweigend herum. Die beiden sahen auch nicht gut aus: blaß, rote Augen, unsicher auf den Beinen. Aber es gibt ein oberstes Gesetz nach einer durchzechten Nacht, das einzuhalten immer hilft. Es lautet: Alle Spuren beseitigen! Wir machten uns gleich daran, die Flaschen wegzuräumen, den Tisch zu schrubben, den Boden auf der Terrasse zu fegen. Hans schüttete Erde über die säuerlich riechende Stelle beim Hopfen. Und nachdem Maria Aspirin ausgeteilt und ich Kaffee gekocht hatte und wir alle auf der Bank an der Hausmauer saßen und schwarzen Kaffee tranken und große dicke Hummeln um die Malven kreisten und die Sonnenblumen ihre Gesichter nach der Sonne gedreht hielten wie besinnungslose Urlauber und das seltsame Gewächs, das die Wühlmäuse abhalten soll, so süß duftete, da ging es uns allen, glaube ich, schon besser. Ein weiteres Gesetz lautet: In Bewegung bleiben! Nach der zweiten Tasse Kaffee machten wir uns über die Wiese bei den Obstbäumen her. Maria mähte, ich harkte, und Hans trug das Gras auf einen großen Haufen hinter dem Haus. In einiger Entfernung, hinter dem Stacheldraht, standen wieder reglos die Rehe und schauten zu uns herüber. Wir arbeiteten, bis wir schweißgebadet waren. Und als wir uns dann gegenseitig mit dem Gartenschlauch abspritzten und das Wasser eiskalt war und der Strahl auf der Haut zerplatzte und Wassertröpfchen ringsum sprühten und dahinter die Hitze flimmerte und zitterte, da waren die Divergenzen vom Vortag vergessen.

Im Anschluß daran frühstückten wir ausgiebig auf der Terrasse. Es gab selbstgemachte Ribisel- und selbstgemachte Himbeer- und selbstgemachte Brombeermarmelade und Wildpastete und diese kräftig gelbe Butter, die es nur direkt beim Bauern gibt, und das Brot mit der harten Kruste, das sich so lange hält und nicht schimmlig wird, und die Milch, auf der man, wenn die Sonne daraufscheint, kleine Fettstückchen schwimmen sieht.

Nach dem Frühstück zerrten wir das Faltboot aus dem Geräteschuppen über die Straße an das Seeufer, wo Hans sich mit dem Blasebalg ans Aufblasen machte. Er brannte darauf, uns die »Eskimorolle« vorzuführen. Genaueres dazu sagte er nicht.

Der See lag glatt wie ein Spiegel vor uns. Er war auch nicht mehr bräunlich, sondern auf der einen Hälfte, auf die die Sonne schien, smaragdgrün und auf der anderen, auf die der Schatten des bewaldeten Hügels fiel, tannennadelblau. Und er stank nicht im geringsten nach verwestem Fisch. Sondern duftete – ja, wie soll ich sagen? – nach Ferien.

Schon als Hans und Maria lospaddelten – ich saß in der Bootsmitte – schwankte das Boot beträchtlich. Hans steuerte die Seemitte an. Linkerhand ragte ein Felsen, an den sich eine kleine verkrüppelte Fichte klammerte, weit in den See hinein. Das Wasser war kalt, wie ich mich mit einem Finger überzeugte.

»Wenn man kentert«, sagte Hans, kaum hatten wir die Seemitte erreicht, »kommt alles auf die Eskimorolle an.« Und wie es aussah, sollten wir diese sogar gleich praktizieren. Wir hätten, wie er sagte, auf seine Anweisung hin nur zur Seite zu kippen und dann ganz umzukippen mitsamt dem Boot und dann unter Wasser irgendwie zu wenden oder zu drehen, um schließlich mit Schwung wieder aufzutauchen. Alle zusammen. Aber weder Maria noch mir war danach zumute. Denn wer konnte sagen, einmal ganz abgesehen von dem Kater, den wir hatten, daß jeder von uns unter Wasser die Nerven behielte, wo es über Wasser schon schwer genug war? Außerdem hatte ich immer geglaubt, daß man nur mit einem wasserdicht geschlossenen Kajak und nicht mit einem behäbigen, wenn auch relativ schmalen Schlauchboot, derlei Dinge veranstalten könne.

»Los, mit Schwung«, rief da Hans und lehnte sich schon weit nach links. Wir kippten um und fielen, ohne daß es nun auf der anderen Seite wieder hinaufgegangen wäre, alle drei aus dem Boot und ins Wasser.

Zuerst versuchten wir, das Boot auf dem See wieder umzudrehen. Das gelang nicht. Wir brauchten dann fast eine Viertelstunde, um das Ungetüm von Gummiboot vor uns herschiebend, im kalten Wasser ans Ufer zu schwimmen. Ich kam völlig durchfroren an.

Wir ließen das Boot auf der Wiese unten vor dem See liegen und liefen sofort zum Haus, wo wir nach den Handtüchern griffen und uns gegenseitig abfrottierten. Dann kochte Hans Tee. Am Ende lagen wir alle drei, fest in Badetücher gehüllt, auf je einer aufklappbaren Badeliege, die Hans schweigend aus dem Geräteschuppen in die Wiese vor das Haus geschleppt hatte, und schauten in den Himmel. Weit oben flog ein Flugzeug lautlos vorbei. Es ließ einen zuerst schnurgeraden und dann mehr und mehr sich in Wölkchen auflockernden weißen Strich am blauen Himmel zurück. Und da fiel mir ein Stück aus einem Gedicht Pasolinis ein. Das einzige, das ich, außer einer kurzen Stelle aus »Gramsci's Asche«, je auswendig gelernt hatte:

> Laßt uns gehen, meine zarte Herde:
> Der Berg ist breit, feucht ist der Wald.
> Ich werde euch zu meinen Sklaven machen,
> und der schönste
> (welcher von euch?) mit leuchtendem Haar
> wird aufrecht neben meinem Kelch stehen.
> Es ist Frühling. Ich bin der Prinz. Laßt uns gehen.

Stefan Andres

Bootspartie zu dritt

Bald nach seiner Ankunft in dem Städtchen am Meer ging Gratian in die Schenke. Er wollte gerade auf den Balkon hinaustreten, als er, von einem klatschenden Laut erschreckt, sich schnell umwandte. Er erstarrte: ein braungebrannter Mann stand vor einer Frau, hielt sie am rechten Ohr und holte mit der anderen Hand zu einem neuen Schlag aus. Nicht nur die Öffentlichkeit dieses rohen Vorgangs ließ Gratian den Atem anhalten, vielmehr war es der Tonfall in des Mannes Stimme.

Die junge Frau sah bleich aus, hielt die Augen gesenkt und schüttelte den Kopf, als der Mann, man wußte nicht, ob in nachträglichem Drohen oder in Zärtlichkeit, seine Hand nun in klapsender Bewegung über die gerötete Stelle der Wange gleiten ließ. Mehr als den Namen der Frau konnte Gratian aus den Worten des Mannes nicht entnehmen, er sprach Russisch.

Nun endlich gelang Gratian seine Entrüstung: »Pfui«, rief er laut, als puste er eine heiße Wolke aus seiner Brust. Der Mann blickte über die Schulter, seine schwarzen Augen leuchteten gefährlich. Er wandte sich langsam um, nahm seine Frau auf den Arm, trug sie dicht vor Gratian hin, fuhr mit der Rechten an ihr kosend auf und ab und grinste dazu: »Gestatten Sie, daß ich Ihnen meine Frau Nastasja vorstelle!«

Seine Aussprache war ungelenk und knotig, seine Stimme geklumpt von verhaltener Lust am Streit. Er packte eine Weinflasche, füllte ein Glas und rief. »Nastasja, mit diesem Mann trinken wir Brüderschaft!«

Gratian wußte nicht, was er tun sollte.

»Ah, willst du nicht? Wie heißt du? Ich heiße Dimitri, bin Maler. Was machst du?«

Gratian bat, sie möchten sich wenigstens erst einmal setzen.

Dimitri ließ sich ihm gegenüber auf einen Strohstuhl fallen, legte die Arme auf den Tisch, schlürfte aus seinem Glas, als wäre es zu heißer Tee.

Nun sagte Gratian ruhig: »Ich heiße – Philipp Keltermann. Tue hier nichts, will mich nur erholen.«

Dimitri lachte laut auf: »Nastasja, das gibt's auch! Sich nur erholen! Also, Keltermann, ich trink' dir Himmel oder Hölle zu, glaub mir das! Und nun gib Nastasja einen Kuß – auf die Backe, du darfst, wenn ich es dir sage. Aber nicht auf den Mund – nein, auf die Stirn! Warum küßt du sie nicht? Ist sie denn nicht schön?«

Nastasja saß still am Kopfende des Tisches und lächelte gleichgültig, so schien es Gratian. Er hob nun sein Glas, trank den beiden zu und verneigte sich gegen Nastasja, ohne sie anzublicken. Er sagte: »Ich küsse keine Frauen mehr.«

Dimitri hob die gesträubten Brauen und blickte seine Frau an, seine Augen funkelten: »Hörst du, Nastasja, hörst du, er hat genug!« Es klang Mitleid und zugleich eine unbestimmte Beruhigung in seinen Worten. »Die Weiber sind alle untreu – außer Nastasja!« Dimitris Lachen klang nun ganz betrunken.

Gratian schlug mit der Faust auf den Tisch, tat den Mund auf, doch als alle in der Schenke ihn anstarrten, ließ er die Kinnladen zuklappen und fuhr sich mit der Hand übers Gesicht: »Ah, dieser Wein ist des Teufels!«

Nastasja nickte: »Ja, Herr Keltermann, Sie haben recht.« Jetzt erst hörte er ihre Stimme, die unsagbar dünn, aber ganz rein war.

Dimitri wollte nun wissen, was Gratian wirklich treibe, doch der winkte ab: »Ich möchte schlafen gehen«, stammelte er und stand auf. Er bemerkte, wie Nastasja ihn aus den Winkeln ihrer Augen ansah. Die Erkenntnis war jäh und scharf wie der Blitz da und sagte ihm: Sie hat dich angesehen, und sie wollte, daß du ihren Blick bemerktest ...

Am nächsten Morgen ging Gratian zum Strand. Von den Eingeborenen badete niemand außer einigen spielenden Kindern, die aber nur ihre Hosen und Röckchen heraufgezogen hatten, um sie gegen das sanft anschwappende Wasser zu schützen. Gratian trat vorsichtig auf den schon heißen Kies, er schämte sich über seine schlohweißen Beine, über die Gänsehaut, die ihn bei der ersten Berührung mit dem Wasser überlief.

Da sah er Dimitri und hinter ihm Nastasja herbeischwimmen. Er hockte sich im Wasser nieder und schlug unbeholfen mit den Armen um sich; er konnte nicht schwimmen. Als ihm kalt wurde, lief er ans Ufer und warf sich den Bademantel über. Da kamen auch Dimitri und Nastasja und reichten ihm die Hand. Nastasja riß sich die Bademütze vom Kopf und ließ ihr kurzes Haar wie hellen Wind um ihr Gesicht flattern. Sie schien fröhlich, doch ihre Stimme war hier im Freien fast unhörbar.

Dimitri lachte und fragte: »Was hast du denn geträumt?«

Er rieb sich das Wasser aus dem dichten Brusthaar: »Du weißt, der erste Traum an einem neuen Ort geht in Erfüllung.«

»So?« Gratian lächelte nur höflich.

Nun erst überlegte er, seinen Blick verloren auf Nastasja gerichtet. »Doch, ich hab' etwas geträumt.« Er wußte selber nicht, warum er es derart brutal preisgab, was er wirklich geträumt hatte. »Wir fuhren in einem Schiff – wir drei und noch einer, den ich nicht kenne. Und das Schiff war leck, wir gingen unter. Nur Nastasja und ich kamen an Land.«

»Und ich?« fragte Dimitri finster.

»Ich weiß nicht«, antwortete Gratian. Seine Stimme war kleinlaut geworden.

»Ho, ich kann gut schwimmen«, rief Dimitri. »Ich überhaupt nicht«, beteuerte Gratian. Und Dimitri: »Du siehst also, daß dein Traum sehr dumm war.«

So trennten sie sich an diesem Tag.

Viele Wochen waren vergangen, Gratian hatte versucht, Dimitri so gut es gelang auszuweichen. Eines Nachts, als er von einem Fest heimstrebte, stand da im Dunkel unter einem Orangenbaum Nastasja, ihn zu warnen. »Geben Sie acht, Herr Keltermann! Dimitri glaubt, daß ich Ihnen nicht einerlei bin – vom ersten Abend Ihrer Ankunft an, wegen des Traumes, den Sie hatten in der ersten Nacht – erinnern Sie sich?«

Da stand sie nun, ihr Haar staute sich auf den Schultern, und ihr Gesicht, schmal dazwischen, war gegen ihn gerichtet. Sie flüsterte, ihre Stimme war nur noch ein Schatten: »Schickst du mich fort?«

»Nein, Nastasja, nur müssen wir warten, müssen Fledermaus spielen, scheintot an unseren Plätzen hängen, ich in der Regungslosigkeit des Harmlosen, du als – kranke Frau – doch noch mit Dimitri unter einem Dach. An eine Scheidung von Dimitri ist ja nicht zu denken, er brächte dich und mich um, wenn er etwas erführe.«

Nastasja war also krank. Der Doktor konnte nur sagen, es seien die Nerven, und Dimitri brachte in diesen Wochen ihres starren, abweisenden Zubettliegens genug eheliche Diplomatie auf, um auf ihre gespielte Krankheit mit wissendem Lächeln einzugehen. Er kam und ging und bewies ihr mit jedem Wort, daß er Zeit habe und abwarten könne.

Eines Abends dann, in der Dämmerung, verhielt Dimitri auf dem kleinen Platz vor der Kapelle den Schritt. Den Kopf in den Nacken gelegt, starrte er zur Terrasse seines Hauses hinauf. Dort stand Nastasja und blickte gegen Süden, sie regte sich nicht.

Er eilte hinauf und stellte sich neben Nastasja, blickte wie sie über das Meer hinaus. »Das Liegen wurde dir wohl zu anstrengend? Nun? Ach, du sagst nichts? Was suchst du auf dem Meer?«

Nastasja fuhr sich langsam mit der Hand übers Gesicht. »Sieh da, das Boot – hast du das denn ganz vergessen, das Boot im Traum – das Boot von Kellermann –«

»Ah«, Dimitri mußte sich sammeln – man könnte sie für wahnsinnig halten, daß sie soviel Frechheit aufbrachte! Das Boot, mit dem sie im Traum hinausgefahren sind, ohne mit Dimitri wiederzukommen ...

Seine Finger krampften sich. »Ach ja, richtig! Nein, vergessen hab' ich das nicht. Weißt du, Nastasja, sollten wir drei nicht heute abend oder morgen –? Ja, morgen wollen wir fahren, in dem wirklichen Traumboot! Wir drei: Nastasja, Keltermann und Dimitri!«

Sie kehrte sich ihm so überraschend schnell zu, daß er zurücktrat.

»Wenn du es wagst?« Sie lächelte. »Der Traum ist gegen dich!«

Eine Viertelstunde später trat er bei Gratian ein. »Nastasja ist plötzlich wieder auf, seit heute nachmittag. Eine komische

Krankheit, was? Und da wollte ich vor Freude etwas unternehmen. Ich schlug ihr eine Bootspartie vor, gleich morgen abend. Wenn du das Boot bezahlst, will ich ihr gern diese Mondscheinpartie schenken.«

»Gewiß, gewiß, Dimitri!« antwortete Gratian. »Also, Nastasja ist wieder gesund. Da muß man wohl ... Aber wenn nun das Meer bewegt ist?«

Dimitri strahlte: »Dann die Nacht darauf«, und er reichte Gratian mit vielen Dankesbeteuerungen die Hand. Das war ein Händedruck wie nach einem abgeschlossenen Handel.

Dimitris grinsende Zähne hatten Gratian gesagt: du dummes Kalb! Er starrte auf seine Hand. Nastasja war also einverstanden, sie freute sich über die Aussicht, zwei Männer im Boot zu haben. Nun, man wird sehen.

Am nächsten Abend steigt der volle Mond über dem Berg herauf, feierlich kommt er und läßt sich Zeit, bis er ganz da ist. Sehr feierlich kommt er, läßt über die Olivenhänge seinen kaltsilbrigen Glanz fallen, über die weißen Häuserwürfel, welche nun leicht werden und durchsichtig. Über das Meer glänzt er und gießt sich in die Tiefe, und das Meer schwillt davon, wird am Ufer ein silberner Berg, bis der Glanz überall ist. Weit hinaus schwimmt eine Straße von Gefunkel. Die Nacht vergeht droben, der Mond ahmt die Sonne nach, er wirft Strahlen, gleißt, aber er glüht nicht. Das ist grausig, wie sein Glanz die Nacht verscheucht und doch nicht den Tag schaffen kann. Angsterregend ist das, wie alles aufgeweckt wird, das Meer und das Blut in den Menschen.

Die Menschen von Città morta aber sind gesund und schlafen, sie sind müde von der Arbeit und haben Vertrauen zur Nacht.

Der Strand ist leer, der Sand liegt wie Linnen auf der Bleiche, der Fuß setzt sich schüchtern darauf. Der Schatten des Menschen fällt lang und blau auf das Linnen. Die Boote liegen leicht und schalenhaft da. Der Mond steigt höher, sein Glanz füllt die Boote beinah bis zur Hälfte, tastet über die Namen am Bug. Die Boote sind leer, die Ruder entfernt. Nur in einem liegt ein Paar Ruder. Das Boot des Giacomino.

Gratian klettert hinein und bleibt zum Meer gewandt sitzen, er ist der erste. Das Boot steht auf Winkelklötzchen und kann nicht kippen, er sitzt gut darin und hat Zeit. Da vernimmt er Schritte. Sie kommen die große Treppe hinterm Dom herab. Er hört nicht hin. Er denkt nur: verdient nun dieser Bau den Namen Dom? Gehört nicht zum Dom ein Bischof, wenigstens eine von Alter und Schwermut zerkratzte Würde? Wie kommt dieser Bau also zu seinem Namen?

Das fragte er Dimitri, der mit hastigen Schritten herankam; Nastasja folgte langsam, fast zögernd.

Dimitri blickte über die Schulter zurück, gegen den Dom.

Nastasja grüßte Gratian – er hörte ihre Stimme nicht, das Meer war zu nahe und ziemlich bewegt. Gratian stieg aus dem Boot. Nastasjas Stimme klang nun lauter: »Hoffentlich wird es nicht zu stürmisch.« Dimitri schleppte keuchend die runden Hölzer herbei, über die das Boot zum Wasser gleiten sollte. Er warf sie in schrittgroßen Abständen in den Sand, das letzte lag schon im Meer. Dabei erzählte er noch dies und jenes, kam sogar auf die Geschichte der Stadt zu sprechen. Früher sei Città morta groß gewesen: dreitausend Menschen, und jetzt nur noch siebenhundert.

Dimitri warf die halbe Zigarette weg, sie behinderte ihn. Er schob das Boot von hinten, Nastasja stand bereits drin. Gratian erhielt den Befehl, sofort aufzuspringen, wenn der Bug im Wasser sei.

Da kam die Welle. Dimitri hatte die Hosen aufgekrempelt, gab dem Boot einen Stoß und rief.»Vorwärts!« Nun waren sie alle drei im Boot.

Nastasja saß am Bug. Sie sah nur die Rücken der beiden Männer, die sich jetzt in die Ruder legten. Alle drei schauten gegen Città morta. Die Stadt lag am Berg gläsern aufgebaut wie auf dunklen Kissen, man glaubte nicht, daß Menschen darin wohnten. Die Häuser waren wie aus Porzellan gemacht, die Bäume und Pergeln vor den weißen Wänden sahen aus wie Blumenmuster auf Kaffeekannen und Suppenterrinen. Gratian sagte das, ganz ernsthaft, aber Dimitri lachte und spuckte sich in die Hände.

»Das Meer ist gar nicht ruhig«, hörten sie Nastasjas Stimme hinter ihrem Rücken. Sie rief es, und so verstanden sie es.

Sie ruderten jetzt schweigsam. Gratian umklammerte den Holzschaft vielleicht ein wenig zu fest. Er ruderte sorgsam, führte das Blatt nicht zu tief und nicht zu hoch durchs Wasser. Es machte ihm Spaß, kein Spritzer durfte Nastasja treffen! Und ein Tropfen Gemütlichkeit gehört in die schwere Arbeit, dachte er. Man holt nicht zu weit aus, setzt dafür das Blatt richtig ein. Darauf kommt es an und auf den Ruck nach hinten, der muß jedesmal wie ein befreiender Atemstoß kommen. Ja, das Rudern ist tatsächlich Atmen. Die Luft war dicht und würzig.

Dimitri summte leise eine Melodie, und dann mischten sich Worte, russische Worte, darein, und das Gesumm wurde zum Gesang, ein weicher, eintöniger Gesang, der immer wieder auf denselben Ton zurückkehrte, von oben und von unten her. Dimitri sang, er allein, sie lauschten ihm, und Nastasja – sie kannte doch gewiß die Worte –, Nastasja saß hinter ihnen und sang nicht mit. Es war auch eigentlich nicht die Stunde zum Singen, es war späte Nacht, und nun waren sie gewiß schon einen Kilometer vom Land ab, das sind tausend Meter – tausend! Da stieß es ihm gegen die Brust. »Rudern!« Dimitri fuhr mit diesem Wort, sein Gesumm unterbrechend, gegen ihn herum, es klang wie ein Befehl.

»Warum denn so eilig, lassen wir uns doch jetzt ein wenig treiben!« Aber Dimitri ruderte weiter, und da legte sich auch Gratian von neuem in die Riemen. Dimitris Ruderweise legte er sich zu und lauschte und summte mit, ja, er summte und sang mit, auf »hm« und »oh«, die Melodie kam von selber, eine ganz einfache, schwermütige Melodie – es war wohl ein Liebeslied. Nur nicht klügeln und keine gewaltsame Bemühung! Das Einfache, das ganz Einfache wird nicht gefangen und erhascht, es kommt auf uns zu, es schenkt sich uns, so wie die Woge kommt und das Boot hebt.

Nein, das Meer war gar nicht ruhig. Nastasja hatte recht.

Da sagte Nastasja plötzlich: »Dimitri, es kommt Wasser ins Boot.« »Ach, was denn!« Dimitri warf verächtlich den Kopf auf die Seite. Seine Füße standen hoch. Zwischen den Rippen am Boden glänzte es.

»Ist das Boot nicht dicht?« fragte Gratian.

Dimitri murmelte ärgerlich: »Natürlich ist es dicht. Giacomino wird uns doch nicht ein leckes Fahrzeug leihen!«

Und Dimitri ruderte, und Gratian ruderte, sie schwiegen lange. Doch da kam wieder Nastasjas Stimme, nicht angstvoll, aber aufreizend unbestimmt wie der Wind. »Es wäre jetzt langsam an der Zeit, Dimitri, Franz, uns zu entscheiden ... Nasse Füße kann ich überall bekommen.« Sie hatte sich unter das Sitzbrett der Männer gebückt, wo sie offenbar etwas suchte. Gratian sah, wie ihre Hände im schwankenden Spiegel des Wassers umhertasteten. Die Bootsrippen waren schon bedeckt, das Wasser stieg, das brauchte nicht erst festgestellt zu werden, die Füße wußten es schon seit einer Weile.

Nastasja sagte von unten: »Dimitri, der Spund fehlt.« Es war eine kühle Feststellung, und Gratian verstand plötzlich. Der Spund fehlte. Sie trieben also doch auf einem lecken Schiff. Schön, und Dimitri konnte schwimmen und Nastasja auch, wenn sie es wollte. »Willst du nicht umdrehen, Dimitri?« fragte sie jetzt lauernd. »Doch!« Dimitri bat nun um das andere Ruder; Gratian solle sich vor ihm ins Heck setzen. »Aber vorsichtig.« Gratian sah von der Seite, daß Dimitri grinste. Jetzt blickten sie sich an. »Gib mir dein Ruder«, bat Dimitri wieder.

»Nicht nötig.« Gratian sprach sehr freundlich. »Laß du dein Ruder einen Augenblick liegen, Dimitri, ich rudere dann einige Stöße allein. Und Nastasja soll das Loch stopfen.« Er versuchte, sehr ruhig zu sprechen, aber wie klang das lächerlich: Nastasja soll das Loch stopfen. Dimitri ließ sein Ruder beigehen. Gratian drehte.

Das Wasser im Boot stand schon fast einen halben Meter hoch. Die Drehung war geglückt, nun sahen sie aufs Meer hinaus, sahen nicht mehr das Land, zu dem sie jetzt zurückrudern würden. So viel Wasser, und man konnte nicht wegschauen.

Warum ruderte denn Dimitri nicht?

»Warum ruderst du nicht?« fragte Gratian.

»Ich bin müde!« Dimitri lächelte wieder vor sich hin. Das Boot hob sich in diesem Augenblick. Dimitri ritt, als wäre er allein an Bord, über diese Woge fort, seine Zähne glitzerten. Gleich darauf senkte sich das Boot. Der Rand der Woge klatschte über ihre Knie. Gratian geriet darüber in Zorn. »Ich habe jetzt nasse Beine bis obenhin!«

»Wir sollten doch eigentlich etwas essen und trinken. Wenigstens trinken.« Dimitri zog eine Flasche aus seiner Rocktasche und trank.

»Trinkst du dir Mut an?« Nastasja lachte, es war ein ungebändigtes, böses, glitzerndes Lachen. Gratian kennt dieses Lachen, er liebt es, den Haß darin, das kalte Feuer. Ein starkes Gefühl trug ihn hoch wie die Woge jetzt.

Weil dieses Schwein schwimmen kann, nimmt er sich Zeit, schützt Müdigkeit vor und trinkt. Und das Wasser im Boot steigt. Man möchte an Schnupfen denken, an Rheuma, an dies und das, wenn nicht der Brief, das Testament in Città morta im Zimmer auf dem Tisch läge. Hoffentlich hat noch niemand den Brief entdeckt, diesen wohlgefügten und wahrscheinlich schrecklich pathetischen Brief. Das Wasser hat sich bis zu den Waden heraufgewagt, nimmt sich Zeit, ist umständlich wie Dimitri. Wäre nicht Nastasja im Boot! Er spürt noch, wie ihre Finger ihn in den Schenkel kniffen, er hatte beinah aufgeschrien bei dieser stummen Aufforderung! – vor Schreck, nicht vor Schmerz, vor Schreck und Lust.

Gratian sieht Nastasja ihr Jackett abstreifen, den Ärmel des groben Stoffes rollt sie und bückt sich. »Es geht nicht«, sagt sie kalt und ruhig. In diesem Augenblick fällt Dimitri das Ruder ins Wasser, und er beugt sich hinaus, das Boot neigt sich mit seinem Wasser schwer auf die Seite. Gratian gibt Gegengewicht, doch da sieht er, wie Dimitri dem schwimmenden Ruder einen Stoß gibt. Nun ist ihm alles klar.

Nastasja schreit leise auf, nicht vor Schrecken, Wut klingt in ihrer Stimme. Man versteht ihre Worte kaum: »Lud ich mir wirklich zwei Männer ins Boot?«

Dimitri erhebt sich langsam und nickt: »Zwei, leider, Nastasja! Und der eine heißt also – Franz – ganz neu für mich!«

Gratian sitzt unbeweglich da und wartet auf etwas, hat das Ruder in den gespannten Fäusten, als wäre damit alles getan, und schaut Dimitri zu, als sähe er so etwas zum erstenmal: Wie der sich den Rock auszieht, die Hose, das Hemd. Nun steht er nackt im Boot und sagt: »So, jetzt schwimmen wir an Land. Voran, Nastasja!« Er steht schon auf dem Brett, ganz ruhig, holt tief Atem, streckt die Arme seitlich aus, ballt die Fäuste und läßt den Unterarm gegen die Muskeln des Oberarms springen. Er grinst, und Gratian betrachtet die großen Zähne. »Aber wenn ihr hier bleiben wollt!« sagt Dimitri ruhig. Dann wendet er das Gesicht dem Gegner zu: »Ein Kilometerchen oder zwei!«

Da zischt es durch die Luft. Dimitri hat sich nicht mehr wegducken können – und schon stürzt er, stürzt ins Boot, quer über die Ruderbänke. Nastasja steht da, die Arme erhoben – sie hat es noch nicht begriffen, daß Dimitri mit aufgesperrtem Mund vor ihr liegt und daß auf dem Heckbrett ihr gegenüber ein anderer Mann steht, der eben noch ruhig wie ein Stein dasaß, der sie mit seiner Unbeweglichkeit zur Verzweiflung trieb.

Gratian, das Ruder gesenkt in der Hand, hatte es ebensowenig begriffen, vor allem das eine nicht: wie er überhaupt auf das Heckbrett gekommen war. Als ob ihn eine Stahlfeder hochgeworfen hätte. Er konnte nichts tun und denken als den ins Boot gestürzten Mann in einer Art von ekstatischer Erleichterung und kalter Vergnügtheit anzustarren. Schließlich wunderte er sich, wie er so frei auf dem Heckbrett stand, daß er nicht schwankte – doch schon schwankte er und stieg vorsichtig ins Boot hinunter. Nun erst sah er Nastasja an, hilfesuchend, angstvoll. »Er belastet das Boot zu sehr!« sagte Nastasja plötzlich hart und so leise, als könnte Dimitri sie noch verstehen. »Pack an!« Gratian erschrak. Pack an, pack an! Ist das ein Sack, ein Stein, nur Ballast – dieser braune geknickte Körper? Dimitris Zähne blitzten im Mondlicht.

Er packte an, an den Beinen, Nastasja an den Schultern. Doch so geht es nicht, sie dürfen nicht aus der Kielmitte treten, sonst wälzt sich der geschmeidige Wasserballast ihren Schritten nach, und dann – erst jetzt spürt Gratian das Meer, den kalten Abgrund unter sich. Er zittert, beißt die Zähne aufeinander. Der Brief! Ich will ihn stückweise verschlingen! Dumme Erhabenheit, ersticken will ich daran, auf dem festen

Erdboden ersticken, an meiner Todesverachtung – aber nicht hier im weichen, wogenden Gedärm des Meeres vergehn.

Da hört er Nastasjas Stimme und blickt auf, er hat die ganze Zeit in Dimitris Gesicht gestarrt. Nackt steht sie vor ihm. »Ich stütze das Boot von außen. Du läßt ihn über den Rand rutschen und gibst Gegengewicht, so!« Sie macht es ihm mit leeren Armen vor und liegt schon im Wasser. Aus der Mitte des Sitzbrettes schnellte sie hoch, das störrisch lauernde Boot ließ es willig geschehen, nur die Bewegung der Wogen hob es auf und ab.

Nastasja ruft: er solle sich Schuhe und Strümpfe und das Jackett ausziehen, für alle Fälle! Ach so? dann geht's eben ohne Schuhe und Strümpfe ins Himmelreich! Nastasja ruft: »He, los!« Er hebt den schlaffhängenden Körper vor die Brust. Noch warm, so spüren's seine Hände, nur seine Hände! Und wie er ihn auf den Bug legen will, sorgsam, es ist ja ein Toter, und den hängenden Körper nach vorn gerichtet, da hebt sich der Bug und stößt gegen den Toten an, zwischen die Schulterblätter trifft es ihn. Und da kommt ein Stöhnen aus Dimitris Mund, leise, der Wogenschlag übertönt fast den Laut. »Nastasja«, Gratian hört seine Stimme wie hinter vielen Mauern, und er schreit doch: »Nastasja – er lebt – du, er blutet aus dem Ohr!«

Da sieht er Nastasjas Hand an den Bug packen, und ihr Gesicht sieht er, es liegt weit in den Nacken zurückgebeugt, er sieht es auf- und abschwanken in der Bewegung des Meeres. Sie sagt kein Wort, nur die Woge spreizt ihr silbernes Dach und läßt es über Nastasjas Rücken gleiten, und das Dach zerteilt sich, und blitzende Schlänglein züngeln um ihren Leib. Sie sagt kein Wort, ihre Augen aber stehen weit und ruhig, ohne Frage und ohne Befehl, stehen auf ihn gerichtet, wie die irislosen Augen einer Marmorgestalt.

Ohne die Bürde in seinem Arm noch zu beachten, seine Augen starr auf Nastasja gerichtet, ruft er: »Vorsicht!« Und wie Nastasja tauchend entweicht, ist es schon geschehen, das Boot bedurfte ihrer stützenden Arme nicht.

Sie rief, daß sie das Ruder herbeiholen müsse, er solle inzwischen schöpfen. Mit seinem Hut begann er, das Wasser über den Bootsrand zu heben, das kleine Meer in das große. Bald schon kam eine gewisse Gleichmäßigkeit in diese Verrichtung, und der Ton des Schöpfens und der des Schüttens kehrte wieder, dunkel und hell, man könnte dazu singen wie beim Rudern vorhin.

Schöpfen, schöpfen! Nichts geht verloren, kein Tropfen. Auch was da verdampft an den heißen Beinen, im Gesicht, nichts geht verloren. Und Gratian schöpfte, und das Meer schaukelte. Da schrak er auf: Nastasja! Vor Città morta, eine nackte Meerfrau. Er half ihr ins Boot. Zuerst aber faßte er das Ruder, das sie vor sich herstieß.

Als sie so voreinander standen, als sähen sie sich zum erstenmal, fuhren sie in jähem Erschrecken zusammen: eine Stimme war übers Meer gekommen, hatte sie getroffen, scharf und schneidend, doch eine freundlich klingende Stimme. Sie zitterten beide und hielten einander umschlungen, ihre Füße patschten, Halt suchend, im Nassen. Gratian spürte ihre Hände in seinen Oberarmen wie Zangen, sie keuchte, als käme sie nun erst aus dem Wasser, sie flüsterte: »Dimitri ist ertrunken, verstehst du, er war betrunken, hier schwimmt noch seine Flasche. Er trank den ganzen Abend, war betrunken und wollte schwimmen, verstehst du? Wir zwei wissen das ganz allein, Franz!« Seltsam, Nastasjas Stimme klang ihm wie seine eigene; sie redete, als säße sie in seiner Brust. Ohne den Blick von dem dunklen Boot abzuwenden, das nun vom Ufer her auf der waagerecht fließenden, blitzkantigen Wogentreppe zuckend näher kam, fragte er, den Mund an Nastasjas Ohr: »Riefen wir nicht: Dimitri ist ertrunken?« Er spürte den Ruck, mit dem sie auffuhr, seine Hand glitt ab von ihren kühlen, glatten Hüften. Und nach einer langen Weile, das Boot schien nicht näher zu kommen, und näherte sich zugleich viel zu schnell, hörte er Nastasja wie zu sich selber sagen: »Der Traum, dein Traum, in der ersten Nacht in Città morta!«

BRIGITTE KRONAUER

Meer

Auch wenn alle Badenden durch Steine in unregelmäßiger Größe, die direkt unter dem Wasserspiegel lagen – wobei sich dieser Abstand natürlich auf den Horizont zu vergrößerte, eine Regel, die schon der geringste Wellengang grotesk über den Haufen warf –, durch diese teilweise von glitschigen Algen oder andererseits von spitzen und schorfigen Seepocken bedeckten Brocken und Kiesel gezwungen wurden, sich in ziemlich alberner Vorsicht mit den Verrenkungen halb Gelähmter und manchmal auch auf allen vieren tastend über unsicheren Grund ins Meer zu begeben, begriffen sie hier sehr schnell, daß sie jenes pedantische Leben, das sie führten, durch den von ihnen gewählten ordentlichen Beruf nur ein für allemal hatten abfertigen wollen, und daß sie nicht etwa, wie sie inzwischen oft selbst glaubten, eine normale Existenz und ihre Verpflichtungen aus innersten Herzen wichtig nahmen. Im Gegenteil, von Anfang an hatte man die lossein wollen, indem man mit einer zuvorkommenden Handlung Genüge tat. Hier nämlich zeigte sich, daß man in Wirklichkeit exzentrisch war. Einer ging immer wieder neu ins Wasser, er übte elegante Einstiege, ein anderer schaffte es auf Anhieb, ohne zu wanken auszuschreiten, bis ihm das Wasser die Schultern bedeckte. Dabei rauchte er seine Zigarre so selbstverständlich wie ein Kautschukbaron.

Mitten in ihrem Aufbruch, mit Harpunen und Flossen, erstarrten sie zu klobigen Felsformationen. Leichten Sinnes, wenn auch schwerfällig, waren sie eingedrungen in die ernste, unnachsichtige Meeresmonotonie, in die hermetische Fläche, in die Wüsteneinfalt, und wurden nun in der Mitte zerschnitten von ihr. Kleine nackte Rudel konnten sie noch am Strand sein, aber sobald sie das Meer berührten, waren sie als Kniende, Stehende, Ausschauhaltende jeder für sich von der Horizontalen vereinzelt, allein auf der riesigen Ebene und hervorgehoben. Endlich, vor diesem Hintergrund, dem jede Ablenkung fehlte, konnte man sich dem Kopf eines Schwimmers zuwenden, der pathetischen Heimkehr der Taucher, dem kraulenden Arm eines Unbekannten. Jeder Körper, jedes Schicksal schien sich hier ausführlich gewürdigt, unbedrängt von der Masse der anderen, in seiner vollständigen Kontur, wie vor einer aufragenden Eisenwand abzuheben.

Ich saß auf einem Stuhl. Da versank, aus heiterem Himmel, alles in einer Schwermut, als wäre sie aus den aufziehenden Wolken heruntergefallen. Ich hörte Möwen und Ziegen, schreiend und meckernd, die Rollen tauschend, aber gedämpft von einer erstickenden Traurigkeit, hinten, der Mann auf seinem Surfbrett, ich erkannte es über die ganze Entfernung hinweg, er hielt sich kaum aufrecht in seinem unvermittelt aus dem Meer steigenden, vom Himmel geschütteten Kummer. Dann war es vorbei, dann kam es wieder, aber in anderer Form, schneidender, dann matter, ich saß in meinem Stuhl, ich rührte mich nicht vom Fleck, die Sonne kam und ging, die Wolken erschienen, dick und zerstreut. Es war manchmal, als hätte jemand ein kleines Lied gespielt, ein fröhliches oder trübsinniges, aber niemand sang oder spielte Gitarre. Ich verhielt mich ganz still, bis zum Nachmittag saß ich, und es war, als würde ich einen langen, abwechslungsreichen, vielleicht auch gefährlichen, dann wieder bequemen Weg zurücklegen, mit Schatten und Hitze, alles nur durch diese Gefühlswallungen, die die Landschaft über mich verhängte. Sollte ich denn immer neu in mich gehen?

Dann sprang ich auf, um meine Beine zu bewegen. Ich wanderte eine gewundene Straße hoch und sah an jeder Kurve zurück in das Tal. Was ich sonst für die Wahrzeichen der Gegend hielt, bescheidene Gipfel und Häuser auf einer Hügellinie, lag nun schon unter mir und hatte viel Höheres über sich in diesem Gelände, das sich öffnete und dehnte, und winzig, unbedeutender mit jedem Schritt, blieben die Hauptgegenstände der Bucht in der Tiefe. Wie meine Gefühle, dachte ich da, wie alle meine Schwierigkeiten, wie die Schicksale es tun in einem größeren, zurechtweisenden Zusammenhang. Darum interessierte es mich, weil ich ein Abbild gefunden hatte, das mir mein Inneres erklärte! Ich wandte den Blick zu den Hügeln, die allmählich meine Umrisse annahmen, auch kam es mir vor, als umfaßte ich sie mit meiner Haut. Die schwingenden Hügelketten direkt unter dem Himmel: fast glaubte ich, sie hören zu können, und ich sah sie wie einen lange verlorenen Zustand an.

Nun aber merke ich, daß sich seit einiger Zeit etwas umzudrehen begann. Hatte ich etwa all die Stimmungen und Andeutungen von Schicksalswichtigkeit hier erfahren, damit ich die Landschaft begriffe, nicht mich gespiegelt sähe, sondern endlich die Gemütsverhältnisse dieses schrägen, aufsteigenden, abfallenden, geschweiften, in Granitklötzen vorspringenden Gebietes erkannte, das Festere, Allgemeinere, das, was außen und sichtbar war? Nichts anderes blieb entscheidend als die schicksalverschlingende Landschaft.

Am Abend rollten vom Horizont große Wellen heran, mit dem dunkelblauen Meer strömte als Mahlzeit oder Medizin eine Begeisterung auf alle zu, vielleicht, weil man hinter dem fernen Strich nun eine gewaltige Energie vermutete, eine Kraft, ein kraftstrotzendes Wesen statt des leeren Raumes?

Erst jetzt fiel mir auf, daß ich in meiner Kindheit oft Vorstellungen vom Meer hatte, Träume um eine einzige Erinnerung herum, und im Erwachsenenalter wahrscheinlich möglichst oft am Meer sitzen wollte, damit ein Gleichgewicht in der Wirklichkeit entstünde, oder saß ich nur am Meer, um mich wieder in die glänzenden Kindheitsaugenblicke zu versenken?

Das Meer aber hat sich, daran zweifle ich nicht länger, erwiesen als Endpunkt, Hafen, Fluchtpunkt aller denkbaren Landschaften, ich weiß nicht, was da noch gehofft werden soll, daß es mein Leben einmal lückenlos anfüllt, mich ganz durchflutet, mit pfeifend heranrasenden, hinter dem Horizont entspringenden Wellen?

Keto von Waberer

Am Meer

»Wie schön du dich bewegst«, sagte der Mann. Er schlief nicht. Er lag in der Hängematte, die schräg zwischen den Pfosten aufgespannt war, im Schatten des Palmwedeldaches. Er sprach englisch. Sie reichte dem Kind die Bierdose. Sie hatte die Dose mit Wasser gefüllt. Es war früh am Nachmittag und sehr heiß. Das Kind grunzte, schüttelte die Dose und schaute zu ihr hoch.

Sie hatte den Mann nicht weiter beachtet. Sie hatte sich an ihn gewöhnt. Fast jeden Nachmittag lag er bewegungslos in der Hängematte. Sie wußte nicht, ob er betrunken war oder bekifft. Er kümmerte sie wenig. Das Kind spielte mit den leeren Bierdosen, die im Sand unter der Hängematte lagen.

»Frauen, die mit ihren Kindern spielen, sind heilige Wesen«, sagte der Mann, ohne den Kopf zu drehen. Er kratzte sich mit beiden Händen auf der Brust. Die dichten schwarzen Locken glitzerten vor Schweiß. »Sie sind nicht abgegrenzt gegen das Kind, sondern fließen zu ihm über und nehmen auch sein Fließen in sich auf. Bewegungen weich und wellenförmig. Ein sanfter Rhythmus, ein beschwörender Herzschlag. Blicke feucht, die Stimme hoch und süß.«

Sprach er zu ihr? Lena schloß langsam den Mund; sie hatte zugehört, als lese jemand ihr vor.

»Frauen mit kleinen Kindern sind in einer merkwürdigen Trance. Heilige Tänzer, Priesterinnen ...«

Er sprach, ohne sie anzusehen, ohne zu stocken. Dabei schaukelte er leise in der Hängematte hin und her.

Er ist betrunken, dachte sie und schnüffelte nach dem Geruch von Alkohol in der Luft. Aber die Stimme – die amerikanische Stimme, klang völlig klar und artikulierte behutsam. »Priestesses ...«

Am Nachmittag, wenn das Kind geschlafen hatte, erwachte es oft verschwitzt und übellaunig. Lena trug es dann hinunter zum Strand, der um diese Zeit meistens leer war. Sie setzte es im Schatten nieder, und der leichte Wind, der vom Meer heraufwehte, beruhigte es.

Das Kind leerte das Wasser aus der Dose in den Sand und schlug mit den Händen nach dem dunklen Krater, der dort entstanden war. Es war nackt und sandig. Wieder blickte es zu Lena auf und zeigte seine beiden Zähne. Sie hockte sich neben das Kind und legte die Hand auf seinen heißen rauhen Bauch. Sie war verlegen und wäre am liebsten ins Haus zurückgegangen.

Der Mann ließ einen trillernden Pfiff hören. Das Kind wandte sich nach ihm um, wollte aufstehen und ihm die Bierdose geben.

Der Mann ließ eine Hand aus der Hängematte baumeln und versuchte dann mit dem Zeigefinger nach der Bierdose zu greifen. Er schaukelte. Es gelang ihm nicht, die Dose zu erreichen. Sein Finger strich über Lenas Knie.

Sie stand auf und lief rasch über den heißen Sand zum Meer hinunter. Sie ließ Wasser in das dreieckige Loch im Deckel der Dose laufen und beugte sich dann vornüber, um ihre Haare naß zu machen. Sie kannte den Mann nicht. Die Haare fühlten sich klebrig und schwer an unter ihren zum Kamm gekrümmten Fingern. Er lag seit ein paar Tagen in der Hängematte unter dem Sonnendach, das sich alle Bewohner aus den Ferienhäusern am Hang teilten. Bis jetzt hatte er immer geschlafen, und seine dicken Brillengläser waren beschlagen gewesen und blind. Lena hatte ihn vorsichtig von der Seite betrachtet, ärgerlich mit vorgeschobener Unterlippe, weil sie sich früher oft selbst in die Hängematte gelegt hatte. Seine Füße gefielen ihr. Er hatte lange Zehen wie ein Affe, und sie waren in die Maschen der Hängematte geflochten.

Im rechteckigen Schatten zwischen den Pfosten hatte das Kind sich an den Finger des Mannes geklammert aufgerichtet. Es jauchzte, als es Lena kommen sah. Sie ließ sich neben dem Kind in den Sand fallen. Sie ärgerte sich darüber, daß sie beim über den Sand laufen auf ihre Bewegungen geachtet hatte. Wie bewegte sie sich denn eigentlich? Das Kind ließ die Hand des Mannes los, griff nach der Dose und fiel langsam in den Sand.

»Du bewegst dich wunderbar. Seit drei Tagen sehe ich dich zum Wasser gehen und zurückkommen«, sagte der Mann, und als sie nun lächelte und nach einer Antwort suchte, sah sie, daß er eingeschlafen war.

Das Haus, das Noel für sie und das Kind für den Sommer gemietet hatte, lag wie die anderen Häuser halb unter der Straße, die in steilen Serpentinen durch die Barranca, das dichte Buschwerk zwischen den einzelnen Palmen und Kakteen, hinauf zur Hauptstraße führte. Lenas Haus war das größte der Sommerhäuser. Das geräumige kühle Schlafzimmer lag unter der Straße. Neben der Küche gab es eine kleine Terrasse mit rot gestrichenem Boden und zwei Säulen, die das dünne Betondach stützten. Auf der Terrasse war das Licht den ganzen Tag über dämmrig und grün wie in einem Aquarium. Die großen Jacarandabäume streuten ihre öligen Schoten auf den runden Tisch und die wackligen Holzstühle. Nachts kamen große träge Falter, angezogen vom Licht der Glühbirne über der Küchentür. Ihre Fühler waren wie kleine Kämme gefiedert, die Augen dunkel und klug. Sie kamen Lena furchtlos bis zum Selbstmord vor und stimmten sie traurig.

Celia in ihrer zerknitterten weißen Uniform, die sie liebte und gegen Lenas Wunsch trug wie eine Auszeichnung, Celia mit Zöpfen, in die blaue Bänder geflochten waren, lag mit dem Kopf auf dem Tisch und schlief mit offenem Mund. Sie erwachte rotäugig und benommen, stand auf und nahm Lena das Kind ab.

»Wo ist meine schöne Dicke«, murmelte sie. »Meine ganz Dicke, die am Strand war.«

Unter der Dusche schloß Lena die Augen. Die Dusche war groß wie eine Sonnenblume und ließ schwere Tropfen auf ihr Gesicht und ihren Kopf schlagen. Sie stellte sich den heißen Körper Noels vor, im Bett, verwickelt in die zerknüllten Laken, den bitteren Geruch seines verschlafenen Gesichtes. Sie wußte nicht, ob sie ihn herbeiwünschte oder erleichtert war, das Bett für sich allein zu haben. Ohne sich abzutrocknen, legte sie sich auf den Bauch und ließ achtlos die schweren nassen Haare auf das Kissen hängen.

Der Mann am Strand, der Verrückte, lag wohl noch in seiner Hängematte. Sie versuchte sich vorzustellen, wie es aussah, wenn sie zum Wasser hinunterlief, sich vorbeugte und wieder heraufkam. Filmszene, Lena in einem schwarzen Badeanzug, den Bauch noch etwas weich nach der Schwangerschaft, eingezogen, das Kinn gereckt, um das Doppelkinn zu verbergen. Sie schämte sich sofort und drehte sich mit einem verlegenen Lächeln auf den Rücken. Was wollte dieser seltsame Mensch von ihr? Die Katze zwängte sich durch das Loch im Moskitodrahtgitter, sprang schwer zu Boden und richtete sich am Bett auf, um Lena ins Gesicht zu sehen. Es war ein magerer übellauniger Kater mit heiserem Schreien und manchmal unerwarteten Krallenhieben. »Was willst du, 007?«

Er rieb seinen heißen Kopf an ihrer Fußsohle. Sie beschloß, Noel anzurufen. Draußen hörte sie Celia mit dem Kind sprechen, und plötzlich überkam sie eine lähmende Mattigkeit.

War das ihr Kind? Und wie fühlten sich andere Frauen, wenn sie ein Kind hatten? Als es noch kleiner war, hatte sie sich über seinen Korb gebeugt, um angstvoll nach dem Atem zu lauschen. Ein unklares Gefühl wie beim Puppenspielen überkam sie oft beim Baden und Füttern. Sie fühlte die Augen ihrer Mutter auf sich gerichtet. Machte sie es gut, das Mutterspielen? Sie ertappte sich sogar dabei, daß ihre Stimme, wenn sie mit dem Kind sprach, den Tonfall ihrer Mutter annahm. Sie suchte in sich nach Mutterliebe. Mutterliebe, das war etwas Leidenschaftliches und Instinktives. Aber als sie so auf dem Bett lag und den Stimmen vor der Fliegengittertür des Zimmers lauschte, wußte sie, daß sie keine Lust zu spielen hatte, wußte, daß sie froh war, wenn Celia mit ihrer Puppe spielte und sie zu Bett bringen würde. Nun schämte sie sich wieder, stand auf, öffnete die Tür und fragte:

»Was gibst du ihr zu essen?« Celia und das Kind sahen erstaunt zu ihr auf.

»Nun, Pfirsichbrei, Señora!« sagte Celia ernst, »das ißt sie am liebsten.«

Das Kind hob ungeduldig die Händchen und verzog das Gesicht.

Celia schob den Löffel in den Mund, der sich schon zum Weinen öffnen wollte.

Lena legte sich mit einem Gefühl des Unbehagens aufs Bett.

Celia brachte ihr einen Teller mit kaltem Huhn. Sie saß in der Dämmerung an dem runden Tischchen. Das Kind schlief, Celia blieb in der Küchentür stehen und erzählte ihr von dem Abendessen mit dem Kind. Lena hätte sie gerne neben sich am Tisch gehabt, aber sie wußte, daß Celia sich nicht wohl fühlte, wenn sie mit ihr zusammen am Tisch saß. Oben im Nachbarhaus spielte jemand auf einer Flöte. Brüchige Tonfetzen ohne Melodie, die sich in ihrem Mund mit dem Geschmack des Fleisches mischten wie ein fremdartiges Gewürz. Sie wäre gerne hinaufgegangen in das Nachbarhaus, in dem die Amerikaner wohnten. Sie hörte auf zu kauen und lauschte dem Gelächter. Sie stellte sich vor, wie sie im blauen Halblicht der Dämmerung die Treppe herunterstieg auf die Terrasse unter den Blicken der zotteligen Männer und der Frauen, die so frei schienen und jung, obwohl sie nicht jünger waren als sie selbst. Sie fühlte das Kind im Schlafzimmer liegen, warm und pulsierend, als wäre es ein Auswuchs, ein verletzlicher Auswuchs ihres Körpers, der sie am Haus festhielt, der sie zu einem anderen Wesen machte, einem schwerfälligen Wesen, das nicht flattern konnte, nicht balancieren, nicht fliegen. Die Männer und Frauen, die sie durch das Grün der Bäume manchmal als bewegte Umrisse sah, waren anders, ganz anders.

Sie versuchte sich Noel vorzustellen in seinem Büro im grellen Licht tief über den Zeichentisch gebeugt, mit Radiergummikrümeln im Haar und Tuschefingern. Manchmal roch er, wenn er heimkam, nach den Chemikalien der Lichtpausen. Aber der Gedanke tröstete sie nicht. Sie hatte Lust, einen Bleistift zu spitzen und weißes Papier vor sich auszustreichen. Sie konnte die saubere glatte Oberfläche unter ihren Handflächen fühlen. Die Reißschiene zurechtrücken, wichtig seufzen … Vor der Geburt des Kindes hatte sie im selben Büro gearbeitet.

Celia lächelte. In der dunklen Tür waren nur ihre weißen Zähne zu sehen und das Weiß ihrer Augen. Lena stand auf und ging an ihr vorbei in die Küche. Sie hätte sie gerne umarmt. In der Küche roch es nach Gas und sauer gewordenem Abfall. Der Eisschrank stand in einer heißen Wolke wie ein Ofen. Das Licht fiel, als sie die Tür öffnete, auf ihren braunen Bauch über der Bikinihose. So stand sie eine Weile in der kühlen Luft des Eisschranks, dann nahm sie eine Ginflasche heraus und füllte ein Glas mit Eiswürfeln.

»Ich lege mich hin«, sagte Celia hinter ihr und verschwand im Hausschatten, lautlos, ohne eine Antwort abzuwarten.

Das Kind schwitzte, und sie wusch ihm Gesicht und Brust mit einem nassen Tuch ab. Es versuchte im Schlaf, sie mit seinen heißen Händchen abzuwehren. Hilflos vor Zärtlichkeit küßte sie es, wohin ihr Mund gerade traf.

Auf dem Bett legte sich die Katze neben sie und sah sie in der Dunkelheit an, ohne zu blinzeln.

»Bitte komm – nur ein paar Tage.« Seine Antwort konnte Lena kaum verstehen. Fremde Stimmen schnatterten wie fernes Wellenrauschen.

»Wettbewerb ... meine beiden Frauen haben es gut ... heiß hier feucht ...«

Noel hatte sich, seit das Kind geboren war, in einen Vater verwandelt, auch in ihren Vater, oder doch in ein junges Abbild ihres Vaters: Ein vom ganzen Clan gestützter Patriarch, der die Weibchen der Herde aus der Stadt aufs Land schickte zur Sommerfrische.

»Wann kommst du – Noel!« brüllte sie dickköpfig und hoffnungslos. »Noel!« Sie fühlte, wie sich ihr Gesicht verzog beim Schreien.

»Erholt euch gut ...« Die Leitung knackte.

Sie war wütend auf ihn, aber das war ungerecht und undankbar von ihr. Arbeitete er nicht in der stickigen Stadt, um seiner »Familie« die Ferien am Meer zu ermöglichen?

Am Morgen lag der Strand glatt und sauber da. Der Berg, der über der Barranca aufstieg, warf seinen Schatten in die Bucht. Lena setzte sich auf die Kieselsteine an der Landzunge, die sich auf der rechten Seite der Bucht ins Meer hinaus streckte. Die Luft war frisch, und das Wasser duftete nach Melone. Ein dunkelbrauner untersetzter Mann, krummbeinig und breit wie ein Taschenkrebs, näherte sich ihr mit einem Bananenblatt, auf dem er sechs Austern trug. Sie waren noch geschlossen, und er kam, um sie ihr zu zeigen. Sie kannte ihn. Am Morgen schwamm er mit einem schwarzen Autoreifenschlauch hinaus zu den Felsen in der Mitte der Bucht. Er tauchte mit seinem Messer zwischen den Zähnen und warf die Austern, die er vom Fels ablöste, in das Netz, das die innere Öffnung des Autoreifens überspannte. Lena gelang es nie, die Austern wirklich zu genießen. Sie dachte immer an eine Geschichte von einem jungen Fürsten, über die sie als Kind so sehr geweint hatte: der Perlentaucher, der in die Tiefe gestoßen wurde, bis er starb. Aus Trotz gegen diese Rührseligkeiten, die sie an sich haßte, kaufte sie ihm, wann immer der kleine Mann mit seinem beim Gehen seltsam seitlich gedrehten Körper auf sie zukam, seine Austern ab. Eigentlich mochte sie gar keine Austern, aber das Kind liebte sie und schluckte sie ohne zu kauen hinunter. Sie glaubte, das Eiweiß täte ihm gut. Manchmal konnte sie keine einzige Auster essen, und Celia wendete sie später in Brotkrumen und briet sie in der Pfanne.

Unter dem Palmendach auf einer Matte saß Celia in ihrer weißen Schürze. Lena hatte den Verdacht, daß sie auch noch gerne ein gerüschtes Häubchen getragen hätte, wie sie es bei dem Mädchen der spanischen Nachbarin gesehen hatte. Celia war eine Huicholindianerin, ein Waisenkind, vom großen Bruder, einem Gärtner, aufgezogen und auch von ihm in Lenas Haus gebracht. Störrisch und schweigsam. Das war ein Jahr her. Celia hatte sich verändert. Nun saß sie neben dem Kind und blickte Lena entgegen. Sie war ungeduldig und spielte mit den Henkeln des Einkaufskorbes. Sie wollte auf den Markt. Das Meer machte ihr Angst, selbst von ferne. Das Kind saß ganz still auf der Matte und betrachtete die Brandung. Seine braunen Augen, die sich an den äußeren Winkeln nach unten bogen, sahen melancholisch und wissend aus. Lena hob das Kind auf und betastete sein Gesicht und seinen

Nacken mit ihren Lippen. Sie trug es hinunter zum Wasser und benetzte seine Brust und sein Haar.

Später schwamm Lena hinaus, streckte sich, spannte die Muskeln, kostete das Wasser. Die Sonne war über den Rand des Berges gestiegen und wärmte ihr Gesicht, wenn sie auf dem Rücken lag. Sie tauchte und atmete tief, um wieder zu tauchen. Sie fühlte Erleichterung. In der grünen Stille des Wassers verwandelte sie sich in das geschlechtslose unversehrte Wesen, das sie in ihrer Kindheit gewesen war. Glatter Körper, gewandt und grün – Delphin, der nicht mehr aufzutauchen brauchte und wegschwimmen konnte, wohin er wollte. Kühl und unverletzt.

Als sie aus dem Wasser stieg, war der Sand schon heiß unter ihren Füßen.

Sie kaufte zwölf Austern und aß sie noch keuchend vom langen Tauchen. Das Kind auf ihrem Arm aß mit und leckte gierig an ihren salzigen Fingern. So nahe die klaren Augen, wenn es aufschaute – die arglosen Augen und die runde Stirn mit den Sandkörnchen im lockigen Haaransatz.

Milou kam mit ihren drei kleinen Buben, die abwechselnd von ihr abgehalten werden mußten. Juanito, der Vater, dem sie alle glichen und der im Wasser schnaubte wie ein schnauzbärtiges Walroß. Elsa, uralt und fleckig wie ein Orang-Utan, gestützt von ihrem jungen Chauffeur, ließ die wachen, mit einem trüben Häutchen überzogenen Affenaugen zwischen den Hautfalten über die nackten Glieder gleiten. Es wurde eng unter dem Sonnendach. Luz, Gorda und Lupe, die drei schön geschminkten mexikanischen Mädchen, die immer eingehängt herumgingen, spielten Karten auf einem Handtuch und salbten sich gegenseitig mit Kokosöl. Alle fragten nach Noel und nickten gleichmütig, ohne auf Lenas Antwort zu achten. Das Kind wurde herumgereicht, geküßt und bewundert. So verstrich der Vormittag. Lena lächelte beim Plaudern grundlos und verkrampft und war froh, als sie Celia den Weg herunterkommen sah. Sie streckte die Arme aus, und das Kind riß sich das Hütchen vom Kopf, gurgelte und streckte es ihr hin.

Drei haarige Amerikaner in glänzenden Boxerhosen

drängten an Celia vorbei, rannten bellend wie Seehunde über den heißen Sand und sprangen fast gleichzeitig kopfüber ins Wasser. Celia kicherte, nahm das Kind entgegen und sagte:
»Fisch hab' ich gekauft und Reis ...«

Am späten Nachmittag lag der Mann wieder in der Hängematte. Er schlief. Das Kind betrachtete ihn eine Weile, als warte es auf den Trillerpfiff vom Vortag. Es schaufelte Sand auf seine Füße und bewegte die Zehen, bis sie aus dem Sand zum Vorschein kamen.

Lena las an einen der Pfosten gelehnt ›Henderson the Rainking‹ und warf ab und zu dem Mann einen Blick zu. Zwischen den dunkelbraunen Bartlocken wirkte sein Mund sehr rot und umrißlos wie eine Wunde in einem Tierfell. Die Nase stand voller Schweißperlen. Er trug rotgeblümte Bermudas aus leichtem Stoff, der Lena an Tahiti erinnerte, an die Tücher der Gauguin-Frauen.

Der Mann gefiel ihr nicht, und doch hatten seine Worte etwas in ihr berührt. Sie war sich nicht sicher, ob er wirklich sie gemeint hatte. Er hatte so direkt gesprochen, als befänden sie sich in einem vertrauten Gespräch, wären alte Freunde, aber ihre Reaktion auf seine Worte war ihm gleichgültig gewesen. Und doch – wenn Menschen sich ihr auf diese Weise näherten, öffnete sich in ihrem Inneren etwas scheu und erstaunt. Es war wie eine Berührung – die Berührung eines anderen Geschöpfes. Tiere oder Kinder, die sich ihr ohne Mißtrauen und zärtlich näherten, verursachten ihr dasselbe Glücksgefühl.

Er schlief noch, als sie das zappelnde Kind hinauftrug ins Haus.

Er setzte sich zu ihr an den runden Tisch. Celia, als habe sie ihr Stichwort erhalten, sagte laut und fröhlich aus der Küchentür:
»Mach' ich dem Herrn einen Jim-tonik«, sie sagte »Jim-tonik«.

Für Celia war die Szene klar. Der Mann kommt abends auf Besuch.

»Oder will er essen? Es ist noch kalter Fisch in Tomatensauce da.«

Lena schwieg.

Lena sah den Mann an. Er nahm seine Brille ab. Seine Augen waren traurig, hatten den intensiven Sternenblick kurzsichtiger Menschen. Er sah sie an, als wäre ihr Gesicht hoch und breit, und er versuchte, es gleichzeitig ganz in sich aufzunehmen. Er legte die Brille auf den Tisch. Seine Hand zitterte ein wenig, als er sie zusammenfaltete.

»Ich bin gekommen – I've come«, sagte er.

Lena erschrak.

Hatte sie wie ein Grillenweibchen lockende Signale ausgeschickt, um ein Männchen herbeizulocken?

»What do you want.« Ihre Stimme klang peinlich pathetisch.

Sie biß sich auf die Lippe.

Er hob die Brauen und sah sie an.

»Also dann gehe ich schlafen.« Celias nackte Füße tappten vorbei.

»Gute Nacht, Celia.«

»Gute Nacht, Señora.«

Señora, das war sie, Lena, die sich verlegen fühlte wie eine Vierzehnjährige. Eine Weile war es ganz still.

»Ich heiße Collin«, sagte er.

Er sagte: »My name ist Collin.«

Lena dachte an einen Collihund – Lassy hechelnd, überlebensgroß. Sie mußte lachen. Eine trügerische Leichtigkeit überkam sie. Da war eine Lena, die ihr zuflüsterte »stell dich nicht so an, was soll er dir denn tun. Es ist so langweilig, du amüsierst dich ein wenig mit ihm, redest, lachst, dann schickst du ihn weg«. Sie liebte diese einfache und leichtsinnige Lena, die nur manchmal zutage trat. Die andere Lena war schüchtern und hellsichtig, hatte seine Augen gesehen, seine Hände, seine Zehen ...

»Go away«, sagte sie.

Er kümmerte sich nicht um sie.

Er öffnete den Mund und begann zu singen. Hebräische Worte, sie kannte die Melodie. Er trommelte mit den Fingern auf dem Tisch dazu und sah hinauf zum Himmel zwischen den belaubten Ästen der Bäume. Die Sterne sahen feucht aus und milchigweiß im Laub wie Blüten.

Er legte seine rechte Hand flach auf den Tisch, und sie richtete sich wie von selber auf, zuerst sah sie aus wie eine große, behaarte Spinne, die sich im Takt wiegte. Er verstummte und sah Lena an. Die Hand verwandelte sich, wurde ein anderes Tier, kein kriechendes Tier, sondern eines, das auf drei Fingern und einem Daumen stand und langsam daherschritt. Er streckte den Mittelfinger aus und bewegte ihn behutsam hin und her wie den kleinen Kopf eines Dinosauriers auf seinem langen Hals. So witterte das Tier eine Weile, beschnüffelte die Brille, kroch zum Tellerrand und richtete sich am Glas ein wenig auf. Seine Bewegungen waren unruhig, aber dann, es hatte am Brot genascht, beruhigte es sich und wagte es, am Tischrand entlang zu laufen. So näherte es sich Lena. Ab und zu witterte der Kopf auf beweglichem Hals hinaus in die Nachtluft, zog sich zurück und wartete, bis die Luft rein war.

Lena sah zu, selbstvergessen. Sie wollte unterhalten werden und lachen, das begriff sie plötzlich, und ihre Kehle wurde eng. Sie griff nach dem Glas und scheuchte mit dieser plötzlichen Bewegung das scheue Tier in die Ellenbeuge des Nachbararmes. Sie lachte.

Das Tier kam heraus und hob lauschend und neugierig den Kopf.

Da war wieder die Flöte.

Das Tier hob wie fragend die Vorderbeine.

»Das ist Gis«, sagte seine Stimme, »er spielt immer um diese Zeit. Komm mit hinauf. Sie haben Bier gekauft.« Das Tier wandte sich ihr zu. Als sie die Augen zu seinem Gesicht hob, sah sie, daß er sie beobachtete.

Er stand auf, schwungvoll, als könnte er damit auch sie vom Stuhl hochreißen. Aber sie fühlte sich schwer und kalt wie eine steinerne Figur. Noel durfte nicht das Gesicht verlieren. Noel arbeitete in der Stadt. Er vertraute ihr. Beschämt fühlte sie, daß sie geküßt werden wollte, berührt und umarmt. Der große silberne Fisch drängte an die Oberfläche. Sie konnte kaum atmen. Sie fühlte sich wieder unversehrt und wunderbar ganz. Ihr Körper, nicht verbunden mit anderen Körpern, anderen Leben, glatt beweglich, schnell wie beim Tauchen. Aber da scharten sich Gesichter in der Dunkelheit um sie, Noel sah sie an und blies den Rauch durch die Nase. Ihre Mutter hob beide Hände an die Wangen, ganz langsam. Dann glühte das Gesichtchen des Kindes auf wie ein Stern.

»Go away«, sagte sie und machte sich noch schwerer und noch steifer in ihrem Stuhl. Ich bin ja »eine Säule der Tugend«, dachte sie.

»Ich bin müde. Ich will schlafen gehen«, sagte sie kalt. Er setzte sich wieder und versuchte, nach ihrer Hand zu greifen, aber sie zog beide Hände auf den Schoß.

»Ich kenne dich nicht«, sagte sie, und es klang bittend, als hätte sie gesagt, »gib dich mir zu erkennen.« Sie trank aus ihrem Glas und versuchte, das Kinn locker zu halten und so in die Nacht hinauszusehen. Jetzt fühlte sie sich wie die Heldin aus einer Frauengeschichte, aber sie wußte nicht, wie die Geschichte weiterging und bekam Angst.

»Ich kenne dich«, sagte er leise, »schon immer.«

Ach – so geht die Geschichte weiter, wie unoriginell, dachte Lena und fühlte zur gleichen Zeit, daß dieser Satz eine merkwürdige Wirkung auf sie hatte. Es war, als wäre sie der kühle Zuschauer – und gleichzeitig die Roboterpuppe, die man über ihren Computer manipulierte. Es war, als hypnotisierte sie dieser Satz. So mußte sich eine Schlange fühlen bei einem bestimmten Ton der Flöte. Sicher wollte die Schlange wirklich tanzen und hätte es auch lassen können, wenn sie es nicht wollte. Sie wollte den Satz glauben. Sie begriff plötzlich, daß sie sich schon immer gewünscht hatte, erkannt zu werden, ohne genau zu wissen, wie das sein würde. Sie sehnte sich nach dem Zauberer, dem es gelang, aus dem Bündel verschiedener Lenas, als die sie sich empfand, eine einzige – die richtige Lena zu machen. Daran, daß sie das selber tun könnte, hatte sie noch nie gedacht. Noel weigerte sich, ihr dabei zu helfen.

Ihre Fragen wehrte er ab. Ja, er wich den Gesprächen aus, die er die »wer-bin-ich-Gespräche« nannte.

»Du bist heute die Königin von Saba und setzt dich aus

570 Jungfrauen zusammen, die alle geschlechtlichen Verkehr mit mir herbeisehnen«, sagte er und zog lachend den Kopf ein, um ihren Ohrfeigen zu entgehen.

Sie sah hinüber zu dem Mann, der mit schief gelegtem Kopf den gleichfalls schief gelegten Kopf von James Bond, der Katze, streichelte.

Auch er wußte keine Antwort.

Sie ärgerte sich darüber, wie er mit der gleichen hingebungsvollen Aufmerksamkeit die Katze streichelte, mit der er sie vorhin gedrängt hatte, mitzukommen.

Sie stand auf.

»Ich bin müde«, sagte sie beleidigt.

Der Mann hob die Schultern, und als er nach seiner Brille griff, streifte er mit seinem haarigen Arm ihren nackten Schenkel.

»Gute Nacht, schönes Geschöpf, beautiful Creature«, sagte er. Ehe er um die Hausecke bog, rief er aus der Dunkelheit.

»Du treibst mich in den Alkohol«, am Klang seiner Stimme hörte sie, daß er lachte.

Amerikanischer Idiot, dachte sie.

Auf dem Bett, noch feucht von der Dusche, breitete sie die Beine aus und spielte mit sich. Sie tat es wütend und ungeduldig, hielt den Atem an, um sich anzutreiben und entblößte die Zähne, als sie kam. Die Katze sah ihr zu und leckte später, als sie schon halb schlief, die Salzperlen von ihrem Ohr.

»Verwandelst du dich in einen Prinzen, James Bond, wenn ich dich küsse?«

Ein Freund hatte ihr einmal von einem jungen Italiener in einem Friauler Irrenhaus erzählt. Sein ganzes Gesicht sei mit schwarzem weichen Fell überzogen, erzählte der Freund, das Fell sei kurz und lasse den Mund frei. Die Vorstellung hatte sie entzückt und erregt, und auf ihre Fragen hatte sie erfahren, daß der junge Mann sanft gewesen sei, ja schläfrig, wahrscheinlich mit Beruhigungsmitteln vollgestopft, daß er lange gerade Wimpern habe und nicht spreche. Ja, auch seine Hände wären behaart.

Sie lag da und stellte sich seinen pelzigen Brustkorb vor, den Bauch. Ob seine Ellbogen und Knie kahl waren wie die der Genoveva auf den alten Gemälden? Sanfte gelbe Augen unter geraden dichten Wimpern. Sein rosiges Glied, das aus dem schwarzen Schoß aufstieg. Sie überlegte, ob er schwarze Lippen hatte wie Bond, einen marmorierten geriffelten Gaumen?

Dieses Mal streichelte sie sich zärtlich und langsam mit der schwarzfelligen Traumpfote, mit der rauhen Traumzunge des Katzenprinzen.

Sie erreichte Noel den ganzen Tag nicht am Telefon. Er ging durch die Straßen, die weiße Jacke über eine Schulter geworfen. Er saß in einer eiskalt-klimatisierten Bar im Halbdunkel, seine Finger wühlten abwesend in den gesalzenen Nüssen. Die Locken über seinem Ohr bebten im Luftzug des Ventilators. Irritiert war sie mit Celia und dem Kind in die Stadt gefahren. An dem großen Strand, der draußen im Meer mit Netzen gegen die Haifische geschützt war, lag sie unter einem gemieteten Schirm und döste, während Celia mit dem Kind widerstrebend und in ehrfürchtigem Abstand von den Wellen Muscheln suchte.

Wann war aus dem Geliebten der Ehemann geworden, der Herr, ein milder Herr, der aber doch fast alles bestimmen konnte? Wann war sie abends müde geworden – zu müde, um ihn zu küssen? Rächte sie sich an ihm, weil er sie schwanger gemacht hatte, weil sie dadurch eine andere geworden war? Eine Frau, die nicht mehr allein über sich entscheiden konnte, weil sie ein Kind hatte? Im Halbschlaf grübelte sie oft darüber nach. Ihr Körper war nicht mehr intakt, sondern versehrt, fand sie. Sie träumte, sie stünde offen, an ihrem Bauch ein Leck, aus dem ihre Kraft sickerte, seit sie das Kind geboren hatte. Ketzergedanken! Mutterglück, Frauenleben, Bestimmung, Leben schenken, Mutterpflicht, Leben schenken ...

Manchmal am Morgen, wenn Noel zur Arbeit ins Büro ging, sein sauberer gebügelter Anzug, sein blütenweißes Hemd, Haar noch feucht gestriegelt, Kinn glatt rasiert – unverletzt intakt, fühlte sie sich wie eingespeichelt und klebrig, chaotisch, halbangezogen, voller Milch, umrißlos, schlaff, zerfließend, den Mund voller Kindergurrlaute. Die Hände ausgestreckt, die Arme immer zum Umarmen gebogen, der

Rücken hinabgebeugt, das Ohr stets wach wie ein Radarempfänger. Dann wollte sie ihm nachlaufen und schreien »Heute gehe ich ins Büro – du bleibst hier und lebst den Tag zwischen Celia, dem Kind, der Wäsche, dem Essen, den Nachbarinnen, Bananenbrei, Milchpfützen ...« Konnte eine Frau einen Mann weiterlieben, wenn er sie geschwängert hatte? Konnte sie weiterhin seine gierige Geliebte sein?

Lena fuhr morgens mit dem Taxi in die Stadt. Sie ging ins Hilton und lag dort am Swimmingpool auf den türkisfarben bezogenen Bänken für die Gäste bis zum späten Nachmittag.

»Der Herr von vorgestern war hier«, sagte Celia. Sie reichte ihr das Kind. »Ich habe ihn nicht verstanden.«

Lena fühlte das süße Gewicht des Kinderkörpers auf ihrer Brust und küßte demütig und beschämt den gebräunten Hals und die glatten Wangen. Sie legte sich auf den lauen Boden der Terrasse und ließ das Kind über sich hinkriechen. Sie knabberte an seinen Zehen und an seinen Fingern. Was hatte dieses Wesen mit ihrer Wut zu tun?

Celia wollte zum Tanzen gehen. Sie stand in der Küche vor einem kleinen, runden Spiegel, den sie hinter die Wasserleitung geschoben hatte, und flocht sich grüne Perlen in ihre Zöpfe. Das weiße Nylonkleid lag in der Taille eng an und war mit Luftballons bedruckt. Weiße Söckchen, die brav aussahen, und weiße hohe Schuhe, in denen sie am Anfang bei jedem Schritt den Mund verziehen mußte.

»Mit wem gehst du, Celia?«

Celia schwieg verlegen, schob den Gürtel zurecht.

»Mit einer Freundin.«

»Wo geht ihr hin?« Lena saß auf dem Küchentisch und fütterte das Kind. Celli sah an ihr vorbei aus der Tür, draußen war die Luft blau wie die Luftballons auf ihrem Kleid. »Ach, nur so herum.«

»Aber laß Hesekiel in Ruhe.« Das war ein Witz, über den sie oft lachten. Hesekiel war der Gärtner und Ehemann der Verwalterin. Celia lachte oft über Charlotte, weil sie ihren häßlichen Mann bewachte wie eine Löwin und sie, Celia, mißtrauisch beobachtete, wenn sie auf ihrem Weg zum Markt bei ihm stehenblieb. Sie kannte sich mit Gärtnern aus. Ihr Bruder war Gärtner.

»Ich würde ihn gern einmal mit auf den Berg nehmen und ihn ihr ganz zerkratzt zurückgeben«, sagte Celia. »Al Monte! Auf den Berg«, wiederholte sie sehnsüchtig. So als sagte sie »ins Paradies«.

Lena hörte sie auf ihren hohen Schuhen die Straße entlanggehen, bis ihre Schritte immer leiser wurden.

Sie badete das Kind.

Es hatte kleine rote Hitzebläschen in der Falte am Hals und an den Schenkeln. Im Bettchen lag es weißgepudert. Lena dachte an einen zwerghaften Voodoopriester. Die Augen blickten unverwandt und still aus dem weißen Gesicht. Die kleine Hand umschloß die ihre und ließ nicht los. Nach Jahren sollte sie sich an diese Hand erinnern und daran, daß sie selbst dabei an den Strand dachte und das Mondlicht auf dem Wasser.

Die Treppenstufen lagen in lauer Dunkelheit, sie tastete Schritt für Schritt, bis sie den Sand unter ihren nackten Sohlen fühlte.

Sie setzte sich an den Rand des Wassers und ließ die Wellen ihre Füße überschwemmen. Sie wartete, ohne sich umzusehen, mit aufgerichtetem Rücken.

Später, ihr Schatten dunkelblau auf dem weißen Sand. Sie stand da und sah hinauf zu den mondbeschienenen Bäumen, zwischen denen die Lichter der Häuser seltsam zu ihr herunterzwinkerten, wie rote Augen. Ihr eigenes Haus konnte sie nicht finden, denn alle Lichter waren gelöscht. Das Kind lag in dem dunklen Haus allein. Sie langte keuchend oben an, tastete an der Wand und knipste die Glühbirne an. Die Terrasse war leer. Ein Gecko, durchsichtig und flach wie aus Plastik, lief pfeifend an der Birne vorbei und in den Schatten der Säule.

Am Morgen lag Tau auf den Kakteen. Vögel jagten sich in Baumkronen.

Lena blieb stehen und wischte sich mit dem Handrücken

den Schweiß von der Stirne. Sie war die steile Straße hinaufgelaufen, eilig, und mußte stehenbleiben, um sich zu verschnaufen. Die Träume der Nacht umgaben sie noch wie dunstige Schleier, wie Vorhänge, die der Tag erst langsam aufziehen würde.

Das Haus der Amerikaner lag halb unter der Straße wie ihr eigenes. Ein eisernes Gittertürchen zwischen zwei weiß gekalkten, mit Bougainvillea bewachsenen Pfosten führte durch die Mauer. Unterhalb einer steilen Metalltreppe lag die Terrasse. Lena hatte schon früher einmal in dem Haus gewohnt, noch unverheiratet, mit einer Freundin, das schien ihr Jahrzehnte zurückzuliegen.

Es war früh am Morgen, aber schon sehr warm. Die Luft war klar und duftete nach feuchten Pflanzen.

Die Terrasse lag noch im Schatten. Lena dachte an Leichen, nach einer Explosion. Nackte Menschen lagen durcheinander, die Glieder miteinander verschlungen oder um den eigenen Körper gewunden. Offene Münder, abgespreizte Arme. Die Leiber waren fast alle rot verbrannt von der Sonne. Lautes Atmen, Schnarchen – sie schliefen noch alle. Auf dem Tischchen an der Mauer standen leere Flaschen und Gläser, dazwischen lagen Knochen, meistens gebogene Rippenknochen. Lena war so verlegen, daß es ihr kaum gelang, die Gesichter genauer zu betrachten. Collin war nicht dabei.

Javier Marías

Sonntag mit Fleisch

Wir waren im Hotel de Londres abgestiegen, und während der ersten vierundzwanzig Stunden in der Stadt hatten wir das Zimmer nicht verlassen, wir waren nur auf die Terrasse hinausgetreten, um von dort aus die Bucht La Concha zu sehen, zu voll, um einen erfreulichen Anblick zu bieten. Angenehm ist nur, was nicht massig, was unterscheidbar ist, und dort konnte man unmöglich mit dem Blick auf jemandem verweilen, trotz des Fernglases, ein Übermaß an Fleisch ebnet ein und macht gleich. Wir hatten es mitgenommen, falls wir an einem Sonntag nach Lasarte gehen würden, zur Pferderennbahn, es gibt nicht viel zu tun in San Sebastián an den Sonntagen im August, wir würden drei Wochen da sein, unser Urlaub, vier Sonntage, aber drei Wochen, denn jener zweite Tag unseres Aufenthalts war ein Sonntag, und wir würden an einem Montag abreisen.

Ich trat mehr hinaus als meine Frau, Luisa, immer mit dem Fernglas in der Hand, oder besser gesagt, um den Hals gehängt, damit es mir nicht entgleiten und von der Terrasse hinunterfallen und zerbrechen konnte. Ich versuchte, jemanden am Strand auszumachen, jemanden auszuwählen, aber es gab zu viele Menschen, um irgendeinem treu zu sein, ich machte Schwenks mit der Naheinstellung, sah Hunderte von Kindern, Dutzende von Dicken, ebensoviele junge Mädchen (keine mit bloßen Brüsten, in San Sebastián ist das noch selten), junges und reifes und altes Fleisch, Kinderfleisch, das noch kein Fleisch ist, Mutterfleisch, das dagegen am meisten Fleisch ist, weil es sich bereits reproduziert hat. Schon bald wurde ich es leid zu schauen und kehrte zum Bett zurück, wo Luisa ruhte, ich gab ihr ein paar Küsse, dann kehrte ich zur Terrasse zurück und schaute abermals durch das Fernglas. Vielleicht langweilte ich mich, und deshalb war ich ein wenig neidisch, als ich sah, daß zwei Zimmer weiter, zu meiner Rechten, ein Mann stand, der, ebenfalls mit einem Fernglas, dieses fest auf irgendeinen interessanten Punkt gerichtet hielt und es erst nach einer ganzen Weile sinken ließ und es nicht bewegte, solange er schaute; er hielt es vor die Augen, reglos, ein paar Minuten lang, dann ließ er den Arm ausruhen, und nach kurzer Zeit hob er ihn wieder, immer in der gleichen Position, er wich nicht im mindesten ab von seiner Blickrichtung. Er war nicht hinausgetreten, im Gegenteil, er beobachtete vom Innern des Zimmers her, und deshalb konnte ich nur seinen behaarten Arm sehen, wohin, wohin genau schaute er wohl, fragte ich mich voll Neid, ich wollte meinen Blick gern fest auf etwas richten, nur dann ruht man wirklich aus und verknüpft Interesse mit dem, was man betrachtet, ich machte nur Schwenks, Fleisch und noch mehr Fleisch, das nicht als einzelnes hervortrat, wenn wir schließlich das Zimmer verlassen würden, Luisa und ich, und zum Strand hinuntergingen (wir warteten ab, daß er ein wenig leerer wurde, voraussichtlich zur Zeit des Mittagessens), wären auch wir Teil des Konglomerats aus Fleisch, das aus der Ferne identisch war, unsere erkennbaren Körper würden untergehen in der Gleichförmigkeit, die der Sand und das Wasser und die Badekleidung schaffen, vor allem die Badekleidung. Und jener Mann zu meiner Rechten würde uns nicht wahrnehmen, niemand, der von oben schaute – wie er und ich es taten –, würde uns wahrnehmen, wären wir erst einmal Teil des unangenehmen Schauspiels. Vielleicht deshalb, um nicht ausgemacht zu werden, um nicht aufs Korn genommen noch unterschieden zu werden, finden die Sommerurlauber Gefallen daran, sich ein wenig auszuziehen und sich in Sand und Wasser unter andere Halbnackte zu mischen.

Ich versuchte zu berechnen, auf welchen Punkt die festen Augen des Mannes, meines Nachbarn, gerichtet sein konnten, und es gelang mir, einen Raum zu begrenzen, der nicht klein genug war, um meinen Blick völlig zur Ruhe kommen und Interesse an dem Interessanten aufkommen zu lassen, aber auf diese Weise, indem ich seinen Blick nachahmte oder versuchte, diesen zu erraten, konnte ich den größten Teil der vor mir liegenden Fläche – ein Strand – ausschließen.

»Was schaust du an?« fragte mich meine Frau vom Bett

her. Es war sehr heiß, und sie hatte sich ein feuchtes Handtuch auf die Stirn gelegt, es verdeckte ihr fast die Augen, die sich für nichts interessierten.

»Das weiß ich noch nicht«, sagte ich, ohne mich umzudrehen. »Ich versuche zu sehen, was ein Mann sieht, der hier neben mir ist, auf einer anderen Terrasse.«

»Warum? Das kann dir doch egal sein. Sei nicht neugierig.«

Es war mir gleich, in der Tat, aber im Sommer geht es vor allen anderen Dingen darum, Zeit zu verlieren, sonst hat man nicht das Gefühl, in dieser Jahreszeit zu sein, die langsam sein muß und ohne Ziel.

Meinen Berechnungen und Beobachtungen zufolge mußte der Mann zu meiner Rechten eine von vier Personen anschauen, die sich alle ziemlich dicht beieinander befanden, nebeneinander in der letzten Reihe, weit vom Wasser entfernt. Rechts von diesen Personen tat sich eine leere Stelle auf, links ebenfalls, das war es, was mich auf den Gedanken brachte, daß er eine dieser vier anschaute. Die erste (von links nach rechts, wie bei den Fotos) zeigte mir oder zeigte uns das Gesicht, da sie der Sonne den Rücken zugewandt hatte; es war eine noch junge Frau, sie las eine Zeitung, sie hatte das Oberteil des Bikinis aufgeknüpft, nicht ausgezogen (das wird in San Sebastián noch immer ungern gesehen). Die zweite, ebenfalls eine Frau, älter, korpulenter, in einem Badeanzug und mit einem Strohhut, saß und cremte sich ein; bestimmt eine Mutter, aber ihre Kinder hatten sie verlassen, vielleicht spielten sie zusammen am Ufer. Die dritte Person war ein Mann, möglicherweise ihr Ehemann oder ihr Bruder, er war schlanker, er zitterte aus Laune auf seinem Handtuch stehend, als sei er gerade aus dem Wasser gekommen (er zitterte aus Laune, weil das Meer nicht kalt sein konnte). Die vierte war mehr als unterscheidbar, weil sie bekleidet war, zumindest der Oberkörper war bedeckt; es war ein älterer Mann (der Nacken grau), der mit dem Rücken zu mir saß, aufrecht, als wäre er seinerseits damit beschäftigt, jemanden am Ufer oder ein paar Reihen weiter vorne zu beobachten oder zu überwachen, der Strand als Theater. Ich richtete meinen Blick auf ihn; er war zweifellos allein, er hatte nichts zu tun mit dem, der sich links von ihm befand, dem unecht zitternden Mann. Er trug ein grünes, kurzärmeliges Hemd, ich konnte nicht sehen, ob er eine Badehose oder eine lange Hose darunter trug, ob er bekleidet war, unpassend an diesem Ort, wenn, dann würde er deshalb auffallen. Er kratzte sich den Rücken, er kratzte sich die Taille, die Taille war dick, sie mußte schwer sein, bestimmt war er einer dieser Männer, die es große Mühe kostet, aufzustehen, zu diesem Zweck mußte er die Arme nach vorne schwingen, mit ausgestreckten Fingern, als würde einer an ihnen ziehen. Er kratzte sich den Rücken, ein wenig so, als würde er auf sich zeigen. Ich fand keine Zeit, um festzustellen, ob er so aufstand, mühsam, oder um zu sehen, ob er lange Hosen oder eine Badehose trug, wohl aber, um zu erkennen, daß er das Ziel meines Nachbarn war, denn plötzlich sah ich, mein Fernglas endlich auf seine dicke Taille und seinen breiten Rücken gerichtet, wie er zusammensackte, er fiel nach vorn, sitzend, wie es die Marionetten tun, wenn die Hand sie losläßt, die sie führt. Ich hatte einen kurzen, gedämpften Knall gehört und konnte gerade noch sehen, daß das, was von der Terrasse zu meiner Rechten verschwand, nicht mehr der Arm meines Nachbarn mit dem Fernglas war, sondern sein Arm und der Lauf einer Waffe. Ich glaube, niemand bemerkte etwas, obwohl der zitternde Mann jetzt stillstand, denn ihm war nicht mehr kalt.

CHRISTA ESTENFELD

Die Menschenfresserin

Obwohl ich auf der Insel allein lebe, fühle ich die Anwesenheit von Menschen. Unsichtbar umgeben sie mich, sie leben nicht in dieser Gegend.

Zu Anfang war das anders. Als sie mich hierherbrachten, über den Schaum des Flachwassers ausbooteten, durch die Donnerschläge der Brandung, zwischen dem weißen Feuerwerk der Gischt hindurch, da riß ich die Augen auf, die Wimpern starr geschmückt mit glitzernden Salzdiademen. Da war ich trunken vor Macht. Es schien, als hätte ich selbst mir die Freiheit gegeben, ich fieberte der Einsamkeit entgegen. Die Wellen klatschten gegen die Wand der Barkasse, es klang wie Beifall für eine absolute Herrscherin. Sie überschlugen sich brüllend und drohten den Matrosen, zerplatzend in tausend scharfweiße Splitter, ausfahrenden Tigerkrallen gleich. Und als das Schiff dann Sand unter den Kiel bekam, knirschten Raubtierzähne gegeneinander.

Ich sprang über die Bordwand ins Wasser und versank bis über die Knöchel im nachgiebigen Schlamm, ein warmer Umschlag salzigen Sandes, ein plötzlicher Anflug von Heilung. Bei jedem Schritt spürte ich die saugenden Küsse der Insel an den Fußsohlen. Das Meer spülte die schrundige, von Allergien tätowierte Haut, lief mir zur Seite wie eine Schar aufmerksamer Spürhunde. Eine seit Tagen offene Stelle an meinem linken Fußgelenk begann sich zu schließen.

Nun schlug mein Herz nicht mehr so hart beim Atemholen. Nach all den Therapien, die ich verflucht hatte, die Folterungen glichen, zynischen Demonstrationen ihrer Unwissenheit, begriff ich, daß sie dieses Mal nicht gelogen hatten. Endlich wurde ich ruhig in der Gewißheit, daß sie mich jetzt gleich verlassen würden.

Es war kein Arzt mitgekommen, nur diese Matrosen in ihrer Maskerade. Ich konnte durch die Fenster ihrer Schutzhelme sehen, wie ihnen der Schweiß über die Gesichter rann. Sie schafften drei große Kisten an Land. Die glaubte man mir mitgeben zu müssen. Wie für ein monströses Spiel lagen die schwarzen Würfel im Gelb des Strandes. Die Matrosen wiesen fragend auf den Saum des Dschungels, dort gab es Schatten. Ich winkte ab. Konnte ich die Einladung des lichtüberfluteten Ufers nach diesem Empfang ablehnen?

Das Lager einzurichten, sollte allein meine Sache sein. Man wollte mich in Bewegung halten. Es war ja alles besprochen, ich legte sogar den Finger auf den Mund, als meine Wärter mir Abschiedsworte sagen wollten. Einer berührte mich noch mit seinem Handschuh, sogar durch die luftdichte Kleidung glaubte ich, den Dunst seines Schweißes zu riechen. Der Kapitän und seine Leute hatten recht getan, mich hierherzubringen, sie widerten mich an. Ich ging auf meinen bloßen Füßen über den Sand, es waren köstliche, glühende Kohlen, die die Wunden meiner Sohlen ausbrannten. Ich ging auf den Waldrand zu und sah mich nicht um.

Die Insel liegt abseits aller bekannten Passagen. Vom letzten Hafen brauchte das Forschungsschiff, auf dem sie mich in einer Sonderkabine herbrachten, zwei Tage. Sie ist eine Insel der Beruhigung, nicht der Stille. Sie berührt mich, und ich berühre sie, wenn ich auf ihr unterwegs bin. Schnell nannte ich sie meine Insel, denn sie gab mir gleich nach der Ankunft aufrichtige Vorstellungen ihrer kraftvollen, verwilderten Existenz. Manchmal glaube ich, früher vielleicht schon einmal hiergewesen zu sein. Es gibt Stellen, die ich wiedererkenne.

Als ich unter die ersten Baumriesen trat, umringten mich in zügellosen Scharen scharfblättrige Palmschößlinge, kaum konnte ich einen Fuß vor den anderen setzen. Überall waren Samen dieser Pflanzenart verbreitet und aufgegangen. Ich konnte zusehen, wie sie wuchsen, wie sie mir über den Kopf schossen. Und als ich den zweiten Schritt machte, hatte ich schon den Eingang in die Dunkelheit, in den feuchten Rachen des Monsunwaldes gefunden. Nach der feurigen Sonne draußen, der sich Meer und Land unterordneten, stand ich geblendet und orientierungslos vor einem Labyrinth morastiger, völlig ungewisser Pfade, die die ineinanderwuchernden, verschachtelten Räume des Dschungels nur scheinbar teilten. Sie waren selbst Schlangengewächse, die sich in eine vollkommene Dunkelheit und Tiefe wanden, zu der hin sich alles Lebendige verflüssigte.

Von dort lösten sich rote Schatten, waberten vor meinen Augen wie große pulsierende Amöben. Mit träger Beharrlichkeit schienen sie ein Ziel zu verfolgen, all diese eigenartigen Zellen auf meiner Netzhaut, dieses Treiben greller Buntheit in einem Meer von Schwarz. Die Flecken glitten übereinander, wobei einige verschwanden und größere entstanden. Sie wechselten ihre Form. Aus lächerlichen Karikaturen wurden einfache verschlossene Profile, aus einem Fetzen Afrika erwuchs, sobald eine andere fasrige Farbfläche den beulentreibenden Kontinent kreuzte, ein makelloses Quadrat. Die flachen, geometrischen Formen setzten ziemlich lange unangefochten ihren Weg fort. Nur einmal blieb eine glatte Zylinderform an einer Fratze hängen, und eine Art Koch mit hoher Mütze war geboren. Dieser verschlang eine Menge liegender Achten, die nicht wieder auftauchten.

Ich habe so etwas nur einmal als Kind durch ein Mikroskop in der Schule beobachten können. Es war das Schauspiel vom Fressen und Gefressenwerden, was der Natur entsprechen soll, die keinen Schrecken kennt. Die Belehrung war im höchsten Grad unterhaltsam. Nur war ich geschwächt durch vierundzwanzig Stunden Seekrankheit und noch nicht fähig, mich längere Zeit aufrecht zu halten. Plötzlich schüttelte es mich, mir wurde kalt, und meine Zähne schlugen aufeinander. Gleichzeitig rannen Bäche von Schweiß meinen Körper herab. Ich dachte noch, daß ich wohl wieder ein wenig von meinen Innereien erbrechen würde, da fühlte ich schon, wie ein heißer, bitterer Schwall mir in die Kehle stieg, aus all meinen Poren quoll und über mir zusammenschlug. Ich verlor das Bewußtsein.

Nun kennt man diese Ohnmachten, sie sind nicht weiter beunruhigend. Außer ein paar blauen Flecken durch den Sturz bleibt nichts zurück. Sie sind aber sehr unterschiedlich in ihrer Dauer, so daß man beim Erwachen keinerlei Kontrolle über die verflossene Zeit hat.

Ich kam an einem Abend wieder zu mir. Beim Hinschlagen

hatte sich mein Kopf so unglücklich verdreht, daß er zunächst wie versteinert zwischen den Schultern festsaß. Mein Blick erfaßte die schwarze Lanzenreihe der Palmschößlinge. Hinter dieser Grenze schwammen Strand, See und Himmel, leuchtend, sich ausdehnend. Knapp darüber stand aufrecht, in einer durchsichtigen Wolke, die Sonne, eine große glühende Bronzemünze. Was ich sah, forderte meine Aufmerksamkeit uneingeschränkt, das Licht sandte einen Duft aus, es lastete auf mir und ermüdete mich, hatte ich auch erst vor kurzem lange geschlafen. Am Boden liegend, das Kinn in die schwammige Erde gegraben, konnte ich meine Augen aber nicht abwenden. Das Schauspiel brannte sich mir ein, machte mich für alle Zeit, die ich hier auf der Insel verbringe, süchtig. Immer wieder habe ich es gesucht, das Wegblenden der Sonne, ihr Verschwinden, Verlöschen, das Dunkel danach.

Etwas brachte mich dazu, mich aufzusetzen. Ein Käfer, ein Etwas, das sich unter mir bewegte, sich vor mir verkroch. Ich konnte aufstehen, mich trotz meiner Schwäche hinunter zu den Kisten schleppen, zu der Hinterlassenschaft einer Welt, die sich mit jenem Schiff, jenen Matrosen Stunde um Stunde weiter von mir entfernte.

Diese Nacht lagerte ich am Strand, denn die Finsternis setzte plötzlich ein, war mir vorausgelaufen. Mit ausgestreckter Hand versicherte ich mich der Bretterwände, sehen konnte ich sie nicht. Am nächsten Tag wußte ich nicht mehr, warum ich ihre Nähe gesucht hatte. Meer und Sonne weckten mich, neben mir erstreckten sich verzerrte graue Parallelogramme, die Schatten der Kisten. Sie hatten mich nicht gestreift. Vielleicht bedeuteten sie Kühlung. Von dem, was die Kisten enthielten, konnte keine wirkliche Besserung meines Zustandes ausgehen. Im Gegenteil, sie schienen Bestandteile des Unheils, von dem ich mich getrennt hatte.

Ich öffnete die erste Kiste, in der sich Medikamente und steril verpackte medizinische Geräte befanden, und schluckte einige Ampullen einer braunen Flüssigkeit, von der ich weiß, daß sie fast sofort gegen die ersten Anzeichen einer nahen Kolik hilft. Darunter lagen die Konserven und Wasserkanister. In der zweiten Kiste stieß ich auf Bauwerkzeuge verschiedenster Art. Man hatte mir irgendwann genau ihre Funktion und Handhabung erklärt. Ich warf ein paar von ihnen auf einen Haufen Segeltuch, der sie bedeckt hatte. Dann fand ich Kochgerät und Geschirr, zuunterst einen Packen Kleider.

Ein rotgelbes Muster stach mir in die Augen, und als ich den Stoff herauszerrte, war es ein verrückter Baumwollfummel, eine indische Arbeit für den Export bestimmt. Ich hielt es an den weiten Ärmeln in den Wind, der seine Leere mit Leben füllte. Der Rock flatterte wild, entriß mir das Kleid. Es flog dem Wald zu, und die verdrehten grellen Farbrhythmen schrien so laut wie die Seevögel, die der Stoff mit seinem auffälligen Gehabe anzog. Auflachend überließ ich das Fähnlein dem Wind, es erschien mir zu lächerlich, um eines der Dinge zu sein, die von nun an mein Besitz sein sollten, und der Wind ballte es zusammen, trieb es vor sich her unter die Bäume.

Die dritte Kiste enthielt ein sorgfältig gefaltetes Zelt. Man konnte es schon ein kleines Haus nennen. Mehrmals hatte ich geübt, es aufzustellen. Nur jetzt fehlte mir jede Lust dazu. Entspannt, ja ausgelassen, wie immer kurz nach Einnahme der Droge, wollte es mir nicht gelingen, die Muskulatur meiner Arme zu überreden, die Taschen mit den Medikamenten hochzuheben. Dann schaffte ich es aber doch und warf vier davon auf das Segeltuch zu den Werkzeugen.

So begann mein Einzug. Nach und nach, niemand drängte mich, richtete ich mich ein. Einen pfeilförmigen Auswuchs der Dschungelvegetation auf den Strand, mit abend- und morgendlicher Schattenveranda, wählte ich zu meinem Domizil. Dorthin schleifte ich die ersten, beinahe zufällig ausgewählten Gegenstände. Ich baute sie rings um mich auf, wie Andenken an eine frühere Zeit. Jedoch dachte ich bei ihrem Anblick kaum zurück, denn die Gegenwart der Insel ist stärker.

Hier ist die Heimat der Gegenwart. Die völlig unvorhersehbaren Bewußtlosigkeiten wischen jeden Gedanken, die Zeit messen zu wollen, beiseite. Nach wie vor strukturieren die Sonnenuntergänge, hysterisch übersteigerte Lichtspiele, mein Dasein. Ich improvisiere meistens, die Insel entscheidet in vielem für mich. Manchmal kann ich nicht unterscheiden, was meinem Körper, meiner flatterhaften Seele oder den Schattenwesen meiner Vorstellungskraft passiert. Hier in den Tropen ist alles möglich. Man hat mich vor wilden Tieren gewarnt, aber nur einmal, nachts, bemerkte ich eine Schlange, die über meinen Hals kroch.

Im Busch höre ich Brüllaffen und andere fremde Tiere lärmen. Wahnwitzige Geräusche, durchaus eigenständig, keine bloße Synchronisation der irritierenden Tier- und Pflanzenwelt, sondern rätselhafter, entfesselte Gesänge des Verlangens, des Aufbegehrens. Horden schweinsgroßer Tapire galoppieren durchs Unterholz. Niedergetrampelte, matschige Tunnelpfade zeugen von ihren Aktivitäten, sie selbst sind geisterhafte Erscheinungen, denen mein Auge nicht folgen kann.

Ich bin nicht zufällig hier, und niemand wird hier zufällig vorbeischauen. So abseits die Insel auch liegt, irgendwo vor Peru, sie ist bekannt, und man meidet sie ganz bewußt. Niemand wird hier ankern, um mich anderswo hinzubringen. Dies ist der Ort, der einsam einzige, an dem es sich für mich leben läßt. Da dieses Land, alles Gewächs auf dem Felsatoll, nur vor meinen Augen besteht und ich mich nach keinem Plan richten muß, will ich nicht zu sehr Kenntnis nehmen von seiner unglaublichen Üppigkeit und seinem anderen lohfarben versteinerten Gesicht. Ich bin nicht sonderlich neugierig, in jede Falte erkalteter Lava zu sehen.

Ich habe keine Lust, mich aufzuspielen.

Mein Blick umfaßt die Andeutung von Behausung am Dschungelrand, den Umkreis meiner Gegenwart. Nur einmal stand ich auf dem höchsten Punkt der Insel, da habe ich sie ganz übersehen können: eine rundliche Frucht mit Einschnürung, die Bucht, vor Zeiten schon versandet. Die Nordseite unter tiefhängenden, schleimigen Wolken begraben, aus denen es zu regnen scheint. Grau verdampft die Insel dort ins Ungefähre, die Schattenseite meines Planeten. Ich war sehr erschöpft, hockte mich auf die Steine, betrachtete einen Sonnenuntergang und fühlte, wie ich jede Kraft verlor, meinen Körper zu stützen. Der Abglanz der bronzenen Münze fiel auf mein Gesicht, zahlte mich mit klingendem Schall aus. In meinen Ohren rauschte mein Blut.

Vor allem lebe ich von Früchten und Muscheln. Sie wachsen mir nicht in den Mund. Wenn der Regen, die Stürme kommen, wird alles Gereifte von den Zweigen gerissen und verfault hoffnungslos. Von den Muscheln gelingt es mir, nur jede zehnte zu öffnen. Erst als die mitgebrachten Vorräte verloren waren, begann ich, mich wirklich umzusehen.

Die Monsunregen mit den gewaltigen Stürmen setzen ohne jede Ankündigung ein. Das Meer fällt über den Strand und den angrenzenden Wald her. Schon das erste Unwetter zerstörte mit reißenden Sturzbächen fast meinen gesamten Besitz. Ich konnte nur wenige Dinge auf eine höhergelegene Stelle retten. Der eine Kanister Wasser, den ich mühsam wegtragen konnte, lief dann doch in den Sand aus. Es war eine schlimme Unachtsamkeit von mir.

Ins Hochland stieg ich nur wegen des Wassers, ich wußte, es sollte da eine Quelle geben. Auf halber Höhe entdeckte ich tatsächlich einen See, der aber gelb und giftig aussieht, einen Sumpf, die Brutstätte Tausender Moskitos. Das Wasser steht bewegungslos in einer sichelförmigen Vertiefung, starres Schilf durchwächst es, bildet Barrikaden. Der See siedet in der Hitze unbewegt vor sich hin. Nirgends fand ich einen Zufluß oder einen Bach, der sich einen Weg von ihm weg suchte.

Es dauerte Tage, bis ich die Quelle fand. Ein kleines Tier huschte einmal, frühmorgens, geduckt auf meine Schlafstelle zu und machte sich oberhalb meines Kopfes im Gras zu schaffen. Da die Tiere mir sonst scheu aus dem Weg gehen, drehte ich mich erstaunt nach ihm um und sah, wie es einen glänzenden Tropfen aufsaugte. Ich bog eine Handvoll Gräser zur Seite, darunter trat aus einer kleinen Öffnung im Boden das Wasser hervor. Es ist angenehm kühl und schmeckt kaum bitter, leider dringt nur wenig Flüssigkeit, immer wieder stockend, ans Licht. Irgendwann, fürchte ich, wird diese Ader versiegen. Ich habe sie fürsorglich markiert, damit ich sie wiederfinde, auch wenn sie noch mehr in den Boden absinkt, noch dichter von Pflanzen überwuchert wird.

Ich kann mich nicht entschließen, den Strand zu verlassen, obwohl dort der Schatten rar, die hohen Palmen zu kahlen, zersplitterten Masten geworden sind, und das Wasser der See meinen Durst nie stillen wird. Hier liegt für mich die Traumlagune, zu der es in früherer Zeit die Menschen drängte, so daß Land und Meer, von Körpern übersät, fast ihren Reiz verloren. Nun ist der Strand der Touristen zu meinem Strand geworden. Alle die Gestalten, die sich hier breitmachten, sind gegangen, ohne eine erkennbare Spur zu hinterlassen. Die winzigen Partikel ihrer Haut jedoch, farblose Schuppen, unbeschriebenes Pergament, zu Sandkorngröße zerfallen und zerrieben, lassen sich nicht mehr aus dem Sand sieben.

Ich besitze kein Schutzmittel gegen die Sonne, kratzte mir zu Anfang mein ausgetrocknetes Fell so lange, bis es wieder erträglich war. Dann häutete ich mich regelmäßig wie eine Echse, die an Steinen ihre alte Hülle abstreift, ein leerer Gewebesack, der nicht mehr paßt. Inzwischen ist meine Haut wie rötliches Leder, fast unempfindlich gegen die Strahlengeschosse der Sonne, die Salzkrusten des Meeres, die Peitschenschnüre der Monsunniederschläge, die kalten Nächte. Ich bin ein Teil dieser Landschaft geworden. Die Insel umgibt mich voll zurückhaltender Leidenschaft. Ich ruhe auf ihr, ich vergesse nicht, wie selbstverständlich sie meinen kranken Leib aufgenommen hat, meine Verwünschungen erträgt, im Fieber geboren und herausgeschrien.

Mitten im Dschungel muß einmal ein großes Gebäude gestanden haben. Es existieren noch niedrige, brüchige Mauerreste auf einem langgestreckten rechteckigen Grundriß. Ich stolperte beim Wasserholen über die Steine, Reste eines rosa Verputzes klebten noch an ihnen, eine Metallstange, eine Art Griff, ragte zwischen den Trümmern aus der Erde. Lange überlegte ich, ob es sich lohnte, die Stange auszugraben. Eines Tages begann ich zu scharren, noch unentschlossen, mit einer Muschelschale und den hart gewordenen Fingernägeln. Doch bald packte mich eine solche Neugier, daß ich nicht ruhte, bis ich meinen Fund aus dem Boden ziehen konnte.

Es war ein vergitterter Einkaufswagen, völlig verbogen und verrostet. Sobald ich den Gegenstand erkannte, fing er an, eine Kette von Assoziationen, ein buntes Filmchen abzuspielen, Geräusche und Bilder von damals, als an dieser Stelle wohl so etwas wie ein Supermarkt für die Einwohner der Insel gestanden hatte, ein beschallter Menschenpferch. Es ging darum, die leeren Einkaufswagen in volle zu verwandeln. Schnell eignete man sich Dinge an. Ich weiß es nur zu gut, man muß ja etwas zu sich nehmen. Die Wagen füllten sich. In einigen kauerten Kinder und aßen Eis. Ich beneidete sie um die kalte Speise, ein kaum noch vorstellbarer Luxus. Die kühlende Süßigkeit ließ sie rasch wachsen. Nach einer Weile wurden sie zu groß für die Wagen und wichen den sich stapelnden Lebensmitteln. Im Grunde benötigten alle Einkaufenden das gleiche. Sie schienen sich dessen bewußt zu sein, bewegten sich immer gelassener durch die Gänge und fütterten sich gegenseitig aus Tüten. Man sah ihnen neben der Raffgier auch Erschöpfung an. Sie hatten gelernt, sich zu fügen, waren bescheiden geworden. Ihre Begierde war derart, daß sie sich in diesem begrenzten Raum, am Inhalt der Regale befriedigen ließ.

Ich wollte die Apparatur nicht in der Wildnis lassen. Noch ließ sich der Einkaufswagen etwas hin- und herschieben. Bei längeren Strecken jedoch blockierte seine deformierte Konstruktion die Räder, so daß ich ihn kurzerhand über eine Klippe zum Strand hinunterwarf.

Meine Zeit ist ausgefüllt mit leichten Tätigkeiten, keine Minute, in der ich nicht an der Gestaltung meines Lebens gearbeitet hätte. Da ich nicht sehr kräftig bin, kann ich keine schweren Arbeiten zuwege bringen, kein Haus oder Boot bauen. Auch fallen mir keine genial einfachen Erfindungen ein. Selten nur gelingt mir ein simples Machwerk, das imstande ist, meine Lage zu verbessern. Einmal habe ich mir aus Gräsern ein Kopfkissen geflochten. Als die Gräser trockneten, wurde das Kissen unter meiner Wange hart und stachelig und zerbrach schließlich.

Ich achte auf den Vorrat an Medikamenten. In der Nähe meines Strandplatzes, am Dschungelrand, habe ich ihn, in

Plastikfolie gewickelt, vergraben. Der Regen soll ihn nicht fortschwemmen, deshalb beschwere ich die Stelle mit Steinen. Benötige ich eine neue Ration, muß ich mühsam all die Sicherheitsvorkehrungen rückgängig machen und die Sachen neu verwahren.

Manche Tage verbringe ich fast bewegungslos auf meinem Lager. Mittags befindet es sich zwar im schmalen Schatten eines einzelnen, fast kahlen Zweiges, der noch aus dem Urwald hinaus, auf den glühenden Strand ragt, aber die Hitze versengt dennoch mein Haar, meine Kopfhaut genug. Einmal fingen die Sachen, die ich am Leib trug, Feuer. Ich besitze nur noch dieses indisch gemusterte Kleid, das gleich nach meiner Ankunft in den Dschungel geweht wurde und dort im Geäst hängenblieb. Ich trage es eigentlich nur nachts. Wenn ich es anziehe, wird es zu meiner Schlafdecke. In der täglichen Sonnenglut bedeutet es mir unerträgliche Last, und ich reiße es mir herunter. Jeder noch so geringe Luftzug von der Küste bringt mir so unmittelbare Kühlung. Der Schweiß verdunstet, verfliegt, kaum daß er an die Oberfläche meines Körpers gelangt. Mein Inselland benetzt er kaum.

Ich weiß genau, der Menschengeruch, in manchen Augenblicken fast unerträglich, geht nicht von mir aus. Aus dem Wald dringt plötzlich der Hauch menschlichen Atems, die sonst gefühllosen Brandnarben meiner Haut ziehen sich zusammen und spannen die gesunden Hautpartien. Eine unangenehme Empfindung.

Immer bin ich durstig. Ein feiner Riß durchzieht den einen Wasserkanister, der mir noch geblieben ist. Immer ist er halb leer. Zum Glück gibt es da noch eine leere Weinflasche und eine Plastiktasse, beides Gegenstände, die ich nach einer Gewitternacht am Ufer fand. Damit hole ich mein Wasser aus dem Gebirge.

Die Wanderung dauert mehrere Stunden, und manchmal mache ich mich sogar mitten in der Nacht auf den Weg, um meine Flasche nachzufüllen. Dann nämlich ist die Angst zu groß geworden, die Angst, plötzlich vor Durst oder aus anderen Gründen den Verstand zu verlieren oder nicht mehr laufen zu können. Auch quält mich in solchen Momenten die

Vorstellung, daß inzwischen die Quelle versiegt oder verschüttet sein könnte.

Nachts durch den Wald und den Berg hinauf, das unvernünftige Unternehmen einer höchstgradig Fiebernden? Die ersten Male vielleicht, dann wurden die dunklen Wege zu eigenartig beruhigenden Ritualen, regellos wie alles hier, aber durchdrungen von einer zwingenden Logik.

Manche Tiere werden erst in der Nacht wach und wild. Sie schreien, können sich nicht beruhigen, drohen einander Schreckliches an, hetzen sich zu Tode. In der absoluten Dunkelheit verfehlen sie sich nicht. Oft schon stand ich solch einem Schattenwesen gegenüber. Es kreuzte zufällig meinen Weg. Kurz sprang die Bestie mich an, und ich starrte in ihre entsetzten Augen. Jedes Mal ließ sie schnell von mir ab, fiel mit dumpfer Wucht von meiner Brust zu Boden. Den angespitzten Stock, den ich bei meinen nächtlichen Unternehmungen bei mir trage, habe ich nie gegen ein Tier gerichtet.

Und doch, jede Kreatur, der ich begegne, scheint eine seltsame Verwundung davonzutragen, ihr Brüllen klingt verändert aus dem schwarz und rot flackernden Unterholz. Es klingt, als hinge ihr etwas an der Kehle, als ringe sie unter Krämpfen nach Atem. Doch kann es auch sein, daß ich eigene Zustände beschreibe, denn solche Vorkommnisse gehen häufig recht nahtlos in meine Bewußtlosigkeit über, in denen blendende, hektische Träume mich überfallen, verzerrte Bilder, Erinnerungen, gegen die ich machtlos bin, und die die Gegenwart der Insel für unbestimmte Zeit auslöschen.

Wem wollte ich je ernsthaft etwas tun? Unleidlich soll ich gewesen sein, hieß es früher, mit mir könne man nicht auskommen. Geeignete Maßnahmen, solch ein Wesen zu disziplinieren und anpassungsfähig zu machen, sind Einsperren und Ausgrenzen. Daraus soll gelernt werden. Nun, die Separierung meiner Person aufgrund der Verstrahlung oder einer noch unerforschten, rätselhaften Infektion, man ist sich da nicht sicher, habe ich als wohltuend empfunden. Ich tauchte ein in die Insel, schwamm in den glitzernden, streichelnden Wellen. Sie zogen mich in die Tiefe, dort mußte ich Salzwasser schlucken, das wirkte wie eine Medizin. Wenn ich ans

Ufer taumelte, umklammerte meine Hand manchmal einen Fisch, den mir das Meer geschenkt hatte und den ich, plötzlich heißhungrig geworden, mit Kopf und Flossen verschlang.

Die Anfälle und Ohnmachten schaden mir nicht. Falle ich, liegt, was ich bei mir führe, in Reichweite verstreut. Ich kann getrost ausschlafen, ein Wächter ist unnötig, denn Räuber gibt es nicht auf der Insel. Was ich verliere, habe ich auch schon vergessen. Nie bin ich auf die Idee gekommen, Menschen zu suchen oder anzulocken. Ich fühle ihre Gegenwart genug, um sie nicht zu wollen, auf meiner Insel. Der Sand, das Wasser laufen mir durch die Finger, Pflanzen duften betäubend, während sie vergehen. Die Felsen, die sich über meiner Bucht gegen den Himmel abzeichnen, wechseln ihre Farben mit den Tages- und Jahreszeiten. Und doch, der Geruch des Menschenfleisches in der Landschaftskulisse irritierte mich, schlich sich mehr und mehr in meine Tagträume.

In der Nähe der Quelle passierte es zum ersten Mal. Ich ließ gerade aus der Tasse, die ich als Schöpfgerät benutzte, das Wasser durch ein Stück Stoff in die Flasche tropfen, als ich hinter mir ein Tier vorbeirennen hörte. Als ich mich umdrehte, glaubte ich zuerst, eine glänzende Sturmflut habe sich vom Meer den Berg herauf erhoben und spiegele meine Gestalt. Ich sah vor mir einen Menschen, ich hatte mir keinen gewünscht. Wir prallten gegeneinander, der Supermarkt fiel mir ein. Die Frau sah wild und abgehetzt aus. Sie war hinter einer Beute her gewesen, war eine Jägerin, war eine ganz andere. Ich war nicht diese Frau. Sie hatte kein Recht, hier zu sein. Daß es sie gab, war ein Fehler, für den ich nicht verantwortlich bin.

Die ganze Sippe, zu der sie gehört, kommt vom Festland, der Kontrolle durch die Behörden muß sie sich entzogen haben. Ich weiß nicht, was man von mir hören will, denn ich habe nie damit gerechnet, mich verteidigen zu müssen. Sie hätte sich ja entfernen können, wer hätte sie aufgehalten! Doch sie sagte Worte in einer rohen Sprache, es klang kreischend, jähzornig. Auf Händen und Füßen laufend, ahmte sie das Tier nach, das ihr durch mich entgangen war. Wie ungerecht, mir, die ich nur ein Schatten bin auf diesem Land, die Schuld an ihrem Unglück zu geben! Sie schüttelte sich, spuckte nach mir. Ich mußte sie für irrsinnig halten. Sie warf sich auf den Bauch und heulte laut auf, schluchzte. Nach einer Weile wälzte sie sich auf die Knie, kroch zum Rinnsal unter dem Gras, grub ihre Hände hinein und wusch sich mit der schlammigen Brühe das Gesicht. Beinahe nackt wie sie war, mit dieser Maske aus teigiger Erde, wandte sie sich wieder an mich, in ihrer kehligen Sprache.

Ich wollte weg von ihr, sie beschwor mich, dazubleiben. Ich weiß nicht, es war Todesangst in dem harten Griff, mit dem sie meine Hand an ihre Brust zerrte. Sie schrie mich an, ich konnte sie ja nicht verstehen. Sie sagte, sie würde bald sterben. Sie schien mir ausgestoßen wie ich. Vor ihrer Bestimmung, eine ewig erfolglose Jägerin zu sein, ekelte ihr. Wochenlang hetzte sie ein Stück Vieh durch Täler und übers Gebirge. Oft meinte sie, sich die Seele aus dem Körper gerannt zu haben. Sie erbrach sich auf mein Kleid.

Unsere Begegnung passierte nach den barbarischen Gesetzen des Zufalls. Die Insel in ihrer Unschuld, ihrer Gewissenlosigkeit hat das Arrangement getroffen. Es gab kein Zurück für die Frau, ich erklärte es ihr. Nun, während ich zu ihr sprach, erschreckte mich ihre Häßlichkeit, besser ihre Wildheit nicht mehr. Sie war sehr mager, und doch waren Haut und Fleisch im Wege, als ich nach ihrem Herzen tastete. Ich faßte sie an, wie ich mich anfasse, um tobsüchtige Gedanken loszuwerden, brennende Erinnerungen auszustreichen, eine Beschmutzung oder Markierung durch den Saft einer Urwaldpflanze wegzureiben. Ich setzte mich auf ihren Brustkorb, ein leichter Buschvogel in einem indischen Flatterkleid, der mit Schnabel und Klauen mit ihren nachgiebigen, kalten Brüsten spielte, sie war ohne Willen und ruhig. Es wäre sinnlos gewesen, den Atem anzuhalten, damit er sich nicht in den ihren mische, es wäre grausam gewesen, sie allein zu lassen, ihr nicht nahe zu kommen. Die Ansteckung erfolgt sofort und todsicher auf hundert Schritte und mehr.

Ihr olivfarbenes Fleisch schien sich von den Rippen zu lösen, an einer Handvoll mürber Haut zog ich sie schließlich vom Boden hoch. Als ich sie bei der Hand nahm und den Berg herabführte, fiel mir auf, daß sie meine Größe hatte. Ich konnte ihre Gedanken lesen. Mir war so, als geschehe das, was ich ihr antat, mir, ich war auch Sklavin, kranke, verrückt gewordene Schwester, Verlorene.

Während der folgenden Tage habe ich sie wohl kaum einen Moment aus den Augen gelassen. Man mußte sich um sie kümmern, denn sie setzte dem Prozeß, der sofort begonnen hatte, kaum Widerstand entgegen. Ich zeigte ihr den verstümmelten Einkaufswagen, in dem sich schon kräftige Keimlinge aus dem Inneren der Insel angesiedelt hatten, die ihre Schößlinge und Wurzeln durch die rostigen Gitter trieben. Lachsfarbene Knospen brachen auf in Richtung Sonne, aus holzigen Verdickungen. Ich versuchte, einen blühenden Zweig aus den Wucherungen zu reißen, der intensive Blumenduft konnte wie ein Narkosemittel wirken. Es dauerte sehr lang und erschöpfte mich, denn ich mußte ohne Messer die zähen, gummiartigen Fasern zertrennen.

Als ich ihr endlich den Zweig brachte, hatte sie Schaum vor dem Mund und phantasierte. Ich zog ihr mein Kleid über, denn sie fror in der Mittagsglut. Es ging ihr immer schlechter. Ich lud sie mir auf den Schoß, sie war kaum schwerer als ein Kind. Doch als sie starb, wehrte sie sich plötzlich, begrub mich um sich schlagend unter sich, wurde auf einmal entsetzlich schwer. Die untergehende Sonne gab ihr einen Bronzekörper, machte aus der Armseligen eine rote Schönheit, der man die Schuldlosigkeit an ihrem verdorbenen Leben ansah. In dieser Nacht konnte ich mich an diesem von Strahlen und gärender Fäulnis aufgeheizten Körper wärmen. Er schien im Tode einen Schweiß wie flüssiges Glas auszuscheiden, die Haut wurde erst gegen Morgen kalt und starr.

Ich rannte in die Brandung, kämpfte mich in das offene Meer. Als ich zurückkam, glaubte ich mich wieder einmal gehäutet zu haben, konnte mich aber nicht entschließen, die alte Hülle, die ich im Lager vorfand, zu vergraben. Aus den aufgegangenen Blüten des abgerissenen Zweigs entwickelten sich in den nächsten Tagen große gelbe Früchte, die ich nicht essen konnte. Dann kam der Monsun, und der tote Körper verschwand unter einer Schlammlawine, die aus dem Dschungel brach und über den Strand ins Meer rutschte. Eine neue Stille umgab mich nun auf meinem Teil der Insel. Nach einiger Zeit war es unmöglich, nicht das Gewirr der fernen Stimmen wahrzunehmen.

Deshalb schwimme ich oft weit hinaus. Auf einem vor der Küste verankerten Ponton ruhe ich mich aus. Diese Plattform, die Gespielin meiner Insel, früher ein Vehikel für Touristen, ist mein verankertes Boot. Nie wird es mich an einen anderen Ort entführen. Aus einem Material, das anscheinend nichts zerstören kann, mit einer spiegelglatten Oberfläche, liegt der Ponton wie ein blaues, manchmal regengraues Stück Himmel auf dem Wasser. Ich streckte mich darauf aus, mit ausgebreiteten Armen, spüre den kühlen Boden von Palästen, Kirchen, Grabmälern. Die Fingerspitzen gegen diese Glätte gepreßt, weiß ich, daß mich die See holen kann, wenn sie es wirklich will, denn es gibt weder Mulde noch Spalt zum Festhalten in dieser Platte, auf die ich mich bette. Mein Floß hebt und senkt sich mit den schweren Wogen, und meine Gestalt rollt haltlos in wechselnden Rhythmen hin und her. Die Launen des Meeres und des Windes glaube ich allerdings so gut zu kennen, daß ich Ausbrüche, Temperamentsschwankungen im voraus errate.

Wie unendlich fern die Sterne am Nachthimmel stehen! Am Strand zuckt noch wie ein Dämon mein letztes Lagerfeuer. Ich habe dort Dinge verbrannt, die ich nicht mehr ertragen konnte, kleine Gegenstände, Amulette aus Menschenhaaren, Sachen, von denen ich zunächst glaubte mich nicht trennen zu können. Das meiste konnte ich im Sand verscharren, richtige Gräber auszuheben gelang mir einfach nicht.

Wie die bestrahlten Planeten und Sterne auseinanderdriften! Wie weit sich ihnen der Raum öffnet! Noch kann ich die Bilder, von unseren Vorfahren entdeckt und liebevoll benannt, erkennen. Wußten sie damals schon, wie ungeheuer weit die Sterne, die ein Zeichen bilden, voneinander entfernt sind? Daß ihre Beteiligung dabei nur eine Sache des Blickwinkels, der Distanz zu unserem Auge ist? Hier auf der Insel haben mir die Sterne ihre Bündnisse als lockere, nicht sehr ernstzunehmende Versuche offenbart. Während vieler Stunden intensiven Beobachtens konnte ich sehen, wie sich nach und nach ihre Positionen verschoben. Katastrophengestank, Brandgeruch kam aus ihrer Richtung, im eisigen Hauch noch wahrnehmbar, aus unvorstellbar weit entfernten Randzonen der Galaxie. Schwer ist es, sich voneinander loszumachen. Doch vereinzelt scheinen die Sterne sich wohler zu fühlen. Sind Wunden zu versorgen, ist sich jeder selbst der Nächste.

War ich je so genügsam, wie ich es annahm? Die Sehnsucht danach, nach diesem einsamen Selbst, meiner Insel, ist geblieben. Ich wollte ein Blatt, ein Ding im Unterholz sein, eine geduldete Entartung. Mit keinerlei Plan oder Absicht war meine Ankunft hier belastet gewesen. Habe ich es denn nicht hingenommen, daß mir das Eiland die Souvenirs der Zivilisation, eventuelle Ressourcen, wegnahm? Die drei schwarzen Kisten, landeten sie nicht auf dem Meeresgrund? Heimlich lachte die Insel über mich. Sie selbst hielt alles, was sie hatte, für mich bereit.

Meine Haut verbrannte, ich lauschte den Geräuschen, mühte mich zum Wasserholen den Berg hinauf und wieder herunter, zu den wenigen Relikten, die mir aus einem früheren, schon halb vergessenen Leben geblieben waren. Und unbeabsichtigt geschieht es wieder und wieder. Andere meiner Art kommen von der Nordseite herüber und laufen mir tollkühn entgegen. Meistens sehe ich sie schon von weitem, an einem gewissen Bergkamm tauchen sie auf. Leblos, öde ist an dieser Stelle mein Planet. Wie einmalig. Jedes Mal, die Silhouette des Menschen! Leicht wächst sie, aufrecht kommt sie daher, gegliedert in Senkrechten wie Waagrechten, hat vom Baum, ist aber beweglicher, hat vom unschuldig schlauen Tier, ist aber unsteter, im Innern voll Zweifel und Unsicherheit.

Alle sind neugierig, wollen wissen trotz Todesfurcht, schlagen alle Bedenken in den Wind. Es sind Auserwählte, man schickt sie, wenn der Letzte und Vorletzte verschwunden bleibt. Sie nennen mich die Menschenfresserin.

Einer hat mir den Sinn der Worte mit Gesten gezeigt, indem er seine Handkante wie eine Klinge über meine Kehle zog und dann so tat, als stopfe er sich zusammengeklaubte Brocken aus meinen Wangen in den Mund. Ein Matrose hätte zur Erläuterung eine ganz ähnliche Pantomime aufgeführt. Und doch, was für ein Unterschied zu diesen Hinterhältigen, denen nichts heilig war! Dieser Mann beherrschte eine kunstvolle und wahrhaftige Zeichensprache. Er war schön, die Lippen trotzig aufgeworfen, aber nachgiebig, sich öffnend meinen Handflächen, meiner Schulter. Wie verstand er es, mir sein langes schwarzes Haar ins Gesicht zu schütten, die glänzenden Strähnen! Wenn wir uns gegenübersaßen, war es ein Bild der Anbetung zweier ganz ungleicher, aber sich auf gleicher Augenhöhe anlächelnder Menschengötter. Er war stark und lebte noch sieben Tage und Nächte.

Meine Medikamente wirken bei ihnen ja nicht, schon ein Sichtkontakt besiegelt unumstößlich ihr Schicksal. Und dennoch, Jammerlaute gab es nur bei jenen Frauen und Männern, die plötzlich ein dummes Heimweh ergriff. Die meisten lebten gerne im Tabu-Land. Sie stießen Schreie des Entzückens aus, wenn wilde Bananenstauden in ihr Blickfeld gerieten. Maniok, Maniok deuteten sie mir beim Anblick bestimmter Bäume an. Besonders Schilfrohr wächst hier, aus dem sich außergewöhnlich harte Pfeile für die Jagd schnitzen lassen. Einer sprach dauernd von Kautschukproduktion. Natürlich konnte ich damit nichts anfangen. Wie klimperndes Falschgeld klang diese Zukunftsmusik, närrischer Singsang auf der Insel unerbittlicher Gegenwart.

Immer ist es mir schließlich gelungen, sie zu beruhigen, so daß sie ihre Wahnvorstellungen aufgaben. Die Brüllaffen im Dschungel verführten die Menschen nicht dazu, es ihnen gleichzutun. Meine Besucher begriffen schnell, erklärten mir, daß sie aus schlimmer Bedrängnis vom Festland herübergeflohen seien, nun wären sie es müde, wieder ein Stück Land verlassen zu müssen. Sie setzten sich zu mir in den Sand des Strandes, auf dem nichts wachsen kann. Sie überwachten meine Anfälle, wie ich ihr Dahinsiechen begleitete.

Es gab Begegnungen, zwei oder drei, da mußte ich Haare, Nägel aufbewahren, um ein Gespür zurückzubehalten, wenn mein zerstückeltes Bewußtsein das Geschehene aus der Erinnerung zu löschen drohte. Da muß ich wohl zugebissen, etwas an mich gebracht haben, von diesen Körpern, Tränen und Blut geleckt haben, wie jene es nicht viel anders taten.

Doch eine bestimmte Art des Vergessens war unbedingt notwendig, ich mußte, ich wollte ja in Einklang bleiben mit dem Grund meines Lebens, den Kräften, die die Insel regierten, um weiter zu schaukeln auf dem glatten Ponton, um nicht ins Meer zu rollen.

Von einem der kegelförmigen Berge, knapp unter der höchsten Erhebung, gegen die neblige, ihre Seite gerichtet, schrie ich also, sie sollten um ihrer selbst willen bleiben, wo sie seien. Ich wiederholte die Warnung drei Tage lang. Als ich den Berg wieder hinabstieg, elend, fast ohne Atem, sah ich einen jungen Hirten mit seinen Tieren in einer der Grasmulden. Er rauchte dieses Kraut, das nur auf ihrer Seite wächst. Von seinem Mund stiegen duftende, durchsichtige Wolken auf. Ich habe diesen Geruch immer sehr gemocht. Der Schweinehirt fühlte nicht, daß ich in seiner Nähe war, er lag träumend im hellen Rauch seiner Pfeife. Ich glaube nicht, daß er meine Rufe gehört hat. So gut es ging, umging ich ihn, brachte eine Schlucht und die anschließende Felswand zwischen uns und kam erst gegen Morgen nach einer Nacht schwärzester Ohnmacht an den Platz zurück, den ich einmal zu meinem Lager erklärt hatte.

Seitdem erschöpft mich jede Minute. In der tosenden Brandung liegend, im Gezeter der Paradiesvögel, schwirrt mir der Kopf von diesen anderen Lauten, dieser Sprache, die nur halb menschlich zu nennen ist. Jener Bergkamm, über den sie zu kommen pflegten, ist zur Wüste geworden, die kein Sturm oder Monsunregen zum Leben, zum Tönen bringt. Ich gehöre nun ganz der Insel. Niemand wird mich von ihr vertreiben. Fast bin ich Sand auf einer ihrer Sandbänke.

Ich werde nicht mit Ihnen fahren, Kapitän. Wenden Sie also keine Gewalt an, mein Herr, ich warne Sie! Der entscheidende Biß der Löwen beim Riß eines Beutetieres hat so viel von einer Umarmung, daß die weißen Jäger erschraken, als sie ihn zum ersten Mal beobachteten. Der Löwe umschließt dabei mit seinem aufgerissenen Rachen das Maul und die

Nüstern der Antilope oder eines anderen Tieres, so daß das Gehirn des Attackierten beim Kampf auf Leben und Tod fast ohne Sauerstoff ist. Während der anstrengenden Windungen, den fürchterlichen Kämpfen, schwinden sogar mächtigen Wasserbüffeln die Sinne unter einem solch erstickenden Biß. Liegt das Tier erst einmal in tiefer Bewußtlosigkeit am Boden, haben die Löwen leichtes Spiel und sicheres Fleisch für sich und ihre Jungen auf Wochen. Es ist ein langer Kuß, der unerbittlich zum Tode führt. Allein zu dieser Tötungsart reicht noch die Kraft der durch monatelange Trockenheit ausgelaugten Jäger.

Die Tablettenrationen gehen zur Neige, die Anfälle der Besinnungslosigkeit häufen sich. Wenn man so will, nahm ich vom Leben meiner Besucher. Und doch, ich kann es nicht mit Bestimmtheit sagen, wer wem das Leben aussaugte. Ihnen ging es um eine besondere Form der Gesellschaft. Natürlich auch um Unterwerfung, um Dinge, die dem Zeitvertreib dienen, die die Sonnenuntergänge verblassen lassen.

Der eine oder der andere, es gab Begegnungen, an die ich mich noch erinnere. Dieser brachte mich so zum Lachen, daß er und ich beinahe von der glatten Pontonplatte ins Wasser stürzten. Aneinandergeklammert versuchten wir unsere Bewegungen gegen die mutwilligen Bewegungen der See, gegen die plötzlichen Wellenstöße, auszuspielen.

Der andere zeichnete den Weg der Viren, der geschädigten Zellen, auf der Oberfläche meines Körpers nach. Sein Zeigefinger stach mir in den Bauch, er wollte mein Arzt sein. Als ich in den Nächten unter Schreikrämpfen litt, traktierte er mich mit harter Massage, die Medikamente, die ich ihm in Verwahrung gegeben hatte, warf er ins Meer. Was er tat, machte ihn schnell müde, und als es mir etwas besser ging, atmete er schon unter Qualen. Auch er war schön, eigensinnig, wollte sich bis zuletzt nicht ins Unabänderliche fügen, sprach von Zauberriten seines Volkes, faselte im hohen Fieber, wir sollten zur anderen Seite der Insel aufbrechen. Endlich gelang es mir aber, ihn, wie alle anderen, einsichtig zu machen, und er unterließ die unnützen Worte.

Wie anders werden Menschen, wenn sie sich endgültig

trennen, von Orten, Gemeinschaften, wenn es kein Zurück mehr für sie gibt! Ich bin eine Freigelassene, bewahre auf meinem Grund laue Luft, einige Stücke greifbarer, lieblicher Gegenwart. Ich mag den Geschmack meiner Inselerinnerungen. Die Nahrung, die mir angeboten wurde, von der ich mich bis jetzt am Leben halten konnte, neidet mir hier keiner. Müssen wir nicht sicher sein, daß vergänglich ist, was wir berühren, bevor wir es ertragen können?

Ich sage Ihnen, lassen Sie mich hier, Kapitän! Es ist gut, daß Sie Ihre Maske nicht abgenommen haben. Zufällig sind Sie auf mich gestoßen, es sollte nicht sein. Der Matrose, der Ihnen die Feuer auf meiner Insel meldete, muß sich getäuscht haben. Lange werde ich hier nicht mehr mein Unwesen treiben. Wie liebe ich die Insel, die Quelle in den Bergen, die immer noch nicht versiegt ist! Und doch muß ich den Hirten in seinem Tal besuchen. Er ist noch am Leben. Sie halten die Mittagsglut hier für unerträglich? Warten Sie! Schon eine Weile später wird Sie Schüttelfrost packen. Ich habe herausgefunden, die Sonne über dieser Insel wärmt nicht wirklich.

Klagen Sie mich nicht an! Vielleicht sind Dinge vorgekommen, Anfälle meinerseits, andere sind in ähnlicher Verzweiflung in tierische Zustände geraten. Was soll die vergangene, düstere Litanei? Ich bin ein menschliches Wesen, glauben Sie mir, Kapitän! Genau wie Sie, wie wir alle, brauche ich etwas, um die Kälte, die unsere kranken Herzen umklammert, zu bekämpfen: die Gegenwart eines menschlichen Körpers, vielleicht einer glühenden Seele, geschaffen nach meinem Bild, um nicht elend, vor der Zeit zu krepieren.

GERHARD POLT

Menschenfresser

Wir haben gesagt, Mariele, Mariele, du konntest ja letztes Jahr nicht mit uns mitkommen, weil du warst ja verhindert, du hast ja deinen Pilz ghabt, und außerdem hast du den Führerschein gmacht, gell. Du hast ja den Führerschein gmacht und hast dazu 93 Stunden gebraucht, ich mein, du hast jetzt den Führerschein, ham mir gsagt, Mariele, aber es … du warst verhindert, du konntest nicht mit uns mitfliegen, außerdem sind wir ja letztes Jahr nur auf die Virgin Islands gefahren, des war wegen diesem Benefiz-Essen, dieses Wohltätigkeits-Essen, das war dieses Lobster-Festival … äh, äh, zu Gunsten der Tiramisù-Geschädigten. Und wir haben gesagt, Mariele, dafür kannst du dieses Jahr mit uns mitfliegen, wenn wir diesen Gastronomie-Adventure-Trip machen. Äh, der Gastronomie-Adventure-Trip wurde von der Zeitschrift … ähm … nicht »Essen und Trinken«, auch nicht »Der Feinschmecker«, sondern wurde von – »Le Gourmeur« veranstaltet – der »Le Gourmeur«. Und die haben des organisiert, und wir sind dann, an dem Donnerstag, wo es so saukalt war, da sind wir dann vom Franz-Josef-Strauß-Airport weggeflogen, nonstop, direkt über Singapur, dann nach Sydney, weil Sydney war unser Headquarter. Und wir sind dann, jetzt warten Sie, des war dann, ich komm immer mit der Zeit durcheinander, weil da war dieser Jetlag; der Vati hat auch gesagt, Jetlag, na, des hättens ja in den Prospekt reinschreiben können, daß da ein Jetlag is, ne, weil mir ham ja den Tag bezahlt, aber mir ham ihn nicht gekriegt, ne, so ein Jetlag, das ist ungefähr so was, wie … äh … ein Disagio bei der Bank, ne, das Geld sieht man auch nicht mehr. Naja, und dann war der erste Gastronomie-Adventure-Trip, der stand unter dem Motto … äh, »Essen …«, äh … »Wir fliegen zu den Aborigines, essen wie vor 10 000 Jahren«. Wir haben halt gedacht, naja, des is halt ein … äh … das ist halt ein – Motto, wir haben ja nicht gewußt, daß die wirklich wie vor 10 000 Jahren fressen, nein;

und ich muß auch sagen, was sich diese Aborigines ausgedacht haben, also das ist – mit essen hat das nichts zu tun, gell. Des ist auch kein Abenteuer, sondern ein Skandal. Da ham sie dem Vati zum Beispiel ham die serviert ... e so ... em ... äh, hm, so, so ... Insektenrouladen, nicht, und dann so Termitenravioli ... also grauenhaft, nein. Der Vati hat sich wirklich überwunden, daß er überhaupt – es zu sich nimmt, ne. Und wie er des wollte, da kommt der Bürgermeister oder was er ist, von diesen Aborigines und spuckt dem Vati auf diese Ravioli drauf, net. Der Vati hat gleich den Guide kommen lassen, hat gsagt: »Sie, der Kerl, der speit auf meine Ravioli drauf.« Dann sagt der Guide: »Naja, des is bei denen eine alte Tradition, das bedeutet bei denen ›guten Appetit‹.« Und dann hat der Vati gsagt: »Ja sagn Sie dem amal, ob er nicht weiß, daß die 10 000 Jahre jetzt vorüber sind«, net – also fürchterlich! Und der Vati hat sich wirklich, also – überwunden! Es war so ungustiös, ge? So ungustiös! Und trotzdem, der Vati beißt rein, nein, also staubtrocken. Der Vati hätt beinah einen Hustenanfall bekommen, gell – also so trocken. Der Vati hat gesagt, »also ein – Gugelhopf ist ein feuchter Schwamm dagegen«, ne – grauenhaft. Und dann – ham sie ihm eine Sauce gebracht, eine Pfefferminzsauce, und dann sagt der Vati: »Naja, was heißt Pfefferminzsauce! Muß ich 20 000 Kilometer fliegen, daß ich eine Pfefferminzsauce bekomme?« Oder, damit Sie sichs vorstellen können, was die noch serviert ham: Dann ham sie einen Heuschreck serviert – ein Heuschreck, so groß wie ein Dackel. Aber den Heuschreck selber, den verzehren sie nicht, ne, sie essen nur seine Exkremente, ne, auf deutsch, den Scheißdreck. Also hören Sie auf. Wir ham drei Kreuze gemacht, wie wir endlich wieder im Headquarter waren. Aber dann, beim »Le Gourmeur«, ham sie sich dann schon angestrengt, sie ham gewußt, jetzt müßten sie sich ins Zeug legen, und im Mainland haben wir dann bekommen, jetzt warten Sie, wir ham gegessen, ein – das war sehr gut – à point, also das Fleisch war à point, ehm – einen Carpaccio, ein Fleisch vom Koalabären. Nur dann ham sie wieder eine Pfefferminzsauce draufgeschüttet. Die tun auf alles Pfefferminzsaucen drauf. Wissen Sie, weil diese

Australier haben das schwere Erbe der englischen Küche angetreten. – Oder wir ham gegessen, das war ein Auflauf, ein … ehm … Soufflé an Flamingozungen, hats geheißen. Flamingozungenauflauf an Bordeaux-Wein, nicht. Aber da war gerade diese Mururoa-Sache, diese Gaudi mit diesen Atomtests, Sie wissen schon. Und dann kommt der Guide daher und sagt, ob wir ausnahmsweise statt diesem Bordeaux vielleicht doch lieber einen Trollinger trinken. Und dann hat der Vati gesagt: »Naja, also wenn wir damit dem Chirac eins auswischen, in Gottes Namen, trinken wir auch einen Trollinger dazu.« Und dann kam diese Enttäuschung, so eine Enttäuschung, also ich hab den Vati noch nie so enttäuscht gesehen. Wissen Sie, aber es ist auch im Prospekt gestanden, es hat ja auch geheißen, wir bekommen einen Tafelspitz vom Riesenwaran. Es ist ja ausdrücklich drin gestanden, dann kommt der Guide daher im letzten Moment und sagt, den Riesenwaran können sie nicht mehr servieren, der letzte Waran ist vor drei Monaten ausgestorben, ein Zahnarzt-Ehepaar aus Ebersberg bei München hat den letzten gefressen. Also, Sie hätten unsern Vati sehn sollen. Der Vati war – also, vollkommen desillusioniert. Er hat gesagt, »warum mache ich die Reise, warum mach ich diese Reise«, er sagt, »einmal in meinem Leben hätte ich halt so gern einmal etwas Ausgestorbnes probiert.« Naja, dann haben sie sich dafür entschuldigt und haben ersatzweise diese Eier serviert von diesen Sch … äh … Riesenschildkröten, wissen Sie, und der Guide hat gesagt, er geht davon aus, äh … die sterben auch bald aus. Und dann haben sie sie serviert und haben wieder diese Pfefferminzsauce drauf. Na ja, also jetzt, kurze … lange Rede, kurzer Sinn, und dann kam der Höhepunkt der Reise: Das Motto hat geheißen »Wir fliegen zu den Papalangi«, das sind diese Man-Eater, wobei ich sagen muß, der Begriff Man-Eater ist mißverständlich, denn sie essen ja Frauen auch. Also wir sind rübergeflogen mit Transfer und Propellermaschine und dann – eine Hitze – ich sag Ihnen, eine Hitze, brüllende Hitze, Dreck, Schlamm, Mücken, Schnaken, Bremsen, nicht wahr, fürchterlich, bis man zu diesen Man-Eatern kommt. Stundenlang sind wir mit dem Ranch Rover durch diesen Dreck, weil dieser Stamm ist ja erst vor einem Dreivierteljahr entdeckt worden, aber sie sind bereits ... äh ... katholisch – also den Papst kennen sie. Und einer von ihnen, der Medizinmann, hat sogar diesen Karl Moick, diesen ... äh ... vom ... vom ... Musikantenstadl, hat er schon auf einem Bild dabei gehabt. Und ... äh ... und ich muß auch sagen, diese Man-Eater, sie sind auch ... also ... herrlich in ihrem Benehmen, wie sie uns empfangen ham, mit einer Herzlichkeit und einer Natürlichkeit, mit einer Nonchalance haben sie uns begrüßt, und sie haben getrommelt – sie trommeln ja so gerne –, mit einer Inbrunst haben sie getrommelt; »Stille Nacht« ham sie getrommelt und ... ehm ... und das Kufsteinlied und »Horch, was kommt von draußen rein«. Also diese Man-Eater. Und dann muß ich noch sagen, ja, als es dann soweit war, bevor wir zu Tisch gebeten wurden, äh ... ist der Guide noch mal gekommen und hat uns gesagt, »wer jetz dann kein Menschenfleisch nicht essen will, braucht es auch nicht zu essen, der kann ersatzhalber auch Maultaschen oder Spaghetti oder ein Tiroler Gröstl bekommen, also keiner muß es essen«. Nur unser Vati hat gesagt: »Kommt nicht in Frage, ich hab das Fleisch bezahlt, ich habs gebongt, und wir essen es auch.« Und wie diese Man-Eater auch den Tisch gedeckt haben, das muß man gesehen haben. Also und mit einem Geschmack, diese Man-Eater. Sie ham ein Dekor und auch ökologisch, also zum – alles so schön hergerichtet, keinerlei Plastik, nur Porzellanteller, wunderbar gedeckt, der Tisch, also, man ... man muß zugeben und sehen, diese Man-Eater, sie sind auf der Höhe der Zeit, sie wissen, das Auge ißt mit. Und dann, bevor wirklich serviert wurde, hat unser Vati, weil, wissen Sie, unser Vati ist seit diesem Rinderwahn, mit dieser BSE-Geschichte, ist unser Vati sehr hellhörig, alles, was Fleisch angeht. Und dann hat er den Guide kommen lassen, hat gesagt: »Bitte sind Sie so nett und verraten Sie mir, woher kommt das Fleisch?« Aber der Guide hat ihn gleich beruhigt und hat gesagt, nein, er garantiert, das Fleisch ist clean, also er gibt ein Zertifikat, sie legen eine Hand ins Feuer, also sie sind da ... also wir brauchen keinerlei Angst zu haben, das Fleisch ist vollkommen in Ordnung. Er sagt, das Fleisch kommt höchstens, er sagt, wenn diese Man-Eater einen erwischen, vielleicht einmal von den Boat-People, dann kann es sein, daß er in den Topf kommt, oder in seltenen Fällen, aber wirklich nur sehr selten, wenn er überhaupt hergeht, dann vielleicht einmal ein Blauhelm, aber er sagt, wenn da ein Engländer dabei ist, dann lassen sie ihn sowieso wieder laufen. Also ich sags ganz ehrlich, ich bräuchte kein, äh ... kein Menschenfleisch essen, und das Mariele hat auch gesagt, nein, also jeden Tag müßte sie das wirklich nicht haben. Und wir hams auch nicht mitgenommen, weil sie hams uns als Suppe in Konservendosen noch verkaufen wollen, nicht? Also man muß es wirklich nicht immer essen, aber auf der andern Seite sag ich halt, mein Gott, man war einmal dabei, man hats einmal probiert, man kann halt doch einmal mitreden.

Joan Aiken

Auf der Suche nach dem Sommer

Lily trug Gelb an ihrem Hochzeitstag. In den neunziger Jahren hielten die Leute viel von Omen und glaubten, wenn das Kleid der Braut gelb wäre, fiele ein bißchen Sonnenschein auf ihr Eheleben. Die Bomben waren schon seit Jahren verschrottet, doch die Wolke hob sich immer noch nicht. Weißgrau brütete der Himmel Tag für Tag endlos, geheimnisvoll; manchmal verdunkelte er sich zur Farbe von weinendem Schiefer, oder er sah am Ende eines Abends aus wie rauchiges Kupfer.

Alte Leute begannen ihre Geschichten mit dem klassischen Märchenanfang: »Vor langer, langer Zeit, als ich noch klein war, in den Tagen, in denen der Himmel blau war ...«, und die Kinder, die zuhörten, kicherten bei dem absurden Gedanken: blau, stellt euch doch bloß mal vor! Wie konnte der Himmel jemals blau gewesen sein? Genausogut könnte man sagen: »In den Tagen, als das Gras rosa war.«

Sterne, Regenbogen und alle anderen himmlischen Nebenprogramme dieser Art waren ständig abgesetzt, und wenn im Radio gemeldet wurde, da und dort, wo das Wolkenband sich eine halbe Stunde lang gelockert hatte, sei ein bißchen Sonnenschein, dann fuhren tagelang Autos und Busse in diese Richtung auf der erfolglosen Suche nach Wärme und Licht.

Nach der Hochzeit, als alle Verwandten unterm Kirchenportal standen und Lily anmutig in ihrem butterblumenfarbenen Nylon fröstelte, stocherte ihr Vater im harten, welken Gras auf einem Grab herum – obwohl es August war, sah man noch nirgendwo frisches Grün – und sagte: »Na, Tom, was hast du jetzt vor, wie?«

»Ein bißchen Sonne finden und darin unsere Flitterwochen verbringen«, sagte Tom kühn. Die ganze Hochzeitsgesellschaft lachte.

»Kriegt bloß keinen Sonnenbrand«, kreischte Tante Nancy.

»Am besten fahrt ihr nach Bournemouth zu. In der Zeitung stand, sie hätten letzten Mittwoch eine halbe Stunde Sonne gehabt«, warf Onkel Arthur bedeutungsvoll ein.

»Wenn wir zurückkommen, sind wir so braun wie – wie dieses Gras«, sagte Tom, und ohne sich um die freundlichen Neckereien ihrer Familien zu kümmern, stiegen die beiden jungen Leute auf ihren Motorroller, der an der Kirchhofmauer bereitstand, und knatterten in einem goldenen Konfettischauer davon. Als sie nicht mehr zu sehen waren und das gelbe Papier auf der grauen, sandigen Straße lag, gingen die Whitemores und die Hoskins' seufzend zu Hochzeitskuchen und Johannisbeerwein, und die alte Mrs. Hoskins verdarb allen den Spaß, weil sie beim Gedanken an ihren eigenen Hochzeitstag, als alles ganz anders gewesen war, in Tränen ausbrach.

Inzwischen brausten Tom und Lily hoffnungsfroh durch die graue Landschaft, und Lilys Schleier flatterte wie ein goldenes Banner. Sie fror in ihrem Hochzeitskleid, aber weil der Anblick einer Braut Glück bringen sollte, hielt sie durch, auch wenn ihre Finger blau bis zu den Knöcheln waren. Hin und wieder schalteten sie ihr Transistorradio ein und hörten die Wettervorhersage. In Inverness hatte man gestern zehn Minuten lang die Sonne gesehen, in Southend heute fünf Minuten, aber das war alles.

»Beide Orte sind weit von hier«, sagte Tom fröhlich. »Um so mehr Aussicht haben wir, in dieser Gegend ein bißchen Sonnenschein zu finden. Wir fahren weiter in den Süden. Halt die Augen offen, Lil, und sag mir Bescheid, wenn du einen Sonnenstrahl auf den Bergen vor uns siehst.«

Doch sie kamen zu den Bergen und an ihnen vorbei, und eine neue Hügelkette lag vor ihnen und blieb zurück, und immer noch war nirgendwo in der grauen, winterlichen Landschaft ein Funkeln oder Flecken Sonne zu sehen. Lily fing an, mutlos zu werden, deshalb machten sie an einer Raststätte eine Teepause.

»Haben Sie in letzter Zeit die Sonne gesehen, Freund?« fragte Tom den Besitzer.

Er stieß ein kurzes Lachen aus. »Sehen Sie vielleicht Busse

oder Wohnwagen hier? Zum letztenmal habe ich die Sonne im September vor zwei Jahren gesehen; gerade zum Geburtstag meiner Frau kam sie heraus.«

»Die Sterne würde ich gern sehen«, sagte Lily und betrachtete sehnsüchtig ihren staubfarbenen Tee. »Sie müssen so hübsch sein!«

»Na, da fahren wir besser weiter«, sagte Tom, aber er hatte etwas von seinem Schwung und seiner Zuversicht verloren. Jeder Ort, durch den sie kamen, sah scheußlicher aus als der vorherige, teils wegen des trüben Lichts, teils weil die Leute es aufgegeben hatten, ihre Dörfer zu pflegen. Und dann, gerade als sie in ein Dorf namens Molesworth fuhren, in den häßlichsten, düstersten, unbedeutendsten Haufen Häuser, in den sie je gekommen waren, stotterte der Motor und starb ab.

»Keine Ahnung, was ihm fehlt«, sagte Tom nach einer längeren und mißmutigen Untersuchung.

»O Tom!« Lily war den Tränen nah. »Was machen wir jetzt?«

»Müssen wohl über Nacht hier bleiben.« Tom wurde gereizt vor Verzweiflung. »Schau, da vorn ist eine Werkstatt. Wir schieben den Roller hin und fragen nach einem Gasthaus, wo wir bleiben können. Es ist sowieso fast sechs.«

Sie hatten den Motorroller zur Werkstatt geschoben, und der Mann dort setzte ihnen gerade auseinander, daß das einzige Gasthaus im Dorf die »Aufgehende Sonne« sei, wo Mr. Noakes sie wohl unterbringen könne, da hielt ein Bus vor den Benzinpumpen.

»Ach«, sagte der Mann aus der Werkstatt, »da steigt Mr. Noakes gerade aus dem Bus. Sid!« rief er.

Doch Mr. Noakes konnte nicht gleich zu ihnen kommen. Zwei alte Leute kletterten langsam vor ihm aus dem Bus: ein Blinder mit einem weißen Stock und eine runzlige, zerbrechlich wirkende alte Dame in einem schwarzen Satinkleid und Hut. »Vorsichtig, George«, sagte sie, »ach bitte, gehen Sie vorsichtig mit meinem Sohn William um.«

»Ich gebe schon acht, Mrs. Hatching«, sagte der Schaffner geduldig und hob das gebrechliche alte Paar fast aus dem Bus. Der Fahrer hatte den Motor abgestellt, und jeder im Bus zeigte ein mildes und mitfühlendes Interesse bis auf Mr. Noakes direkt dahinter, der wütend über die Verzögerung fluchte. Als die beiden Alten auf dem schmalen Bürgersteig waren, sah der Schaffner, daß ihnen ein Fahrrad am Randstein im Weg war; er hob es auf und hielt es hoch, bis sie an den Benzinpumpen vorbei waren und langsam auf einem Pfad über die Felder gingen. Dann stellte er es grinsend zurück, sprang eilig in den Bus und klingelte zur Abfahrt.

»Diese lästigen Alten!« sagte Mr. Noakes zornig. »Halten öffentliche Verkehrsmittel auf. Jede Woche das gleiche Theater, wenn sie den Alten zur Ambulanz ins Krankenhaus von Midwick bringt und wieder zurück. Wenn es nach mir ginge, würden sie eingeschläfert, das wäre das Richtige für solche wie die.«

Mr. Noakes war ein widerlich aussehendes Individuum, doch als er erfuhr, daß Tom und Lily ein Nachtquartier suchten, veränderte er sich völlig und lächelte voll geheucheltem Wohlwollen. Er war ein großer, rotgesichtiger Mann mit feuchten, dicken Lippen, vorstehenden, blaßgrauen blutunterlaufenen Augen und kurzgeschnittenem, steifem, fettigem schwarzem Haar. Er trug Turnschuhe.

»Auf der Hochzeitsreise, wie?« sagte er und beäugte sentimental die blasse, hübsche Lily. »Wollt ein Bett für die Nacht, was?«, und er gab ein ekelhaftes Gelächter von sich, das klang, wie wenn dickes Öl aus einer Flasche gluckert, heh-heh-heh-heh; dabei zwickte er Lily fest in den Arm. So höflich wie möglich machte sie sich von ihm los, bückte sich und hob etwas von der Straße auf. Trübsinnig folgten sie Mr. Noakes zur »Aufgehenden Sonne«.

Während sie ihre gebackenen Bohnen aßen, stand Mr. Noakes an ihrem Tisch und schnitt Grimassen. Lily vertraute ihm unklugerweise an, daß sie ein bißchen Sonnenschein suchten. Mr. Noakes Gelächter brachte das verwahrloste Haus fast zum Einstürzen.

»Sonnenschein! Allmächtiger Gott! Das ist der beste Witz seit langem. Hast du das gehört, Mutter?« brüllte er seiner Frau zu. »Sie suchen ein bißchen Sonnenschein. Heh-heh-heh-heh-heh-heh! Also«, sagte er und schlug auf den Tisch, bis die gebackenen Bohnen herumsprangen, »wenn ich hier herum ein bißchen Sonnenschein finden könnte, ein bißchen dauerhaften allerdings, wissen Sie, was ich dann täte?«

Die jungen Leute sahen ihn fragend über Brot und Margarine hinweg an.

»Lido, Wohnwagenpark, Campingplatz, Rummel – Sie würden den Ort nicht wiedererkennen. Grund und Boden sind hier spottbillig, ich würde das alles aufkaufen. Nichts als Wälder. Ich würde was in die Werbung stecken – von überall her würden die Leute in dieses kleine Kaff kommen. Aber davon kann man lange träumen, wie? Na, geht's Ihnen besser? Hat das Abendessen geschmeckt? Bereit fürs Bett? Heh-heh-heh-heh, das Bett ist bereit für Sie.«

Tom und Lily standen auf und vermieden, einander anzusehen.

»Ich – ich würde zuerst noch gern einen kleinen Spaziergang machen, Tom«, sagte Lily kleinlaut. »Ich habe nämlich die Handtasche der alten Dame von der Straße aufgehoben, ich hab die Tasche gar nicht gesehen, bis wir mit Mr. Noakes geredet hatten, und da war die Frau schon weg. Sollten wir sie ihr nicht bringen?«

»Gute Idee.« Tom griff den Vorschlag erleichtert auf. »Wissen Sie, wo sie wohnt, Mr. Noakes?«

»Wer, die alte Ma Hatching? Na klar weiß ich das. Sie wohnt im Wald. Aber da wollen Sie doch nicht hin und ihr die Tasche bringen, doch nicht um diese Zeit am Abend. Soll sie sich mal ein bißchen Sorgen machen. Morgen früh wird sie schon kommen und danach fragen.«

»Sie ist so langsam gegangen.« Lily hielt die Tasche behutsam in den Händen. Sie war sehr alt, aus schwarzem Samt und zwei Ringgriffen gemacht und mit Perlenrosen bestickt. »Ich finde, wir sollten sie ihr bringen, meinst du nicht auch, Tom?«

»Na bitte, na bitte, ganz wie Sie wollen«, sagte Mr. Noakes und blinzelte Tom zu. »Gehen Sie den Weg entlang, der bei der Werkstatt abbiegt, da können Sie es nicht verfehlen. Ich selbst bin nie dort gewesen, aber sie wohnen irgendwo im Wald hinter dem Dorf, Sie werden es schon finden.«

Den Weg fanden sie gleich, aber das Haus nicht. Unter dem dunkler werdenden Himmel gingen sie endlos zwischen Bäumen hindurch, die nur winzige, verkrüppelte, vertrocknete und armselige Blätter trugen. Lily hatte noch ihre Hochzeitssandalen an und bekam allmählich Blasen an den Füßen. Sie stützte sich auf Toms Arm, biß sich vor Schmerzen auf die Lippe, und er sah unglücklich auf ihren gesenkten braunen Kopf hinunter; alles war so anders geworden, als sie es geplant hatten.

Als sie das Häuschen erreichten, konnte Lily mit ihrem linken Fuß kaum mehr auftreten, und Tom redete ihr gut zu: »Wir haben es ja jetzt geschafft, und sicher kriegen wir hier ein Pflaster. Ich verbinde dir den Fuß, und du kannst dich ausruhen. Vielleicht geben sie uns eine Tasse Tee. Wir könnten ein Paar alte Socken leihen oder so was ...« Ohne vom Garten mehr zu bemerken als Reihen von grünen Bohnen, gingen sie zur Veranda, die von Klematis überwachsen war, und klopften. An der Tür war ein glänzend polierter Löwenkopf aus Messing angebracht.

»Ach du meine Güte!« Es war die alte Dame, die alte Mrs. Hatching, die die Tür aufmachte, und in ihrem Ausruf lagen Freude und Überraschung. »Ach du meine Güte! Die hübsche Braut! Ich hab Sie heute nachmittag schon gesehen, als wir vom Krankenhaus gekommen sind.«

»Wer ist es?« rief von drinnen eine Stimme.

»Kommt rein, kommt rein, ihr Lieben. Mein Sohn William wird sich freuen, eure Stimmen zu hören; er kann nicht sehen, der Arme, seit dreißig Jahren nicht, und jetzt entgeht ihm so ein hübscher Anblick ...«

»Wir haben Ihnen Ihre Tasche gebracht«, sagte Tom und legte sie ihr in die Hände, »und vielleicht haben Sie ein Stückchen Pflaster für uns? Meine Frau hat sich am Fuß verletzt ...«

Meine Frau. Selbst mitten in Mrs. Hatchings redseligem Willkommen fiel den beiden jungen Leuten auf, wie fremd diese Worte klangen, und sie verstummten nachdenklich, während Mrs. Hatching ihnen im gleichen Atemzug dankte und sie bedauerte und sie bat, sich aufs Sofa zu setzen; aus der Spülküche brachte sie eine Schüssel Wasser, und William in der Kaminecke wollte wissen, was eigentlich los sei.

»Worum geht's? Wer ist da, Mutter?«

»Eine Braut in ihrem Hochzeitsstaat«, rief sie zurück, »und sie hat Blasen an den Füßen, das arme Herzchen.« Während sie William einen laufenden Kommentar gab, verband sie den Fuß und bewunderte zwischendurch immer wieder laut die Schönheit von Lilys Hochzeitskleid, das sich in gelben Nylonwolken auf dem Sofa bauschte.

»So, meine Liebe. Jetzt wollen wir eine Tasse Tee trinken, wie? Sie müssen ja halb verdurstet sein nach dem langen Weg an diesem heißen Tag.«

Heißer Tag? Tom und Lily sahen einander an und dann ihre Umgebung. Es stimmte also, sie hatten sich nicht eingebildet, daß auf der Wand am Kamin ein großes, staubiges, goldenes Viereck aus Sonnenschein lag und daß das Messingpendel der Uhr bei jedem Schwung plötzlich aufleuchtete? Daß die feuerroten Geranien auf dem Fenstersims einen Schwarm summender Bienen beherbergten? Daß durchs Fenster das Weiß der Laken in der Sonne ihre Augen plötzlich blendete?

»Sonne? Ist das wirklich die Sonne?« fragte Tom fast zweifelnd.

»Warum auch nicht?« fragte Mrs. Hatching zurück. »Wie sollten sonst die Bohnen wachsen, können Sie mir das sagen? Das wäre noch schöner, wenn die Sonne aufhören würden zu scheinen, weiß Gott.« Vor sich hin kichernd deckte sie den Tisch mit einem prächtigen Teeservice in Rot und Gold und stellte frischgebackene Safranbrötchen dazu. Dann setzte sie sich, und während sie ihren Tee trank, fragte sie die beiden, woher sie kamen und wohin sie wollten. Der Tee war braun und heiß und süß, das Ticken der Uhr klang wie Vogelgezwitscher, hin und wieder knackte ein Scheit im Kamin; Lily sah sich schläfrig in dem kleinen Raum um, der so schön und friedlich war, und dachte, ich wollte, wir könnten hier bleiben. Ich wollte, wir müßten nicht zurück in dieses schreckliche Gasthaus ... Sie lehnte sich an Toms tröstlichen Arm.

»Sieh den Himmel«, flüsterte sie ihm zu. »Draußen zwischen den Garanien. Blau!«

»Und jetzt kommt ihr mit und schaut euch mein Gästezimmer an, nicht wahr?« sagte Mrs. Hatching und schnitt damit den Faden ihrer Fragen ab – der eigentlich kein Faden war, sondern ein Auskosten ihrer Freude und Überraschung über diesen unerwarteten Besuch. »Schlaft hier, warum denn nicht? Die Kleine ist ganz erschöpft. Und bei uns habt ihr's besser als bei dem widerlichen alten Noakes, dem alten Gauner. Stimmt's nicht, William?«

»O ja«, sagte William erfreut. »Ich sing euch ein paar von meinen Liedern vor.«

Der Anblick des Gästezimmers beseitigte die letzten Zweifel. Das große weiße Bett, so weit wie die Prärie, mit seinen soliden Schichten aus Matratze, Decke und Federbett füllte fast den kleinen schattigen Raum, in dem es stand. Messingstäbe schimmerten im grünen Halbdunkel. »Wie still es hier ist«, flüsterte Lily. Mrs. Hatching schwieg einen Augenblick und sah sie stolz an, ihre wachen Blicke gingen langsam von einem Gesicht zum anderen. Einmal streichelte ihre Hand den gelben Messingknopf, als wäre er ein zarter Babykopf.

Und so war die Sache fast wortlos entschieden.

Drei Tage später fiel ihnen ein, daß sie im Dorf ihren Motorroller abholen mußten, der inzwischen bestimmt repariert worden war.

Sie hatten dem alten William geholfen, einen Korb voll Bohnen zu pflücken. Tom hatte das Hemd ausgezogen, und die Sonne glänzte auf seinem braunen Rücken; Lily trug ein altes Baumwollkleid, das Mrs. Hatching schmunzelnd für sie gekürzt hatte.

Es war erstaunlich, wie geschickt sich William trotz seiner Blindheit zwischen den Bohnen bewegte und durch die rauhen, raschelnden Blätter nach den versteckten steifen Schoten tastete. Er pflückte doppelt soviel wie Tom und Lily, doch sie hielten auch am dritten Tag noch alle paar Minuten inne und bewunderten den blauen Himmel. Am Abend saßen sie auf der Hintertreppe, während Mrs. Hatching drinnen das Abendessen auftrug und wie eine besorgte Glucke mahnte:

»Einen Sternenstich werdet ihr kriegen! Kommt rein, kommt schon, bevor die Suppe kalt ist, soweit ich weiß, sind die Sterne noch nie davongelaufen.«

»Können wir Ihnen was aus dem Dorf mitbringen?« fragte Lily, doch Mrs. Hatching schüttelte den Kopf.

»Bäckerbrot und solche Sachen taugen zu nichts als Magenkrämpfen. Seit achtzig Jahren lebe ich hier und brauche keinen Arzt, und jetzt habe ich nicht vor, damit anzufangen.« Sie winkte ihnen und sah ihnen nach, als sie in den Wald gingen, unglaublich dünn und zerbrechlich, aber drahtig und unbezähmbar, die schwarzen Augen voller Lebenslust. Dann drehte sie sich um und schrie drohend zwei Hühner an, die ausgerissen waren und in den Kartoffeln scharrten. Kaum waren sie ein Stück den Weg entlanggegangen, da merkten sie, daß der Himmel bewölkt war.

»Sie ist tatsächlich nur dort an diesem einen Fleck«, sagte Lily verwundert. »Immer. Und sie haben nie gemerkt, daß die Sonne anderswo nicht scheint.«

»So muß es einmal überall auf der Welt gewesen sein«, sagte Tom.

In der Werkstatt war der Motorroller fertig und wartete auf sie. Gerade wollten sie zurückfahren, da trafen sie Mr. Noakes.

»Nanu, nanu, nanu, nanu!« rief er und funkelte sie mit grimmigem Humor an. »Eins, zwei, drei, und weg bist du, wie? Wo haben Sie sich denn versteckt? Ich und die Frau, wir wollten schon die Polizei bitten, die Flüsse abzusuchen. Aber wie und was, was ist denn das? Braun, wie? Sonnenbräune? Phantastisch!« Schmelzend sah er Lily an und zwickte sie wieder heftig. »Wo haben Sie die her, wie? In einer halben Stunde wird man nicht so braun, das weiß ich. Los, das bedeutet Geld für Sie und mich, verraten Sie mir das große Geheimnis. Denken Sie daran, was ich gesagt habe, das Land in dieser Gegend ist spottbillig.«

Entsetzt schauten Tom und Lily einander an. Sie dachten an das Häuschen, an das Bienengesumm zwischen den Bohnen, an das Sonnengefunkel auf den rotgoldenen Teetassen. Nachts, wenn sie in dem riesigen weichen Bett lagen, hatten

Sterne durchs Fenster geleuchtet, und im ganzen Wald war es so still wie in einer Muschel.

»Oh, wir waren Meilen von hier«, log Tom eilig. »Wir sind einem Freund begegnet, und der hat uns nach Brinsley mitgenommen.« Und da Mr. Noakes ihn immer noch ungläubig und mißtrauisch ansah, tat er das einzig Mögliche. »Wir fahren jetzt wieder hin«, sagte er, »es ist großartig, dort in der Sonne zu liegen.« Er zog am Gashebel und ließ den Roller anfahren. Sie winkten Mr. Noakes und brausten davon zu den grünen Hügeln im Norden.

»Mein Hochzeitskleid«, sagte Lily traurig. »Es liegt auf unserem Bett.«

Sie fragten sich, wie lange Mrs. Hatching den Tee für sie warm halten würde, wer all das Gebäck äße.

»Laß schon, du brauchst es nicht mehr«, tröstete Tom sie.

Wenigstens, dachte er, hatten sie den goldenen Ort ungestört gelassen. Mr. Noakes ging nie in den Wald. Und sie hatten getan, was sie sich vorgenommen hatten, sie hatten die Sonne gefunden. Jetzt würden auch sie ihren Enkelkindern sagen können, wenn sie eine Geschichte begannen: »Vor langer, langer Zeit, als wir jung waren, in den Tagen, in denen der Himmel blau war ...«

Martin Amis

Einsichten am Flame Lake

Neds Tagebuch

16. Juli. Jedenfalls ist es schön, daß Dan da ist und den Sommer mit uns hier am Flame Lake verbringt. Ich bin froh, daß wir uns darauf eingelassen haben. Er wird bis Mitte August bei uns bleiben. Es wird Probleme geben – das ist Fran und mir klar –, aber zur Zeit scheint er ganz umgänglich zu sein, obwohl er ziemlich bedrückt wirkt. Fran ist natürlich auch ein bißchen aufgeregt, aber in der Nacht, bevor Dan kam, haben wir alles besprochen und die ganze Sache geklärt. Ich sprach am Telefon mit Dr. Slizard. Er warnte mich, daß die zusätzlichen Medikamente, die Dan einnimmt, ihn in den ersten drei oder vier Tagen mürrisch und apathisch machen würden. Er trauert. Armer Dan – ich habe Mitleid mit dem Jungen. Er ist so genial und hat mit so vielen Schwierigkeiten zu kämpfen, wie sein Vater, seine Seele ruhe in Gott. Ich trauere auch. Auch wenn wir uns nicht sonderlich nahestanden (er war alt genug, um mein Vater zu sein), ist es doch trotzdem wie ein kleiner Tod, wenn man seinen Bruder verliert. Es ist höllisch schwer. Dan versteckt sich vor der Hitze. Er bleibt die meiste Zeit in seinem Zimmer. Damit müsse ich rechnen, sagte Dr. Slizard. Ich hoffe, das Baby lenkt ihn etwas ab und heitert ihn auf. Darüber ist Fran leider auch nicht gerade glücklich. Stimmt schon. Den sorglosen Sommer, auf den wir gehofft hatten, werden wir nicht haben. Aber wir werden es schon hinkriegen. Und das Licht und die Weite des Flame Lake werden Dan bestimmt guttun, und vielleicht helfen sie sogar, sein Problem zu lindern.

Dans Notizbuch

Der See ist wie eine Explosion ...

In unseren langen Gesprächen nach Dads Tod bestätigte Dr. Slizard mir, daß ich *Einsicht* in meinen Zustand habe. Ich habe *Einsicht*: ich weiß, daß ich krank bin. Einerseits war mir das neu – aber andererseits, wie sollte man sich fühlen, wie ich mich fühle, und nicht wissen, daß irgendwas nicht stimmt? Trotzdem gibt es Leute in meinem Zustand, die *keine Einsicht* haben. Die fühlen sich, wie ich mich fühle, und denken, das ist cool. Dad hatte keine *Einsicht*.

Vorläufig, mit den zusätzlichen Medikamenten und alldem, bleibe ich meistens auf meinem Zimmer. Gefaßt registriere ich die üblichen Nebenreaktionen: plötzliche Zungenkrämpfe, unkontrollierbares Erröten, Anfälle von Übelkeit, stechende Kopfschmerzen. Jedes Essen schmeckt gleich. Es schmeckt nach nichts, nach Trockenem und nach nichts. Und dann ist da noch der erwartete *Affektverlust* – nur sagt mir meine *Einsicht*, daß er ausgeprägter ist als je zuvor. Noch nicht an diese Hitze gewöhnt, sitze ich in meinem Zimmer und höre auf das hilflose Weinen des Babies. Das Baby scheint ziemlich niedlich zu sein. Alle Babies sind ziemlich niedlich: müssen sie sein, evolutionsmäßig gesprochen. Sie heißt, haben sie gesagt, Harnet oder *Hattie*.

Ich bin Onkel Ned, und seiner neuen Frau Francesca glaube ich auch, dankbar. Sie ist jung, pummelig, mit ganz dunkler Haut. Ich weiß, draußen sind es über zweiunddreißig Grad, aber sie sollte sich wirklich etwas mehr anziehen. Je nachdem wie das Licht fällt, hat sie einen flaumigen Schnäuzer. Sie ist klein, aber dick: eineinhalb Meter in jede Richtung. Sie ist selber wie ein Baby. Ich habe viel über das Thema Schizophrenie gelesen. Oder eigentlich habe ich wenig gelesen, aber intensiv. Ich habe Dr. Slizards bedeutende Abhandlung *Schizophrenie* vierzig- oder fünfzigmal gelesen. Ohne sie gehe ich nicht aus dem Haus. Slizard schreibt nicht viel über schizophrene Sexualität, offensichtlich gibt es da auch nicht viel, worüber es sich schreiben ließe. Schizophrenie ist kein heißes Pflaster. Da wird kaum mal jemand flachgelegt.

Hinter dem komfortablen, einer Hütte ähnelndem Haus liegt ein Wald, in dem ich morgen vielleicht spazierengehen werde. Vorläufig sieht mir der Wald zu kahl und zu befangen aus. Das Grünzeug ist so grün. So hölzern das Holz. Mit seinem Glitzer-Zischeln und dem Protonenspiel der Wasserläufer auf der Oberfläche ist der See – ist er wie eine Explosion, wie im letzten Bruchteil einer Sekunde vor der Explosion.

NEDS TAGEBUCH

19. Juli. Obwohl Dan kein Problem ist und weiterhin ziemlich umgänglich, muß ich sagen, daß er gelegentlich nahe daran ist, unsere Geduld zu strapazieren. Aber das ist ganz in Ordnung. Geduld ist etwas Aktives, kein Zustand. Man kann nicht erwarten, einfach geduldig zu *sein*. Man muß daran arbeiten. Sie verstärken. Beim Essen scheinen wir unsere Geduld am nötigsten zu brauchen. Wir brauchen alle Geduld, die wir kriegen können. Der arme Dan, er hat Schwierigkeiten mit dem Essen. Sein Gaumen scheint quälend trocken zu sein. Er kaut langsam, eine Ewigkeit. Über dem Tisch hängt eine Art bleierner Spannung, wenn wir auf das langsame Verschwinden jedes einzelnen Bissens warten. Gib ihm eine Scheibe richtig saftiger Wassermelone und zwischen seinen Kiefern wird sie holzig. Fran und ich schlingern in die absurdesten Unterhaltungen – wir reden über *alles* –, nur damit der Junge nichts merkt. Und trotz seiner zusätzlichen Medikamente, seiner Trauerpillen, ist Dan kein Zombie. Manchmal wünsche ich mir, er wäre einer, aber er ist es nicht. Er weiß das. Wenn er rot wird, das ist wirklich sehenswert. Heute morgen rief ich Dr. Slizard auf seiner Station an. Er sagte, er sei sicher, daß sich Dans Zustand in wenigen Tagen bessern werde und daß er dann anfängt, mit uns zu reden. Fran macht sich Sorgen darüber, wie Dan das Baby ansieht. Meine Befürchtungen wegen Harriet sind eher allgemeiner. Wenn man das, was man in den Zeitungen liest, glauben kann – oder es begreifen kann –, ist die Saison für Babies und Kinder offensichtlich eröffnet. Es sieht so aus, als wären plötzlich alle Leute auf die Idee gekommen, sie könnten mit ihnen machen, was sie wollen. Hier ist sie natürlich sicher, aber dann gibt es da noch diesen Trick mit dem Tod-im-Kinderbett, den sie erfunden haben, damit die Eltern *auf gar keinen Fall* zur Ruhe kommen. Jeden Morgen, wenn ich Hattie schreien oder brabbeln höre, denke ich – großartig. Sie hat es geschafft. Fran macht sich Sorgen darüber, wie Dan das Baby ansieht. Ich sage ihr, er sieht alles so an – mich, die Wand, die Libellen, den Flame Lake.

DANS NOTIZBUCH

Die Tage sind heiß und endlos.

Die Fische machen ihr Fischding. Sie schwimmen ihren Flatterstil, dann kommen sie nach oben und verschlingen die wartenden Käfer. Die Käfer fügen sich: sie sind einverstanden mit dieser Behandlung. Ned macht sein Nedding, und Fran macht ihr Franding. Was das Baby angeht, also über *Hattie* halte ich mich vorläufig mit jedem Urteil zurück.

Letzte Nacht habe ich meinem Repertoire atomarer Träume, meinen Träumen von einer nuklearen Superkatastrophe (*Alpträume* kann man sie kaum noch nennen), ein bemerkenswertes Exemplar hinzugefügt. Der letzte Zivilist läuft über das letzte Stück flachen Landes, verfolgt vom letzten Piloten im letzten Flugzeug mit dem letzten Sprengkopf. Diese letzten beiden Schauspieler bewegen sich mit der gleichen Geschwindigkeit – eine interessante Abweichung vom üblichen Dilemma (Flucht, eigenartige Zeitlupenbewegungen), wobei das Flugzeug die ganze metallische Ermüdung eines Menschen in einem bösen Traum erfährt. Der letzte Zivilist rennt in ungleichen, verzweifelten Sätzen. Dicht auf den Fersen jagt ihn durch den Rauch der letzte Pilot. Mir ist nicht klar, ob ich der letzte Zivilist oder der letzte Pilot oder nur der letzte Beobachter bin, und das ändert auch nichts, denn im letzten Blitz-Knall und Glitzer-Zischel, in der letzten, strömenden Lichtbeleidigung wird alles untergehen.

Onkel Ned ist zwanzig Jahre jünger als mein Dad. Andererseits ist er zwanzig Jahre älter als Francesca, diese neue Frau von ihm. Stundenlang sieht sie fern oder ist zumindest anwesend, wenn der Apparat läuft. Sie liest die blöden Geschichten in den blöden Zeitschriften: wie Elizabeth Taylor mit dem Alkohol fertig wurde; wie es in Chers Haus spukt; daß Präsident Kennedy lebt und es ihm gut geht, und wie er mit Buddy Holly auf dem Planeten Krypton lebt. Fran krabbelt mit dem Baby herum und hört den ganzen Tag Popmusik. Diese *Musik* – diese alberne Einfallslosigkeit: Songs über persönliche Entwicklung. Mit ihrem braunen Fleisch nimmt Francesca eine Menge Raum ein. Sie hat gewaltige Ausmaße. Sie überflutet das Zimmer. Es versteht sich von selbst, daß Ned sie nicht befriedigen kann. Ein Baby hat sie, aber bald wird sie mehr wollen.

Wie die meisten Schizophrenen wurde ich im Winter geboren. Viele Menschen überrascht diese jahreszeitlich bedingte Veranlagung. Mit *Einsicht* scheint mir die Erklärung allerdings einfach genug. Herbst und Winter sind die härteste Zeit für den Schizophrenen. Sie fühlen sich schrecklich schizophren im Herbst und im Winter. Vor März, April ist ihnen gar nicht nach Liebe. Vor März oder April ist ihnen gar nicht danach, schizophrene Babies zu machen.

Dad war ein dicker Schizophrener. Ich bin, noch, ein dünner. Er hatte ausreichend *Puffer-Gewebe* und funktionierte die meiste Zeit ganz normal – sogar außerordentlich gut. Seine psychotischen Ausbrüche kamen selten und in großen zeitlichen Abständen. Aber der letzte Ausbruch hat ihn zerbrochen. Selbstmord. Selbstmord kommt für mich nicht in Frage. Niemals. Ich denke nicht einmal daran. Er steht einfach nicht zur Wahl. Dad war so etwas wie ein Physiker. Ich will auch einer werden. Er arbeitete im subatomaren Bereich. Mich faszinieren Radio- und Röntgenstrahlenastronomie, Kosmologie und Uranometrie – die Sterne. Ich kann sie jetzt sehen, während ich hier auf der geschützten Terrasse sitze und diese Worte schreibe: die himmlischen Körper, so feierlich, so schwer, so abweisend auf den Stoff von Raum und Zeit gestickt.

Ich kann jetzt draußen sitzen, im schwarzen Schatten, oft sogar für eine Stunde ohne Unterbrechung. Es ist, als würde ich Feuer atmen. Das Baby Harriet, nur mit einer Windel um, rutscht auf den Zweigen und Borkenstücken, dem Teppich von Kiefernadeln herum. Manchmal unterbricht das Baby seine Baby-Vorhaben, und mit zusammengekniffenen Augen starren wir über das schwere Wasser des Sees und hören auf die Hintergrundstrahlungen der Insekten im Wald um uns herum.

NEDS TAGEBUCH

22. Juli. Endlich – ein Fortschritt, deutliche Verbesserung! Es liegt natürlich noch ein ganz schöner Weg vor uns. Ich würde ihn nicht gerade unbekümmert nennen, aber er sieht wenigstens nicht mehr ganz so wie Franz Kafka oder wie Ivan Lendl aus (wie Lendl, wenn er zwei Sätze an seinen schlimmsten Gegner verloren hat und im dritten fünf zu null im Rückstand steht). Er geht nach draußen, er kritzelt in sein Notizbuch, und es ist etwas Farbe in seinem langen Gesicht. Zu lächeln, wenn man bei Tisch Platz nimmt, ist nicht mehr so anstrengend wie noch vor wenigen Tagen. Fran ist sehr viel entspannter, wenn auch etwas kraftlos, aber das sind wir alle, bei den Temperaturen (das Baby staunt die Hitze um sich herum an, als wäre es nicht zu fassen). Wir glauben zum Beispiel auch nicht mehr, daß wir uns in unserem Schlafzimmer verkriechen müssen. Klar, es gibt noch ein paar verrückte Dinge. Der Junge ist übersät mit Mückenstichen. Er sieht aus, als hätte er die Masern. Er scheint die große Attraktion für sie zu sein, denn uns belästigen sie nicht. Einmal ging ich am Seeufer an ihm vorbei und sah, wie fünf oder sechs von den kleinen Biestern sich ruhig an seinem Gesicht vollsaugten. Fran meinte, Dan würde riechen, nicht unbedingt unangenehm, ein bißchen wie angefaultes Obst (sein Vater hatte das auch manchmal), und vielleicht ist es das, was die Schnaken anzieht. Ich fragte ihn, ob er vielleicht ein Insektenmittel haben wolle, aber er lächelte nur und sagte: Ist schon okay,

Onkel Ned, ist keine große Sache, ich gehe ihnen jetzt aus dem Weg. Er ist so betäubt von den ganzen Medikamenten und der Chemie, die er schluckt, daß er die Stiche nicht mehr fühlt. Er fühlt keinen Schmerz ... Von Harriet scheint er genauso entzückt zu sein wie wir alle. Vielleicht hat er durch Harriet die Kurve gekriegt. Ich muß sagen, sie ist wirklich ein Traumbaby. Wenn man so spät im Leben noch Vater wird – da kann man für dieses Geschenk nur selig sein. Noch vor kurzer Zeit hatte ich nichts. Jetzt habe ich diese zwei kleinen Lieblinge. Elterliche Liebe ist eigenartig – und so angsterfüllt. Ich liebe Fran für das, was sie ist. Ich liebe Hattie für ihr Leben. Ich will nichts von ihr, nur, daß sie lebt. Ich will einfach nur, daß es sie gibt. Dafür würde ich sterben. Ich will einfach nur, daß es sie gibt.

Dans Notizbuch

Nein, ich glaube nicht, daß ich mich schon jemals ruhiger gefühlt habe.

Es war ein einfacher und mutiger Schritt: gestern habe ich alle Medikamente abgesetzt, nicht nur die Beruhigungsmittel, auch die Multivitamintabletten – und die Antipsychotika. Slizard wäre außer sich, wenn er davon wüßte. Aber Slizard wird es nie erfahren. Ich deprogrammiere mich selbst, ein für allemal. Von nun an werde ich mich ausschließlich auf *Einsicht* verlassen. Ich fühle die Symptome schon auf mich einstürzen, wie sie nach einer Bresche suchen, mich ins Visier nehmen. Einige sind wirklich ziemlich bizarr, oder sie wären es, wenn ich keine *Einsicht* hätte.

Ich werde ein Beispiel erzählen. Heute nachmittag lag ich im Wohnzimmer auf dem Boden und beobachtete, wie der Ventilator an der Decke die Spinnweben an den Dachbalken durcheinanderwirbelte (ich bin hier nämlich umgeben von den typischen Dingen des Seelebens, mit dem Gefühl, in einer Hütte zu leben, mit feuchtem Salz, Angelzeug und den Spuren der Insektenkörper auf dem Bildschirm). Vom vertrauten Doppelschleifer, dem Geräusch ihrer Hände und

Füße, angekündigt, kommt Harriet aus der Küche hereingekrochen. Sie ruhte sich aus. Ich drehte den Kopf. Das Baby zeigte ein Lächeln gierigen Erkennens und war, schätze ich, fünf Meter entfernt, als sie ›vor meinen Augen‹ zu wachsen anfing. Innerhalb einer Sekunde war sie so groß wie eine Fünfjährige; eine Sekunde später war sie so groß wie ein Schwein. Ich lag da und sah, wie sie sich aufblähte wie die dicke Dame aus dem Zirkus, wie das Gesicht schneller wuchs als der Körper, bis es den Raum füllte, meinen Gesichtskreis, bis es die Nähte des Hauses zu sprengen schien. Alarmierend? Eigentlich nicht. Ein gewöhnlicher Fall von *Kollaps der Größenkonstanz*. Das Baby war auf mich zugekrochen, sonst nichts. Unsere Nasen berührten sich fast, ich hatte eine Fischaugenperspektive auf ihre Murmelaugen, ihre Hamsterbacken, ihre tiefenlosen Zähne und die Ohren, durchsichtig, glühend wie gegen die Sonne geschlossene Augenlider.

Dad war einer der Väter des nuklearen Zeitalters. Dann, als das Ding geboren war, wurde er sein Sohn, wie alle anderen auch. Dad hat wirklich einen neuen Dreh in diese ganze Geschichte mit den Vätern und Söhnen gebracht. Erst war er der Vater von dem Ding, dann war er der Sohn von dem Ding. Wenn man die Verhältnisse so umkehrt, sollte man auf jeden Fall mit größeren Verzerrungen und Mißbildungen rechnen.

Er arbeitete in Transportsystemen, Elektro- und Sprengkopftechnologien, Multiple Independent Reentry Vehicles (multiple unabhängige wiedereintauchende Trägerraketen) – den MIRVs. Mein Urin enthält Bufotenin, einen chemischen Stoff, der ursprünglich aus Krötengift gewonnen wurde. In bestimmten Tests färbt sich Bufotenin violett. Wenn ich halluziniere, ist mehr Bufotenin, mehr Violett, in meinem Urin als sonst. Heute nacht werde ich meine ganzen Pillen in den Flame Lake schütten und es ohne sie versuchen. Fran hat endlich aufgehört, Onkel Ned ständig in ihr Zimmer zu zerren, um Sex mit ihm zu machen, und deshalb werde ich ihnen morgen vielleicht die Wahrheit über das Baby erzählen. Ich werde es ihnen schon beibringen, die Sache mit dem Baby. In der Zwischenzeit starre ich in das Funkeln und den glatten Glanz, in das Violett des geMIR Vten Sees.

NEDS TAGEBUCH

24. Juli. Immer noch das gleiche Wetter. Dan macht ausgezeichnete Fortschritte. Er hat Anfälle von Hektik und von Schwermut – aber wer hat das nicht? Nein, er ist sehr, sehr viel glücklicher. Solche Zufallsbegegnungen, wie man sie zwanzigmal an einem Tag hat, wenn man in einem Haus lebt, sind nicht mehr eine Sache verkrampfter Höflichkeit. Ich freue mich, den Jungen zu sehen, und er freut sich, mich zu sehen. Wir haben das Baby wieder in sein Zimmer gebracht, neben das von Dan. Die Kleine ist ein mächtiger Schläfer (zwölf Stunden in der Nacht und noch die Nickerchen zwischendurch!), und wenn sie am frühen Morgen wach wird, brabbelt sie eine Weile vor sich hin, und dann ist sie wieder hinüber. Dan kümmert das nicht. Aber die Hitze macht ihm was aus. Anstatt kühler wird es heißer und heißer. Irgendwer hat da seine Hand am Hebel. Fran schafft die Tage nur mit kalten Bädern und springt ungefähr fünfzehnmal am Tag kurz in den See. Die restliche Zeit versinkt sie in diese jugendliche Welt von Fernsehen, Radio und bunten Bildern. Ihr Heißhunger für diesen Schund berührt mich schon irgendwie. Ach, zur Hölle. Sogar die *Tribune* liest sich in den letzten Tagen wie ein Revolver-Blättchen. Wahrscheinlich verkommt die ganze Welt langsam zu Müll. Dan will nicht ins Wasser. Er sitzt unter dem Ventilator. Ich kann jetzt mit ihm über sein Problem reden – sein Problem im Umgang mit der Realität. Und schließlich habe ich so eine Gelegenheit, über alle *meine* Realitätsprobleme zu reden, über die Pumpe, das Dach, die Jauchegrube, die undichten Schutzwände, dieses Wrack von einem Jeep (ich glaube, ich nehme einfach das Blech ab und benutze ihn als Traktor). Dan hat mir geholfen, die Holzscheite aus dem Truthahnstall zum Vorratsraum zu bringen. Den ganzen Nachmittag lief er hin und her und stapelte Holz, bis ihm die Finger bluteten.

Dans Notizbuch

Wahrscheinlich spürt Fran, daß ich noch nie was mit einer Frau hatte.

Wie soll ich mir sonst ihr Verhalten erklären? Sie schwimmt nacktärschig im aufgeregten See und überzeugt sich vorher, daß ich zugucke. Ich latsche ins Badezimmer und sehe sie da liegen, wie Gott sie schuf: eine Zeitlang tut sie, als wenn nichts wäre; dann fordert sie mich auf, zu verschwinden, aber rührt sich nicht, um ihre Blöße zu bedecken. Durch die Feuchtigkeit schimmert ihr massiges Fleisch in einem tieferen Braun. Direkt vor meiner Nase gibt sie dem Baby die Brust.

Francesca hat es offenbar auf sich genommen, mich in die sogenannten Mysterien der sexuellen Praxis einzuführen. Sie geht extra früh ins Bett, und Onkel Ned folgt ihr bald. In den meisten Nächten lieben sie sich absolut lautlos (wahrscheinlich besteht sie darauf, um mich im ungewissen zu lassen), aber einmal, als ich vor ihrem Zimmer kniete, verlor sie die Beherrschung und richtete ganz offen ihre Schreie von Schmerz und Verlangen an mich. Diese ganzen Komplikationen werden es mir sehr viel schwerer machen, ihr die Wahrheit über das Baby beizubringen.

Drüben, in der Abteilung, hatte Dad einen russischen Freund, einen Überläufer und standhaften Amerikaner, obwohl er oft über sein geliebtes Vaterland weinte und jammerte – und sang, wenn er ein oder zwei Gläser getrunken hatte. (Alle in der Abteilung saufen wie die Löcher, und Slizard führt ein großes Team.) Jedesmal, wenn sie sich verabschiedeten, direkt oder am Telefon, gingen sie auf die gleiche Weise auseinander. Dad: »Tod den Babies.« Andrei: »Und Tod deinen Babies.« Dad: »Und Tod den Babies deiner Babies.« Andrei: »Und Tod den Babies deiner Babies deiner Babies.« Und so weiter. Es war eine Art Witz. Schließlich macht jeder Witze über seine Arbeit, sogar die Leute im Ausrottungsgeschäft. Sie sagten das, um Dampf abzulassen. Um normal zu bleiben.

Ich bin schizophren, und meine Gedanken wären sowieso verrückt (ich weiß das, weil ich *Einsicht* gebrauche), aber neuerdings gibt es überall verrückte Gedanken, und meine sind wenigstens meine, nicht vorfabriziert wie Francescas, dieses Gedudel und Geklimpere und die Lügen. Onkel Ned ist besessen von der Idee, ich hätte ein Realitätsproblem. *Realität* hat ein Realitätsproblem. Realität ist völlig außer Kontrolle und könnte alles versuchen, zu jeder Zeit. Sie ist wie der See, immer kurz davor zu explodieren. Ned wird dies alles nur zu gut verstehen, wenn ich ihm sage – und ich werde es ihm bald sagen –, daß das Baby an Schizophrenie leidet.

NEDS TAGEBUCH

27. Juli. Benson Holloway will mir 150 Dollar für den Jeep geben, und ich bin halb und halb dafür, es anzunehmen. Wenn ich das Blech abnehme und ihn nur auf meinem Boden benutze, dann zahle ich keine Steuern und keine Versicherung – aber die alte Kiste schluckt trotzdem noch ihr Geld. Bei diesem Wetter überhitzt der Motor in fünf Minuten und leckt und spuckt vor Ruß und Rauch. Schon wenn man nur aus der Stadt zurückkommt, muß man den Kopf praktisch aus dem Fenster halten. Aber Benson ist ein gewiefter Hund, warum also interessiert *er* sich dafür? Andererseits muß ich im nächsten Sommer um diese Zeit jemanden dafür bezahlen, daß er kommt und mir den Wagen auf den Schrott schleppt. Verdammt, ich nehm die 150 Dollar und seh mich nach etwas Praktischerem um. Mutter und Baby gedeihen prächtig (Fran schläfrig, Harriet laut!), und Dan ist überhaupt kein Problem. Die Sonne meint es ernst. Man guckt nach da oben hin und denkt – die Sonne meint es ernst. Die Sonne wird wirklich zur Atombombe.

DANS NOTIZBUCH

Paradox oder auf jeden Fall überraschend ist, daß die Sonne von der schwachen Kraft gespeist wird.

Ihr Brennstoff ist der Partikelverfall. Will man Zeuge einer

Kernfusion sein, braucht man nur in die Sonne zu sehen. Aber das kann man nicht. Noch auf eine Entfernung von fast neunzig Millionen Meilen schmerzen die Augen. Eine thermonukleare Explosion erzeugt Temperaturen, die merklich höher liegen als die, die man im Kern der Sonne messen könnte – oder irgendwo sonst im Universum, ausgenommen in so kurzlebigen Erscheinungen wie explodierenden Sternen. In der Abteilung zeigte mir Dad einmal einen Film, in dem eine Stahlkugel nur einen Bruchteil dieser superstellaren Hitze ausgesetzt wurde. Sie verflüssigte sich und warf Blasen wie kochendes Wasser. Und der See sieht jetzt wie kochender Stahl aus, kein Wunder, so wie die Sonne ihn Tag für Tag auflädt.

Harriet war eine Frühgeburt, haben sie mir erzählt. Kann sein, aber auf jeden Fall hat sie den Zeitverlust ganz schön aufgeholt. Viele Leute glauben, Schizophrenie zeige sich erst in der postadoleszenten Phase. Da liegen sie falsch. Ein Kleinkind kann schizophrene Symptome schon nach acht Wochen zeigen. Harriet ist über acht Monate alt und ihr Zustand schon weit fortgeschritten. Ich fürchte, sie ist mehr oder weniger ein klassischer Fall.

Abweichende Veranlagung in der Präferenz der Sinnesorgane. Wenn man ihr eine Rassel oder ein Spielzeug oder irgend etwas anderes gibt, was macht sie damit? Sie schüttelt es, riecht daran und steckt es in ihren Mund. Die höheren Funktionen des Sehsinns und des Gehörs werden also zugunsten von Berührung, Geschmack und Geruch abgelehnt.

Repetitive und stereotype Verhaltensmuster. Über sinnlos lange Zeiträume hinweg trommelt sie mit ihren Handballen auf flache Oberflächen. Sie zeigt ein tragisches Unvermögen, aus ihren eigenen Fehlern zu lernen. Wenn sie vor sich hin brabbelt, schwelgt sie in einer beliebigen Serie von identischen Lauten – vergißt sie und beginnt dann, neue zu erfinden!

Eingeschränktes räumliches Erkennungsvermögen. Das Baby weist frühe Merkmale eines abweichenden Gehverhaltens auf. Ständig fällt sie hin und stößt irgendwo an, da räumliche Beziehungen für sie zufällig und instabil sind.

Verlust des motorischen Normalzustandes und abrupte Persönlichkeitsveränderung. Sehr oft, wenn Fran ihr die Windeln wechseln oder sie anziehen, sie füttern oder abwischen oder überhaupt irgend etwas machen will, das die passive Kooperation des Babys erfordert, leistet Harriet plötzlich Widerstand. Sie versteift sich oder sie erschlafft völlig und wechselt so in charakteristischer Weise zwischen Zuständen von Starre bis Überschlaffheit.

Ich könnte fortfahren: unzulängliches Zeitgefühl, die Art, wie sie Humor oft als Beleidigung mißversteht, ihre Phasen exzessiver Zuneigung, die Hypomanie, die sie nicht schlafen läßt. Die Kleine hat natürlich genau gemerkt, daß ich ihr auf der Spur bin, und deshalb geht sie nachts gegen mich vor. Ihre Eltern hat sie geschickt getäuscht – Schizophrene sind oft sehr gerissen –, und weder Fran noch Ned ahnen, daß das Baby sprechen kann.

NEDS TAGEBUCH

1. August. 'nen Tritt und 'nen Schlag für den ersten Tag. Das Baby, geboren am Neujahrstag, ist jetzt acht Monate alt. Weiter so, Hattie ... Fran erzählte mir von einer ziemlich eigenartigen Unterhaltung mit Dan. Sie fütterte gerade das Baby im Wohnzimmer, als Dan loslegte und sagte, er sei wahrscheinlich homosexuell! Platzte einfach so damit heraus. Verrückt, diese Altklugheit neuerdings – sie kommen sich alle besonders schlau vor. Fran fragte ihn nach Gründen, warum er das glaube, und Dan zuckte mit den Schultern und gab zu, daß er weder ein homosexuelles Erlebnis gehabt hätte, noch einen Homosexuellen kennengelernt habe. Er sagte, es hätte etwas mit der ›Anzahl der Histamine‹ zu tun – so erinnert Fran es wenigstens. Außerdem hat er sie gestern zufällig im Bad überrascht. Fran sagte, er wäre aus der Tür gewesen wie eine Katze, deren Schwanz Feuer gefangen hat. Seitdem verläßt er das Zimmer, oder er dreht ihr den Rücken zu, wenn Fran ihr Hemd hochzieht, um das Baby zu stillen. Er *sagt* die verrücktesten Sachen, und nicht alle sind völlig daneben, keineswegs

– er ist ein helles Köpfchen, kein Zweifel. Heute morgen – ich fächelte mir Luft zu und raufte meine Haare über eine neue babyschmetternde Grausamkeit in der Zeitung – sagte ich: ›Bin ich das, oder sind das die Zeitungen, oder gibt es einen Boom in Kindesmißhandlungen?‹ Und Dan antwortete: ›Es ist exponentiell, wie alles heutzutage.‹ Dan, selbst ein Opfer der Vererbung, argumentierte natürlich, mißhandelt man seine Kinder, dann werden die ihre Kinder auch mißhandeln. Das summiert sich. Es multipliziert sich sogar. Aber würde das proportional irgendeinen Unterschied machen? Haben Leute, die ihre Kinder mißbrauchen, mehr Kinder als die Leute, die es nicht tun? Ich weiß nicht, was die Mathematik ergibt, aber vielleicht hat der Junge gar nicht so unrecht. Habe den Jeep verkauft. 125 Dollar. Benson Holloway ist ein schlauer Fuchs, und man weiß nie genau, was er eigentlich vorhat oder auf was er hinaus will. Immer noch unglaublich heiß. Ich glaube kaum, daß sich das Wetter noch lange halten kann.

Dans Notizbuch

Harriet oder *Hattie,* das ›Baby‹, und ich, wir hatten seit vier Nächten keinen Schlaf.

Aber wer will auch schlafen? Stimmt schon, manchmal falle ich in einen unangenehmen Dämmerzustand, der vom Wachen weiter entfernt ist als vom Gegenteil. Wenn ich in meinem Bett hochschrecke, versteckt sich das Baby oft in der Nähe. Ich hoffe, sie hat diesen teuflischen Schabernack, diese ermüdende Folter bald satt. Meine *Einsicht,* sonst ein erstaunliches Instrument, nutzt mir hier überhaupt nichts. Jedesmal, wenn ich mich zusammenreiße, mit unendlichen Schmerzen und Schwierigkeiten aufstehe und in ihr Zimmer gehe, liegt sie natürlich wieder in ihrer Wiege. Sie liegt da und tut so, als schliefe sie. Stundenlang beobachte ich sie, aber in ihrem Schwindel zeigt sie nicht die kleinste Schwäche. Schizophrene können das, die *brauchen* nämlich keinen Schlaf. Und wenn ich dann schließlich ins Bett zurückgehe, kriecht sie sofort hinter mir her ins Zimmer. Das Baby will, daß ich etwas tue, was ich nie tun werde.

Francesca ist verletzt und in sich gekehrt, seit ich ihre Pläne und Absichten durchkreuzt habe, und spielt die Gleichgültige. Sie konzentriert sich ganz auf das Baby mit dieser raffinierten Hättest-du-nicht-gedacht-Strategie, die die Frauen und das Schicksal immer anwenden. Ned ärgert sich selbstverständlich auch darüber. Er wollte, daß Fran mich zu ihrem Liebhaber macht; er ist so alt, daß er kaum erwarten kann, sie noch lange zu befriedigen. Also ignoriert Onkel Ned mich, ist immer rasend woanders beschäftigt. Von morgens bis abends bin ich sehr lieb zu dem Baby, habe es schon mehrmals gebeten, nachts nicht mehr zu kommen. Aber es hört gar nicht zu und verhält sich so, als wäre es ein ganz gewöhnliches kleines Geschöpf namens Harriet. Wenn sie ihre Gefühle offen zeigt, wenn sie mich anstarrt mit dem bösen Blick eines fast schon absurden Hasses, dann denken sie nur, es weint wie ein Baby.

Sie scheinen sich hier alle zu lieben, und vielleicht ist es das, was mir fehlt. Ned liebt Fran, die liebt Harriet, die liebt Fran, die liebt Ned, der liebt Harriet, die liebt Ned. Manchmal bilde ich mir ein, trotz dieser trübsinnigen Qual und dieser widerlichen Verwirrung, ich wäre, wenn ich nicht so krank wäre, einfach nur liebessüchtig, nur voll Liebeskummer. Ich wäre nur liebeskrank. Dad ist nicht mehr da, und meine Mutter hat eigentlich schon immer durch ihre Abwesenheit geglänzt. Ich wäre nur liebeskrank. Wenn es hier nämlich um das Liebes-Match geht, habe ich verloren, vom Platz geputzt, sechs-null, sechs-null, sechs-null.

Selbst mit meinem *unzulänglichen Zeitgefühl* weiß ich, daß ich Stunden damit zubringe, über die Feuerschneisen des Wassers zu sinnieren. *Einsicht.* Werde ich sie überqueren? Die Insekten und die Fauna im Wald zusammen machen ein Geräusch wie eine große Tür in trockenen Angeln, die sich langsam auf immer schließt, sich vor mir schließt, sich hinter mir schließt. Auch die wilden und schönen Libellen, die Wächter des Flame Lake, können mich nicht ausstehen.

Neds Tagebuch

5. August. Dan behandelt das Baby barsch oder sachlich, nüchtern – aber außerordentlich vorsichtig. Wenn Harriet in ihrem hohen Kinderstuhl, glücklich, Dan zu sehen, die Arme ausbreitet, hebt er sie mit einem gewissenhaften Ausdruck im Gesicht hoch und – er zeigt die besondere Sorgfalt der Unbeholfenen – sucht, die Hände unter ihren Achselhöhlen, nach der Balance, bevor er sie in den Himmel schnellt, bemüht, die kleinen Gelenke nicht zu sehr zu belasten. Draußen, am versengten Seeufer, wenn das Baby herumkriecht und Gott weiß was in ihren Mund stopft oder blitzschnell auf das Wasser zukrabbelt, ist Dan immer in stirnrunzelnder Alarmbereitschaft und läßt sie nicht aus den Augen. Ich habe gesehen, daß er viel mit ihr redet, und das ist gut, denn ich rede kaum mit ihr. Harriet betet ihn an. Es ist schön, den beiden zuzusehen. Fran und ich können uns keine natürlichere Therapie, keine bessere Empfehlung für das Leben und das Lebendige vorstellen, als bei einem Baby zu sein, das seine erste Bekanntschaft mit der Welt macht ... Ich bin mir nicht sicher, was es mit dieser ›exponentiellen‹ Sache auf sich hat. Vielleicht gibt es heute einfach mehr und mehr von allem möglichen Mist. Dieser Fall des vierjährigen Mädchens und ihres Stiefvaters, Stiefonkels und Stiefgroßvaters hat mich sehr beunruhigt. Jede Nacht sind sie – nein. So kann man sich das nicht vorstellen. Aber das können wir uns vorstellen: die großen Augen des Kindes, die sich öffnen und den ersten der Männer ansehen, der ihren Raum betritt. Ich dachte, das Wetter würde umschlagen. Denkste. Wir müssen offenbar bis zum Ende aller Zeiten mit dieser Hitze fertig werden. Sah Benson Holloway, wie er mit dem Jeep aus der Stadt kutschierte. Fuhr bestimmt hundert. Dans Mückenstiche sind wieder da.

Dans Notizbuch

Nur die Mücken lieben mich. Nur die Mücken lieben mein Blut.

Während ich diese Worte schreibe, sehe ich auf der anderen Seite des Drahtgitters acht oder neun von ihnen schwärmen, nur zwei Schritt entfernt formen sie den Umriß meines Gesichts so sicher wie die Sterne die Silhouette Dracos, des Feueratmers, umreißen, dort oben, an den polumspannenden Himmeln. Sie warten. Bald werde ich zu euch kommen, meine Schönen. Mit der Hilfe meiner *Größen-Inkonsistenz* werden sie sich in weniger als einer Sekunde aus Dreckspritzern in gehörnte Kolibris verwandeln, wenn sie sich niederlassen, um (Hitzesucher, Blutsucher) auf meinem offenen Gesicht zu saugen.

Das Wasser des Sees hat sich bis an die kritische Grenze aufgeladen. Und das Baby fragt mich, warum ich noch warte.

›Tyramin‹, fängt sie meistens an (nachdem sie stundenlang meinen Namen gerufen hat). ›Bufotenin. Sorotonin. Malvaria. Reserpin. Spermadin. Tyramin.‹

Später sah ich auf, und das Baby stand am Kopf meines Bettes. Tränen liefen brennend über die Stiche in meinem Gesicht, als ich sie anflehte, leise in ihr Zimmer zurückzugehen und mit diesem elenden Experiment aufzuhören, aber ihre Augen glänzten vom Glitzer-Zischel der Schizophrenie, als sie mir erklärte, wie wir uns beide – zusammen – von unserem Los durch das Feuer befreien könnten. Sie will, daß ich sie mitnehme zum schlafenden Sprengkopf des Flame Lake, um so der großen Ungewißheit ein Ende zu machen.

Wir wissen beide, daß selbst jetzt, in tiefster Nacht, das Wasser schwarz und kochend wie Vulkanpech sein wird, während am Himmel die Leptonen der Sterne wachsam die wartende Erde und die starke Kraft umkreisen. Sie verließ mich in der Dämmerung mit einer Warnung. Aber mir ist klar, daß ich mich heute nacht entscheiden muß.

Es ist einfach grausam und sinnlos, daß das Baby tagsüber, wenn wir die Dinge vernünftig diskutieren könnten, nur so daliegt, lächelt und vorgibt, ein Baby zu sein.

Neds Tagebuch

6. August. Mit aller Ausführlichkeit, zu der ich mich aufraffen kann, will ich beschreiben, was heute morgen geschah. Um acht Uhr stand ich auf und kochte eine Kanne Kaffee; seit der Geburt ist Fran ein kleiner Langschläfer. Offenbar war Dan noch nicht auf, was mich überraschte – normalerweise sitzt er in der Küche und wartet geduldig. Ich trank eine Tasse Kaffee und blickte über den Flame Lake. Das Wetter war umgeschlagen. Nebelschwaden lagen schwer auf dem Wasser, über seine Farblosigkeit verstreut lagen Spritzer Silber, Flecken Gold. Ich weiß noch, daß ich dachte: also war der See ein Blindgänger, ein Fehlzünder – er ist nie richtig losgegangen. Ich öffnete die Tür zu Dans Zimmer, die Kaffeetasse fiel aus meiner Hand und zerbrach, lautlos, so schien es. Das Bettzeug und die Vorhänge waren in Stücke gerissen, zerfetzt. Wie ich dort stand und starrte, spürte ich eine große Gewalt, unterdrückte und komprimierte Gewalt – alles war zerbissen, zerschlagen, gewürgt, zerdrückt, implodiert. Auf den hölzernen Oberflächen gab es Abdrücke von Zähnen, tiefe Bisse und lange Kratzspuren an den Wänden. Ich ging nach draußen. Seinen dünnen Körper sah ich sofort, Gesicht nach unten im seichten Wasser ... Ich weckte Fran. Ich rief Sheriff Groves an. Ich rief Dr. Slizard an, er war schockiert, aber nicht überrascht. Wir brachten die ganze Sache ins reine. Glücklicherweise schlief das Baby und hat von alldem wohl nichts gemerkt. Der Kleinen geht es gut, die Aufregung scheint sie nicht beunruhigt zu haben. Hin und wieder blickt sie sich suchend, dann fragend nach ihm, nach Dan, um. Großer Gott, der arme, arme Junge. Im Januar wäre er dreizehn geworden.

Ich weiß nicht, wo der Fehler liegt. Gerade habe ich Dans Notizbuch gelesen, bevor ich es, wie er es verlangt, an Dr. Slizard und seine Abteilung schicke. Ich komme mir vor wie ein Narr, wie ein alter Narr. In schuldhaftem Maße habe ich es an – an Einsicht fehlen lassen. Und was sonst noch? Ich habe gerade Dans Notizbuch gelesen, und alles, was mir dazu einfällt, ist ein Gedanke, der aus einer unmöglichen

Ecke kommt. Gestern, beim Frühstück, war Dan hier. Als er seinen Saft trank, las er die Rückseite der Corn-flakes-Packung. Was könnte – was könnte natürlicher sein? Als Kind habe ich das selbst auch immer getan: Faltpläne kleiner Flugzeuge, Einsende-Quiz, Comics, Rezepte für Waffeln und Kekse. Aber heutzutage? Auf der Rückseite der Packung stehen Diättips zur Vorbeugung gegen Krebs. Auf der Rückseite der homogenisierten, pasteurisierten, mit Vitamin D angereicherten Milchpackung sind die Fahndungsfotos zweier lächelnder Kinder abgebildet, vermißt (Haben Sie sie gesehen?). Geburtstag: 7.7.79. Größe 107 cm. Haare braun, Augen blau. Vermißt, sehr vermißt, würde ich wetten. Klar. Wahrscheinlich aus dem Weg geräumt, vergewaltigt und irgendwo über eine Mauer geworfen, vergewaltigt und ermordet, das ist das Wahrscheinlichste. Ich weiß nicht, wo der Fehler liegt.

AMBROSE BIERCE

Der mittlere Zeh des rechten Fußes

I

Es ist bekannt, daß es in dem alten Manton-Haus spukt. Im gesamten Landbezirk ringsum und sogar in der Stadt Marshall, eine Meile entfernt, hegt kein Mensch mit unvoreingenommenem Geist auch nur den geringsten Zweifel daran; Ungläubigkeit beschränkt sich auf jene starrsinnigen Personen, die man »Irre« nennen wird, sobald dieses nützliche Wort den intellektuellen Bannkreis des *Advance* in Marshall durchdringt. Es gibt zweierlei Belege dafür, daß es in dem Haus spukt: die Aussage unparteiischer Zeugen, die sich mit eigenen Augen überzeugt haben, und das Zeugnis des Hauses selbst. Ersteres mag man mißachten und verwerfen, aufgrund jedes einzelnen der zahlreichen Einwände, die Einfallsreiche dagegen vorbringen mögen; erheblich und vordringlich sind jedoch Fakten, die jeder selbst beobachten kann.

Zuallererst ist das Manton-Haus von Sterblichen seit mehr als zehn Jahren nicht mehr bewohnt worden, und allmählich verfällt es mit all seinen Nebengebäuden – ein Umstand, den als solchen die Einsichtigen kaum zu ignorieren wagen werden. Es steht ein wenig abseits des einsamsten Teils der Straße zwischen Marshall und Harriston auf einer Lichtung, die einst eine Farm war, immer noch von morschen Zaunreihen entstellt wird und zur Hälfte von Dorngestrüpp bedeckt ist, das einen steinigen, unfruchtbaren und seit langem nicht mehr mit dem Pflug vertrauten Boden überzieht. Das Haus selbst ist in erträglich gutem Zustand, wiewohl arg verwittert und dringend der Aufmerksamkeit eines Glasers bedürftig, da die kleinwüchsigere männliche Bevölkerung der Region in der ihr üblichen Art dort Mißbilligung von Behausungen ohne Behauste bekundet hat. Es ist zwei Stockwerke hoch, fast quadratisch, die Fassade von einer einzigen Tür durchbrochen, flankiert zu beiden Seiten von einem bis zur Oberkante zugenagelten Fenster. Entsprechende Fenster, nicht geschützt, dienen dazu, Licht und Regen in die Räumlichkeiten des Obergeschosses zu lassen. Gras und Unkraut wuchern überall recht üppig, und ein paar düstere Bäume, die ein wenig vom Wind zerzaust sind und alle in eine Richtung lehnen, scheinen eine konzertierte Anstrengung zu machen, um abzuhauen. Kurz gesagt, wie es der Stadthumorist von Marshall in den Kolumnen des *Advance* erklärte: »Die Behauptung, daß es im Manton-Haus böse spukt, ist der einzig logische Schluß aus dem Zustand der Prämissen.« Die Tatsache, daß Mr. Manton es für tunlich erachtete, sich in diesem Gebäude vor etwa zehn Jahren in einer Nacht zu erheben und die Kehlen seiner Frau und seiner beiden kleinen Kinder zu zerschneiden, worauf er sich sogleich in einen anderen Teil des Landes begab, hat zweifellos das ihrige getan, die öffentliche Aufmerksamkeit darauf zu lenken, daß der Ort für übernatürliche Phänomene bestens geeignet ist.

Zu diesem Haus kamen an einem Sommerabend vier Männer in einem Karren. Drei von ihnen sprangen sofort ab, und derjenige, der gelenkt hatte, band das Gespann an den letzten verbleibenden Pfosten dessen, was ein Zaun gewesen war. Der vierte blieb auf dem Wagen sitzen. »Kommen Sie«, sagte einer seiner Begleiter; er näherte sich ihm, während die anderen zum Gebäude gingen – »hier ist es.«

Der Angeredete bewegte sich nicht. »Bei Gott!« sagte er heiser. »Das ist ein Trick, und es sieht mir so aus, als ob Sie die Hände im Spiel hätten.«

»Habe ich vielleicht«, sagte der andere; er blickte ihm gerade ins Gesicht und sprach mit einem Tonfall, in dem ein wenig Verachtung lag. »Sie werden sich aber erinnern, daß die Ortswahl mit Ihrer Zustimmung der anderen Seite überlassen wurde. Wenn Sie natürlich Angst vor Geistern haben ...«

»Ich habe vor nichts Angst«, unterbrach der Mann, mit einem weiteren Fluch, und sprang zu Boden. Die beiden gesellten sich den anderen vor der Tür zu, die einer von ihnen bereits mit einiger Schwierigkeit geöffnet hatte, da Schloß und Angeln verrostet waren. Alle traten ein. Innen war es dunkel, aber der Mann, der die Tür geöffnet hatte, zog eine Kerze und Streichhölzer hervor und machte Licht. Als sie dann im Gang standen, schloß er eine Tür zur Rechten auf. Dies erschloß ihnen einen großen, quadratischen Raum, den die Kerze nur undeutlich erleuchtete. Auf dem Boden lag ein dicker Staubteppich, der einen Teil ihrer Schrittgeräusche dämpfte. Spinnweben hingen in den Ecken und baumelten von der Decke wie Streifen verrottender Spitzen, wogten in der aufgestörten Luft. Der Raum hatte zwei Fenster in zusammenstoßenden Wänden, aber durch keines war etwas zu sehen außer der rauhen inneren Oberfläche von Brettern, ein paar Zoll vom Glas entfernt. Es gab keinen Kamin, keine Möbel; es gab nichts: Neben den Spinnweben und dem Staub waren die vier Männer dort die einzigen Objekte, die nicht zum Gebäude gehörten.

Seltsam genug sahen sie aus im gelben Licht der Kerze. Der eine, der so widerstrebend ausgestiegen war, war besonders auffällig – man hätte ihn sensationell nennen können. Er war mittleren Alters, wuchtig gebaut, mit gewaltiger Brust und breiten Schultern. Bei Betrachtung seiner Gestalt hätte man gesagt, daß er die Kraft eines Riesen habe; bei Betrachtung seiner Gesichtszüge, daß er die Stärke wie ein Riese verwenden würde. Er war glattrasiert, das graue Haar ziemlich kurz gestutzt. Die niedrige Stirn war über den Augen mit Runzeln übersät, und über der Nase verliefen sie senkrecht. Die schweren schwarzen Brauen gehorchten demselben Gesetz; nur eine Aufwärtskrümmung dort, wo sonst ihr Treffpunkt gewesen wäre, rettete sie vor einer Begegnung. Tief eingesunken glommen darunter im undeutlichen Licht ein Paar Augen von unbestimmter Farbe, die aber offensichtlich zu klein waren. In ihrem Ausdruck lag etwas Abstoßendes, das durch den grausamen Mund und die breiten Kiefer nicht verbessert wurde. Die Nase war ganz anständig, soweit es bei Nasen möglich ist; von Nasen erwartet man nicht viel. Alles, was im Gesicht des Mannes unheimlich war, schien von einer unnatürlichen Blässe betont zu werden – er wirkte völlig blutleer.

Die Erscheinung der anderen Männer war ausreichend gewöhnlich; es waren Personen, wie man sie trifft und dann vergißt, daß man sie getroffen hat. Alle waren jünger als der beschriebene Mann, zwischen dem und dem ältesten der anderen, der abseits stand, offenkundig keine freundlichen Gefühle herrschten. Sie vermieden es, einander anzusehen.

»Gentlemen«, sagte der Mann, der die Kerze und die Schlüssel hielt, »ich glaube, alles ist in Ordnung. Sind Sie bereit, Mr. Rosser?«

Der Mann, der abseits von der Gruppe stand, verneigte sich und lächelte.

»Und Sie, Mr. Grossmith?«

Der schwere Mann nickte und zog eine Grimasse.

»Dann werden Sie bitte jetzt ihre Oberkleidung ablegen.«

Ihre Hüte, Mäntel, Westen und Halstücher waren bald abgelegt und vor die Tür in den Gang geworfen. Der Mann mit der Kerze nickte nun, und der vierte – der Grossmith aufgefordert hatte, den Wagen zu verlassen – holte aus der Tasche seines Rocks zwei lange, mörderisch aussehende Bowie-Messer, die er nun aus ihren ledernen Scheiden zog.

»Sie sind genau gleich«, sagte er; er reichte jedem der beiden Hauptpersonen eines – inzwischen hätte nämlich der stumpfsinnigste Beobachter den Sinn dieser Zusammenkunft begriffen. Es ging um ein Duell bis zum Tod.

Jeder der Kombattanten nahm ein Messer, untersuchte es kritisch in Nähe der Kerze und prüfte die Stärke von Klinge und Griff auf seinem angehobenen Knie. Anschließend wurden sie nacheinander untersucht, jeder vom Sekundanten des anderen.

»Wenn es Ihnen genehm ist, Mr. Grossmith«, sagte der Mann, der das Licht hielt, »dann stellen Sie sich bitte in diese Ecke da.«

Er deutete auf die am weitesten von der Tür entfernte Ecke des Raums, wohin Grossmith sich verzog; sein Sekundant verabschiedete sich von ihm mit einem Händedruck, in dem nichts Herzliches lag. Im der Tür nächstgelegenen Winkel stellte sich Mr. Rosser auf, und nach einer geflüsterten Beratung verließ ihn sein Sekundant und begab sich zu dem anderen an der Tür. In diesem Moment wurde die Kerze plötzlich gelöscht, ließ alle in tiefer Dunkelheit zurück. Die Ursache mag der Luftzug von der offenen Tür her gewesen sein; was auch immer der Grund war, die Wirkung war erschreckend.

»Gentlemen«, sagte eine Stimme; unter den veränderten Umständen, die die Beziehungen der Sinne zueinander betraf, klang sie seltsam unvertraut – »Gentlemen, Sie werden sich bitte nicht bewegen, bis Sie das Schließen der Außentür hören.«

Es folgte Getrampel, dann das Schließen der Innentür; und schließlich schloß sich die äußere mit einem Schlag, der das gesamte Gebäude erschütterte.

Ein paar Minuten danach begegnete ein verspäteter Farmersjunge einem leichten Wagen, der in wüster Hast hin zur Stadt Marshall jagte. Er erklärte, hinter den beiden Gestalten auf dem Vordersitz habe eine dritte gestanden, mit den Händen auf den gebeugten Schultern der anderen, die vergebens zu kämpfen schienen, um sich aus diesem Griff zu befreien. Diese Gestalt, anders als die beiden anderen, war in Weiß gekleidet und hatte zweifellos den Wagen geentert, als er das Geisterhaus passierte. Da der Junge sich beträchtlicher früherer Erfahrung mit dem Übernatürlichen in der Gegend rühmen konnte, hatte sein Wort das Gewicht, wie es der Aussage eines Experten gerechterweise zukommt. Die Geschichte (in Verbindung mit den Ereignissen des nächsten Tages) erschien schließlich im Advance, mit einigen kleinen literarischen Ausschmückungen und einer abschließenden Andeutung, daß den betroffenen Gentlemen die Kolumnen der Zeitung für ihre Version des nächtlichen Abenteuers zur Verfügung stünden. Es fand sich jedoch keiner, der dieses Privileg beanspruchte.

II

Die Umstände, die zu diesem »Duell im Dunkel« führten, waren einfach genug. Eines Abends saßen drei junge Männer aus dem Ort Marshall in einer ruhigen Ecke der Veranda des

Dorfhotels, rauchten und diskutierten Angelegenheiten, wie drei gebildete junge Männer eines Dorfs der Südstaaten sie ganz natürlich interessant finden. Sie hießen King, Sancher und Rosser. Ein wenig entfernt, in guter Hörweite, aber ohne Anteil an der Konversation zu nehmen, saß ein vierter. Er war den anderen fremd. Sie wußten nur, daß er nach seiner Ankunft mit der Postkutsche an diesem Nachmittag den Namen Robert Grossmith ins Fremdenbuch des Hotels eingetragen hatte. Man hatte ihn mit niemandem außer dem Hotelier sprechen sehen. Tatsächlich schien er außerordentlich großen Wert auf seine eigene Gesellschaft zu legen – oder, wie der Stab des *Advance* es ausdrückte, »üblem Umgang zuhöchst ergeben« zu sein. Man sollte jedoch zur Rechtfertigung des Fremden anführen, daß der genannte Stab der Zeitung selbst allzu gesellig veranlagt war, als daß er einen andersartig Begabten gebührlich hätte beurteilen können, und daß er sich darüber hinaus bei der Bemühung um ein »Interview« eine kleine Abfuhr geholt hatte.

»Ich hasse jede Art Mißbildung bei einer Frau«, sagte King, »gleich ob natürlich oder – erworben. Meiner Theorie nach hat jeder körperliche Defekt seine geistige und moralische Entsprechung.«

»Ich schließe also«, sagte Rosser ernsthaft, »daß eine Dame, die des moralischen Vorzugs einer Nase entbehrt, bei dem Bemühen, Mrs. King zu werden, vor einem mühsäligen Unterfangen stünde.«

»Natürlich können Sie es so formulieren«, war die Antwort; »aber, ernsthaft, ich habe einmal ein sehr reizendes Mädchen fallen lassen, als ich ganz zufällig erfuhr, daß man ihr einen Zeh amputiert hatte. Mein Verhalten war brutal, wenn Sie so wollen, aber wenn ich dieses Mädchen geheiratet hätte, wäre ich mein Leben lang unglücklich gewesen, und ich hätte sie unglücklich gemacht.«

»Wohingegen sie«, sagte Sancher, mit leisem Lachen, »indem sie einen Gentleman mit liberaleren Ansichten geheiratet hat, heil davongekommen ist, mit zerschlitzter Kehle.«

»Ah, Sie wissen, von wem ich rede. Ja, sie hat Manton geheiratet, aber wie das mit seiner Liberalität war, weiß ich nicht; ich bin nicht sicher, ob er ihr nicht die Kehle durchgeschnitten hat, weil er entdeckte, daß ihr diese vorzügliche Eigenschaft des Weibes fehlte: der mittlere Zeh des rechten Fußes.«

»Schauen Sie sich den da an!« sagte Rosser leise, die Augen auf den Fremden gerichtet.

Der Da lauschte offenbar sehr aufmerksam dem Gespräch.

»Zum Teufel mit seiner Frechheit!« murmelte King. »Was sollen wir machen?«

»Das ist einfach«, erwiderte Rosser; er stand auf. »Sir«, fuhr er fort, an den Fremden gewandt, »ich glaube, es wäre besser, wenn Sie Ihren Stuhl ans andere Ende der Veranda brächten. Die Anwesenheit von Gentlemen ist offensichtlich eine Ihnen unvertraute Situation.«

Der Mann sprang auf die Beine und marschierte los, mit geballten Fäusten, das Gesicht weiß vor Zorn. Nun standen alle. Sancher trat zwischen die Streitenden.

»Sie sind übereilt und ungerecht«, sagte er zu Rosser; »dieser Gentleman hat nichts getan, um eine derartige Sprache zu verdienen.«

Aber Rosser wollte kein Wort zurücknehmen. Nach den Gepflogenheiten des Landes und der Zeit konnte der Streit nur *ein* Ergebnis haben.

»Ich verlange die Satisfaktion, die einem Gentleman zusteht«, sagte der Fremde, der ruhiger geworden war. »Ich habe keinen einzigen Bekannten in dieser Gegend. Vielleicht werden Sie, Sir«, er verneigte sich vor Sancher, »so freundlich sein, mich in dieser Angelegenheit zu vertreten.«

Sancher akzeptierte das Amt – ein wenig widerstrebend, muß man zugeben, denn Erscheinung und Gehabe des Mannes waren gar nicht nach seinem Geschmack. King, der während des Wortwechsels die Augen kaum vom Gesicht des Fremden gewandt und kein Wort gesagt hatte, stimmte mit einem Nicken zu, Rosser zu sekundieren, und als Ergebnis wurde, als die Protagonisten sich zurückgezogen hatten, ein Treffen für den nächsten Abend vereinbart. Der Inhalt der Vereinbarungen wurde bereits mitgeteilt. Das Messerduell in einem dunklen Raum war im Leben des Südwestens einmal ein gewöhnlicherer Zug, als er es wahrscheinlich je wieder sein wird. Welch dünner Firnis von »Ritterlichkeit« die grundsätzliche Brutalität des Kodex überdeckte, unter dem solche Treffen möglich waren, werden wir sehen.

III

Im Lodern eines Mittags in der Sommermitte entsprach das alte Manton-Haus kaum seinen Legenden. Es war ganz Teil der Erde, diesseitig. Der Sonnenschein liebkoste es warm und zärtlich, mit offenkundiger Mißachtung seines schlechten Rufs. Das Gras, das alles vor der Fassade grün machte, schien keineswegs ins Kraut zu schießen, sondern mit natürlicher und freudiger Fülle zu wachsen, und das Unkraut blühte ganz wie Blumen. Voll von bezaubernden Lichtern und Schatten und bevölkert von Vögeln mit erprießlichen Stimmen suchten die vernachlässigten Bäume nicht länger fortzulaufen, sondern neigten sich ehrfürchtig unter ihrer Sonnen- und Sangesbürde. Selbst in den glaslosen oberen Fenstern lag ein Ausdruck von Ruhe und Zufriedenheit, zurückzuführen auf das Licht innerhalb. Über den steinigen Feldern tanzte die sichtbare Hitze mit lebhaftem Flimmern, das unvereinbar war mit der Ernsthaftigkeit, die ein Attribut des Übernatürlichen ist.

Dies war der Aspekt, unter dem der Ort sich Sheriff Adams und zwei weiteren Männern darstellte, die aus Marshall herbeigekommen waren, um ihn sich anzusehen. Einer dieser Männer war Mr. King, der Deputy des Sheriffs; der andere, dessen Name Brewer lautete, war ein Bruder der verstorbenen Mrs. Manton. Unter einem wohltätigen Gesetz des Staats, Eigentum betreffend, das über einen bestimmten Zeitraum hinaus von einem Besitzer verlassen ist, dessen Aufenthalt sich nicht feststellen läßt, war der Sheriff Treuhänder der Manton-Farm und aller zugehörigen Realrechte. An diesem Tag geschah sein Besuch aus reiner Pflichterfüllung gemäß der Anordnung eines Gerichts, vor dem Mr. Brewer ein Verfahren führte, um als Erbe seiner verstorbenen Schwester in

Besitz des Anwesens zu gelangen. Durch reinen Zufall fand die Besichtigung am Tag nach der Nacht statt, in der der Deputy King das Haus zu einem anderen und ganz andersartigen Zweck aufgeschlossen hatte. Seine Anwesenheit entsprang keineswegs eigenem Wunsch; er hatte den Befehl erhalten, seinen Vorgesetzten zu begleiten, und im Moment fiel ihm nichts Sinnvolleres ein als vorgetäuschter Eifer bei der Befolgung des Befehls.

Sorglos öffnete der Sheriff die Vordertür, die zu seiner Überraschung nicht versperrt war, und sah dann mit Verblüffung auf dem Boden des Gangs dahinter einen wirren Haufen Männerkleidung liegen. Der Haufen wurde untersucht; er bestand aus zwei Hüten und der gleichen Anzahl von Röcken, Westen und Halstüchern, alle bemerkenswert gut erhalten, wiewohl ein wenig beschmutzt von dem Staub, in dem sie lagen. Mr. Brewer war ebenso erstaunt, Mr. Kings Gefühlsregungen sind jedoch nicht verzeichnet. Mit neuem und lebhaftem Interesse an seinen eigenen Handlungen sperrte der Sheriff nun eine Tür zur Rechten auf, öffnete sie, und die drei traten ein. Der Raum war offensichtlich leer – nein; als ihre Augen sich an das schwache Licht gewöhnten, war in der entferntesten Ecke etwas zu sehen. Es war eine menschliche Gestalt – die eines in die Ecke gepreßt kauernden Mannes. Etwas in seiner Haltung brachte die Eindringlinge zum Stehen, als sie noch kaum die Schwelle überschritten hatten. Die Gestalt wurde immer deutlicher sichtbar. Der Mann stützte sich auf ein Knie, den Rücken in die Ecke gedrückt, die Schultern bis in Ohrenhöhe angehoben, die Hände vor dem Gesicht, die Handflächen nach außen, die Finger gespreizt und gekrümmt wie Krallen; das weiße Gesicht, auf dem eingezogenen Nacken aufwärts gedreht, zeigte einen Ausdruck unaussprechlichen Entsetzens, der Mund halb offen, die Augen unglaublich weit aufgerissen. Er war tot. Aber abgesehen von einem Bowie-Messer, das offenbar aus seiner eigenen Hand gefallen war, fand sich kein weiterer Gegenstand in dem Raum.

Im dicken Staub, der den Boden bedeckte, gab es nahe der Tür und an der Türwand einige wirre Fußabdrücke, an einer der anderen Wände, vorbei an den anderen Fenstern, zog sich die Spur, die der Mann selbst hinterlassen hatte, auf dem Weg zu seiner Ecke. Bei Annäherung an die Leiche folgten die drei Männer instinktiv dieser Fährte. Der Sheriff ergriff einen der ausgestreckten Arme; er war starr wie Eisen, geringer Druck darauf brachte den ganzen Körper zum Schaukeln, ohne die Beziehung der Körperteile zueinander zu verändern. Brewer, blaß vor Aufregung, starrte angespannt in das vor Schmerz verzerrte Gesicht. »Barmherziger Gott!« rief er plötzlich. »Das ist Manton!«

»Sie haben recht«, sagte King, offenbar um Fassung bemüht; »ich habe Manton gekannt. Damals hatte er einen Vollbart und langes Haar, aber das ist er.«

Er hätte hinzusetzen können: »Ich habe ihn erkannt, als er Rosser herausforderte. Ich habe Rosser und Sancher gesagt, wer er ist, bevor wir ihm diesen furchtbaren Streich gespielt haben. Als Rosser auf unseren Fersen diesen dunklen Raum verließ, in der Aufregung seine Oberbekleidung vergaß und in Hemdsärmeln mit uns fortgefahren ist – während all dieser schändlichen Vorgänge wußten wir, mit wem wir es zu tun hatten, Mörder und Feigling, der er war!«

Aber nichts davon sagte Mr. King. Mit Hilfe seiner überlegenen Kenntnisse versuchte er, das Rätsel des Todes dieses Mannes zu durchdringen. Daß er sich aus der Ecke, in der er Stellung bezogen, nicht ein einziges Mal fortbewegt hatte; daß er sich weder in Angriffs- noch Verteidigungshaltung befand; daß er seine Waffe hatte fallen lassen; daß er offensichtlich gestorben war an nacktem Grauen über etwas, das er *sah* – dies waren Umstände, die Mr. Kings verwirrte Intelligenz nicht recht begreifen konnte.

Während er in intellektuellem Dunkel nach einem Faden für sein Labyrinth des Zweifels tastete, fiel sein Blick, den er automatisch zu Boden gesenkt hatte wie einer, der bedeutsame Angelegenheiten erwägt, auf etwas, das ihn dort, trotz des Tageslichts und der Anwesenheit lebender Begleiter, mit Entsetzen erfüllte. Im Staub der Jahre, der dick auf dem Boden lag – von der Tür, durch die sie eingetreten waren, geradeaus durch das Zimmer bis ein Yard vor Mantons kauernden Leichnam – führten drei parallele Reihen von Fußspuren – leichte, aber deutliche Abdrücke nackter Füße, die äußeren die von kleinen Kindern, die innere die einer Frau. Von der Stelle, wo sie endeten, kehrten sie nicht zurück; sie wiesen alle in eine Richtung. Brewer, der sie im gleichen Moment bemerkt hatte, beugte sich vor, in einer Haltung gespanntester Aufmerksamkeit, entsetzlich fahl.

»Sehen Sie sich das an!« schrie er; mit beiden Händen deutete er auf den nächsten Abdruck des rechten Fußes der Frau, dorthin, wo sie offenbar angehalten hatte und stehengeblieben war. »Der mittlere Zeh fehlt – es war Gertrude!«

Gertrude war die verstorbene Mrs. Manton, Mr. Brewers Schwester.

Dean Koontz

Kätzchen

Das kühle grüne Wasser des Baches plätscherte leise und strudelte um die glatten braunen Steine. Die Trauerweiden am Ufer spiegelten sich darin. Marnie saß im Gras, warf Steine in ein tiefes Wasserloch und beobachtete die Wellen, die sich kreisförmig ausbreiteten und an den schlammigen Ufern leckten. Sie dachte an die Kätzchen. An die Kätzchen dieses Jahres, nicht an die des Vorjahres. Letztes Jahr hatten ihre Eltern ihr erklärt, die Kätzchen seien in den Himmel gekommen. Pinkies ganzer Wurf war am dritten Tag nach der Geburt verschwunden.

»Gott hat sie in den Himmel geholt, damit sie bei Ihm leben können«, hatte Marnies Vater gesagt.

Es war nicht so, daß sie die Worte ihres Vaters angezweifelt hätte. Er war schließlich ein frommer Mann. Er unterrichtete an der Sonntagsschule und bekleidete ein wichtiges Amt in der Kirche: Er zählte die Kollekte und trug die Summe in ein kleines rotes Buch ein. Und am *Sonntag der Laien* wurde unweigerlich er ausgewählt, um die Predigt zu halten. Jeden Abend las er seiner Familie einen Bibelabschnitt vor. Gestern abend war Marnie zu spät gekommen und hatte dafür eine Tracht Prügel bezogen. »Wer seine Kinder liebt, der züchtigt sie«, sagte ihr Vater immer. Nein, sie zweifelte im Grunde nicht an den Worten ihres Vaters, denn wenn überhaupt jemand über Gott und kleine Kätzchen Bescheid wissen konnte, so mußte es ihr Vater sein.

Trotzdem wunderte sie sich. Warum mußte Gott, wenn es doch Hunderttausende kleiner Kätzchen auf der Welt gab, ausgerechnet ihre vier – *alle* vier – zu sich nehmen? War Gott egoistisch?

Zum erstenmal seit langer Zeit hatte sie jetzt wieder an jene Kätzchen gedacht. In den letzten Monaten war so viel geschehen, was ihr geholfen hatte, sie zu vergessen. Sie war in die Schule gekommen und hatte es sehr aufregend gefunden, als vor dem ersten Schultag Hefte, Bücher und Bleistifte gekauft wurden. Auch die ersten Wochen, in denen sie die Bekanntschaft von Herrn Alphabet und Herrn Zahl machte, waren interessant gewesen. Als die Schule sie dann zu langweilen begann, rückte mit polierten Schlittenkufen und glitzerndem Eis Weihnachten heran: Einkäufe, grüne, gelbe, rote und blaue Lichter, der Weihnachtsmann an der Ecke, der beim Gehen stolperte, die mit Kerzen hell beleuchtete Kirche am Heiligen Abend, als sie so dringend auf die Toilette mußte und ihr Vater sie zwang, bis nach dem Gottesdienst zu warten. Und als es im März wieder eintönig zu werden drohte, hatte ihre Mutter die Zwillinge zur Welt gebracht. Marnie wunderte sich, wie klein sie waren und wie langsam sie in den folgenden Wochen wuchsen.

Jetzt war es wieder Juni. Die Zwillinge waren drei Monate alt und nahmen endlich an Größe und Gewicht zu. Die Schulferien hatten begonnen, Weihnachten war noch eine Ewigkeit entfernt, und alles war wieder ziemlich langweilig. Als sie nun gehört hatte, wie ihr Vater ihrer Mutter erzählte, daß Pinkie bald wieder Junge bekommen würde, hatte sie diese Neuigkeit begierig aufgegriffen und in der Küche aufgeregt alle notwendigen Vorbereitungen getroffen, Lappen und Watte für die Geburt zurechtgelegt und eine besonders hübsche Schachtel als Heim für die Kätzchen ausgesucht.

Pinkie hatte ihre Jungen jedoch nachts in einer dunklen Ecke der großen Scheune zur Welt gebracht, so daß die sterilisierten Lappen und die Watte überflüssig waren. Aber die Schachtel wurde von der Katzenfamilie als Wohnung akzeptiert. Es waren diesmal sechs Kätzchen, alle grau mit schwarzen Flecken, die so aussahen, als hätte jemand Tinte verschüttet.

Marnie liebte die Kätzchen, und sie machte sich große Sorgen um sie. Was, wenn Gott wie letztes Jahr zuschaute?

»Was machst du da, Marnie?«

Sie wußte genau, wer hinter ihr stand, aber aus Ehrerbietung drehte sie sich trotzdem um. Ihr Vater blickte auf sie herab. Die Ärmel seines verblichenen blauen Overalls wiesen

Schweißflecken auf, und sein Kinn und der Bart an seiner linken Wange waren schmutzverkrustet.

»Ich werfe Steine«, antwortete sie ruhig.

»Nach den Fischen?«

»O nein, Vater, nur so.«

»Wissen wir noch, wer gesteinigt wurde?« fragte er mit einem herablassenden Lächeln.

»Der heilige Stephanus«, antwortete Marnie.

»Sehr gut.« Das Lächeln verschwand. »Das Abendessen ist fertig.«

Marnie saß stocksteif in dem alten braunen Lehnstuhl und blickte ihren Vater aufmerksam an, der aus der alten Familienbibel vorlas, die einen schwarzen Ledereinband hatte und deren Seiten speckig und teilweise sogar eingerissen waren. Ihre Mutter saß neben ihrem Vater auf der dunkelblauen Kordcouch, die Hände auf dem Schoß gefaltet, ein Ist-es-nicht-wundervoll-was-Gott-uns-geschenkt-hat-Lächeln auf dem ungeschminkten, aber hübschen Gesicht.

»Lasset die Kinder zu mir kommen und wehret ihnen nicht, denn ihrer ist das Himmelreich.« Ihr Vater schlug das Buch zu; das Geräusch hing in der schalen Luft und schien einen schweren Vorhang des Schweigens zu bilden. Minutenlang sagte niemand etwas. Dann: »Welches Kapitel aus welchem Buch haben wir gerade gelesen, Marnie?«

»Den heiligen Evangelisten Markus, Kapitel zehn«, antwortete sie pflichtgemäß.

»Gut«, sagte er. An seine Frau gewandt, die jetzt eine Wir-haben-getan-was-eine-christliche-Familie-tun-sollte-Miene aufgesetzt hatte, fügte er hinzu: »Mary, wie wär's mit Kaffee für uns und einem Glas Milch für Marnie?«

»Wird gemacht.« Ihre Mutter eilte in die Küche.

Ihr Vater blieb sitzen, öffnete das alte heilige Buch, strich mit den Fingern über die Risse in den vergilbten Blättern und betrachtete angewidert die blassen Flecken auf der ersten Seite, wo irgendein unachtsamer Großonkel vor einer Million Jahren Wein verschüttet hatte.

»Vater?« sagte Marnie zögernd.

Er schaute von der Bibel auf, ohne zu lächeln, aber auch ohne die Stirn zu runzeln.

»Vater, was ist mit den Kätzchen?«

»Was soll mit ihnen sein?« fragte er zurück.

»Wird Gott sie dieses Jahr wieder zu sich nehmen?«

Das halbe Lächeln, das sein Gesicht flüchtig erhellt hatte, schien in der dicken Luft des Wohnzimmers zu verdampfen. »Vielleicht«, war alles, was er sagte.

»Das darf Er nicht!« rief sie, den Tränen nahe.

»Willst du Gott vorschreiben, was Er tun darf und was nicht, junges Fräulein?«

»Nein, Vater.«

»Gott kann tun, was immer Er will.«

»Ja, Vater.« Sie rutschte auf ihrem Stuhl hin und her, so als wollte sie sich in dem abgewetzten Polster verkriechen. »Aber warum sollte Er wieder meine Kätzchen haben wollen? Warum immer die meinen?«

»Ich habe jetzt genug davon, Marnie! Halt den Mund!«

»Aber warum ausgerechnet meine Kätzchen?« beharrte sie.

Er sprang plötzlich auf und schlug ihr heftig ins Gesicht. Ein dünner Blutfaden rann aus dem Mundwinkel über ihr Kinn. Sie wischte das Blut mit der Hand ab.

»Du darfst Gottes Motive nicht in Frage stellen!« schrie ihr Vater. »Du bist noch viel zu jung, um Zweifel zu äußern.« Speichel schimmerte auf seinen Lippen. Er packte sie am Arm und riß sie hoch. »Und jetzt gehst du sofort ins Bett!«

Sie widersprach nicht, wischte sich nur wieder mit der Hand das Blut vom Kinn. Langsam ging sie die Treppe hinauf und ließ ihre Hand über das polierte Holzgeländer gleiten.

»Hier ist die Milch«, hörte sie ihre Mutter unten sagen.

»Die brauchen wir nicht«, erwiderte ihr Vater barsch.

Marnie lag im Halbdunkel in ihrem Zimmer – der Vollmond schien durchs Fenster, und sein gelb-orange-farbenes Licht spiegelte sich in den religiösen Bildern an einer Wand. Im Elternschlafzimmer wechselte ihre Mutter die Windeln der Zwillinge und redete zärtlich auf sie ein. »Gottes kleine

Engel«, hörte Marnie ihre Mutter gurren. Ihr Vater kitzelte die Zwillinge, und die »Engel« lachten – gurgelnde Laute, die aus den dicken Hälsen hervorkamen.

Ihre Eltern kamen nicht, um ihr gute Nacht zu sagen. Das war ein Teil ihrer Strafe.

Marnie saß in der Scheune und streichelte eines der grauen Kätzchen, anstatt eine Besorgung zu erledigen, die ihre Mutter ihr vor zehn Minuten aufgetragen hatte. Der köstliche Duft von trockenem goldfarbenem Heu lag in der Luft. Stroh bedeckte den Boden und knisterte unter den Füßen. Am anderen Ende des Gebäudes muhten die beiden Kühe, die sich die Beine am Stacheldraht auf der Weide verletzt hatten und jetzt im Stall gepflegt wurden. Das Kätzchen maunzte und strampelte mit den winzigen Pfötchen dicht unter Marnies Kinn herum.

»Wo ist Marnie?« hörte sie die Stimme ihres Vaters irgendwo auf dem Hof zwischen Haus und Scheune.

Sie wollte gerade antworten, als ihre Mutter aus dem Haus rief: »Ich habe sie zu Helen Brown geschickt, wegen eines Kochrezepts. Sie kann frühestens in zwanzig Minuten zurück sein.«

»Da habe ich ja reichlich Zeit.« Die schweren Stiefel ihres Vaters knirschten auf dem Schotterweg, während er sich mit militärisch gleichmäßigen Schritten der Scheune näherte.

Marnie schwante nichts Gutes. Gleich würde etwas geschehen, das sie nicht sehen sollte. Rasch legte sie das Kätzchen in die schöne rot-goldene Schachtel zurück und versteckte sich hinter einem Heuballen.

Ihr Vater betrat die Scheune, hielt einen Eimer unter den Wasserhahn, ließ ihn vollaufen und stellte ihn dicht vor der Schachtel mit den Kätzchen ab. Pinkie fauchte und machte einen Buckel. Er packte sie und sperrte sie in eine leere Haferkiste. Die angsterfüllten Schreie der Katze wurden durch das Echo grotesk verstärkt, so daß man fast glauben konnte, nicht auf einer amerikanischen Farm, sondern irgendwo in der afrikanischen Savanne zu sein. Marnie konnte ein hysterisches Lachen nur mit Mühe unterdrücken.

Ihr Vater wandte sich wieder der Schachtel zu, hob eines der Kätzchen am Nackenfell hoch, streichelte es zweimal und drückte das Köpfchen dann plötzlich unter Wasser! Schillernde Tropfen flogen aus dem Eimer empor, während der Winzling sich verzweifelt wehrte. Marnies Vater schnitt eine Grimasse und preßte den ganzen Körper tief ins Wasser. Kurze Zeit später strampelte das Kätzchen nicht mehr. Marnie bemerkte erst jetzt, daß sie ihre Finger so fest in den Zementboden gekrallt hatte, als sollte auch sie ertränkt werden.

Warum? Warum-warum-warum?

Ihr Vater zog den schlaffen kleinen Körper aus dem Eimer heraus. Marnie wußte nicht, ob das blutig-rötliche Etwas, das aus dem Mäulchen hervorhing, nur die Zunge war, oder ob das kleine Geschöpf in einem letzten verzweifelten Versuch, dem schrecklichen Tod des Ertrinkens zu entgehen, seine Eingeweide ins Wasser ausgespien hatte.

Bald waren alle sechs Kätzchen tot. Sechs leblose Fellbündel landeten in einem groben Leinwandsack, der fest verschnürt wurde. Marnies Vater befreite Pinkie aus der Haferkiste. Kläglich miauend folgte die zitternde Katze ihm aus der Scheune hinaus, doch als er sich nach ihr umdrehte, fauchte sie ihn wütend an.

Marnie lag lange regungslos da und versuchte verzweifelt, diese gräßliche Hinrichtung zu verstehen. Hatte Gott ihren Vater geschickt? War es Gott, der ihren Vater beauftragte, die Kätzchen umzubringen, sie ihr und Pinkie zu rauben? Wenn dem wirklich so war, so konnte sie sich beim besten Willen nicht vorstellen, jemals wieder vor dem weißgoldenen Altar zu stehen und die Kommunion zu empfangen. Als sie endlich aufstand und ins Haus ging, tropfte Blut von ihren Fingern, Blut und Zement.

»Hast du das Rezept bekommen?« fragte ihre Mutter, als Marnie die Küchentür hinter sich zuschlug.

»Mrs. Brown konnte es nicht finden. Sie bringt es morgen vorbei.« Marnie wunderte sich selbst, wie gut sie plötzlich lügen konnte. »Hat Gott mir meine Kätzchen weggenommen?« brach es aus ihr heraus.

Ihre Mutter sah bestürzt aus und brachte nur ein »Ja« hervor.

»Ich werde es Gott heimzahlen! Er darf so etwas nicht tun! Das darf Er nicht!« Sie rannte aus der Küche.

Ihre Mutter blickte ihr nach, versuchte aber nicht, sie aufzuhalten.

Marnie Caufield ging langsam die Treppe hinauf, eine Hand auf dem polierten Holzgeländer.

Als Walter Caufield mittags vom Feld kam, hörte er im Haus ein lautes Poltern, gefolgt von klirrendem Glas und Porzellan. Er stürzte ins Wohnzimmer. Seine Frau lag am Fuß der Treppe. Ein Glastisch war umgestürzt, und Porzellanfiguren lagen zerschmettert auf dem Boden.

»Mary! Mary! Bist du verletzt?« schrie er erschrocken, während er neben ihr niederkniete.

Sie blickte zu ihm empor, aber ihre verschleierten Augen nahmen ihn kaum wahr. »Walt! Mein Gott, Walt ... unsere kleinen Engel! In der Badewanne ... unsere kleinen Engel!«

Peter Jacobi

Sommervirus

Über dem Gelände des Bundesnachrichtendienstes in Pullach bei München wölbte sich ein strahlender bayerisch blauer Himmel. Die Luft flimmerte. Im Isartal juchzten badende Kinder. Die Dixilandkapellen auf den Flößen lärmten. Ein Jahrhundertsommer!

Nur hier unten, dachte Gschwendtner ist nichts davon zu spüren. Keinerlei Lebenszeichen. Nicht mal eine Fliege. Er hätte auf seinen Bruder hören und in die Industrie gehen sollen. Da wäre wenigstens was los gewesen!

Sie saßen in ihrem abhörsicheren fensterlosen Keller und starrten auf den großen Bildschirm.

Die Nachmittage waren das schlimmste.

– Sie werden es versuchen! Wie immer war es Obermair, der das Schweigen brach.

Wenn wir in Pension sind, dachte Gschwendtner. Proell schnaubte und blickte auf die Uhr.

– Sie werden versuchen in unser Netzwerk einzudringen. Die Rache kommt so sicher wie das Amen in der Kirche. Diese Leute vergessen nie!

Gschwendter gähnte. Im Grunde war es rührend, wie Obermair sie – seit mehr als zwei Jahren – aufzuheitern versuchte. Nie wurde er müde, in grellen Farben den überlebensgroßen, omnipotenten Hacker zu beschwören, der nur darauf wartete, die hochgeheimen Datenbanken, für deren Sicherheit sie verantwortlich waren mit seinem tödlichen Virus zu infizieren.

Ihre ganze Arbeit bestand darin sich auf diesen Hacker-Angriff vorzubereiten.

Den Vormittag verbrachten sie damit, neue Virenerkennungsprogramme auszutüfteln. Den Nachmittag saßen sie vor dem Bildschirm und checkten Datenbanken, ob alles in Ordnung war. Sollte der Hacker nachts zuschlagen, war jeder von ihnen durch einen in die Armbanduhr eingebauten Piepser zu erreichen. Man hatte an alle Eventualitäten gedacht. Nur nicht daran, was geschehen sollte, wenn nichts geschah.

Gschwendtner blickte auf die Uhr, als Proell aufstand, sein Sakko sorgfältig über die Stuhllehne hing und sich der Länge nach auf die Liege legte. Tatsächlich, halb drei. Nach dem guten Proell konnte man die Uhr stellen. Dabei fiel ihm ein: Diese Woche war er dran. Um halb vier mußte er in die Kammer zum Kühlschrank gehen und drei Weißbier holen.

Das Weißbier in den »Dienst« zu schmuggeln war mit einem gewissen Risiko verbunden. Alkohol war im Haus nicht gern gesehen. Aber war nicht das Risiko, so ihr gängiger Scherz, das tägliche Brot des Geheimagenten?

Heute Morgen hätte ihn Dr. Gwinner um ein Haar dabei ertappt, wie er den vollen Kasten aus dem Wagen wuchten wollte. Er sah zu Obermair hinüber, dessen Gesicht vom Bildschirm beleuchtet wurde, und fragte sich, ob er es ihm sagen sollte. Nein, lieber nicht. Lieber erzählen, daß der »Bär«, wie sie den berlinernden Verkäufer im Pullacher Getränkemarkt nannten, tatsächlich gekündigt hatte und er bereits von dessen Nachfolger, einem unsignifikanten, gebrochen Deutsch sprechenden Männlein bedient worden war?

– Alles okay!

Obermair schaltete die Datenbanken aus, warf die Arme hoch und reckte sich auf seinem Stuhl. Aus Proells Ecke ließ sich ein Schnarchen hören. Obermair sprang auf und wanderte eine Weile ruhelos zwischen den Schreibtischen auf und ab. Gschwendtner wußte, was gleich folgen würde. Die Durchhalte-Rede an mein Volk. Tatsächlich blieb Obermair plötzlich vor ihm stehen und sagte:

– Versetz dich bloß einmal in Saddams Lage! Hussein *muß* uns ein Virus schicken: Schon um nicht das Gesicht zu verlieren.

Vor zwei Jahren hatten sie – zermürbt von mehrjährigem Warten auf Hackerattacken, die nie erfolgten – den Spieß umgedreht und in das Computernetz des irakischen Geheimdiensts ein Virus eingeschleust. Es hatte dort erhebliche Verheerungen angerichtet, unter anderem die komplette Gehaltsbuchhaltung gelöscht.

– Saddams in aller Welt verstreute Agenten, sagte Obermair prustend, haben monate-, ja manche sogar jahrelang kein Geld gekriegt.

Er ließ sich in seinen Bürostuhl fallen und strahlte Gschwendtner mit seinem spitzbübischem Lächeln an.

– Stell dir vor, wie die sauer sind!

Ein Pubertärer, der sich im Schullandheim mit seinen Taten brüstet, dachte Gschwendtner angewidert. Dabei war ihr Ausflug ins Reich der Hacker ein Debakel gewesen. Auf die Beschwerde des irakischen Botschafters waren sie sofort zurückgepfiffen worden. Gwinner hatte sie in sein Büro antanzen lassen und persönlich verwarnt. Die Grünen hätten den Einsatz einer Untersuchungskommission gefordert. Noch so ein »Dummer-Jungen-Scherz« und sie könnten gehen.

Vielleicht hätte er genau das tun sollen, dachte Gschwendtner. Die Pension vergessen und auf den freien Markt gehen. Doch schnell war ihm klar geworden, daß der freie Markt auf einen 47jährigen verbeamteten Programmierer des Bundesnachrichtendienstes nicht gerade überschäumend reagieren würde, und er hatte es bleiben lassen.

Seufzend blickte er auf seine Uhr. Erhob sich und ging zum Kühlschrank in die Kammer.

Nach dem ersten Schluck Weißbier wurde Proell unversehens munter und begann von seiner »Derzeitigen« zu erzählen. Er war der Jüngste unter ihnen und schien seine Freizeit in Diskotheken zu verbringen. Gschwendtner war geschieden, Obermair seit drei Jahren verwitwet. Sie lauschten Proells schwärmerischem Bericht aus der Warte von Männern, die das alles schon hinter sich haben, und warfen ab und an sarkastische Bemerkungen ein. Als Gschwendtner aufstand, um eine zweite Runde zu holen, fiel ihm eine gewisse Schwere in den Schenkeln auf. Beim Entfernen der Kronkorken merkte er, daß die Flaschen schon einmal geöffnet worden waren, und plötzlich fiel ihm der radebrechende Getränkemarktverkäufer ein. Dunkle Augen! Hatten sie nicht ein wenig spöttisch zu ihm aufgesehen?

Ein Stöhnen aus dem Nebenraum ließ ihn zusammenfahren. Die Bierflasche in der zur Faust verkrampften Hand taumelte er auf steifen Beinen den Gang hinab.

Obermair war bereits tot. Sein Leichnam saß in tadelloser Haltung kerzengrade auf dem Stuhl erstarrt. Proell lag reglos auf der Liege und giemte stumm nach Luft. Zu spät kam Gschwendtner die kurze Hausmitteilung vom letzten Sommer in den Sinn, wonach zu Saddams biologischen Waffen ein in Minuten zum Tod führendes, mutiertes Poliovirus gehörte.

Proell riß ein letztes Mal den Mund auf und stellte dann das Atmen ein.

Gschwendtner fühlte seine Beine nicht mehr. Ein unbarmherziger Rigor machte die Muskeln hart wie Stein. Ein Eisenring legte sich ihm um die Brust. Gschwendtners Blick begann in Todesangst umherzuschweifen. Streifte die Flasche in seiner Faust. Stöhnte, als er die Großbuchstaben auf dem Etikett las. Es war das Einzige, was er in seinem Leben je von einem Hacker zu Gesicht bekommen sollte. Nur zwei Worte:

HACKER PSCHORR

Wolfgang Borchert

Schischyphusch oder Der Kellner meines Onkels

Dabei war mein Onkel natürlich kein Gastwirt. Aber er kannte einen Kellner. Dieser Kellner verfolgte meinen Onkel so intensiv mit seiner Treue und mit seiner Verehrung, daß wir immer sagten: Das ist sein Kellner. Oder: Ach so, sein Kellner.

Als sie sich kennenlernten, mein Onkel und der Kellner, war ich dabei. Ich war damals gerade so groß, daß ich die Nase auf den Tisch legen konnte. Das durfte ich aber nur, wenn sie sauber war. Und immer konnte sie natürlich nicht sauber sein. Meine Mutter war auch nicht viel älter. Etwas älter war sie wohl, aber wir waren beide noch so jung, daß wir uns ganz entsetzlich schämten, als der Onkel und der Kellner sich kennenlernten. Ja, meine Mutter und ich, wir waren dabei.

Mein Onkel natürlich auch, ebenso wie der Kellner, denn die beiden sollten sich ja kennenlernen und auf sie kam es an. Meine Mutter und ich waren nur als Statisten dabei und hinterher haben wir es bitter verwünscht, daß wir dabei waren, denn wir mußten uns wirklich sehr schämen, als die Bekanntschaft der beiden begann. Es kam dabei nämlich zu allerhand erschrecklichen Szenen mit Beschimpfung, Beschwerden, Gelächter und Geschrei. Und beinahe hätte es sogar eine Schlägerei gegeben. Daß mein Onkel einen Zungenfehler hatte, wäre beinahe der Anlaß zu dieser Schlägerei geworden. Aber daß er einbeinig war, hat die Schlägerei dann schließlich doch verhindert.

Wir saßen also, wir drei, mein Onkel, meine Mutter und ich, an einem sonnigen Sommertag nachmittags in einem großen prächtigen bunten Gartenlokal. Um uns herum saßen noch ungefähr zwei- bis dreihundert andere Leute, die auch alle schwitzten. Hunde saßen unter den schattigen Tischen und Bienen saßen auf den Kuchentellern. Oder kreisten um die Limonadengläser der Kinder. Es war so warm und so voll, daß die Kellner alle ganz beleidigte Gesichter hatten, als ob das alles nur stattfände aus Schikane. Endlich kam auch einer an unseren Tisch.

Mein Onkel hatte, wie ich schon sagte, einen Zungenfehler. Nicht bedeutend, aber immerhin deutlich genug. Er konnte kein s sprechen. Auch kein z oder tz. Er brachte das einfach nicht fertig. Immer wenn in einem Wort so ein harter s-Laut auftauchte, dann machte er ein weiches feuchtwässeriges sch daraus. Und dabei schob er die Lippen weit vor, daß sein Mund entfernte Ähnlichkeit mit einem Hühnerpopo bekam. Der Kellner stand also an unserem Tisch und wedelte mit seinem Taschentuch die Kuchenkrümel unserer Vorgänger von der Decke. (Erst viele Jahre später erfuhr ich, daß es nicht sein Taschentuch, sondern eine Art Serviette gewesen sein muß.) Er wedelte also damit und fragte kurzatmig und nervös:

»Bitte schehr? Schie wünschen?«

Mein Onkel, der keine alkoholarmen Getränke schätzte, sagte gewohnheitsmäßig:

»Alscho: Schwei Aschbach und für den Jungen Schelter oder Brausche. Oder wasch haben Schie schonscht?«

Der Kellner war sehr blaß. Und dabei war es Hochsommer und er war doch Kellner in einem Gartenlokal. Aber vielleicht war er überarbeitet. Und plötzlich merkte ich, daß mein Onkel unter seiner blanken braunen Haut auch blaß wurde. Nämlich als der Kellner die Bestellung der Sicherheit wegen wiederholte:

»Schehr wohl. Schwei Aschbach. Eine Brausche. Bitte schehr.«

Mein Onkel sah meine Mutter mit hochgezogenen Brauen an, als ob er etwas Dringendes von ihr wollte. Aber er wollte sich nur vergewissern, ob er noch auf dieser Welt sei. Dann sagte er mit einer Stimme, die an fernen Geschützdonner erinnerte:

»Schagen Schie mal, schind Schie wahnschinnig? Schie? Schie machen schich über mein Lischpeln luschtig? Wasch?«

Der Kellner stand da und dann fing es an, an ihm zu zittern. Seine Hände zitterten. Seine Augendeckel. Seine Knie. Vor allem aber zitterte seine Stimme. Sie zitterte vor Schmerz und Wut und Fassungslosigkeit, als er sich jetzt Mühe gab, auch etwas geschütztdonnerähnlich zu antworten:

»Esch ischt schamlosch von Schie, schich über mich schu amüschieren, taktlosch ischt dasch, bitte schehr.«

Nun zitterte alles an ihm. Seine Jackenzipfel. Seine pomadenverklebten Haarsträhnen. Seine Nasenflügel und seine sparsame Unterlippe.

An meinem Onkel zitterte nichts. Ich sah ihn ganz genau an: Absolut nichts. Ich bewunderte meinen Onkel. Aber als der Kellner ihn schamlos nannte, da stand mein Onkel doch wenigstens auf. Das heißt, er stand eigentlich gar nicht auf. Das wäre ihm mit seinem einen Bein viel zu umständlich und beschwerlich gewesen. Er blieb sitzen und stand dabei doch auf. Innerlich stand er auf. Und das genügte auch vollkommen. Der Kellner fühlte dieses innerliche Aufstehen meines Onkels wie einen Angriff, und er wich zwei kurze zittrige unsichere Schritte zurück. Feindselig standen sie sich gegenüber. Obgleich mein Onkel saß. Wenn er wirklich aufgestanden wäre, hätte sich sehr wahrscheinlich der Kellner hingesetzt. Mein Onkel konnte es sich auch leisten, sitzen zu bleiben, denn er war noch im Sitzen ebenso groß wie der Kellner und ihre Köpfe waren auf gleicher Höhe.

So standen sie nun und sahen sich an. Beide mit einer zu kurzen Zunge, beide mit demselben Fehler. Aber jeder mit einem völlig anderen Schicksal.

Klein, verbittert, verarbeitet, zerfahren, fahrig, farblos, verängstigt, unterdrückt: der Kellner. Der kleine Kellner. Ein richtiger Kellner: verdrossen, stereotyp höflich, geruchlos, ohne Gesicht, numeriert, verwaschen und trotzdem leicht schmuddelig. Ein kleiner Kellner. Zigarettenfingrig, servil, steril, glatt, gut gekämmt, blaurasiert, gelbgeärgert, mit leerer Hose hinten und dicken Taschen an der Seite, schiefen Absätzen und chronisch verschwitztem Kragen – der kleine Kellner.

Und mein Onkel? Ach, mein Onkel! Breit, braun, brummend, baßkehlig, laut, lachend, lebendig, reich, riesig, ruhig, sicher, satt, saftig – mein Onkel!

Der kleine Kellner und mein großer Onkel. Verschieden wie ein Karrengaul vom Zeppelin. Aber beide kurzzungig.

Beide mit demselben Fehler. Beide mit einem feuchten wässerigen weichen sch. Aber der Kellner ausgestoßen, getreten von seinem Zungenschicksal, bockig, eingeschüchtert, enttäuscht, einsam, bissig.

Und klein, ganz klein geworden. Tausendmal am Tag verspottet, an jedem Tisch belächelt, belacht, bemitleidet, begrinst, beschrien. Tausendmal an jedem Tag im Gartenlokal an jedem Tisch einen Zentimeter in sich hineingekrochen, geduckt, geschrumpft. Tausendmal am Tag bei jeder Bestellung an jedem Tisch, bei jedem »bitte schehr« kleiner, immer kleiner geworden. Die Zunge, gigantischer unförmiger Fleischlappen, die viel zu kurze Zunge, formlose zyklopische Fleischmasse, plumper unfähiger roter Muskelklumpen, diese Zunge hatte ihn zum Pygmäen erdrückt: kleiner, kleiner Kellner!

Und mein Onkel! Mit einer zu kurzen Zunge, aber: als hätte er sie nicht. Mein Onkel, selbst am lautesten lachend, wenn über ihn gelacht wurde. Mein Onkel, einbeinig, kolossal, slickzungig. Aber Apoll in jedem Zentimeter Körper und jedem Seelenatom. Autofahrer, Frauenfahrer, Herrenfahrer, Rennfahrer. Mein Onkel, Säufer, Sänger, Gewaltmensch, Witzereißer, Zotenflüsterer, Verführer, kurzzungiger sprühender, sprudelnder spuckender Anbeter von Frauen und Kognak. Mein Onkel, saufender Sieger, prothesenknarrend, breitgrinsend, mit viel zu kurzer Zunge, aber: als hätte er sie nicht!

So standen sie sich gegenüber. Mordbereit, todwund der eine, lachfertig, randvoll mit Gelächtereruptionen der andere. Ringsherum sechs- bis siebenhundert Augen und Ohren, Spazierläufer, Kaffeetrinker, Kuchenschleckerer, die den Auftritt mehr genossen als Bier und Brause und Bienenstich. Ach, und mittendrin meine Mutter und ich. Rotköpfig, schamhaft, tief in die Wäsche verkrochen. Und unsere Leiden waren erst am Anfang.

»Schuchen Schie schofort den Wirt, Schie aggreschiver Schpatsch, Schie. Ich will Schie lehren, Gäschte schu inschultieren.«

Mein Onkel sprach jetzt absichtlich so laut, daß den sechs- bis siebenhundert Ohren kein Wort entging. Der Asbach regte ihn in angenehmer Weise an. Er grinste vor Wonne über sein großes gutmütiges breites braunes Gesicht. Helle salzige Perlen kamen aus der Stirn und trudelten abwärts über die massiven Backenknochen. Aber der Kellner hielt alles an ihm für Bosheit, für Gemeinheit, für Beleidigung und Provokation. Er stand mit faltigen hohlen leise wehenden Wangen da und rührte sich nicht von der Stelle.

»Haben Schie Schand in den Gehörgängen? Schuchen Schie den Beschitscher, Schie beschoffener Schpaschvogel. Losch, oder haben Schie die Hosche voll, Schie mischgeschtalteter Schwerg?«

Da faßte der kleine kleine Pygmäe, der kleine slickzungige Kellner, sich ein großmütiges, gewaltiges, für uns alle und für ihn selbst überraschendes Herz. Er trat ganz nah an unsern Tisch, wedelte mit seinem Taschentuch über unsere Teller und knickte zu einer korrekten Kellnerverbeugung zusammen. Mit einer kleinen männlichen und entschlossen leisen Stimme, mit überwältigender zitternder Höflichkeit sagte er: »Bitte schehr!« und setzte sich klein, kühn und kaltblütig auf den vierten freien Stuhl an unserem Tisch. Kaltblütig natürlich nur markiert. Denn in seinem tapferen kleinen Kellnerherzen flackerte die empörte Flamme der verachteten gescheuchten mißgestalteten Kreatur. Er hatte auch nicht den Mut, meinen Onkel anzusehen. Er setzte sich nur so klein und sachlich hin und ich glaube, daß höchstens ein Achtel seines Gesäßes den Stuhl berührte. (Wenn er überhaupt mehr als ein Achtel besaß – vor lauter Bescheidenheit.) Er saß, sah vor sich hin auf die kaffeeübertropfte grauweiße Decke, zog seine dicke Brieftasche hervor und legte sie immerhin einigermaßen männlich auf den Tisch. Eine halbe Sekunde riskierte er einen kurzen Aufblick, ob er wohl zu weit gegangen sei mit dem Aufbumsen der Tasche, dann, als er sah, daß der Berg, mein Onkel nämlich, in seiner Trägheit verharrte, öffnete er die Tasche und nahm ein Stück pappartiges zusammengeknifftes Papier heraus, dessen Falten das typische Gelb eines oftbenutzten Stück Papiers aufwiesen. Er klappte es wichtig auseinander, verkniff sich jeden Ausdruck von Beleidigtsein oder Rechthaberei und legte sachlich seinen kurzen abgenutzten Finger auf eine bestimmte Stelle des Stück Papiers. Dazu sagte er leise, eine Spur heiser und mit großen Atempausen:

»Bitte schehr. Wenn Schie schehen wollen. Schtellen Schie höflichscht schelbscht fescht. Mein Pasch. In Parisch gewesen. Barschelona. Oschnabrück, bitte schehr. Allesch ausch meinem Pasch schu erschehen. Und hier: Beschondere Kennscheichen: Narbe am linken Knie. (Vom Fußballspiel.) Und hier, und hier? Wasch ischt hier? Hier, bitte schehr: Schprachfehler scheit Geburt. Bitte schehr. Wie Schie schelbscht schehen!«

Das Leben war zu rabenmütterlich mit ihm umgegangen, als daß er jetzt den Mut gehabt hätte, seinen Triumph auszukosten und meinen Onkel herausfordernd anzusehen. Nein, er sah still und klein vor sich auf seinen vorgestreckten Finger und den bewiesenen Geburtsfehler und wartete geduldig auf den Baß meines Onkels.

Es dauerte lange, bis der kam. Und als er dann kam, war es so unerwartet, was er sagte, daß ich vor Schreck einen Schluckauf bekam. Mein Onkel ergriff plötzlich mit seinen klobigen viereckigen Tatmenschenhänden die kleinen flatterigen Pfoten des Kellners und sagte mit der vitalen wütendkräftigen Gutmütigkeit und der tierhaft warmen Weichheit, die als primärer Wesenszug aller Riesen gilt: »Armesch kleinesch Luder! Schind schie schon scheit deiner Geburt hinter dir her und hetschen?«

Der Kellner schluckte. Dann nickte er. Nickte sechs-, siebenmal. Erlöst. Befriedigt. Stolz. Geborgen. Sprechen konnte er nicht. Er begriff nichts. Verstand und Sprache waren erstickt von zwei dicken Tränen. Sehen konnte er auch nicht, denn die zwei dicken Tränen schoben sich vor seine Pupillen wie zwei undurchsichtige allesversöhnende Vorhänge. Er begriff nichts. Aber sein Herz empfing diese Welle des Mitgefühls wie eine Wüste, die tausend Jahre auf einen Ozean gewartet hatte. Bis an sein Lebensende hätte er sich so überschwemmen lassen können! Bis an seinen Tod hätte er seine kleinen Hände in den Pranken meines Onkels verstecken mögen! Bis in die Ewigkeit hätte er das hören können, dieses: Armesch kleinesch Luder!

Aber meinem Onkel dauerte das alles schon zu lange. Er war Autofahrer. Auch wenn er im Lokal saß. Er ließ seine Stimme wie eine Artilleriesalve über das Gartenlokal hinwegdröhnen und donnerte irgendeinen erschrockenen Kellner an:

»Schie, Herr Ober! Acht Aschbach! Aber losch, schag ich Ihnen! Wasch? Nicht Ihr Revier? Bringen Schie schofort acht Aschbach oder tun Schie dasch nicht, wasch?«

Der fremde Kellner sah eingeschüchtert und verblüfft auf meinen Onkel. Dann auf seinen Kollegen. Er hätte ihm gern von den Augen abgesehen (durch ein Zwinkern oder so), was das alles zu bedeuten hätte. Aber der kleine Kellner konnte seinen Kollegen kaum erkennen, so weit weg war er von allem, was Kellner, Kuchenteller, Kaffeetasse und Kollege hieß, weit weit weg davon.

Dann standen acht Asbach auf dem Tisch. Vier Gläser davon mußte der fremde Kellner gleich wieder mitnehmen, sie waren leer, ehe er einmal geatmet hatte. »Laschen Schie dasch da noch mal vollaufen!« befahl mein Onkel und wühlte in den Innentaschen seiner Jacke. Dann pfiff er eine Parabel durch die Luft und legte nun seinerseits seine dicke Brieftasche neben die seines neuen Freundes. Er fummelte endlich eine zerknickte Karte heraus und legte seinen Mittelfinger, der die Maße eines Kinderarms hatte, auf einen bestimmten Teil der Karte.

»Schiehscht du, dummesch Häschchen, hier schtehtsch: Beinamputiert und Unterkieferschusch. Kriegschverletschung.« Und während er das sagte, zeigte er mit der anderen Hand auf die Narbe, die sich unterm Kinn versteckt hielt.

»Die Öösch haben mir einfach ein Schtück von der Schungenschpitsche abgeschoschen. In Frankreich damalsch.«

Der Kellner nickte.

»Noch bösche?« fragte mein Onkel.

Der Kellner schüttelte schnell den Kopf hin und her, als wollte er etwas ganz Unmögliches abwehren.

»Ich dachte nur schuerscht, Schie wollten mich utschen.«

Erschüttert über seinen Irrtum in der Menschenkenntnis wackelte er mit dem Kopf immer wieder von links nach rechts und wieder zurück.

Und nun schien es mit einmal, als ob er alle Tragik seines Schicksals damit abgeschüttelt hätte. Die beiden Tränen, die sich nun in den Hohlheiten seines Gesichtes verliefen, nahmen alle Qual seines bisherigen verspotteten Daseins mit. Sein neuer Lebensabschnitt, den er an der Riesentatze meines Onkels betrat, begann mit einem kleinen aufstoßenden Lacher, einem Gelächterchen, zage, scheu, aber von einem unverkennbaren Asbachgestank begleitet.

Und mein Onkel, dieser Onkel, der sich auf einem Bein, mit zerschossener Zunge und einem bärigen baßstimmigen Humor durch das Leben lachte, dieser mein Onkel war nun so unglaublich selig, daß er endlich endlich lachen konnte. Er war schon bronzefarben angelaufen, daß ich fürchtete, er müsse jede Minute platzen. Und sein Lachen lachte los, unbändig, explodierte, polterte, juchte, gongte, gurgelte – lachte los, als ob er ein Riesensaurier wäre, dem diese Urweltlaute entrülpsten. Das erste kleine neuprobierte Menschlachen des Kellners, des neuen kleinen Kellnermenschen, war dagegen wie das schüttere Gehüstel eines erkälteten Ziegenbabys. Ich griff angstvoll nach der Hand meiner Mutter. Nicht daß ich Angst vor meinem Onkel gehabt hätte, aber ich hatte doch eine tiefe tierische Angstwitterung vor den acht Asbachs, die in meinem Onkel brodelten. Die Hand meiner Mutter war eiskalt. Alles Blut hatte ihren Körper verlassen, um den Kopf zu einem grellen plakatenen Symbol der Schamhaftigkeit und des bürgerlichen Anstandes zu machen. Keine Vierländer Tomate konnte ein röteres Rot ausstrahlen. Meine Mutter leuchtete. Klatschmohn war blaß gegen sie. Ich rutschte tief von meinem Stuhl unter den Tisch. Siebenhundert Augen waren rund und riesig um uns herum. Oh, wie wir uns schämten, meine Mutter und ich.

Der kleine Kellner, der unter dem heißen Alkoholatem meines Onkels ein neuer Mensch geworden war, schien den ersten Teil seines neuen Lebens gleich mit einer ganzen Ziegenmeckerlachepoche beginnen zu wollen. Er mähte, bähte, gnuckte und gnickerte wie eine ganze Lämmerherde auf einmal. Und als die beiden Männer nun noch vier zusätzliche Asbachs über ihre kurzen Zungen schütteten, wurden aus den

Lämmern, aus den rosigen dünnstimmigen zarten schüchternen kleinen Kellnerlämmern, ganz gewaltige hölzern meckernde steinalte weißbärtige blechscheppernde blödblökende Böcke.

Diese Verwandlung vom kleinen giftigen tauben verkniffenen Bitterling zum andauernd, fortdauernd meckernden schenkelschlagenden geckernden blechern blökenden Ziegenbockmenschen war selbst meinem Onkel etwas ungewöhnlich. Sein Lachen vergluckerte langsam wie ein absaufender Felsen. Er wischte sich mit dem Ärmel die Tränen aus dem braunen breiten Gesicht und glotzte mit asbachblanken sturerstaunten Augen auf den unter Lachstößen bebenden weißbejackten Kellnerzwerg. Um uns herum feixten siebenhundert Gesichter. Siebenhundert Augen glaubten, daß sie nicht richtig sahen. Siebenhundert Zwerchfelle schmerzten. Die, die am weitesten absaßen, standen erregt auf, um sich ja nichts entgehen zu lassen. Es war, als ob der Kellner sich vorgenommen hatte, fortan als ein riesenhafter boshaft bähender Bock sein Leben fortzusetzen. Neuerdings, nachdem er wie aufgezogen einige Minuten in seinem eigenen Gelächter untergegangen war, neuerdings bemühte er sich erfolgreich, zwischen den Lachsalven, die wie ein blechernes Maschinengewehrfeuer aus seinem runden Mund perlten, kurze schrille Schreie auszustoßen. Es gelang ihm, so viel Luft zwischen dem Gelächter einzusparen, daß er nun diese Schreie in die Luft wiehern konnte.

»Schischyphusch!« schrie er und patschte sich gegen die nasse Stirn. »Schischyphusch! Schiiischyyyphuuusch!« Er hielt sich mit beiden Händen an der Tischplatte fest und wieherte: »Schischyphusch!« Als er fast zwei Dutzend mal gewiehert hatte, dieses »Schischyphusch« aus voller Kehle gewiehert hatte, wurde meinem Onkel das Schischyphuschen zuviel. Er zerknitterte dem unaufhörlich wiehernden Kellner mit einem einzigen Griff das gestärkte Hemd, schlug mit der anderen Faust auf den Tisch, daß zwölf leere Gläser an zu springen fingen, und donnerte ihn an: »Schlusch! Schlusch, schag ich jetscht. Wasch scholl dasch mit dieschem blödschinnigen schaudummen Schischyphusch? Schlusch jetscht, verschtehscht du!« Der Griff und der gedonnerte Baß meines

Onkels machten aus dem schischyphuschschreienden Ziegenbock imselben Augenblick wieder den kleinen lispelnden armseligen Kellner.

Er stand auf. Er stand auf, als ob es der größte Irrtum seines Lebens gewesen wäre, daß er sich hingesetzt hatte. Er fuhr sich mit dem Serviettentuch durch das Gesicht und räumte Lachtränen, Schweißtropfen, Asbach und Gelächter wie etwas hinweg, das fluchwürdig und frevelhaft war. Er war aber so betrunken, daß er alles für einen Traum hielt, die Pöbelei am Anfang, das Mitleid und die Freundschaft meines Onkels. Er wußte nicht: Hab ich nun eben Schischyphusch geschrien? Oder nicht? Hab ich schechsch Aschbach gekippt, ich, der Kellner dieschesch Lokalsch, mitten unter den Gäschten? Ich? Er war unsicher. Und für alle Fälle machte er eine abgehackte kleine Verbeugung und flüsterte: »Verscheihung!« Und dann verbeugte er sich noch einmal: »Verscheihung. Ja, verscheihen Schie dasch Schischyphuschgeschrei. Bitte schehr. Verscheihen der Herr, wenn ich schu laut war, aber der Aschbach, Schie wischen ja schelbscht, wenn man nichtsch gegeschen hat, auf leeren Magen. Bitte schehr darum. Schischyphusch war nämlich mein Schpitschname. Ja, in der Schule schon. Die gansche Klasche nannte mich scho. Schie wischen wohl, Schischyphusch, dasch war der Mann in der Hölle, diesche alte Schage, wischen Schie, der Mann im Hadesch, der arme Schünder, der einen groschen Felschen auf einen rieschigen Berg raufschieben schollte, eh, muschte, ja, dasch war der Schischyphusch, wischen Schie wohl. In der Schule muschte ich dasch immer schagen, immer diesch Schischyphusch. Und allesch hat dann gepuschtet vor Lachen, können Schie schich denken, werter Herr. Allesch hat dann gelacht, wischen Schie, schintemalen ich doch die schu kursche Schungenschpitsche beschitsche. Scho kam esch, dasch ich schpäter überall Schischyphusch geheischen wurde und gehänschelt wurde, schehen Schie. Und dasch, verscheihen, kam mir beim Aschbach nun scho insch Gedächtnisch, alsch ich scho geschrien habe, verschtehen. Verscheihen Schie, ich bitte schehr, verscheihen Schie, wenn ich Schie beläschtigt haben schollte, bitte schehr.«

Er verstummte. Seine Serviette war indessen unzählige

Male von einer Hand in die andere gewandert. Dann sah er auf meinen Onkel.

Jetzt war der es, der still am Tisch saß und vor sich auf die Tischdecke sah. Er wagte nicht, den Kellner anzusehen. Mein Onkel, mein bärischer bulliger riesiger Onkel wagte nicht, aufzusehen und den Blick dieses kleinen verlegenen Kellners zu erwidern. Und die beiden dicken Tränen, die saßen nun in seinen Augen. Aber das sah keiner außer mir. Und ich sah es auch nur, weil ich so klein war, daß ich ihm von unten her ins Gesicht sehen konnte. Er schob dem still abwartenden Kellner einen mächtigen Geldschein hin, winkte ungeduldig ab, als der ihm zurückgeben wollte, und stand auf, ohne jemanden anzusehen.

Der Kellner brachte noch zaghaft einen Satz an: »Die Aschbach wollte ich wohl gern beschahlt haben, bitte schehr.«

Dabei hatte er den Schein schon in seine Tasche gesteckt, als erwarte er keine Antwort und keinen Einspruch. Es hatte auch keiner den Satz gehört und seine Großzügigkeit fiel lautlos auf den harten Kies des Gartenlokals und wurde da später gleichgültig zertreten. Mein Onkel nahm seinen Stock, wir standen auf, meine Mutter stützte meinen Onkel und wir gingen langsam auf die Straße zu. Keiner von uns dreien sah auf den Kellner. Meine Mutter und ich nicht, weil wir uns schämten. Mein Onkel nicht, weil er die beiden Tränen in den Augen sitzen hatte. Vielleicht schämte er sich auch, dieser Onkel. Langsam kamen wir auf den Ausgang zu, der Stock meines Onkels knirschte häßlich auf dem Gartenkies und das war das einzige Geräusch im Augenblick, denn die drei- bis vierhundert Gesichter an den Tischen waren stumm und glotzäugig auf unseren Abgang konzentriert.

Und plötzlich tat mir der kleine Kellner leid. Als wir am Ausgang des Gartens um die Ecke biegen wollten, sah ich mich schnell noch einmal nach ihm um. Er stand noch immer an unserem Tisch. Sein weißes Serviettentuch hing bis auf die Erde. Er schien mir noch viel viel kleiner geworden zu sein. So klein stand er da und ich liebte ihn plötzlich, als ich ihn so verlassen hinter uns herblicken sah, so klein, so grau, so leer, so hoffnungslos, so arm, so kalt und so grenzenlos allein!

Ach, wie klein! Er tat mir so unendlich leid, daß ich meinen Onkel an die Hand tippte, aufgeregt, und leise sagte: »Ich glaube, jetzt weint er.«

Mein Onkel blieb stehen. Er sah mich an und ich konnte die beiden dicken Tropfen in seinen Augen ganz deutlich erkennen. Noch einmal sagte ich, ohne genau zu verstehen, warum ich es eigentlich tat: »Oh, er weint. Kuck mal, er weint.«

Da ließ mein Onkel den Arm meiner Mutter los, humpelte schnell und schwer zwei Schritte zurück, riß seinen Krückstock wie ein Schwert hoch und stach damit in den Himmel und brüllte mit der ganzen großartigen Kraft seines gewaltigen Körpers und seiner Kehle:

»Schischyphusch! Schischyphusch! Hörscht du? Auf Wiederschehen, alter Schischyphusch! Bisch nächschten Schonntag, dummesch Luder! Wiederschehen!«

Die beiden dicken Tränen wurden von den Falten, die sich jetzt über sein gutes braunes Gesicht zogen, zu nichts zerdrückt. Es waren Lachfalten und er hatte das ganze Gesicht voll davon. Noch einmal fegte er mit seinem Krückstock über den Himmel, als wollte er die Sonne herunterraken, und noch einmal donnerte er sein Riesenlachen über die Tische des Gartenlokals hin: »Schischyphusch! Schischyphusch!«

Und Schischyphusch, der kleine graue arme Kellner, wachte aus seinem Tod auf, hob seine Serviette und fuhr damit auf und ab wie ein wildgewordener Fensterputzer. Er wischte die ganze graue Welt, alle Gartenlokale der Welt, alle Kellner und alle Zungenfehler der Welt mit seinem Winken endgültig und für immer weg aus seinem Leben. Und er schrie schrill und überglücklich zurück, wobei er sich auf die Zehen stellte und ohne sein Fensterputzen zu unterbrechen:

»Ich verschtehe! Bitte schehr! Am Schonntag! Ja, Wiederschehen! Am Schonntag, bitte schehr!«

Dann bogen wir um die Ecke. Mein Onkel griff wieder nach dem Arm meiner Mutter und sagte leise: »Ich weisch, esch war schicher entschetschlich für euch. Aber wasch schollte ich andersch tun, schag schelbscht. Scho'n dummer Hasche. Läuft nun schein ganschesch Leben mit scho einem garschtigen Schungenfehler herum. Armesch Luder dasch!«

245

Achim Szymanski

Cabrios und Coladosen

Es waren ganz normale Straßenkehrer, die an diesem Sommermorgen in der Schillerstraße den Boden fegten und, typisch Männer, dabei grimmig auf ihre Schnurrbärte bissen; das Wasser perlte, typisch Morgenregen, in dünnen Schnüren an ihren apfelsinenfarbenen Anoraks herab und tropfte prasselnd von den Häusern, zwischen denen sie mit struppigen Besen, typisch Türken, den Dreck zusammenschoben. Dazu blies ein heißer Wind, also drückte ich meinen Hut tiefer in die Stirn und ging durch das helle Licht des Morgens zu Renates Club hinüber, an dem als einzige Erinnerung an alte Zeiten ein Stern aus roten Neonröhren flackerte.

Vor Jahren war Renates Club einmal eine gutgehende Nachtbar gewesen, mit wilden Feten, nächtelangen Qualmereien und wahrscheinlich unglaublichen Orgien mit ebensolchen Sauereien, an die sich aber schon tagsdrauf niemand mehr erinnern konnte, weil soviel dabei getrunken worden war. Aber mit vierzig hatten sich die meisten ihrer Gäste das Rauchen abgewöhnt, und viele sogar das Trinken; nun schoben abends nur noch ein paar verschlafene Paare, die eindeutig nicht aus dieser Gegend stammten, sondern vermutlich aus Anatolien oder schlimmeren Ländern, ungelenk ihre fregattenartigen Frauen und mallorcareifen Wampen zu Wilson Pickett, Percy Sledge und Solomon Burkes Sonnensehnsuchtsklängen über die Tanzfläche, während Renates Bubikopf im Hintergrund, typisch Frau, mit ummalten Lippen und einem Lappen gemächlich die Theke abwischte und mir mit dünner, glühender Zigarette ein Glas Gin hinknallte.

»Mensch Gabi, ist das schön, dich zu sehen! Wie geht's?«

»Gut, und selbst?«

»Super! Könnte nicht besser laufen. Höchstens ein ganz kleines Problem gibt es da«, sagte sie mit rauchiger Stimme. »Darum hab ich dich ja angerufen.«

»Das war wirklich nett von dir.«

»Bitte, gern geschehen. Gabi, da gibt es jemanden, der mich bedroht.«

»Ehrlich?«

»Ja, ich hab ein untrügerisches Gespür dafür. Ich glaub, ich spinne! Kann sein, daß es Ärger gibt. Ich hab einen bösen Brief bekommen. Das gibt's doch nicht! Irgend jemand will mir ans Leben.«

Sie schaute sich vorsichtig um, rupfte dann triumphierend einen Zettel aus ihrem Ausschnitt und legte ihn stolz neben mein Glas: »Guck mal, ein echter Verbrecher schreibt mir!«

»Renate, bist du verrückt? Das ist eine ernste Sache!«

»Weiß ich selbst, deshalb bist du ja hier«, fuhr sie trocken fort. »Die sind doch nicht ganz dicht! Ich weiß nicht, wer auf so eine bescheuerte Idee kommt! Es kann jeder von ihnen sein. Der Macker da hinten, oder hier die Dame, die den weißen Sack anhat. Bezauberndes Kleid!« rief sie ihr zu.

Die Angesprochene nickte, und ich las den Brief.

»Nein, ist das gemein! Zehntausend Mark oder wir bringen Sie um! Das ist ja Erpressung! Und dann ist da noch ein B zu erkennen, aber ein schiefes. Wer macht denn so was? Renate, brauchst du irgendwelche Hilfe?«

Draußen wurde es langsam hell und die Straßenkehrer schüttelten ihre bulligen Mienen und rieben sich prustend die Hände.

»Ja. Nein. Ich weiß nicht. Wird schon nichts passieren«, lachte sie und spielte nervös mit ihren Ohrringen. »Hocki hat mir ja ein Dings, einen seiner schrecklichen Revolver, geliehen. Da drück ich drauf, wenn einer kommt, daß der sich tüchtig erschrickt. Du siehst müde aus, Gabi. Halt die Ohren steif und husch ab ins Bett, ich muß ja noch ein paar Stunden lang hierbleiben. Um mich kümmert sich keiner, das ist ja der Mist mit der Gastronomie, hätte ich nur was anderes gelernt.«

»Wiedersehen!«

»Tschüs, Du.«

Zwei Tage später war Renate tot. Ich ging zum Friedhof und sah zu, wie die schwitzenden Männer alle Hände voll zu tun hatten, um ihren extrabreiten Sarg in der Erde zu versenken und mit dem zuzuschütten, was der liebe Gott auf der ganzen Erde verteilt hat. Das Grab ist der einzige Ort, an dem man auch ruhig Dreck mitbringen kann. Ein Stück abseits stand Hocki und starrte schweigend in das offene, tiefe Loch, ohne sich zu schämen.

In ihrem Leben hatte Renate nicht besonders viel Chancen gehabt – nach dem Abitur ihr Studium abgebrochen, dann die Affäre mit der Wohngemeinschaft am Hauptbahnhof, ihr mickriger Buchladen, der pleite ging, die von einem Latin Lover mitgebrachte Krätze aus Nepal, drei, vier Betriebsprüfungen, dann der Führerschein weg, die Fresserei und vergebliche Besuche bei Schönheitsfarmern, schließlich die Kneipe. Alles Mögliche hatte sie erlebt oder ausgehalten. Nun war sie im Never-Never-Land. Der Wind blies heißen Staub um Hockis ausdrucksloses Gesicht und es schien, als würde er, typisch Wind, nie wieder damit aufhören.

Hocki wohnte außerhalb der Stadt, in einer Gegend, in der die Häuser auf grünen Rasen wuchsen und die Landschaft mit Sprenklern bewässert wurde. Es war so heiß, daß Leute beim Radfahren Badeanzüge trugen. Wie glühende Funken fielen die warmen Lichtstrahlen vom Himmel auf ihre Dächer, die Vorgärten und das gebogene Blech der Limousinen am Straßenrand.

Hockis schwerer Mercedes stand in der Einfahrt, und ein uniformierter, nicht besonders helle wirkender Diener polierte gerade seine Windschutzscheibe; er hatte die meiste Zeit seines Daseins als Trainer in einem Fitneßstudio verbracht und schaute erst auf, als ich neben ihm stand, und tippte in aller Gemütsruhe an seine Mütze.

»Hey, das ist doch Gabi Kochs, die Schnüfflerin, wenn ich mich nicht irre! Na, du? Hat Hocki dich wegen Alice geholt?

»Gut, daß du fragst. Nein, diesmal geht es um Mord.«

»Mord? Wahnsinn.«

»Ja, Renate ist gestorben.«

Der farbige Diener blickte zu Boden. »Mann, krieg ich da einen Schrecken, huch, ist das unangenehm! Fühl mal hier, Gabi, leg mal die Hand auf meinen Hintern. Da läuft es heiß und kalt herunter, haha! Aber Mord? Das ist cool. Hocki ist hinten im Haus, geh vorne rum, wir haben die Hunde draußen.«

Es waren große Bulldoggen, die neben mir am Zaun hochsprangen und aus allen Zähnen bellend am Maschendraht entlangliefen. Hockis fleischfressende Bulldoggen, die sich freuten, ihr Essen zu sehen. Teures Vieh. Der Mann, den ich besuchen wollte, ließ sich seine Sicherheit einiges kosten. Kein Wunder, er war einer der letzten richtigen Männer, die was zu sagen hatten.

Auch wenn er im Augenblick schwieg. Schon von weitem sah ich Hockis behäbige Gestalt vor dem Fernseher sitzen und dumpf, mit angewinkeltem Nacken, in der großen Langweile des Sommers auf das Testbild starren. In seiner Jugend hatte ihm jemand den Namen Hocki Holzbecher gegeben, aber seit ein paar Jahren wurde er nur noch Hocki genannt. Hocki war ein kahlrasierter, brutal aussehender Hüne mit eingeschlagener Nase und mindestens einem über den Gürtel schwabbelndem, von Hosenträgern eingezäunten Bauch.

»Hey, Wahnsinn, da kommt Gabi Kochs!«, sagte er langsam und starrte mich aus seiner kleinen, lupendicken Brille an, »komm her zu Papa, Mieze! Na, kann ich ja endlich mit Fernsehen aufhören, läuft ja eh nichts Interessantes. Cognac oder Whisky mit Eis?«

Wir tranken eine Marguerita, das ist mit zerstoßenem Eis, Limonensaft und Triple Sec gemixter Tequila. Hocki hatte schon so ziemlich jede Stadt gesehen, und wo immer sein Name genannt wurde, war er Garantie für saubere Arbeit ohne viel Umstände. Gebrauchtwagenhandel, Striplokale, Knallkörper – Hocki kannte jeden und wußte alles. Fast alles.

Wir saßen zusammen und plauderten, dann schaltete Hocki die Sportschau ein und wir sahen ein paar Männern mit Fußbällen zu, die träge in der Sonnenglut trainierten und sich immer wieder mit dem Fuß den Ball zuspielten, wie es nur Männer können. Mürrisch zog er eine Zigarre aus dem Schulterhalfter seiner schweren Browning und biß ihr Ende ab.

»Das unterscheidet Profi und Amateur. Freiwillig spielt

kein Mensch bei der Hitze, und das alles verdank ich dem Ozonloch. Heute soll es dreißig Grad werden. Ich habe darum den Befehl gegeben, daß keiner meiner Jungs heut seine lange Unterhosen trägt. Sonst alles okay, Gabi?«

»Super, Hocki. Alles im grünen Bereich. Aber du rauchst wieder?«

»Ja, verdammt, seit Alice wieder fort und auf Tour ist, kokel ich hier die Bude voll. Hast du Feuer? Tja, Alice ist wieder unterwegs und da bin ich so eine Art Hausmann«, fuhr er fort und schob die Zigarre in den anderen Mundwinkel, »ist ja nicht das erste Mal, daß meine Alice fort ist. Ich bin ja auch kein Engel aus dem Bilderbuch. Ich meine, sie ist ja eine Frau, also, ich gönn ihr den Spaß. Aber wenn man sie wegnehmen würde, das könnt ich nicht aushalten. Man darf sie mir niemals fortnehmen, Gabi.«

»Das tut doch auch keiner. Alice ist acht, neun oder noch mehr Jahre älter als du, Hocki«, sagte ich ruhig. »Als du die in der Stadtbücherei kennengelernt und angebaggert hast, war sie schon beinahe überreif. Die steckt doch voll im Klimakterium, die will doch außer dir gar keiner mehr.«

Hocki stand auf, ging wortlos zu einem Schrank und klappte ihn auf.

»Guck mal, Gabi, was für schöne Juwelen ich habe! Die sind alle für Alice, damit sie sich freut, wenn sie nach Hause kommt.«

»Also, herrlich, du hast einen so guten Geschmack! Aber mal was anderes, ja? Kurz vor ihrem Tod hatte mir Renate einen Brief gezeigt. Einen Brief, in dem von Erpressung die Rede war. Mein Gott, wozu doch Menschen alles fähig sind! Stimmt es, daß du ihr eine Waffe geliehen hast?«

Hocki biß seine Kinnlade zusammen, spuckte verärgert die Zigarre auf den Boden und nickte.

»Ja, hat nix genützt. Renate ist tot, das tut mir leid. Gabi, ich hab seitdem keine ruhige Nacht mehr gehabt. Lieg stundenlang wach und mach mir Sorgen. Und im Bett, da läuft ja auch nix mehr. So geht das nicht weiter. Obwohl ich alles versucht hab. Ich les auch *praline* und die ganzen Sauzeitschriften.«

»Schäm dich, du altes Ferkel!«

»Na und? Männer müssen so sein. Das muß jedenfalls aufhören, Gabi. Ich möchte, daß du Renates Mörder ausfindig machst, hörst du? Und noch was. Alice mag nicht, daß ich darüber rede, also sag's keinem, sonst reißt die mir den Kopf ab.«

»Ich verrate nichts, Ehrenwort.«

»Super. Also, ich hab auch so einen Brief bekommen, mit einem kyrillischen B als Unterschrift. Von mir verlangen sie zweihunderttausend, sonst bringen sie mich um. Und morgen soll einer kommen und das Geld abholen.«

Hocki zeigte mir den Brief und ich verglich ihn mit Renates. Das konnte alles mögliche bedeuten. »Boris« zum Beispiel. »Bratsk« oder »Berija«. Lawrentij Berija, der unter Stalin Zehntausende in die Straflager geschickt hatte. Oder »Bafia«, wenn man Mafia wirklich falsch aussprach. Aber wer war schon so dumm? Eine Handvoll Leute fiel mir ein.

Nachdenklich fuhr ich los. Der Wagen hatte sich in der Sonne so aufgeheizt, daß man ihn als Sauna hätte vermieten können. Die Reifen wirkten, als wären sie beinahe geschmolzen. Staub und flirrende Hitze lagen faul über der Welt, und die Autobahn war trocken und öde wie ich, die wüste Gabi, die seit Jahren schon keine Affäre mehr gehabt hatte; ich hatte diesen Witz schon so oft gehört, daß ich ihn auswendig kannte.

In einer Kurve, staubbedeckt und mit heraushängender Zunge, stand ein Mädchen in Latzhose neben einem klapprigen Entenauto und winkte, und ein Stück vor ihm prustete ein Student auf mich zu. Für einen Augenblick schien die Abendsonne heller als sonst auf und beleuchtete eine kleine, von verdurstenden Insekten umgebene Szenerie mit Feldern und trockenen Sträuchern.

»Die Batterie ist im Eimer!«, stieß der Student hervor, »können sie anschieben helfen? Moni Mausi Schatzi!«, rief er dann leise, »setz dich schön vorne rein und lenke, die Dame und ich schieben.«

Moni Mausi Schatzi setzte sich in ihrer Latzhose vorne rein und wirkte schwanger; wir schoben den Wagen ein wenig umher und Moni versuchte, ihn in Gang zu bringen. Mit jeder Sekunde wurde es heißer. Dreißig Grad, hatte Hocki gesagt.

Der Student rutschte japsend mit seinen Gummistiefeln aus und konnte sich gerade noch an der Stoßstange festhalten.

»Wenn es Ihnen nichts ausmacht, schieben wir ihn bis zur nächsten Ausfahrt.«

Schließlich hielt der Wagen, Moni Mausi Schatzi stieg aus und zog verärgert eine Schnute. Sie war höchstens achtzehn, wenn nicht jünger; eines der Mädels, die früher mal massenhaft in Renates Club verkehrt hatten.

»So ein Schwächling! Ich gerate immer an Schwächlinge. Können sie uns mitnehmen?«

Während der ganzen Fahrt über war er damit beschäftigt, ihr durch den Rückspiegel hypnotisch in die schwarzummalten Augen zu starren und gleichzeitig ihren Nacken zu massieren. Moni Schatzi Mausi schaute verdrossen aus dem Fenster und stellte sich schlafend. Wie immer im Sommer schien die Welt besonders einfach zu sein. Aber war sie wirklich so? Mit einem Mal kam ich auf eine Idee und hielt an einer Raststätte an, um zu telefonieren, während der Student und Moni Schatzi Mausi im Wagen gebraten wurden.

Susanne Schmolcke war damals nur eine kleine, dralle Inspektorin mit auftoupiertem Haar in der Mordkommission, die zu ihrem Leidwesen wie ein bekannter Fußballspieler aussah und sich die meiste Zeit über ein Büro mit drei schlafenden Kollegen teilte. Aber sie war jemand, der ihren Job ernst nahm, und als ich ihr von den Drohbriefen erzählte, schwieg sie eine Weile.

»Das ist aber nett, daß du anrufst. Wie geht's denn sonst so? Geld oder Leben also«, antwortete sie dann ruhig, »das älteste Verbrechen der Welt. Gabi, weißt du, was ich vorhin gesehen habe? Du kannst das dir nicht vorstellen, rat mal!«

»Keine Ahnung.«

»Den Obduktionsbefund von Renate! Sehr interessant! Es sind nur zwei Schüsse auf sie abgegeben worden, das reichte. Sie haben dem armen Mädel förmlich den Leib damit umgepumpt, daran ist sie gestorben.«

»Nein, ist das gemein!«

»Ja, wir sind hier auch alle schon ganz fertig.«

Susanne hatte zu Ende gesprochen, und im Hintergrund begann eine Schreibmaschine zu klappern. Ich erzählte ihr von meiner Idee. Ich konnte nichts garantieren, aber wir machten aus, uns in einer Stunde am Flughafen zu treffen.

Im Ankunftsterminal herrschte Stille, und hinter den schlafenden Gesichtern der Wartenden rollte das haushohe Leitwerk einer Propellermaschine vorbei, fuhr langsam auf die Bahn zwischen den Scheinwerfern und schraubte sich an ihrem Ende klein und elegant in die junge Nacht mit ihren Wolken; Susanne stand in einem blauen Kostüm am Aussichtsfenster und sah ihm verträumt nach.

»Vor zehn Minuten ist seine Maschine gelandet, Gabi. Jetzt müssen wir warten, bis die faulen Stricke von Flughafenarbeitern ihren fetten Arsch bewegt und sie ausgepackt haben. Warum dauert das hier eigentlich schon wieder so lange? Guck mal, da hinten sind die Passagiere an der Paßkontrolle! Was das dauert – das ist doch die reine Schikane! Also, wenn ich die Macht hätte, würde ich diese blöden Beamten alle an die Wand stellen oder rausschmeißen. Guck mal, da!«

»Wo?«

»Da, dieser finster schauende Bursche hinter dem süßen Kerlchen mit dem Ziegenbart! Wußte gar nicht, daß die in Sankt Petersburg auch so hübsche Knusperhäschen haben!«

»Stimmt, das könnte er sein. Du meinst doch auch den mit der Brille, oder?«

»Ja.«

»Sieht wirklich fies aus!«

»Und vor allem, wie der sich zurecht gemacht hat! Wer so aussieht, dem trau ich alles zu!«

»Der pflegt sich gar nicht richtig!«

»Ja, das geht dem alles glatt am Arsch vorbei! Ich schätze, das ist unser Mann.«

Der Killer war froh, als er die muffige Druckluft des Passagierraums verlassen konnte, und verabschiedete sich grölend und lachend von den Heidelbergern Rentnern, die er während des Fluges kennengelernt hatte. Endlich betrat er deutschen Boden, und schaute sich unsicher um.

Seine Tarnung war perfekt. Niemand wäre auf die Idee gekommen, hinter diesem unauffälligen Urlauber mit Jeans, Adidastasche und großer, verspiegelter Sonnenbrille einen kaltblütigen Profi zu vermuten. Zögernd ging er zum Zollschalter und gab seinen Paß ab, den seine Auftraggeber in Moskau einem Touristen gestohlen hatten, einem fetten, schweinsgesichtigen US-Amerikaner.

Sie hatten ein Jahr gebraucht, um mit vielen Operationen das Aussehen des mageren Russen dem des Fotos anzunähern. Dies würde sein vorerst letzter Auftrag sein. Sicher, jetzt sah er zwar aus wie Hank Williams aus Pittsburgh. Aber in einer Woche würde der Ausweis ungültig und es war schwer, einen neuen aufzutreiben. Was würde dann geschehen? Vielleicht würde man ihn freilassen. Zurück nach Nowosibirsk, nach Hause zu Oleg, Boleg und Olga. Im Lager hatten sie gesagt: »Jetzt könnt ihr eure Strafe verkürzen und eine außergewöhnliche Arbeit machen.« Nun war es das letzte Mal. Nervös zuckte er mit den Mundwinkeln.

»Paß mal auf, was jetzt passiert. Also denn«, sagte Susanne, hob die Hand mit ihren Ringen und dem kleinen Armband dran, und winkte einem friedlichen, vollbärtigen Hippie zu, der neben dem Zollschalter auf dem Boden saß und Gitarre spielte.

Der Hippie stand auf, nestelte umständlich ein Paar Handschellen aus seiner bestickten Tasche und drängte sich damit in die Menge auf den Russen zu.

Susanne stöhnte auf und verdrehte die Augen. »Öh, wenn ich das schon sehe! Dieser Idiot, Klaus-Jürgen heißt die blöde Nuß! Der unfähigste Zivilbulle der Welt. Alles macht er falsch! Der kann nichts, aber auch gar nichts!«

Am Zollschalter entstand Aufregung. Der Killer hatte eine großformatige Luger gezogen und fuchtelte ziellos damit herum, über sich duckende Mitreisende hinweg. Dann, als der Hippie ihn beinahe erreicht hatte, hob er verzweifelt den Revolver in die Luft und feuerte ihn mit einem entsetzlichen Knall ab.

»Stell dir vor, es war eine Spezialwaffe, mit der die Männer in Finnland und am Bottnischen Meerbusen für gewöhnlich auf Elche gehen«, erzählte Susanne später, als sie eine ganze Weile lang mit ihren Kollegen geredet und auch Klaus-Jürgen eingeteufelt hatte, der dann mit gebücktem Gesichtsausdruck aus dem Gebäude schlich. »Ist das nicht gemein? Wir fanden noch eine Liste, auf der auch Hockis Name steht, und eine leere Einkaufstüte für das erpreßte Geld. Sein Paß ist ja echt, aber der eklige Typ, der versteht kein Wort unserer Sprache.«

»Ist ja echt widerlich.«

»Ja, noch nicht mal Asyl kann der sagen! Wie es aussieht, ist das ein total einfacher, ungebildeter Mann aus irgendeinem sibirischen Gulasch, oder wie das heißt.«

»Gulag.«

»Danke, Gabi, wieder was gelernt. Also, wie ich die Sache einschätze, und ich kenne mich da wirklich aus, dann ist der Mann nichts als ein Werkzeug, das auf Befehl Leute umbringt, aber nur, wenn die nicht zahlen. Das Geld liefert er dann wieder in Rußland ab. Gabi, ich bin wahnsinnig traurig. Nun muss der arme Kerl schon wieder im Zuchthaus leben.«

Susanne machte eine lange Pause und kramte in ihrer Handtasche, dann zog sie eine zerknüllte Packung Taschentücher hervor und schob nachdenklich ihren Hut in den Nacken.

»Draußen wird es immer dunkler«, sagte sie, »Gabi, siehst du die Wolken am Horizont?«

»Nein.«

»Jetzt guck doch mal genauer hin.«

»Susanne, es tut mir leid, da sind keine Wolken.«

»Also, manchmal glaube ich, du bist wirklich total blöd. Da sind doch eindeutig Wolken! Weißt du, und dahinter liegt ein unbekanntes Land, wo die Palmen im Sand stecken und Kokosnüsse auf dem Wasser treiben.«

»Venezuela?«

»Du bist so was von einfallslos, das find ich zum Kotzen. Nein, Renates Never-Never-Land!«

»Ach so.«

»Renates Never-Never-Land! Und jedes Flugzeug in der Welt wird eines Tages dorthin fliegen und dort landen. Tut mir leid, das alles hier macht mich einfach fertig.«

»Geh doch ins Bett!«

»Vielen Dank! Auf diese glorreiche Idee bin ich auch schon gekommen! Weißt du was? Ich bin total übermüdet und gehör in warmen Urlaub.«

»Und da ist es dann immer warm?«

»Wo?«

»Im Never-Never-Land.«

»Woher soll denn ich das wissen?«, antwortete Susanne schreiend. »Du weißt doch sonst immer alles.«

»Blöde Kuh!«

»Selber blöd, und außerdem zickiges Kamel!«

Ich schwieg.

»Susanne, ich glaube, dies ist der Beginn einer wunderbaren Feindschaft.«

So standen wir da, und vor uns jagte eine Propellermaschine die Startbahn entlang und hob wehmütig ihre Nase in den großen, wolkenlosen Himmel, hinter dessen gekrümmtem Ende eine ewige Sonne schien, Renates Sonne, leise Soulplatten spielten und die Menschen mit Cabrios und Coladosen ihrem leuchtend roten Abendstern entgegen fuhren.

Hans Erich Nossack

Der Jüngling aus dem Meer

Daß ein Fischer sich mit seinem Netz eine Frau aus dem Meer fischt, hat man schon oft gehört, und es ist nichts Besonderes dabei. Mir selber ist das allerdings noch nicht geschehen, doch das mag nur daran liegen, daß ich noch niemals Gelegenheit hatte, im Meer zu fischen. Ich zweifle eigentlich nicht daran, daß es mir auch glücken könnte. Ich fühle in Gedanken schon, wie das Netz sich strafft und wie es schwerer und schwerer wird, je höher ich es ziehe. Ich blicke erstaunt über den Rand des Bootes und sehe etwas Helles im Wasser. Natürlich lasse ich das Netz nicht fahren, sondern strenge mich nun erst recht an. Schließlich gelingt es mir, den Fang an die Oberfläche zu heben, und ich erkenne, daß es sich um eine Frau handelt, die sich in meinem Netz verwickelt hat. Sie kann sich nicht rühren, vielleicht will sie es auch gar nicht, aber sie lebt, denn sie blickt mich durch einen Spalt ihrer Augenlider an. Das Wasser tropft in großen Perlen von ihrem Leib ab. Ein erfreulicher Anblick! Das mit den schuppigen Fischschwänzen statt der Beine ist schon schwerer sich vorzustellen. Es muß ein unangenehmes Gefühl sein. Doch da es schon einmal soweit gekommen ist, sehe ich es entweder gar nicht mehr, oder man gewöhnt sich schnell daran.

    Meist laufen solche Geschichten ein wenig traurig aus, das ist wahr. Die Frau oder das Meermädchen wird trotz aller Liebe nicht recht heimisch auf dem Lande, oder der Fischer läßt im letzten Augenblick das Netz fahren und springt hinterher. Auch wenn er das nicht tut, da die Sitte es ihm verbietet, ist doch nicht mehr viel mit ihm anzufangen. Er wird sich von den Menschen und besonders den Frauen fernhalten. Ja, besonders von ihnen; denn wenn er aus Vergeßlichkeit dennoch eine von ihnen heiraten würde, liefe es unglücklich aus. Man sieht ihn daher abends auf einer Klippe sitzen und ins Meer hinausblicken. Manchmal hört man ihn auch singen.

    Das ist nun einmal so, und es wird auch nie etwas daran

zu ändern sein. Wer die Gefahr nicht laufen will, der bleibe besser zu Hause und lasse sich von seiner Großmutter sein Leibgericht kochen.

Daß aber eine Frau ein ähnliches Erlebnis mit einem Manne gehabt hat, ist uns noch nie erzählt worden. Ehrlich gesagt, auch ich habe immer geglaubt, daß im Meere nur Frauen oder Mädchen lebten. Höchstens noch so ein alter Meergreis mit einem Dreizack und einem unappetitlichen, blanken Wanst. Denn die verspielten dunkelbraunen Burschen, die sich wie Seehunde um ihn herumtummeln, zählen ja gar nicht.

Sollte diese irrige Annahme daran liegen, daß Frauen über derartige Erlebnisse viel verschwiegener zu sein pflegen als wir Männer?

Wie dem auch sei, Hanna St. ist eine solche Geschichte passiert. Der Name Hanna gefällt mir übrigens nicht besonders gut. Das mag ein Vorurteil sein; denn als ich noch ein Kind war, hatten wir ein Dienstmädchen zu Hause, mit ganz starkem blondem Haar und unwahrscheinlich roten Backen. Wenn sie mir die weiße Seidenschleife band, wie sie Jungens damals, um für irgendeinen Besuch herausgeputzt zu werden, zusammen mit einem unbequemen steifen Kragen tragen mußten, war es mir sehr unangenehm. Kurz, würde ich mir diese Geschichte ausdenken, so ließe sich gewiß ein besserer Name finden als gerade Hanna. Irgendein Name, der bei einem mehr oder weniger bekannten Ereignis der Vergangenheit schon einen bestimmten Klang bekommen hat, so daß der Zuhörer sich sagen kann: »Aha, so ist es gemeint«, oder: »So sah sie aus.« Denn diese Hanna war keineswegs blond, sondern hatte dunkles, feines, kurzgeschnittenes Haar. Auch war ihr Gesicht blaß und schmal. Überhaupt war sie schlank und zart. Oder besser gesagt, mager; das ist schließlich keine Schande; wir hungern ja alle schon seit acht Jahren. Ja, wenn ich Franzose wäre, würde ich sie zum Beispiel Suzette nennen.

Doch bleiben wir bei Hanna und bei der Wahrheit.

Als sie an einem Juliabend, etwa gegen neun Uhr, ins Meer ging, um zu baden, fühlte sie, wie etwas sie unter Wasser von rückwärts festhielt. Es war eine weiche, aber bestimmte

Berührung nur wenig oberhalb ihres linken Knies. Sie glaubte zunächst, es wäre Seetang, der sich an ihrem Bein verfangen hätte.

Übrigens war es ein sehr schwüler Tag. Die See war spiegelglatt. Es lag ein leichter violetter Dunst über dem Wasser, der sich gegen den Horizont verdichtete. Die Landzunge zur Rechten schien sehr nahe. Das Fischerhaus darauf leuchtete gespenstisch weiß, ohne daß es doch um diese Tageszeit eine bestimmte Lichtquelle gab.

Hanna war erst am späten Nachmittag angekommen. Die Fahrt war sehr anstrengend gewesen, wie das heute bei den schlechten Zugverbindungen so ist. Das letzte Stück, wo früher ein Autobus fuhr, mußte sie zu Fuß machen; bei der Hitze und mit einem Handkoffer war das kein Vergnügen. Sie hatte dann im Dorf mit den Fischersleuten gesprochen, von denen der Krieg noch einige übriggelassen hatte, ließ sich aber bald den Schlüssel zu einem der kleinen Wochenendhäuser aushändigen, die oben auf dem Steilufer standen. Sie hatte dort früher einmal gewohnt und wollte es auch jetzt versuchen.

Das Häuschen war arg geplündert, aber Hanna hatte damit gerechnet. Nachdem sie ein wenig Ordnung geschaffen und festgestellt hatte, daß sich zur Not darin hausen ließ, setzte sie sich erschöpft an den Tisch der Wohnküche und dachte: Jetzt werde ich einen Brief schreiben. Da fiel ihr ein, daß sie das Meer noch gar nicht richtig gesehen hatte. Sie stand auf, nahm ihr Badezeug aus dem Koffer und ging zum Strand hinunter, der um diese Stunde völlig einsam dalag.

Sie entkleidete sich nach einigem Nachdenken, zog ihren Badeanzug an und ging behutsam ins Meer. Erst reichte ihr das Wasser bis zu den Knöcheln, es war angenehm erfrischend. Doch sie warf sich nicht hinein, sie ging Schritt für Schritt weiter, vorsichtig, als wolle sie keine Spuren im Sande des Meeresbodens hinterlassen. Bald reichte ihr das Wasser bis an die Hüften. Dann kam eine Sandbank und hob sie fast ganz wieder aus dem Wasser heraus. Doch bald wurde es tiefer. Als das Wasser ihre Schultern umspülte, dachte sie: Nun will ich hinausschwimmen. Und da geschah es.

Es ist vielleicht nicht ganz richtig, wenn ich sagte, sie fühlte sich von rückwärts festgehalten. Es war mehr so, als hielte sich etwas an ihrem Beine fest.

Hanna fühlte nach, was es wäre, und hatte den Eindruck, daß sich eine kleine Hand an ihrem Knie festklammerte. Besser gesagt, ein Patschhändchen. Das war natürlich eine Sinnestäuschung, die vielleicht durch das Wasser hervorgerufen wurde.

Erstaunt zog Hanna ihre Hand zurück und blickte halbumgewandt ins Wasser. Sie sah etwas wie eine weiße Gestalt zu ihren Füßen, konnte es aber nicht genau erkennen.

»Lassen Sie mich los!« rief sie, und sofort wurde sie freigegeben. Doch die Gestalt blieb auf dem Meeresgrunde um sie herum. Hanna glaubte ein Paar Augen zu sehen, die sie fragend anschauten, doch im Wasser verschwamm immer alles rasch wieder.

»Kommen Sie heraus!« rief sie dann. Sie spürte, wie das Wasser von ihren Füßen aufwärts sanft an ihrem Körper empordrängte, und gleich tauchte der Kopf eines Jünglings aus dem Meer.

Sie waren sich beide ziemlich nah. Der Jüngling war nur wenig größer als Hanna. Das Wasser reichte ihm bis zu den Achseln. Seine Schultern bildeten eine Linie mit der Küste. Hanna stand mit dem Rücken zur See.

Man muß sich nicht wundern, daß sie nicht erschrak. Auch ich würde ja, wie ich schon erwähnte, nicht erschrocken sein, wenn ich ein Mädchen aus dem Meer fischte. Zuerst, wenn man es merkt, ist man neugierig, und sobald man sieht, um was es sich handelt, hat man ganz andere Gedanken im Kopf.

Sie standen sich eine ganze Weile schweigend gegenüber. Der Jüngling sah Hanna wartend an. Sie wollte ihn fragen, was er von ihr wolle, ließ es dann aber. Er wird mich gesehen haben, als ich ins Wasser ging, dachte sie, und hat sich in mich verliebt. Er ist noch sehr jung und wagt nicht, es mir zu sagen.

Sie versuchte ihm zuzulächeln, und auch der Jüngling lächelte zaghaft. Das gefiel Hanna nicht. Was bildet er sich ein! Als wenn ich auf ihn gewartet hätte. Und überhaupt, was soll ich mit ihm machen, fragte sie sich. Wir können hier nicht ewig im Wasser stehen. Und andererseits kann ich ihn nicht einfach wieder wegschicken. Zu dumm, daß mir das gerade heute passieren muß.

Sie dachte angestrengt nach. Dabei bildete sich eine finstere Falte zwischen ihren Augenbrauen. Auch über das Gesicht des Jünglings lief es wie ein Schatten. Da tat es Hanna leid. »Gehn Sie voran«, sagte sie und zeigte nach dem Strande. Immerhin, es war ihr lieber, daß er voran ging, um ihn im Auge zu behalten.

Der Jüngling gehorchte. Erst als er auf die Sandbank kam, fiel es ihr auf, daß er völlig nackt war. Sie zögerte etwas, und sofort blieb er auch stehen und wandte sich nach ihr um. Er befürchtete wohl, daß sie ihm nicht folgen würde. »Gehn Sie weiter«, rief Hanna ihm zu. »Dort liegt mein Badetuch. Tun Sie sich's um.«

Er ist sehr hübsch, dachte sie, während sie zum Strand gingen. Nicht daß sie sich deshalb in ihn verliebte. Keine Frau verliebt sich in einen Mann, weil er hübsch aussieht. Jedenfalls kann ich es mir nicht vorstellen, und wenn es doch geschehen sollte, so sind es keine guten Frauen.

Dieser Jüngling muß, soweit ich das zwischen den Worten heraushören konnte, dem schlummernden Sklaven von Michelangelo etwas geglichen haben. Wenn man ihn sieht, wird man von einer ängstlichen Zärtlichkeit ergriffen, und das hat doch auch seinen Grund nicht allein darin, daß er einen hübschen Körper hat. Es muß etwas anderes sein.

Natürlich dachte Hanna nicht entfernt an diesen Sklaven, aber es machte sie doch froh und sicherer, zu wissen, daß der Jüngling hübsch sei. Wenn ich übrigens von ihr als einer Frau rede, so muß man das nicht mißverstehen. Sie war ungefähr sechsundzwanzig Jahre alt und nicht verheiratet. Doch von ihr als von einem jungen Mädchen zu reden, würde ein ganz verkehrtes Bild geben. Das ist ein dummes Verlegenheitswort.

Der Jüngling ging dahin, wo Hannas Sachen lagen, und nahm das Badetuch, um es sich umzulegen. Aber er wurde nicht damit fertig.

»Wie sind Sie ungeschickt«, sagte Hanna. »Kommen Sie her.« Sie half ihm und stopfte ihm das Tuch an der Hüfte fest. Als sie ihn berührte, zuckte er zusammen. Sie hatte kalte Hände vom Meerwasser, während er schon ganz trocken und warm war, als wäre er gar nicht im Wasser gewesen.

»So«, sagte Hanna, »nun wird es halten.« Es war ein hellblaues Badetuch, aber schon etwas verwaschen. Es steht ihm gut, dachte Hanna.

»Ich habe es mir von einer Bekannten geliehen«, erzählte sie ihm. »Ich besitze keines. Meine Sachen sind alle verbrannt.«

Der Jüngling nickte zu ihren Worten mit dem Kopf.

»Und jetzt«, wies Hanna ihn an, »setzen Sie sich da in den Sand und blicken woanders hin, während ich mich anziehe.« Er gehorchte und blickte auf das Meer.

Zu dumm, dachte sie, während sie sich den nassen Badeanzug auszog, da habe ich ihm das Badetuch gegeben, und habe nichts zum Abtrocknen. Schließlich nahm sie ihr Hemd dazu. Es ist sowieso bald Nacht, und bis morgen ist es wieder trocken.

Trotzdem wurde sie ärgerlich. Ich habe mir schön etwas aufgehalst, schimpfte sie vor sich hin. Da sitzt er und verläßt sich ganz auf mich. Wie komme ich eigentlich dazu? Das kann auch nur mir passieren. Und noch dazu droht mir der Kopf zu zerspringen.

Am Horizont wetterleuchtete es, und der Strand wurde flackernd erhellt.

»Es ist nichts«, sagte Hanna zu dem Jüngling, der zu ihr hinsah. »Wir bekommen ein Gewitter. Man spürt es.«

Ich habe ihm doch befohlen, woanders hinzublicken, dachte sie weiter. Aber nein, er sieht mir zu. Doch ganz gleich, er ist ein guter Junge und denkt sich nichts dabei. Wenn ich es ihm noch einmal sage, bringe ich ihn höchstens auf dumme Gedanken.

Vielleicht hat er auch Hunger. Zu ärgerlich, daß ich nicht vorhin die Fischer gefragt habe. Früher konnte man Aale bei ihnen kaufen. Aale! Nun, sie werden gerade mit ihren Aalen auf mich gewartet haben! Doch er, wenn er aus dem Meer kommt, wird nur Fische und Muscheln essen wollen. Sie streifte ihn mit einem Blick. Verhungert sieht er gottlob nicht aus, stellte sie fest. Er ist ja fast noch ein Kind. Am besten wäre schon ein Glas Milch für ihn.

Dabei lachte sie leise vor sich hin, und auch der Jüngling lachte.

Er hat gut lachen, dachte sie. Woher soll ich wohl Milch bekommen? Überhaupt, er hat wahrscheinlich gar keine Ahnung davon, daß wir schon seit vielen Jahren hungern. Er meint, man braucht einfach Mama zu rufen, und dann steht das Essen auf dem Tisch.

Doch schließlich kann er nichts dafür, und ich muß sehen, wie ich ihn satt kriege.

Nachdem sie sich angekleidet hatte, gingen sie den bewaldeten Abhang hinauf. Es war sehr dunkel auf dem schmalen Wege. Hanna ließ den Jüngling voran gehen. Sein nackter Rücken leuchtete, als schiene das Mondlicht darauf. Plötzlich stolperte er. Das Badetuch hatte sich gelöst, und er hatte sich mit den Füßen darein verwickelt. Er bückte sich und hielt es Hanna verlegen hin.

»Es tut nichts«, sagte sie. »Ich mache es Ihnen oben wieder fest.«

Er muß noch vieles lernen, dachte sie. Man darf ihn nicht allein lassen, sonst lachen die Leute ihn aus.

Oben schloß sie die Hütte auf und zündete eine Kerze an. »Wir müssen sparsam damit umgehen«, sagte sie. »Sie ist sehr teuer. Ich habe sie für alle Fälle mitgebracht. – So, setzen Sie sich jetzt dahin an den Tisch. Wenn es Ihnen kalt wird, können Sie sich meinen Regenmantel um die Schultern legen. Ich werde Tee kochen. Etwas Petroleum haben mir die Fischer gegeben. Ich habe es gegen Zigaretten getauscht, sie wollten sie gar nicht einmal nehmen. Übrigens echten Tee. Mama wollte, daß ich ihn mitnähme, obwohl sie ihn selber gern trinkt.«

Während sie den alten Petroleumbrenner in Gang brachte und das Wasser aufsetzte, beschloß sie, den Tee sehr dünn aufzugießen. Nicht, weil ich es ihm nicht gönne, doch wer weiß, vielleicht verträgt er gar keinen Tee. Auch wird er ihn süß trinken wollen. Ich hätte doch etwas Zucker mitnehmen sollen. Ich dachte, wozu soll ich mich damit abschleppen. Und zu Mama sagte ich: Mir bekommt er nicht, behalt ihn nur. Wer konnte das auch vorher wissen? Überhaupt ...

Unzufrieden schlug Hanna das nasse Hemd und den Badeanzug aus und hängte das Zeug über eine Stuhllehne zum Trocknen. Der Jüngling saß die ganze Zeit artig auf seinem Stuhl, folgte ihr aber überallhin mit den Augen.

Ärgerlich klapperte Hanna mit den Tassen, die sie auf den Tisch stellte. Überhaupt bin ich nicht seinetwegen hierhergekommen. Was denkt er sich nur? Ich wollte einmal allein mit mir sein, und nun bringe ich mir gleich am ersten Abend diesen Jungen aus dem Wasser mit. Wenn ich nur nicht gebadet hätte! Er sieht nicht so aus, als ob ich ihn so leicht wieder loswürde.

Sie ging in den Nebenraum, ließ aber die Tür offenstehen, um Licht zu haben. Als sie sich über ihren Koffer beugte und darin nach einigen Sachen tastete, wurde es plötzlich dunkler. Der Jüngling war ihr lautlos gefolgt und stand in der Türöffnung.

»Warum bleiben Sie nicht sitzen?« schalt Hanna. »Ich lauf Ihnen nicht weg. Ich hole nur die Brote. Mama hat sie mir für die Reise gestrichen. Sicher hat sie die ganze Wochenration Wurst darauf gelegt. Ich kann mich anstellen, wie ich will, sie bemogelt mich immer wieder. Aber ich hatte keinen Appetit auf der Reise. Es war zu heiß. Auch jetzt noch. Essen Sie nur.«

Nachdem sie den Tee aufgegossen und eingeschenkt hatte, setzte sie sich ihm gegenüber. Sie nahm ihre Tasse und blies darauf, um den Tee abzukühlen. Der Jüngling ließ sie nicht aus den Augen und machte ihr alles nach, weil er wohl dachte, daß es so richtig wäre.

Er hat hübsche Hände, stellte Hanna fest. Komisch, damit hat er mich am Bein festgehalten. Als ob sich das so gehörte. Doch vielleicht ist das bei ihnen so Sitte, jedenfalls hat er sich nichts dabei gedacht.

Am liebsten würde ich Aspirin nehmen. Doch er würde sich beunruhigen, oder er würde auch eine Tablette wollen. Sicher hat er noch nie in seinem Leben Kopfschmerzen gehabt.

Ich könnte jetzt auch eine Zigarette rauchen. Aber was soll er von mir denken? Außerdem: ich habe noch zweiundzwanzig Stück, nein, warte, – fünf hat der Fischer bekommen, drei habe ich unterwegs geraucht, – doch ganz gleich, ich werde morgen etwas damit für ihn eintauschen. Das ist wichtiger.

»Wir müssen sowieso auf das Gewitter warten«, raffte sie sich auf. »Erzählen Sie mir unterdessen etwas von sich. Wo kommen Sie her? Ich meine, wie ist es bei Ihnen zu Hause?« Der Jüngling sah sie aufmerksam an, um ihre Fragen zu verstehen.

»Oder meinetwegen: Wie heißen Sie?« fragte Hanna. »Sie müssen doch einen Namen haben.«

Der Jüngling schüttelte den Kopf.

»So etwas gibt es doch gar nicht. Vielleicht wollen Sie es mir nur nicht sagen? Und wie soll ich Sie dann anreden? Oder soll ich den Namen raten?«

Ja, wie könnte man ihn wohl nennen, überlegte sie und blickte ihn prüfend an. Die Namen schienen ihr alle nicht recht geeignet, doch endlich fiel ihr einer ein, und ehe sie ihn noch ausgesprochen hatte, nickte der Jüngling erfreut mit dem Kopfe.

Das ist seltsam, dachte Hanna. Ich habe nie jemand gekannt, der so hieß. Ich habe nur manchmal gedacht: das ist ein hübscher Name. Man könnte ihn einmal gebrauchen. Doch ganz gleich, er paßt gut zu ihm. Er könnte gar nicht anders heißen.

Und sie sagte den Namen, ohne die Lippen zu bewegen, vor sich hin.

Der Jüngling errötete vor Freude.

Vielleicht ..., Hanna erschrak. Daß ich nicht eher darauf gekommen bin. Sie dachte, daß er vielleicht ein Ertrunkener wäre, wagte es aber nicht, laut zu fragen. Doch der Jüngling schien es begriffen zu haben, denn er schüttelte den Kopf.

»Es war dumm von mir«, entschuldigte Hanna sich. »Sie müssen es mir nicht übelnehmen. Übrigens ist nichts Besonderes dabei; denn es könnte ja so sein. Ich hatte einen Bekannten, er war Zweiter Ingenieur. Als sie Norwegen angriffen, ging das Schiff unter. Ich habe eigentlich gar nichts mit ihm zu tun; er war der Freund einer Kollegin von mir. Als sie es mir damals erzählte, mußte ich denken: Wie leben sie wohl da unten auf dem Meeresgrunde?«

Hanna wollte ihn damit ablenken, aber sie fand zu ihrer Verlegenheit nicht recht wieder zurück.

»Es gibt ja auch Quallen da«, fuhr sie fort, »das ist nicht angenehm. Doch, was reden wir davon. Ich heiße Hanna. Sie können mich so nennen, wenn Sie wollen.«

Der Jüngling lächelte schalkhaft, als wenn er es besser wüßte. Er schien zu glauben, daß sie ihn zum besten haben wolle.

»Doch, bestimmt heiße ich so«, ereiferte Hanna sich. »Ich kann Ihnen meine Kennkarte zeigen. Mir gefällt der Name auch nicht besonders gut, aber es ist nicht meine Schuld. Mein Großvater hieß Johannes.«

Aber der Jüngling schien weiter daran zu zweifeln.

»Wie sollte ich denn Ihrer Meinung nach heißen?« fragte nun Hanna ihrerseits den Jüngling und sah ihn interessiert an.

Was für eine überflüssige Frage, schien er zu denken; denn es dauerte ziemlich lange, ehe er antwortete. Er bewegte den Mund, aber es kam kein Laut. Seine Lippen schlossen sich zweimal sanft, dann blieben sie etwas geöffnet stehen. Hanna wurde ganz weich davon. Wenn ich nur wüßte, was er sich unter mir vorstellt. Ich möchte ihn nicht gern enttäuschen. Er verläßt sich ganz auf mich. Sie wandte sich verlegen ab und suchte einen Vorwand. Sie stand auf, um ein Päckchen Keks zu holen.

»Die habe ich ganz vergessen. Sie kommen aus Schweden. Probieren Sie nur. Solche Kekse kennen wir gar nicht mehr. Ich habe sie zum Geburtstag geschenkt bekommen. Eigentlich wollte ich sie noch aufheben, doch das ist nun einerlei. Essen Sie doch.«

Hanna ging im Zimmer auf und ab und suchte nach etwas anderem, womit sie sich beschäftigen könnte. Denn sie wollte den Jüngling nicht immer ansehen. Dann setzte sie sich aber doch plötzlich wieder hin und sagte: »Nun weiß ich, wer Sie sind. Zu dumm, daß ich nicht gleich darauf kam. Nein, ich laufe nicht weg. Sie brauchen nicht zu denken, daß ich Angst vor Ihnen hätte. Wozu denn? Ich bin ja vielleicht deswegen hierhergekommen. Also ist es ganz in der Ordnung, daß wir uns vorhin im Wasser getroffen haben. Nur daß ich Sie nicht gleich erkannte.«

Der Jüngling aber sah sie nur verständnislos an.

»Was soll denn jetzt noch das Versteckspielen«, redete Hanna weiter auf ihn ein. »Geben Sie es doch zu. Mir hat es einmal jemand erzählt, oder ich habe es irgendwo gelesen, daß es so ist, und nun fällt es mir wieder ein. Wenn der Todesengel kommt, erkennt man ihn natürlich nicht sofort, aber man verliebt sich gleich in ihn, und dann ist es auch schon geschehen.«

Doch der Jüngling schien ganz und gar nicht auf ihren Vorschlag eingehen zu wollen.

Auf einmal fing Hanna an zu weinen. Sie wollte es nicht, sie war selber erstaunt darüber, aber die Tränen kamen einfach von selber. Erst verschwammen ihr nur die Augen. Es wird sich gleich geben, dachte sie, und er merkt es gar nicht. Aber dann ließ es sich nicht mehr halten und rann ihr über das Gesicht.

»Verzeihen Sie«, versuchte sie noch zu sagen. »Am besten, Sie achten gar nicht darauf. Ich bin keine Heulliese. Ich habe das Meer sechs Jahre lang nicht gesehen. Daran liegt es. Sie können sich nicht vorstellen, was das bedeutet. Ich wußte gar nicht mehr, daß ich weinen könnte.«

Eine Träne fiel in die Teetasse, und als Hanna es sah, wurde es noch schlimmer.

Der Jüngling bewegte sich unruhig auf seinem Stuhl. Er wußte nicht recht, was er machen sollte. Wenn er ein Taschentuch gehabt hätte, würde er es Hanna wohl gegeben haben. Er langte sehr zaghaft mit der Hand zu ihr hinüber, um sie zu streicheln.

Doch als er ihr Gesicht berührte, nahm Hanna seine Hand fort.

»Laß nur«, sagte sie, »es ist gleich vorbei.«

Aber es war nicht vorbei. Sie hielt seine Hand, die auf dem Tisch lag, mit ihrer Hand fest.

»Was soll ich denn mit dir machen?« schluchzte sie. »Sie werden dich in eine Uniform stecken und in den Krieg schicken. Das machen sie mit allen so, und ich kann es nicht ändern. Du mußt doch einsehen, das paßt gar nicht für dich. Du weißt ja gar nicht, was hier vor sich geht. Du denkst, es ist überall so wie da, wo du herkommst, oder meinetwegen so wie hier. Hier ist das Meer, und es sind noch Bäume da und Felder und das Fischerdorf. Ich habe das auch gar nicht mehr gewußt. Dies Häuschen ist zwar etwas geplündert, aber das ist ja gar nichts. Es gehört den Eltern meines früheren Verlobten. Sie sagten: ›Fahr nur hin und sieh nach, was noch da ist. Wir sind zu alt dazu.‹ Es war ihr einziger Sohn, er ist gleich zu Anfang des Krieges gefallen. Wie lange ist das schon her!

Doch wenn du nur ein paar Schritte weiter ins Land gehst, da ist alles zerstört. Wir sind es ja gewohnt, wir kennen es gar nicht anders mehr und glauben, es muß so sein. Aber du, was sollst du denn da? Du meinst vielleicht, daß es eines Tages besser wird, und, da sie sehen, daß alles zerstört wurde, würden sie nicht wieder Krieg machen. Ach, wenn es soweit ist, werden sie doch wieder anfangen. Es läßt ihnen keine Ruhe, es geht anscheinend nicht anders. Und dann wirst du fallen, und das will ich nicht. Und wenn du auch nicht fällst, dann kommst du ganz anders zurück und weißt nicht, was du mit mir anfangen sollst. Sie sind doch alle so, ich seh es doch. Dann läufst du zornig umher, weil du Hunger hast. Oder du handelst auf dem Schwarzen Markt, um Geld zu verdienen und etwas anzuschaffen. Dafür eignest du dich doch gar nicht. Und ich? Wenn ich das sehe, was soll ich dann machen? Eine Ärztin sagte mir neulich: ›Wer unter den heutigen Verhältnissen ein Kind in die Welt setzt, begeht ein Verbrechen.‹ Sie war wütend auf die Männer, weil sie nicht nachdenken.

Siehst du, Mama ist eine gute Frau, und ich hab sie auch lieb. Ich kann aber nicht mit ihr darüber reden. Ich hin in einer Buchhandlung angestellt. Wenn ich abends nach Hause komme, erzählt mir Mama zum Beispiel, daß sie beim Gemüsehändler einen Kopf Weißkohl bekommen habe. Und sie hat zwei Stunden dafür angestanden. Sie möchte, daß ich mich darüber freue, und manchmal gelingt es mir auch. Aber das lohnt sich doch gar nicht um diesen Weißkohl. Oder sie hat Ärger gehabt mit den Leuten, bei denen wir wohnen, in der Küche oder sonst etwas. Wir wohnen nicht gut. Unser ganzer Stadtteil ist abgebrannt, und wir mußten sehen, wo wir unterkamen. Du bildest dir wohl ein, ich besäße etwas? Ja, früher. Doch wir haben alles verloren. So ein Kleid, wie ich es anhabe, hätte ich früher gar nicht getragen. Siehst du, und dann soll ich Mama trösten. Es ist nicht so schlimm, sage ich ihr. Aber das ist ja nicht wahr, und immer gelingt es mir nicht. Dann werde ich böse. Du weißt ja gar nicht, wie böse wir alle geworden sind. Wenn du es wüßtest, würdest du es gar nicht erst versuchen. Vielleicht würdest du auch böse werden, ganz ohne deine Schuld. Du aber hältst mich einfach am Bein fest und glaubst: Sie wird es schon machen. Wie soll ich es denn? Und was weißt du überhaupt von mir?

Ich habe mich erst vor drei Tagen entschlossen, hierher zu fahren. Ganz plötzlich. Es war gar nicht leicht, eine Fahrkarte zu bekommen. Und dann die anstrengende Fahrt. Ich sagte mir: du mußt einmal heraus aus allem und darüber nachdenken. Wie konnte ich denn vorher wissen, daß ich weinen würde? Denn reden kannst du auch mit den Besten nicht darüber. Ja, es gibt auch solche. Es ist nicht wahr, daß wir alle böse sind. Einige sind so geblieben, wie es sein soll. Nicht viele, und sie sind schwer zu finden, aber es gibt doch welche. Wenn man sie findet, darfst du aber auf keinen Fall mit ihnen darüber sprechen. Ich meine über den Weißkohl und solche Dinge. Dann sagen sie: Das ist nicht so wichtig, und man schämt sich. Du denkst es vielleicht auch, und es ist auch gar nicht wichtig. Doch wenn keiner sich darum kümmert, dann verhungerst du. Also, wie soll ich es machen?«

Hanna drückte die Hand des Jünglings und erschrak selber darüber.

»Hab ich dir weh getan?« fragte sie. »Ist dir auch nicht kalt? Warum ißt du denn die Kekse nicht? Sie sind doch so gut. Ich hab doch sonst nichts für dich. Sie sind mit echter Butter gebacken. Auch der Tee war eigentlich nicht für dich bestimmt. Ein Kunde hat ihn mir gegeben. Ich habe ihm ein Buch verschafft, das er dringend brauchte. Bücher gibt es ja auch nur wenige. Erst wollte ich den Tee nicht nehmen, aber dann tat ich es doch. Aus bestimmten Gründen.

Hör zu. Du kannst ruhig alles wissen. Es ist sogar besser, damit du mir nachher keine Vorwürfe machst. Außerdem habe ich noch gar keinen endgültigen Entschluß gefaßt. Denn eigentlich bin ich heute mit ihm verabredet. Ich meine mit dem, für den ich diesen Tee angeschafft habe. Er sagt zwar immer: ich brauche keinen Tee, aber ich weiß doch, wie gut es für seine Arbeit ist. Ich habe ihm nichts von meiner Reise gesagt. Wenn ich heute nicht komme, wird er sich etwas wundern. Doch nicht sehr lange. Ich wollte ihm vorhin einen Brief schreiben, aber dann ließ ich es. Er wird denken: ihr ist etwas dazwischen gekommen, und gleich an seine Arbeit gehen. Er meint das nicht so schroff, wie es klingt, doch ich bin mir nicht ganz sicher. Was glaubst du?

Vor drei Tagen schien es mir so zu sein. Ich saß auf dem Sofa in seinem Zimmer und nähte etwas. Ich hatte gesehen, daß die linke Manschette von seinem Oberhemd durchgescheuert war. Es kommt vom Uhrarmband. Ich sagte: Gib her, man kann die Manschette wenden, und antwortete ärgerlich: Das ist nicht nötig! und: Dazu bist du nicht da. Aber ich nahm mir das Hemd einfach und machte mich daran.

Er saß am Flügel und probierte etwas. Er ist Pianist. Ich habe ihn kennengelernt, als er in den Laden kam und nach einem Buch suchte. Ich fragte ihn: ›Warum geben Sie gar keine Konzerte mehr?‹ Denn vor dem Kriege hatte ich ihn einige Male gehört. Er war schon ziemlich bekannt.

Seit dem Tage kennen wir uns. Er behauptete, seine Finger müßten erst wieder geläufig werden. Sie hatten ihn nämlich am Schluß auch noch zum Soldaten gemacht. Es ist eine Schande! Wenn sie Krieg führen, ist ihnen alles gleichgültig, und wer sich weigert, den schießen sie selber tot. Siehst du, so ist das hier bei uns.

Aber das mit den Fingern ist nicht der einzige Grund. Er könnte sie längst schon wieder so gebrauchen, wie er wollte. Doch ich durfte ihn nicht fragen. Wenn ich es tat, lachte er mich aus, oder er wurde ärgerlich. Darum tat ich so, als ginge es mich nichts an.

Ich glaube aber, ich weiß es doch. Nur, es läßt sich schwer erklären. Ich habe nicht Musik studiert. Einmal kam ein Bekannter zu ihm. Er verkehrt übrigens nur mit wenigen. Sie führten dann lange Gespräche; es war sehr interessant für mich. Er sagte zu dem Bekannten: Ich verstehe euch nicht, warum ihr nicht lieber in eurem Versteck bleibt und schweigt. Ihr habt ganz einfach Angst vorm Schweigen, das ist es. Daher stellt ihr euch hin und redet darauf los, wie man es euch beigebracht hat. Als wenn inzwischen kein Krieg und nichts gewesen wäre. Das ist genau so, als bautet ihr am Rande einer zerstörten Stadt eine Luftschaukel auf und sagtet: Bitte! Steigt ein und schaukelt euch.

Der Bekannte war ein Schriftsteller und lachte darüber. Er aber meinte es nicht lächerlich. Er sagte: Die Leute laufen ins Konzert, um ihre Not für eine Stunde zu vergessen. Das kann man ihnen nicht übelnehmen, doch eine Flasche Wein täte es genausogut, nur sie kostet etwas mehr auf dem Schwarzen Markt als ein Konzertbillett. Was aber die Musik betrifft, so ist es Hurerei.

Du mußt dich nicht an seinen Ausdrücken stoßen. Er meint es natürlich nicht so, wie es klingt. Aber ungefähr versteht man es doch, nicht wahr?

Während ich an dem Hemd nähte, probierte er immer das gleiche Stück. Manchmal brach er ab und begann wieder von vorne. Ich erschrak jedesmal, wenn er abbrach, weil es so unvermittelt kam. Ich dachte, er spiele das Stück sehr gut und man könne es gar nicht besser spielen. Warum also erzählt er nicht zu Ende?

Ich beobachtete ihn heimlich. Er durfte es nicht merken. Das konnte er nicht vertragen. Er hielt den letzten Ton noch fest und lauschte ihm nach.

Siehst du, da habe ich mich entschlossen, hierher zu fahren. Es wird mir furchtbar schwer, dir das zu erklären. Ich möchte nicht gern, daß du denkst, ich wollte ihn schlecht machen. Wenn du nur wüßtest, wie gern ich in dieser Minute noch zu ihm zurückfahren möchte. Ja, mit dir zusammen. Du kannst mitkommen. Du würdest ihn sehr gern mögen. Ihr würdet euch sofort verstehen.

Du siehst ihm nämlich etwas ähnlich. Ein anderer würde es vielleicht gar nicht sehen, aber ich sehe es. Du brauchst deshalb nicht wegzublicken. Natürlich ist er älter, er hat Falten im Gesicht und verkneift oft den Mund. Auch die Haare sind anders, ja, es sind schon einige weiße darunter. Nicht viele. Doch früher, ich meine vor dieser Zeit, ehe er Soldat wurde und alles zerstört wurde, und noch früher, wird er so ausgesehen haben wie du. Bestimmt.

Und manchmal sieht er auch heute noch so aus. Dann ... dann ... Ist dir auch wirklich nicht kalt? Wenn ich nur gewußt hätte, daß ich dich hier treffen würde. Ich hätte noch andere Sachen mitgebracht. So aber hab ich gar nichts für dich.

Ja, wie er da am Flügel saß, dachte er gar nicht an mich. So angespannt war er mit seiner Sache beschäftigt. Ich wußte aber genau, wie es kommen würde. Nach einiger Zeit würde er sich zu mir setzen. Das heißt, nur wenn es ihm nicht gelänge, das Stück zu Ende zu spielen. Er würde sich eine Zigarette anzünden und so tun, als wenn nichts wäre. Ich würde es aber doch merken. Nun gut, er würde sich mit mir unterhalten oder auch sonst was.

Er braucht mich nämlich gar nicht. Das ist es. Du mußt nicht erschrecken; doch man darf sich nichts vormachen. Natürlich kann ich ihm die Manschetten am Oberhemd umsetzen. Und manchmal ist er auch müde, dann kommt er. Aber wie er da am Flügel saß, war ich gar nicht für ihn auf der Welt. Im Gegenteil, ich hätte ihn nur gestört.

Willst du mir glauben, daß ich deswegen oft wütend auf ihn war? Nicht jetzt, und es war auch unrecht von mir. Übrigens war ich auch schon über dich ärgerlich, so kurz wir uns kennen. Ich bin nun einmal so, es ist nicht deine Schuld.

Und wenn er das Stück nun zu Ende gespielt hätte, so wie er es für richtig hielt? Was dann?

Ich kann es dir nicht schildern, wie erschrocken ich war. Ich hatte solche Angst, daß alles verschwinden würde, wenn ich weiter darüber nachdächte. Das Zimmer, das Sofa, das Hemd und ich auch. Ich mußte mich richtig an dem Hemd festhalten. Aber er würde weiterspielen und sich um nichts kümmern.

Denn ich wollte etwas mit ihm besprechen. Nicht über solche Dinge wie den Weißkohl und die Sorgen, die ich mit Mama besprach. Das kam nicht in Frage. Doch es gibt doch auch wichtigere Dinge.

Statt dessen bin ich fortgefahren. Das war nicht einfach, ach. Ich weiß auch nicht, ob es das Richtige ist. Und was ich nachher tun werde, weiß ich auch noch nicht. Aber ich muß sehen, wie ich allein damit zurecht komme. Ich hätte ja auch besser aufpassen können. Denn schließlich ist es ja wirklich nicht seine Sache.

Und vielleicht, während ich hier sitze, spielt er das Stück zu Ende.«

Hanna horchte lange und vergaß ganz, daß sie nicht allein war. Erst ein plötzlicher Windstoß, der von der Landseite her gegen das Häuschen fuhr, brachte sie wieder zu sich selbst. Der Jüngling saß ihr nach wie vor gegenüber, und es sah so aus, als machte es ihm Mühe, die Augen offen zu halten.

Der Ärmste, dachte Hanna beschämt, wozu habe ich ihm das alles erzählt? Er versteht es doch nicht, und nur um mir einen Gefallen zu tun, gibt er sich Mühe, mir zuzuhören. Was bin ich auch für eine komische Person.

»Du mußt jetzt zu Bett«, sagte sie. »Auch müssen wir die Kerze sparen. Sie brennt schon viel zu lange. Komm! Wir haben nur Bettzeug für ein Bett, doch es wird schon gehen.« Sie ging mit dem Licht ins Nebenzimmer, und der Jüngling folgte ihr schlaftrunken.

»Leg dich nur schon hin«, sagte sie. »Ich will nur noch die Tassen ausspülen, dann brauche ich es morgen früh nicht zu tun.«

Der Jüngling nahm sich das Badetuch von den Hüften und bemühte sich, es sorgsam in den ursprünglichen Falten zusammenzulegen. Hanna war sehr verwundert darüber. Er ist sehr ordentlich, dachte sie.

»Laß nur. Wirf es auf den Stuhl. Ich lege es nachher schon zusammen«, sagte sie. Der Jüngling schlüpfte ins Bett, und sie ging mit der Kerze in die Küche zurück, um aufzuräumen.

Während sie dabei war, begann endlich das Gewitter. Sie

zuckte zusammen und blickte nach dem ersten Donnerschlag auf die offene Tür zum Schlafraum. Aber es rührte sich dort nichts.

Eigentlich müßte ich warten, bis es vorbei ist, überlegte sie. Er ahnt es nicht einmal, daß ich Angst vor dem Gewitter habe. Aber dann entkleidete sie sich doch.

Der Jüngling schlief bereits, als sie an das Bett trat. Ich weiß nicht, ob Hanna etwas anderes erwartet hatte. Kein Wunder, dachte sie, daß er müde ist. Dies ist sein erster Tag an Land, und was hat er gleich alles erleben müssen. Er lag auf der Seite und atmete ruhig. Brust und Arme waren nicht zugedeckt, weil es ihm wohl zu warm war.

Hanna hielt die Hand vor die Kerze, damit ihn das Licht nicht weckte, und betrachtete ihn gerührt. Sie bedauerte, daß sie ihm keinen Gutenachtkuß gegeben hatte.

Vielleicht hat er darauf gewartet? Oder ich müßte sogar irgendein Abendgebet mit ihm sprechen?

Vor sich hin lächelnd blies sie das Licht aus und legte sich vorsichtig zu ihm ins Bett. Es war Platz genug. Er wachte nicht auf.

Draußen rauschte der Regen nieder, und Hanna schlief sofort ein. –

Man muß sich nicht darüber wundern, daß der Jüngling am nächsten Morgen fort war. Auch Hanna wunderte sich nicht. Ich sagte schon, daß diese Geschichten meistens etwas traurig, zum mindesten aber unbefriedigend enden. Wenn ich sie mir ausgedacht hätte, würde es nicht schwer sein, irgendeinen Schluß dazu zu erfinden, so daß niemand im Zweifel bliebe, was daraus geworden ist. Es bedürfte gar nicht vieler Worte über Hanna und den Jüngling. Vielleicht hat sie doch Aale bei den Fischersleuten eintauschen können, das wäre zum Beispiel schon etwas. Oder Hanna schreibt einen Brief an ihre Mutter. Ja, man brauchte nur diesen Brief herzusetzen, das wäre das einfachste. Was diesen Pianisten angeht, so ist es allerdings schon sehr viel schwieriger, für ihn ein Schicksal zu erfinden. Man möchte zum Beispiel gern wissen, ob es ihm endlich gelungen ist, sein Stück zu Ende zu spielen. Aber wer weiß das? Vielleicht hat ihn jemand inzwischen im Konzertsaal gehört. Doch selbst dann bliebe immer noch die Frage offen: Weiß er etwas von Hannas Erlebnis? Und wenn: Hat das irgendwelchen Einfluß auf sein Spiel gehabt? Doch wie gesagt, es ist nicht meine Erfindung, und ich will nur erzählen, was ich weiß.

Am nächsten Morgen trat Hanna vor die Tür der Hütte. Es war etwas dumpfig darin vom Tage vorher. Das Gewitter war längst vorüber. Das Land lag erfrischt und sauber in der Sonne. Gar nicht weit davon saß ein Fuchs vor einem Mauseloch. Fast ohne den Kopf zu wenden, schielte er pfiffig zu Hanna hin. Mag sie da stehen, dachte er, und wandte sich, ohne weiter von ihr Notiz zu nehmen, seiner Angelegenheit wieder zu.

Hanna atmete tief auf. Ach, ich habe gestern geweint, fiel es ihr dabei ein. Durch die Buchenstämme des Abhangs blinkte das silberne Meer.

Das nächste Mal, wollte Hanna sagen, aber sie dachte es gar nicht erst zu Ende, da es ihr gar zu selbstverständlich schien. Mag er nur kommen, dachte sie, ich werde es schon irgendwie schaffen.

Das Meer war nur ganz leicht gekräuselt. Winzige Wellen betasteten den Strand, sehr zärtlich, ohne eine Spur zu hinterlassen, eine nach der andern. –

Immerhin, soviel könnte man, ohne zu lügen, wohl dazu sagen. Frauen, die ein solches Erlebnis haben, können mehr daraus machen. Sie können sich zum Beispiel ein Kind wünschen, das diesem Jüngling aus dem Meere gleicht, und wenn sie sich Mühe geben, wird ihnen der Wunsch auch in Erfüllung gehen. Das ist doch sehr viel mehr als auf einer einsamen Klippe sitzen und dann und wann abends ein sehnsüchtiges Lied singen.

Übrigens fällt mir dabei ein seltsamer Spruch ein, den ich irgendwo einmal gelesen habe. Ich glaube, er stammt aus dem alten Griechenland, doch ich weiß nicht, von wem: Das Meer wäscht alle Not der Menschen ab.

Richard Laymon

Die Nixe

»Also, ich weiß nicht recht«, sagte ich.

»Was heißt da, du weißt nicht recht?« fragte Cody. Er saß am Steuer. Sein Wagen war ein Jeep Cherokee mit Allradantrieb. Wir holperten jetzt schon seit etwa einer halben Stunde auf einem Forstweg durch den Wald, draußen war es bis auf das Licht der Scheinwerfer höllisch dunkel, und ich wußte nicht, wie weit es noch bis zu diesem Lost Lake war, den wir erreichen wollten.

»Was ist, wenn mit dem Wagen was ist?« fragte ich.

»Was soll mit dem Wagen sein?«

»Es hört sich an, als würde er jeden Moment zusammenbrechen.«

»Mann, bist du vielleicht eine Schißbüchse«, sagte Rudy, der auf dem Beifahrersitz saß.

Rudy war Codys bester Freund. Die beiden waren ganz schön coole Typen. In gewisser Weise fühlte ich mich sogar geehrt, daß sie mich mitgenommen hatten. Aber ein bißchen nervös war ich auch. Vielleicht hatten sie mich nur deshalb gefragt, ob ich mitkommen wollte, weil ich der Neue in der Klasse war und weil sie einfach nett sein und mich näher kennenlernen wollten. Aber vielleicht hatten sie auch vor, mich aufs Kreuz zu legen.

›Aufs Kreuz legen‹ meine ich hier natürlich nur in einem Sinn. Nichts an Cody und Rudy deutete darauf hin, daß sie andersrum waren; außerdem hatten sie beide eine Freundin.

Rudys Mädchen war nichts Besonderes. Sie hieß Alice und sah aus, als hätte sie jemand an Kopf und Füßen gepackt und dann so lange auseinandergezogen, bis sie zu groß und zu dünn war.

Codys Freundin hieß Lois Carnett. An Lois war alles perfekt. Bis auf eines: sie *wußte*, daß sie perfekt war. Mit anderen Worten, sie war ganz schön hochnäsig.

Trotzdem war ich total weg von ihr. Wäre ja auch ein Wunder gewesen, wenn nicht. Man brauchte sie bloß anzusehen und wurde schon ganz kirre. Blöderweise hatte ich letzte Woche den Fehler gemacht, mich dabei erwischen zu lassen. Es war in der Chemiestunde. Ihr war der Bleistift runtergefallen, und als Sie sich bückte, um ihn aufzuheben, konnte ich ihr vorne in die Bluse schauen. Sie hatte zwar einen BH an, aber mir blieb trotzdem die Spucke weg. Dann sah sie allerdings hoch, merkte, wo ich hin starrte, und zischte mich an: »Was gibt's denn da zu glotzen, du Arschloch?«

»Titten«, antwortete ich. Manchmal bin ich echt nicht auf den Mund gefallen.

Nur gut, daß Blicke nicht töten können.

Freunde können das aber schon. Und das war mit ein Grund, warum mir ein bißchen zweierlei war, als ich mit Cody und Rudy spät nachts durch den Wald fuhr.

Allerdings hatte niemand etwas von dem Zwischenfall erwähnt.

Bisher jedenfalls nicht.

Vielleicht hatte Lois ihrem Cody gar nichts davon erzählt, und ich machte mir umsonst Gedanken.

Andererseits …

Ich fand, die Sache war das Risiko wert. Ich meine, was konnte mir schon groß passieren? Es war jedenfalls ziemlich unwahrscheinlich, daß sie mich gleich umbringen würden, bloß weil ich Lois in den Ausschnitt gespechtet hatte.

Was sie *gesagt* hatten, daß sie vorhätten, war jedenfalls, daß sie mich mit einem Mädchen verbandeln wollten.

Als ich nachmittags gerade mein Lunchpaket auswickelte, kamen Cody und Rudy auf mich zu und fingen mit mir zu reden an.

»Hast du für heute abend schon was vor?« fragte Cody.

»Wie meinst du das?«

»Er meint«, sagte Rudy, »daß wir eine Braut kennen, die dich richtig heiß findet. Sie würde dich gern *kennenlernen*, wenn du weißt, was ich meine. Heute abend.«

»Heute abend? Mich?«

»Um Mitternacht«, sagte Cody.

»Seid ihr auch sicher, daß ihr mich nicht mit jemand anderem verwechselt?«

»Eine Verwechslung ist vollkommen ausgeschlossen.«

»Ihr meint wirklich mich, Elmo Baine?«

»Hältst du uns für beschränkt, oder was?« Rudy wurde langsam sauer. »Wir *wissen*, wie du heißt. *Jeder* weiß, wie du heißt.«

»Du bist der Typ, den sie meint«, sagte Cody. »Also, was ist?«

»Du meine Güte, ich weiß nicht.«

»Was heißt da, du weißt nicht?« fragte Rudy.

»Na ja ... wer ist sie überhaupt?«

»Das ist doch völlig egal«, sagte Rudy. »Mann, sie ist scharf auf dich. Wie viele Tussis gibt es schon, die scharf auf dich sind?«

»Also ... na ja, ich wüßte trotzdem ganz gern, wer sie ist, bevor ich mich entscheide.«

»Sie hat uns gebeten, es dir nicht zu sagen«, erklärte Cody.

»Es soll eine Überraschung werden«, fügte Rudy hinzu.

»Na schön, aber woher soll ich wissen, ob sie nicht irgendso eine ... na ja, ihr wißt schon ...«

»Ein häßlicher Besen?«

»Ja.«

Cody und Rudy sahen sich an und schüttelten den Kopf. Dann sagte Cody: »Das ist eine echt heiße Braut, Ehrenwort. So eine Chance kriegst du vielleicht nie wieder, Elmo. Das kannst du dir doch nicht entgehen lassen.«

»Na ja, könnt ihr mir nicht trotzdem sagen, wer sie ist?«

»Nein.«

»Kenne ich sie?«

»Sie kennt dich«, erklärte Rudy. »Und sie will dich noch wesentlich besser kennenlernen.«

»So eine Gelegenheit kannst du dir doch nicht entgehen lassen«, redete mir Cody noch mal ins Gewissen.

»Hm«, sagte ich. »Vielleicht ... also gut.«

Danach besprachen wir, wo und wann sie mich mit ihrem Wagen abholen würden.

Ich fragte nicht, ob ›noch jemand‹ mitkäme, aber ich nahm

an, daß sie vielleicht mit Alice und Lois aufkreuzen würden. Dieser Gedanke machte mich ganz kribbelig. Im Lauf des Tages wurde ich immer sicherer, daß Lois mit von der Partie wäre und dachte deshalb kaum mehr an meine geheimnisvolle Verehrerin.

Auf jeden Fall schlich ich so zeitig aus dem Haus, daß ich bis zu unserem Treffen noch reichlich Zeit hatte. Als der Wagen auftauchte, saßen allerdings nur Cody und Rudy drin. Meine Enttäuschung war mir wahrscheinlich anzusehen.

»Ist irgendwas?« fragte Cody.

»Nein. Nichts. Ich bin nur ein bißchen nervös.«

Rudy grinste mich über seine Schulter an. »Gut riechen tust du jedenfalls.«

»Nur ein wenig Old Spice.«

»Die wird dich von oben bis unten abschlecken.«

»Laß den Scheiß«, sagte Cody.

»So«, sagte ich, »wohin fahren wir? Mir ist zwar klar, daß ihr mir nicht sagen sollt, wer sie ist, aber ich bin schon gespannt, wo ihr mich hinbringt.«

»Können wir es ihm sagen?« fragte Rudy.

»Schätze schon. Warst du schon mal am Lost Lake, Elmo?«

»Lost Lake? Nie gehört.«

»Dann hast du's jetzt«, meinte Rudy.

»Wohnt sie dort?« fragte ich.

»Dort will sie sich mit dir treffen«, warf Cody ein.

»Sie ist gern in der freien Natur«, erklärte Rudy.

»Und außerdem«, fügte Cody hinzu, »ist das ein toller Platz, um ein bißchen rumzumachen. Ein netter kleiner See, tief im Wald, und weit und breit kein Mensch, der einen stören könnte.«

Dieser bescheuerte Forstweg schien kein Ende nehmen zu wollen. Der Jeep schaukelte und ächzte. Ständig schrappten irgendwelche Zweige oder was an den Seiten entlang. Und dunkel war es vielleicht ...

Wenn man erleben will, was wirkliche Dunkelheit ist, braucht man bloß mal nachts in einen Wald zu gehen. Vielleicht liegt das daran, daß die Bäume das Mondlicht abhalten. Es war, als führen wir durch einen Tunnel. Das Licht der Scheinwerfer fiel bloß auf das, was direkt vor uns war, und von den Rücklichtern war durchs Rückfenster nur ein roter Schein zu sehen. Alles andere war schwarz.

Zuerst hatte ich mir noch nichts dabei gedacht, aber dann wurde ich zunehmend unruhiger. Je weiter wir in den Wald hineinfuhren, desto mulmiger wurde mir. Sie versicherten mir natürlich, mit dem Wagen wäre alles in Ordnung, und Rudy hatte mich, bloß weil ich gefragt hatte, eine Schißbüchse genannt. Nach einer Weile faßte ich mir trotzdem erneut ein Herz und fragte: »Seid ihr auch sicher, daß wir uns nicht verfahren haben?«

»Ich verfahre mich nicht«, sagte Cody.

»Wie sieht's mit Benzin aus?«

»Bestens.«

»Was'n Schlappschwanz«, brummte Rudy.

Was'n Blödmann, dachte ich. Aber ich sagte es nicht. Ich sagte überhaupt nichts. Ich meine, wir waren hier irgendwo mitten in der Wildnis, und kein Mensch wußte, daß ich mit diesen Typen unterwegs war. Wenn sie aus irgendeinem Grund sauer auf mich waren, konnte es ganz schön happig für mich werden.

Natürlich war mir klar, daß dieser Ausflug also ziemlich dumm für mich enden konnte. Vielleicht war das Ganze eine Falle. Das hoffte ich zwar nicht, aber man kann nie wissen.

Das Problem ist, man kriegt nie Freunde, wenn man nicht ein gewisses Risiko eingeht. Mir kamen zwar langsam Zweifel, ob die Freundschaft mit Cody und Rudy ein solches Risiko wert war, aber ich hatte dabei auch ständig im Hinterkopf, daß ich durch sie Lois näher käme.

Ich konnte mir schon richtig vorstellen, wie wir vielleicht mal zu sechst was unternehmen würden: Cody und Lois, Rudy und Alice, Elmo und seine geheimnisvolle Verehrerin. Wir würden dicht zusammengequetscht in Codys Jeep durch die Gegend gurken. Wir würden gemeinsam ins Kino gehen. Wir würden Picknicks und Badeausflüge machen, vielleicht sogar zusammen zelten – und rummachen. Meine Partnerin wäre natürlich meine geheimnisvolle Verehrerin, aber Lois wäre auch dabei, und ich könnte sie sehen, ihr zuhören ... und vielleicht auch mehr. Vielleicht würden wir ab und zu Partnertausch machen. Vielleicht würden wir sogar Orgien feiern.

Es war nicht abzusehen, was passieren konnte, wenn sie mich in ihre Clique aufnahmen.

Um das rauszufinden, würde ich wahrscheinlich so ziemlich alles tun – notfalls sogar mit diesen Typen ans Ende der Welt fahren, selbst wenn sie mich dort vielleicht aussetzten oder verprügelten oder schlimmeres.

Ich hatte ganz schön Muffensausen. Je tiefer wir in den Wald kamen, um so unheimlicher wurde mir das Ganze. Aber seit mich Rudy einen Schlappschwanz genannt hatte, hielt ich den Mund. Ich saß auf dem Rücksitz, machte mir Sorgen und versuchte mir immer wieder einzureden, sie hätten keinen triftigen Grund, mich wirklich fertigzumachen. Was hatte ich schon getan, außer Lois in den Ausschnitt zu linsen?

»Da wären wir«, sagte Cody.

Wir waren am Ende der Straße angekommen.

Im grellen Licht der Scheinwerfer tauchte eine gerodete Fläche vor uns auf, etwa so groß, daß ein halbes Dutzend Autos darauf Platz hatte. Damit man wußte, wo man anhalten mußte, waren auf dem Boden Balken ausgelegt. Hinter dem Parkplatz sah ich eine Mülltonne, ein paar Picknicktische und eine gemauerte Feuerstelle zum Grillen.

Unser Wagen war weit und breit der einzige.

Außer uns niemand zu sehen.

»Sieht so aus, als wäre sie noch nicht hier«, sagte ich.

»Warte erst mal ab«, sagte Cody.

»Aber es sind keine anderen Autos da.«

»Wer sagt denn, daß sie im Auto kommt?« meinte Rudy.

Cody fuhr auf einen der Balken zu, hielt an und stellte den Motor ab.

Einen See konnte ich nirgendwo sehen. Fast hätte ich einen Witz gemacht, der Lost Lake wäre wohl tatsächlich verlorengegangen, aber mir war im Moment nicht zum Spaßen.

Cody schaltete die Scheinwerfer aus. Tiefes Schwarz sprang uns an, aber nur eine Sekunde lang. Denn im selben

Moment schwangen beide Vordertüren auf, und die Innenbeleuchtung ging an.

»Kommt«, sagte Cody.

Sie stiegen beide aus. Ich auch.

Als sie die Türen zuschlugen, ging das Licht im Jeep aus. Aber wir standen auf einer Lichtung. Über uns wölbte sich der Himmel. Der Mond war fast voll, und es waren auch Sterne zu sehen.

Die Schatten waren undurchdringlich schwarz, aber überall sonst war es relativ hell, fast so, als ob alles mit einem schmutzigweißen Pulver bestreut worden wäre.

Der Mond war wirklich extrem hell.

»Hier lang«, sagte Cody.

Wir gingen über den Picknickbereich. Ich muß schon sagen, ich hatte ganz schön weiche Knie.

Gleich hinter den Tischen fiel das Gelände zu einer fahl schimmernden Fläche ab. Ein bißchen erinnerte sie mich an den Anblick von Schnee bei Nacht – nur daß sie mir etwas dunkler als Schnee vorkam. Ein Sandstrand? Mußte wohl so sein.

Hinter dem sanft gekrümmten Strand lag in tiefem Schwarz der See. Es sah sehr schön aus, wie der Mond einen silbernen Streifen über das Wasser warf. Das Silber kam vom anderen Ufer des Sees direkt auf uns zu. Es zog sich an der Seite einer kleinen, bewaldeten Insel entlang und reichte bis an den Strand heran.

Cody hatte gesagt, daß ›einen hier kein Mensch störte‹, und er hatte recht. Bis auf den Mond und die Sterne war nirgendwo Licht zu sehen: weder von irgendwelchen Booten auf dem Wasser noch von einer Anlegestelle am Ufer noch von einer Hütte in dem dunklen Wald, der sich rund um den See erstreckte. Wie es aussah, waren wir wahrscheinlich weit und breit die einzigen Menschen.

Mir wäre lieber gewesen, ich wäre nicht so nervös gewesen. Das hätte wirklich ein toller Platz sein können, wenn man sich nicht gerade mit zwei Typen hier aufhielt, die einem möglicherweise eine ordentliche Abreibung verpassen wollten. Ein toller Platz, um zum Beispiel mit einer richtig schnuckligen Maus rumzumachen.

»Sieht nicht so aus, als ob sie hier wäre«, sagte ich.

»Sei dir da mal nicht so sicher«, entgegnete Rudy.

»Vielleicht hat sie es sich anders überlegt. Ich meine, morgen ist doch Schule und überhaupt.«

»Es muß ein Abend sein, an dem am nächsten Morgen Schule ist«, erklärte mir Cody. »An den Wochenenden ist hier zuviel los. Schau dir das mal an, wir haben den ganzen See für uns allein.«

»Aber wo ist das Mädchen?«

»Meine Fresse«, stöhnte Rudy, »wann hörst du endlich mal mit diesem blöden Gejammer auf?«

»Ja«, sagte Cody. »Genieß doch den schönen Abend. Es gibt doch überhaupt keinen Grund, sich aufzuregen.«

Dann gingen wir auf den Sand hinaus. Doch schon nach ein paar Schritten blieben die beiden wieder stehen. Sie zogen ihre Schuhe und Strümpfe aus. Ich zog meine auch aus. Obwohl es ein warmer Abend war, fühlte sich der Sand unter meinen nackten Sohlen kühl an.

Als nächstes zogen sie ihre Hemden aus. Das war völlig in Ordnung; sie sind solche Typen, und die Nacht war warm, und es wehte ein laues Lüftchen. Trotzdem war mir so mulmig, daß ich einen richtigen Eisklumpen im Bauch bekam. Cody und Rudy hatten tolle Figuren. Und selbst im Mondschein konnte man sehen, daß sie knackig braun waren.

Ich zog das Hemd aus der Hose und knöpfte es auf.

Sie ließen ihre Hemden zusammen mit ihren Schuhen und Socken am Strand liegen. Ich behielt meines an. Keiner von beiden verlor darüber ein Wort. Als wir über den Sand zum Wasser hinuntergingen, war ich fast so weit, mein Hemd auszuziehen. Ich wollte wie sie sein. Und ich fand es toll, wie sich die Luft anfühlte. Aber ich konnte mich einfach nicht überwinden.

Am Wasser blieben wir stehen.

»Ist das nicht super?« meinte Cody. Er hob die Arme und reckte sich. »Spürt ihr den Wind?«

Rudy reckte sich auch, spannte seine Muskeln an und seufzte. »Mann, wenn jetzt die Mädchen hier wären.«

»Vielleicht fahren wir am Freitag noch mal her und nehmen sie mit. Du kannst auch mitkommen, Elmo. Bring deine neue Flamme mit, dann können wir hier so richtig einen draufmachen.«

»Echt?«

»Klar.«

»Super! Das wäre ... wirklich stark.«

Das war genau, was ich hören wollte! Meine Sorgen waren völlig unbegründet gewesen. Diese zwei waren die besten Kumpel, die man sich nur wünschen konnte.

Schon in wenigen Tagen würde ich zusammen mit Lois hier an diesem Strand sein.

Ich fühlte mich plötzlich großartig!

»Vielleicht sollten wir das Ganze erst mal abblasen«, sagte ich trotzdem. »Mein, äh, ihr wißt schon, Mädchen ... sie ist wohl nicht hier. Vielleicht sollten wir einfach wieder fahren, und dann könnten wir ja am Freitag *alle* herkommen. Ich kann gern so lang warten, bis ich sie kennenlerne.«

»Meinetwegen«, sagte Cody.

»Ich hätte auch nichts dagegen«, stimmte Rudy zu.

»Super!«

Doch dann lächelte Cody und legte den Kopf auf die Seite. »Bloß *sie* fände das bestimmt nicht so toll. Sie will dich heute nacht sehen.«

»Du hast vielleicht ein Schwein«, sagte Rudy und boxte mich.

Ich rieb mir den Arm. »Bloß daß sie nicht hier ist.«

Cody nickte. »Stimmt. Sie ist tatsächlich nicht hier. Sie ist nämlich *dort*.« Er deutete auf den See hinaus.

»Wie bitte?«

»Auf der Insel.«

»Auf der *Insel*?« Ich bin nicht besonders gut im Schätzen von Entfernungen, aber die Insel sah ziemlich weit weg aus. Mindestens ein paar hundert Meter. »Was macht sie dort?«

»Auf dich warten, Lover Boy.« Rudy boxte mich wieder.

»Hör auf.«

»Entschuldige.« Er verpaßte mir noch einen.

»Laß den Scheiß«, sagte Cody zu ihm. Zu mir sagte er: »Dort drüben will sie sich mit dir treffen.«

»Dort?«

»Ist doch super. Da brauchst du dir wenigstens keine Gedanken machen, daß euch jemand überrascht.«

»Sie ist auf der *Insel?*« Ich hatte ziemliche Schwierigkeiten, das zu glauben.

»Ganz richtig.«

»Wie ist sie da hingekommen?«

»Sie ist geschwommen.«

»Sie ist gern in der freien Natur.« Das hatte mir Rudy schon mal gesagt.

»Und wie soll *ich* da rüberkommen?«

»Genau wie sie«, sagte Cody.

»Schwimmen?«

»Du kannst doch schwimmen, oder nicht?«

»Klar. Ein bißchen.«

»Ein bißchen?«

»Na ja, besonders gut jedenfalls nicht.«

»Schaffst du es so weit?«

»Keine Ahnung.«

»Scheiße«, sagte Rudy. »Ich hab's doch gewußt, daß er ein Schlappschwanz ist.«

Blöde Sau, dachte ich. Am liebsten hätte ich ihm ins Gesicht gehauen, aber ich stand bloß da.

»Wir können unmöglich riskieren, daß er uns ersäuft«, sagte Cody.

»Er säuft schon nicht ab. Hör mal, bei dem vielen *Fett*.«

Halb wollte ich Rudy eine reinhauen, halb hätte ich am liebsten losgeheult.

»Wenn ich will, kann ich durchaus zu dieser Insel rüberschwimmen«, stieß ich hastig hervor. »Es ist nur so, daß ich nicht besonders scharf drauf bin. Außerdem gehe ich jede Wette ein, daß da drüben gar kein Mädchen ist.«

»Was soll das heißen?« fragte Cody.

»Das Ganze ist nur ein Trick«, sagte ich. »Ihr wißt ganz genau, daß da drüben kein Mädchen ist. Ihr erzählt mir das nur, daß ich zu der Insel rüberschwimme. Und dann fahrt ihr wahrscheinlich weg und laßt mich hier zurück oder so was.«

Cody sah mich an. »Kein Wunder, daß du keine Freunde hast.«

Rudy stieß ihn mit dem Ellbogen an. »Elmo hier hält uns für zwei richtige Arschlöcher.«

»Das habe ich nicht gesagt.«

»Ach ja«, maulte Cody. »Wir versuchen, nett zu dir zu sein, und du denkst, wir wollen dich reinlegen. Du kannst mich mal. Los, fahren wir wieder.«

»Was?« fragte ich.

»Wir fahren.«

Beide kehrten dem See den Rücken zu und gingen über den Strand zu der Stelle hoch, wo sie ihre Sachen gelassen hatten.

»Wir fahren?« fragte ich.

Cody sah zu mir zurück. »Das willst du doch, oder etwa nicht? Komm, wir bringen dich nach Hause.«

»Zu deiner Mami«, fügte Rudy hinzu.

Ich ließ mich nicht unterkriegen. »Halt!« rief ich. »Wartet. Nur einen Moment, ja? Ich möchte da was klarstellen.«

»Was soll denn das jetzt wieder?« brummte Cody. »Du bist wirklich ein Schlappschwanz.«

»Bin ich nicht!«

Sie gingen in die Hocke und hoben ihre Hemden auf.

»He, hört mal, es tut mir leid. Ich mach's. Okay? Ich glaube euch. Ich schwimme zu der Insel rüber.«

Cody und Rudy sahen sich an. Cody schüttelte den Kopf.

»Bitte!« schrie ich. »Gebt mir noch eine Chance!«

»Du hältst uns für zwei Lügner.«

»Nein, tue ich nicht. Ehrlich. Das Ganze ist nur alles ziemlich neu für mich. So was ist mir einfach noch nie passiert. Ich meine, das ist das erste Mal, daß ein Mädchen – wie soll ich sagen? – Was von mir haben will. Okay? Ich schwimme da rüber. Ich tu's.«

»Also gut, meinetwegen«, sagte Cody. Es hörte sich allerdings nicht sonderlich begeistert an.

Sie warfen ihre Hemden wieder hin, und als sie dann zu mir zurückkamen, schüttelten sie die ganze Zeit die Köpfe und sahen sich an.

»Wir wollen aber nicht die ganze Nacht hier bleiben«, sagte Cody zu mir. Er sah auf seine Armbanduhr. »Wir machen folgendes, wir geben dir eine Stunde Zeit.«

»Und dann fahrt ihr ohne mich?«

»Hab ich das gesagt? Wir fahren nicht ohne dich.«

»Er muß uns wirklich für totale Arschlöcher halten«, sagte Rudy.

»Überhaupt nicht.«

»Wenn du in einer Stunde nicht zurück bist«, sagte Cody, »schreien wir oder hupen oder machen sonst irgendwie Lärm. Nur, damit du schon mal weißt, daß du ungefähr eine Stunde Zeit hast.«

»Laß uns nicht warten«, warnte Rudy. »Wenn du sie bis zum Morgengrauen bumsen willst, bitte – aber dann können wir nicht mehr den Chauffeur für dich spielen.«

Bis zum Morgengrauen bumsen?

»Okay«, sagte ich, wandte mich dem Wasser zu und holte tief Luft. »Dann mal los. Sonst noch was, das ich wissen muß?«

»Willst du etwa deine Jeans anlassen?« fragte Cody.

»Klar!«

»Das würde ich nicht tun.«

»Die ziehen dich bloß runter«, warnte mich Rudy.

»Laß sie lieber hier.«

Das gefiel mir ganz und gar nicht.

»Ich weiß nicht ...«, sagte ich.

Cody schüttelte den Kopf. »Wir nehmen sie dir schon nicht weg.«

»Wer würde die schon anfassen wollen?«

»Die Sache ist die«, fuhr Cody fort. »So eine Jeans saugt sich mit Wasser voll. Sie wird höllisch schwer.«

»So schaffst du es nie bis zur Insel«, sagte Rudy.

»Sie zieht dich bloß runter.«

»Oder *sie* ...«

»*Was?*«

»Hör nicht auf Rudy. Er redet nur Scheiße.«

»Die Nixe«, sagte Rudy. »Sie kommt dich holen, wenn du nicht schnell genug schwimmst. Du kannst die Jeans unmöglich anbehalten.«

»Er will dir bloß angst machen.«

»Eine *Nixe?* In dem See gibt es eine Nixe, die mich unter Wasser ziehen und ertränken will oder so was ähnliches?«

»Nein nein nein«, sagte Cody und warf Rudy einen finsteren Blick zu. »Mußtest du unbedingt damit anfangen, du Idiot?«

»Hör mal, Mann – er will seine Jeans anbehalten. Wenn er sie anbehält, entkommt er ihr nie. Dann erwischt sie ihn hundertprozentig.«

»Diese Nixe gibt es doch gar nicht.«

»Und ob es sie gibt.«

»Wovon redet ihr da eigentlich?« stieß ich hervor.

Cody wandte sich mir zu und schüttelte den Kopf. »Die Nixe aus dem Lost Lake. Das ist nur so eine blöde Legende.«

»Letzten Sommer hat sie Willy Glitten geholt«, sagte Rudy.

»Willy hat einen Krampf gekriegt, mehr nicht.«

»Das denkst du.«

»Nein, das weiß ich. Er hat so eine idiotische Pepperonipizza verdrückt, bevor er ins Wasser ging. Das war schuld, nicht irgend so ein blöder Geist.«

»Die Nixe ist kein Geist. Da sieht man wieder mal, daß du keine Ahnung hast. Geister können einen nicht packen und …«

»Das können Mädchen, die vierzig Jahre tot sind, auch nicht.«

»*Sie* schon.«

»Quatsch.«

»*Was redet ihr da eigentlich?*« stieß ich hervor.

Sie sahen mich beide an.

»Willst du's ihm erzählen?« fragte Cody seinen Freund.

»Mach du lieber.«

»Du hast damit angefangen«, sagte Cody.

»Und du behauptest, ich rede nur Scheiß. Deshalb erzählst du es jetzt. Ich sage kein Wort mehr über sie.«

»Könnte es mir vielleicht irgendeiner von euch erzählen?«

»Schon gut, schon gut«, sagte Cody. »Die Sache verhält sich so … Es gibt da diese Geschichte über die Nixe vom Lost Lake. Ein Teil davon ist wahr, aber das meiste ist purer Quatsch.«

Rudy schnaubte.

»Wahr daran ist, daß vor ungefähr vierzig Jahren ein Mädchen im See ertrunken ist.«

»An dem Abend war Schülerball. Und als er aus war, fuhr ihr Freund mit ihr hier raus. Natürlich, um ein bißchen mit ihr rumzumachen, wenn du verstehst, was ich meine. Er hat den Wagen auf dem Parkplatz da hinten abgestellt und ging dann gleich mordsmäßig zur Sache. Aber ihr ging das wohl alles ein bißchen zu schnell.«

»Sie war noch Jungfrau«, flocht Rudy ein. »Deshalb heißt sie auch die Nixe.«

»Genau. Jedenfalls geht ihr der Typ eindeutig ein bißchen zu schnell an die Wäsche, und damit er sich wieder ein bißchen abkühlt, schlägt sie vor, im See zu schwimmen. Der Typ denkt natürlich, daß sie splitternackt im Wasser rumplanschen, und ist sofort voll dabei.«

»Sonst war niemand in der Nähe«, sagte Rudy.

»Dachte sie zumindest«, fuhr Cody fort. »Sie steigen also aus dem Auto und fangen an, sich auszuziehen. Der Typ zieht sich ganz aus. Aber sie nicht. Sie will unbedingt ihre Unterwäsche anbehalten.«

»BH und Höschen«, ergänzte Rudy.

»Sie schmeißen also ihre Klamotten ins Auto und laufen hier runter zum Strand und springen in den See. Sie schwimmen eine Weile. Blödeln rum. Spritzen sich gegenseitig naß und so. Dann umarmen sie sich und, na ja es wird wieder brenzlig.«

»Als sie noch im Wasser waren?« fragte ich.

»Ja. Da draußen, wo es noch nicht so tief ist.«

Ich fragte mich, woher er das alles wußte.

»Es dauerte nicht lange, und sie erlaubte ihm, ihr den BH aufzumachen. Es ist das erste Mal, daß er sie so weit hat.«

»Darf endlich mal ihre Titten befummeln«, sagte Rudy.

»Er ist schon so weit, daß er glaubt, er ist im Himmel. Und er glaubt auch, er kriegt sie noch ganz rum. Also versucht er, ihr auch das Höschen runterzuziehen.«

»Er wollte es ihr gleich im See besorgen.« Das kam von Rudy.

»Genau. Aber dann sagt sie ihm, er soll aufhören. Aber er hört nicht auf. Er macht einfach weiter und versucht, ihr das Höschen mit Gewalt runterzuziehen. Darauf fängt sie an, sich zu wehren. Du mußt dir das so vorstellen, der Typ ist splitternackt und hat wahrscheinlich eine Latte, mit der du Fische totschlagen kannst. Sie weiß also, was ihr blüht, wenn er ihr das Höschen runterzieht. Aber das will sie auf keinen Fall. Sie schlägt um sich und kratzt und tritt, bis es ihr schließlich gelingt, sich loszureißen und ans Ufer zu rennen. Doch dann, gerade als sie aus dem Wasser kommt, fängt ihr Freund zu brüllen an. Er schreit: ›Schnell, Jungs! Sie haut ab!‹ Und auf einmal kommen fünf Typen über den Strand auf sie zugerannt.«

»Das waren seine Kumpel«, erklärte Rudy.

»Richtig blöde Penner, die nicht mal auf dem Ball waren. Und dieser Typ, der Freund der Nixe? Er hat von jedem von ihnen fünf Dollar einkassiert und ihnen gesagt, was sie machen sollen. Sie sind schon früher am Abend zum See rausgefahren, haben ihren Wagen im Wald versteckt und dann gewartet und Bier getrunken. Bis der Typ schließlich mit dem Mädchen aufgetaucht ist, waren sie sturzbesoffen ...«

»Und so geil«, fügte Rudy hinzu, »daß sie ihren eigenen Hosenschlitz gevögelt hätten.«

»Das Mädchen hatte keine Chance«, fuhr Cody fort. »Sie erwischten sie, als sie den Strand hochrannte, und hielten sie fest, damit ihr Freund sie bumsen konnte. Das war Teil ihrer Abmachung – daß er als erster drüber durfte.«

»Wenn schon, denn schon«, lautete Rudys Kommentar.

»Nach ihm kamen die anderen dran.«

»Und sie kamen zwei- oder *drei*mal dran«, führte Rudy weiter aus.

»Das ist ja schrecklich«, murmelte ich. Es *war* brutal und entsetzlich – weshalb ich auch ein schlechtes Gewissen hatte, daß ich beim Anhören der Geschichte einen Steifen bekam.

»Bis sie mit ihr fertig waren, sah sie ziemlich übel aus«, fuhr Cody fort. »Allerdings wurde sie von ihnen nicht geschlagen. Sie waren zu viert oder fünft und haben sie die ganze Zeit festgehalten. Sie mußten sie also nie bewußtlos schlagen oder sonst was in der Art. Sie dachten, sobald sie sich gewaschen und angezogen hätte, wäre ihr nichts mehr anzusehen. Sie hatten es so geplant, daß sie ihr Freund nach Hause fahren sollte, als ob nichts gewesen wäre. Alle meinten sie, daß sie sich nicht trauen würde, etwas zu erzählen. Damals stand nämlich ein Mädchen gleich als Oberflittchen da, wenn sie von mehreren Typen vergewaltigt wurde. Hätte sie versucht, Ärger zu machen, wäre sie ruiniert gewesen.

Deshalb haben sie zu ihr gesagt, sie solle in den See gehen und sich waschen, und während sie noch denken, wie toll alles geklappt hat, stolpert sie ins Wasser und watet immer weiter in den See hinaus. Und ehe sie merken, was sie vorhat, schwimmt sie in Richtung Insel los. Sie wissen nicht, ob sie bloß abhauen oder ob sie sich selbst ersäufen will. Egal was, sie müssen was unternehmen. Also nichts wie ins Wasser und ihr hinterher.«

»Alle bis auf einen«, ergänzte Rudy.

»Ein Typ konnte nicht schwimmen«, erklärte mir Cody. »Deshalb blieb er am Ufer und sah zu, was passierte. Und passiert ist folgendes: das Mädchen ist nicht bis zur Insel gekommen.«

»Fast hätte sie es geschafft«, sagte Rudy.

»Sie hatte vielleicht noch fünfzig Meter, aber dann ist sie untergegangen.«

»O Gott«, murmelte ich.

»Und dann gingen die *Typen* unter«, fuhr Cody fort. »Einige schwammen schneller, und sie waren ziemlich weit auseinander. Der Typ am Ufer, er konnte sie im Mondschein sehen. Einer nach dem andern stießen sie einen kurzen Schrei aus und schlugen um sich, bevor sie untergingen. Als letzten hat es den Freund des Mädchens erwischt. Als er sah, wie seine Kumpel der Reihe nach untergingen, machte er kehrt und versuchte ans Ufer zurückzuschwimmen. Er schaffte es ungefähr bis zur Hälfte. Dann schrie er plötzlich: ›Nein! Nein! Laß mich los! Bitte! Es tut mir leid! Bitte!‹ Und weg war er.«

»Ist ja irre«, murmelte ich.

»Der Typ, der am Ufer zurückgeblieben war, sprang in eins der Autos und fuhr in die Stadt. Er war so betrunken und durcheinander, daß er einen Unfall hatte, als er auf die

Hauptstraße kam. Er dachte, er müßte sterben, darum hat er alles gebeichtet, als sie ihn ins Krankenhaus brachten. Er hat alles erzählt.

Es dauerte ein paar Stunden, bis ein Suchtrupp zum See raus kam. Und weißt du, was sie gefunden haben?«

Ich schüttelte den Kopf.

»Die Typen. Den Freund und seine vier Kumpel. Sie lagen nebeneinander auf dem Strand. Alle nackt. Sie lagen auf dem Rücken, mit weit offenen Augen, und starrten zum Himmel hoch.«

»Tot?« fragte ich.

»Tot wie Karpfen«, sagte Rudy.

»Ertrunken«, sagte Cody.

»Du meine Güte«, sagte ich. »Und das soll die Nixe gewesen sein? Sie hat *alle* diese Typen ertränkt?«

»Von Typen konnte man da eigentlich gar nicht mehr sprechen«, meinte Cody.

Rudy grinste und machte dann mit den Zähnen eine Schnappbewegung.

»Sie *biß* ihnen die ...?« Ich brachte es nicht über mich, es auszusprechen.

»Mit Sicherheit kann niemand sagen, wer es war«, erklärte Cody. »Aber jemand oder etwas muß es gewesen sein. Und ich würde sagen, am ehesten kommt sie dafür in Frage, meinst du nicht auch?«

»Kann schon sein.«

»Jedenfalls haben sie das Mädchen nie gefunden.«

»Und auch die fehlenden Pimmel nicht«, fügte Rudy hinzu.

»Die Leute sagen, sie ist ertrunken, als sie zur Insel schwimmen wollte, und dann hat sich ihr Geist an diesen Typen gerächt.«

»Das war nicht ihr *Geist*«, widersprach Rudy. »Geister können überhaupt nichts. Es war *sie*. Und sie ist, du weißt schon, so eine Art lebende Tote. Ein Zombie.«

»Quatsch«, sagte Cody.

»Sie haust gewissermaßen auf dem Grund des Sees und wartet, bis ein Typ vorbeigeschwommen kommt. Und dann schnappt sie sich ihn. Genauso, wie sie es mit Willy Glitten und den anderen gemacht hat. Sie packt sie mit den Zähnen am Pimmel ...«

Cody stieß ihn mit dem Ellbogen an. »Macht sie nicht.«

»Macht sie doch! Und zieht sie daran unter Wasser.«

Plötzlich mußte ich lachen. Ich konnte einfach nicht anders. An sich fand ich die Geschichte ganz schön spannend, und im großen und ganzen hatte ich sie auch geglaubt – bis Rudy damit anfing, die Nixe hätte sich in irgendein pimmelfressendes Monster verwandelt. Ich mag ja manchmal ein bißchen naiv sein, aber total blöd bin ich auch wieder nicht.

»Findest du das etwa komisch?« fragte Rudy.

Ich hörte auf zu lachen.

»Du fändest es bestimmt nicht komisch, wenn du wüßtest, wie viele Typen schon ertrunken sind bei dem Versuch, zur Insel rüberzuschwimmen.«

»Wenn sie ertrunken sind«, sagte ich, »dann aber bestimmt nicht, weil sie die Nixe geholt hat.«

»Genau das sage ich doch schon die ganze Zeit«, meinte Cody.

»Wie ich vorhin schon erklärt habe, ist die ganze Geschichte nur zum Teil wahr. Also, daß das Mädchen vergewaltigt wurde und ertrunken ist, glaube ich schon. Aber alles andere also, wenn ihr mich fragt, dann hat sich das jemand ausgedacht. Ich glaube jedenfalls nicht, daß sie ihn den Typen *abgebissen* hat, als sie hinter ihr hergeschwommen sind. Das halte ich für totalen Blödsinn. Das hat sich nur jemand ausgedacht, der meint, es müßte unbedingt so was wie ausgleichende Gerechtigkeit auf der Welt geben.«

»Du kannst ja glauben, was du willst«, sagte Rudy. »Mein Großvater war dabei, als sie die Typen am Ufer gefunden haben. Und er hat es meinem Dad erzählt, und mein Dad hat es mir erzählt.«

»Ich weiß, ich weiß«, sagte Cody.

»Und er hat es mir nicht bloß erzählt, um mir angst zu machen.«

»Klar wollte er dir angst machen. Weil er genau weiß, dir wäre ohne weiteres zuzutrauen, auch so eine Nummer abzuziehen wie diese Wichser.«

»Ich hab in meinem Leben noch niemanden vergewaltigt.«

»Aber nur, weil du Schiß hast, daß dir der Zipfel abgebissen wird.«

»*Ich* gehe da jedenfalls nicht schwimmen«, sagte Rudy. Er streckte den Arm aus und deutete auf den See. »Kommt gar nicht in die Tüte. Du kannst ja glauben, was du willst, aber irgendwo da drunten liegt die Nixe auf der Lauer.«

Cody sah mich an und schüttelte den Kopf. »Daß sie noch irgendwo da draußen im See liegt, will ich ja gar nicht abstreiten. Ich glaube durchaus, daß sie damals ertrunken ist. Aber das ist jetzt vierzig Jahre her. Wahrscheinlich ist also nicht mehr viel von ihr übrig. Aber mit diesen anderen Ertrunkenen hat sie bestimmt nichts zu tun. Es kommt immer wieder mal vor, daß jemand ertrinkt. Du brauchst bloß einen Krampf zu kriegen ...« Er hob die Schultern. »Jedenfalls kann ich dir's nicht verdenken, Elmo, wenn du nicht mehr zu der Insel rüberschwimmen willst.«

»Ich weiß auch nicht.« Unsicher sah ich auf den See hinaus. Zwischen mir und dem Fleckchen bewaldetem Land lag eine Menge schwarzes Wasser. »Wenn hier tatsächlich schon so viele Leute ertrunken sind ...«

»So viele waren es auch wieder nicht. Nur dieser eine Typ letztes Jahr. Und der hat sich unmittelbar davor eine Pepperonipizza reingeschlungen.«

»Die Nixe hat ihn geholt«, murmelte Rudy.

»Haben sie seine Leiche gefunden?« fragte ich.

»Nein«, sagte Cody.

»Demnach wißt ihr also nicht, ob er ihm ... abgebissen wurde.«

»Da gehe ich jede Wette ein«, sagte Rudy.

Ich sah Cody in die Augen. Sie lagen im Dunkeln, so daß ich sie nicht erkennen konnte. »Aber *du* glaubst diese Geschichten über die Nixe nicht ... ich meine, daß sie da draußen im See auf der Lauer liegt und wartet, bis jemand vorbeigeschwommen kommt?«

»Für wie blöd hältst du mich eigentlich? Nur Idioten wie Rudy glauben solchen Quatsch.«

»Danke«, sagte Rudy.

Ich holte tief Luft und seufzte, schaute noch einmal zu der Insel hinüber und sah das viele Schwarz auf dem Weg dorthin. »Ich glaube, ich passe lieber«, sagte ich.

Cody stieß Rudy den Ellbogen in die Seite. »Da hast du's. Warum hast du dein blödes Maul nicht gehalten?«

»*Du* hast ihm die Geschichte erzählt!«

»*Du* hast damit angefangen!«

»Er hatte auch ein Recht darauf, es zu erfahren! Du kannst einen Typen nicht einfach auffordern, da rüberzuschwimmen, ohne ihn zu warnen! Und er wollte auch noch seine Jeans anbehalten! Die einzige Chance, die man gegen sie hat, ist, wenn man ihr einfach davonschwimmt. Aber mit einer Jeans an den Beinen schaffst du das nie.«

»Okay, okay«, lenkte Cody ein. »Ist ja auch egal. Er schwimmt jedenfalls nicht rüber.«

»Wir hätten ihn erst gar nicht herbringen sollen«, sagte Rudy. »Eigentlich war es von Anfang an eine ganz schön blöde Idee. Du-weißt-schon-wer ist zwar eine verdammt heiße Braut, aber daß man ihretwegen gleich *stirbt*, das ist sie auch wieder nicht wert.«

»Tja«, sagte Cody, »genau das ist es, was sie eigentlich rausfinden wollte.« Er wandte sich mir zu. »Das ist der Hauptgrund, warum sie sich ausgerechnet auf der Insel mit dir treffen wollte. Sie wollte dich auf die Probe stellen. Jedenfalls hat sie mir gesagt, wenn du nicht Manns genug bist, da rüberzuschwimmen, bist du auch nicht Manns genug, ihr Lover zu sein. Die Sache ist nur die, daß sie nicht damit gerechnet hat, daß dieser Blödmann da sein Maul nicht halten kann. Wegen der Nixe, meine ich.«

»Das ist es nicht«, sagte ich. »Du denkst doch nicht im Ernst, ich glaube diesen Quatsch? Aber weißt du, ich kann wirklich nicht so besonders schwimmen.«

»Schon gut«, sagte Cody. »Du brauchst dich nicht zu rechtfertigen.«

»Fahren wir dann jetzt?« fragte Rudy.

»Was sonst?« Cody wandte sich dem See zu, legte die Hände um den Mund und schrie: »Ashley!«

»Idiot!« fuhr ihn Rudy an. »Jetzt hast du ihren Namen genannt!«

»Mist.«

Ashley?

Ich kannte nur eine Ashley.

»Ashley Brooks?« fragte ich.

Cody nickte und zuckte mit den Schultern. »Es sollte eine Überraschung sein. Eigentlich hättest du es nicht erfahren sollen, falls du dich geweigert hättest, zu schwimmen.«

Mein Herz begann wie wild zu schlagen.

Nicht, daß ich ein Wort davon glaubte. Ashley Brooks konnte unmöglich scharf auf mich sein und auf dieser Insel auf mich warten. Sie war wahrscheinlich das einzige Mädchen, das genauso toll aussah wie Lois. Wunderschönes goldblondes Haar, Augen wie der Himmel an einem Sommermorgen, ein Traum von einem Gesicht, und ein Körper ... ein Körper, der gar kein Ende nahm. Und wie er erst *gebaut* war!

Aber in ihrer Art war sie ganz anders als Lois. Sie hatte etwas unschuldig Natürliches, als käme sie aus einer anderen Welt – fast zu schön, um wahr zu sein.

Ich konnte mir nicht mal vorstellen, daß Ashley auch nur wußte, daß es mich überhaupt gab.

Ein Mädchen wie sie war für mich unerreichbar.

»Es kann nicht Ashley Brooks sein«, sagte ich.

»Sie wußte, daß du schockiert wärst«, bestätigte mir Cody. »Das ist mit ein Grund, warum sie wollte, daß wir das Ganze geheim halten. Sie wollte dein überraschtes Gesicht sehen.«

»Ganz bestimmt.«

Cody wandte sich wieder der Insel zu und rief: »Ashley! Du kannst rauskommen. Elmo will nicht!«

»Das habe ich nicht gesagt!« stieß ich hervor.

»*Ashley!*« rief Cody noch einmal.

Wir warteten.

Etwa eine halbe Minute später wurde zwischen den Büschen und Bäumen an der Inselspitze ein weißer Lichtschein sichtbar. Er schien sich zu bewegen, und er war sehr hell. Wahrscheinlich kam er von einer dieser Gaslaternen, wie man sie beim Camping benutzt.

»Sie ist bestimmt furchtbar enttäuscht«, murmelte Cody.

Ein paar weitere Sekunden vergingen. Dann kam sie auf den steinigen Strand heraus. Sie hielt die Lampe seitlich weit von sich – wahrscheinlich, um sich nicht daran zu verbrennen.

»Und du dachtest, wir machen dir nur was vor«, sagte Rudy.

»Mein Gott«, murmelte ich und starrte über den See. Sie war so weit weg, daß ich kaum etwas erkennen konnte. Lediglich den Goldton ihres Haars. Und ihren Körper. Ihr Körper war wirklich unglaublich. Zuerst dachte ich, sie hätte irgend etwas Hautenges an – eine Strumpfhose oder einen Gymnastikanzug oder so was ähnliches. Wenn sie allerdings so was anhatte, mußte es dieselbe Farbe wie ihr Gesicht haben. Und es mußte da, wo ihre Brustwarzen hätten sein müssen, zwei dunkle Flecken haben und weiter unten eine goldene Pfeilspitze, die nach unten zeigte, auf ihre ...

»Ich werde wahnsinnig«, entfuhr es Rudy. »Sie ist splitternackt.«

»Nein«, sagte Cody. »Ich glaube nicht ...«

»Jede Wette!«

Sie hob die Lampe in die Höhe. Und dann kam ihre Stimme über den See. »Elll-mo? Kommst du?«

»Ja!« schrie ich.

»Ich warte auf dich!« rief sie. Dann drehte sie sich um und ging auf die Bäume zu.

»Sie ist tatsächlich nackt«, sagte Cody. »Ich krieg echt zuviel, Mann.«

Bis ich meine Jeans ausgezogen hatte, war sie nicht mehr zu sehen. Meine Boxershorts behielt ich an. Der Gummizug war ein bißchen ausgeleiert, darum zog ich sie mir hoch, als ich zum Wasser runter ging. Ich sah mich nach Rudy und Cody um. »Bis später.«

»Okay«, brummte Cody. Er hatte plötzlich so was Verträumtes an sich. Vielleicht wäre er jetzt gern an meiner Stelle da rübergeschwommen.

»Und beeil dich ein bißchen«, sagte Rudy. »Damit dich die Nixe nicht erwischt.«

»Klar«, sagte ich.

Als ich in den See watete, konnte ich immer noch das schwache Licht von Ashleys Lampe sehen. Ich wußte, sie war irgendwo unter den Bäumen, wo man sie nicht mehr sehen konnte, und wartete auf mich. Nackt.

Die Nacht war hell vom Mondlicht und den Sternen. Ein laues Lüftchen strich über meine Haut. Das Wasser um meine Knöchel fühlte sich sogar noch wärmer an als der Wind. Es plätscherte leise um meine Beine, und in meinen weiten Boxershorts kam ich mir fast wie nackt vor.

Ich zitterte, als fröre ich, aber mir war überhaupt nicht kalt. Vor lauter Aufregung.

Das kann einfach nicht wahr sein, dachte ich. Typen wie mir passiert so etwas doch nicht. Es ist einfach zu fantastisch.

Aber es passierte wirklich!

Ich hatte sie mit eigenen Augen gesehen. Als sich das warme Wasser um meine Schenkel legte und ich mir vorstellte, daß ich gleich ihre nackte Haut berühren könnte, spürte ich, daß ich einen Steifen bekam und daß er sich durch den Schlitz meiner Boxershorts schob.

Niemand kann was sehen, sagte ich mir. Es ist zu dunkel, und ich habe Cody und Rudy den Rücken zugekehrt.

Noch ein paar Schritte, und er war ganz vom Wasser des Sees umgeben. Sanfte, geschmeidige Wärme umfing ihn. Ich schauderte vor Wonne.

»Mach lieber schneller!« rief Rudy. »Gleich kommt die Nixe.«

Ich warf ihm über die Schulter einen finsteren Blick zu. Ich war sauer, weil er mit seinem Gebrüll die schöne Atmosphäre zerstört hatte. Er stand immer noch mit Cody am Ufer.

»Ihr braucht euch wirklich keine Mühe mehr machen, mir Angst einzujagen!« rief ich. »Ich weiß genau, ihr wollt bloß, daß ich kneife.«

»Sie ist viel zu gut für dich, du Saftsack.«

»Ha! Dann frag sie doch mal.«

Inzwischen ging mir das Wasser bis an die Schultern. Ich stieß mich mit den Füßen ab und begann zu schwimmen. Wie bereits gesagt, bin ich kein besonders guter Schwimmer. Kraulen kann ich praktisch überhaupt nicht, aber mein Bruststil geht einigermaßen. Man kommt zwar nicht so schnell vorwärts wie mit Kraulen, aber man kommt hin, wo man hin will. Und man wird nicht so schnell müde. Wenn man den Kopf hochhält, kann man außerdem sehen, wo man hinschwimmt.

Ich mag den Namen – Brustschwimmen. Aber am tollsten finde ich das Gefühl, scheinbar schwerelos durch das warme Wasser zu gleiten und sich am ganzen Körper von ihm umschmeicheln zu lassen.

Das heißt, man würde am ganzen Körper umschmeichelt, wenn man nichts anhätte.

Wie zum Beispiel Boxershorts. Inzwischen waren sie schon halb über meine Hüften gerutscht. Sie klebten an meinen Schenkeln und behinderten mich. Ich konnte nicht mal die Beine gescheit spreizen, um besser voranzukommen.

Ich spielte mit dem Gedanken, sie auszuziehen, traute mich dann aber doch nicht.

Außerdem, so stark behinderten sie mich auch wieder nicht. Mein Pimmel stand immer noch durch den Schlitz raus, und ich fand es toll, zu spüren, wie er durch das Wasser pflügte.

Die Nixe machte die Sache nur noch spannender.

Das Risiko.

Ihr einen Köder hinzuhalten.

Sie damit anzulocken.

Nicht, daß ich auch nur ein Wort von dem Unsinn über die Nixe geglaubt hätte, daß sie irgendwelche Typen unter Wasser zog und ihnen die Pimmel abbiß. Es war genau das, was Cody gesagt hatte: Quatsch. Aber die Vorstellung machte mich an.

Können Sie das verstehen?

Ich glaubte nicht an sie, aber ich konnte sie mir vorstellen. In meiner Fantasie glitt sie etwa drei Meter unter mir durch das Dunkel, ihr Kopf befand sich etwa auf Höhe meines Bauchs. Sie war nackt und schön – und sah so ähnlich aus wie Ashley oder Lois. Sie war da unten und glitt auf dem Rücken durchs Wasser. Zwar machte sie keine Schwimmbewegungen, fiel aber trotzdem nicht hinter mich zurück.

Die Dunkelheit störte nicht weiter; wir konnten uns trotzdem sehen. Ihre Haut war so hell, als leuchtete sie. Sie lächelte zu mir hoch.

Langsam begann sie höher zu kommen.

Zum Köder hochzusteigen.

Ich konnte sie nähergleiten sehen. Und ich wußte, sie würde nicht zubeißen. In diesem Punkt täuschten sich Cody und Rudy. Sie würde nuckeln.

Ich schwamm weiter und stellte mir vor, wie die Seejungfrau hochkam und anbiß. Cody und Rudy hatten mir mit der Geschichte Angst einjagen wollen. Das war ihnen auch gelungen. Aber der menschliche Verstand ist schon eine tolle Sache. Man kann Dinge umpolen. Mit einem bißchen gedanklichen Jonglieren hatte ich aus ihrem pimmelfressenden Zombie eine verführerische Nymphe gemacht.

Aber ich sagte mir, ich sollte besser aufhören, an sie zu denken. Nach allem, was dem vorangegangen war – der geilen Geschichte von dieser Ballnacht, dem Anblick der nackten Ashley, dem angenehm warmen Wasser –, war ich so erregt, daß ich mir nicht auch noch vorzustellen brauchte, wie die Nixe völlig nackt unter mir herschwamm, um mir gleich einen zu blasen.

Ich mußte an etwas anderes denken.

Was sollte ich zu Ashley sagen?

Bei diesem Gedanken wurde mir kurz mulmig, bis mir einfiel, daß ich wohl nicht viel sagen müßte. Zumindest nicht am Anfang. Wenn man zu einem Rendezvous mit einem nackten Mädchen auf eine Insel schwimmt, macht man nicht lange Konversation.

Als ich den Kopf etwas höher hob, sah ich das Licht der Lampe. Es schien nicht weit vom Ufer unter den Bäumen hervor.

Ich war gut vorangekommen. Mehr als die Hälfte hatte ich bereits geschafft.

Jetzt ging's ins Reich der Nixe.

Aber klar doch.

Komm doch und hol ihn dir, Süße.

»Hör auf, so rumzutrödeln!« brüllte Rudy. »Mach endlich zu!«

Aber klar doch.

»Sie kriegt dich! Ohne Scheiß!«

»Leg lieber einen Zahn zu!« brüllte Cody.

Cody?

Aber er glaubt doch gar nicht an die Nixe. Warum schreit er, ich soll schneller schwimmen?

»Ein bißchen dalli!« brüllte Cody. »Los, beeil dich!«

Sie wollen mir bloß angst machen, sagte ich mir.

Und es gelang ihnen auch.

Plötzlich fühlte sich das Wasser nicht mehr an wie eine warme Umarmung; mir wurde eiskalt. Ich war ganz allein auf einem dunklen See, in dem schon mehrere Menschen ertrunken waren, in dem verwesende Leichen lauerten und in dem die Nixe nach vierzig Jahren vielleicht immer noch nicht ganz tot war, sondern, von unstillbarem Rachedurst getrieben, mit ihren scharfen Zähnen Jagd auf die Penisse ahnungsloser Schwimmer machte.

Meiner schrumpelte zusammen, als wollte er sich verstecken.

Obwohl ich wußte, daß keine Nixe hinter mir her war.

Ich begann schneller zu schwimmen. Nicht mehr Brust. Ich entfachte einen regelrechten Sturm, strampelte wie ein Irrer mit den Beinen, schlug mit den Armen um mich, wirbelte das Wasser auf. Hinter mir hörte ich Rufen, aber wegen des wilden Gespritzes konnte ich nichts verstehen.

Mühsam hob ich den Kopf, blinzelte das Wasser aus den Augen.

Es war nicht mehr weit.

Ich schaffe es! Ich werde es schaffen!

Und dann berührte sie mich.

Ich glaube, ich schrie.

Als ich mich ihren Händen zu entwinden versuchte, glitten sie von meinen Schultern ab, und ihre Fingernägel fuhren über meine Brust und meinen Bauch. Es tat nicht weh. Aber es kitzelte, und ich begann mich zu winden. Ich hörte auf, Schwimmbewegungen zu machen, und langte statt dessen nach unten, um ihre Hände wegzustoßen. Aber ich war nicht schnell genug. Ihre Finger schürften meine Haut auf, als sie nach dem Gummizug meiner Unterhose griffen. Ich spürte, wie sie kräftig daran zog. Mein Kopf geriet unter die Wasseroberfläche. Ich begann heftig zu prusten, gab es auf, nach der Nixe zu greifen und streckte statt dessen die Arme nach oben – so, als versuchte ich mich an den Sprossen einer Leiter festzuhalten, die an die Oberfläche, an die Luft führte.

Meine Lungen stachen.

Die Nixe zog mich immer tiefer hinab.

Zog mich an meinen Boxershorts in die Tiefe.

Inzwischen waren sie auf meine Knie hinabgerutscht, dann auf die Knöchel, und schließlich waren sie ganz weg. Einen Augenblick lang war ich frei.

Ich strampelte zur Oberfläche hoch. Und erreichte sie. Keuchend schnappte ich nach Luft. Ich brauchte beide Hände, um mich über Wasser zu halten, und drehte mich um. Sah Cody und Rudy im Mondschein am Ufer stehen. »Hilfe!« schrie ich. »Hilfe! Die Nixe!«

»Ich hab's dir doch gesagt!« rief Rudi

»Dein Pech!« schrie Cody.

»Bitte! *Tut* was!«

Was sie darauf taten, – sah aus, als höbe jeder von ihnen im Mondschein eine Hand und schnippte mich weg.

Im selben Moment griffen unter Wasser zwei Hände nach meinen Fußgelenken. Ich wollte schreien. Aber statt dessen holte ich tief Luft. Und dann wurde ich auch schon nach unten gezogen.

Jetzt ist es um mich geschehen! Sie hat mich erwischt! O Gott.

Ich hielt die Hände vor meine Genitalien.

Jeden Moment würden sich ihre Zähne ...

Da stiegen Luftblasen hoch.

Ich hörte das blubbernde Geräusch, das sie machten, und es kitzelte ein bißchen, als ein paar von ihnen über meine Haut streiften.

Einen Moment dachte ich, bei den Blasen handle es sich um Gas, das aus dem verwesenden Leichnam der Nixe entwich. Bloß war sie schon vierzig Jahre tot. Der Verwesungsprozeß hätte längst abgeschlossen sein müssen.

Mein nächster Gedanke war – *Preßluftflaschen.*

Tauchausrüstung!
Ich hörte auf zu strampeln und krümmte mich statt dessen zusammen, langte zwischen meinen Füßen nach unten, machte mit beiden Händen eine rasche Greifbewegung und bekam etwas zu fassen, von dem ich annahm, es müßte ein Mundstück sein. Ich zog mit aller Kraft.

Sie muß wohl ziemlich Wasser geschluckt haben, weil alles weitere ziemlich einfach war. Sie wehrte sich praktisch überhaupt nicht.

So, wie sie sich anfühlte, war sie bis auf die Brille, die Flasche und den Bleigürtel nackt. Und eine Leiche war sie auch nicht. Ihre Haut war glatt und kühl, und sie hatte herrliche Titten mit großen, festen Brustwarzen.

Ich tat ihr ziemlich weh, noch draußen auf dem See.

Dann zog ich sie auf der Seite der Insel, wo mich Cody und Rudy nicht sehen konnten, ans Ufer und schleifte sie die paar Meter zu der Lichtung, wo sie die Lampe gelassen hatte.

Im Schein der Lampe sah ich, wer sie war.

Obwohl ich es mir natürlich schon gedacht hatte.

Nachdem sie ihre Ashley-Nummer abgezogen hatte, um mich auf die Insel zu locken, mußte Lois ganz schnell ihre Tauchausrüstung angelegt haben und für ihre Nixen-Nummer heimlich abgetaucht sein.

Sie sah toll aus im Lampenlicht. Glänzend standen ihre blassen Brüste zwischen den Haltegurten hervor. Die Taucherbrille hatte sie schon verloren. Ich nahm ihr Preßluftflasche und Bleigürtel ab, so daß sie völlig nackt war.

Hustend und würgend lag sie auf dem Rücken, und es sah klasse aus, wie sie dabei am ganzen Körper zuckte.

Eine Weile beobachtete ich nur dieses Schauspiel. Dann machte ich mich über sie her. Das war das *Beste*.

Am Anfang war sie noch zu sehr außer Atem, um viel Lärm zu machen. Aber ziemlich bald begann sie zu schreien.

Ich wußte, ihre Schreie hätten zur Folge, daß ihr Cody und Rudy zu Hilfe eilen würden. Deshalb holte ich mit dem Bleigürtel aus und verpaßte ihr damit eine hübsche Delle am Kopf. Das gab ihr den Rest.

Dann rannte ich zur Spitze der Insel. Cody und Rudy waren schon im Wasser und schwammen schnell auf die Insel zu.

Ich wollte ihnen auflauern, um ihnen beiden den Schädel einzuschlagen – aber wissen Sie was? Die Mühe konnte ich mir sparen. Sie kamen ungefähr bis zur Hälfte. Dann stießen sie, einer nach dem anderen, einen kurzen Schrei aus und gingen unter.

Ich konnte es nicht glauben.

Kann es auch jetzt noch nicht glauben.

Aber sie tauchten nie mehr auf.

Ich schätze, die Nixe hat sie geholt.

Warum sie und nicht mich?

Vielleicht hatte ich der Nixe leid getan, weil mir meine vermeintlichen Freunde so übel mitgespielt hatten. Schließlich waren wir beide von Kerlen, denen wir vertraut hatten, hintergangen worden.

Wer weiß? Vielleicht hatten Cody und Rudy auch plötzlich einen Krampf bekommen, und die Nixe hatte überhaupt nichts damit zu tun.

Jedenfalls verlief mein Ausflug zum Lost Lake wesentlich erfreulicher, als ich mir je hätte träumen lassen.

Lois war einsame Klasse.

Kein Wunder, daß alle Sex so toll finden.

Wie dem auch sei, zum Schluß versenkte ich Lois und ihre Ausrüstung im See. Ich fand das Kanu, mit dem sie auf die Insel gekommen sein mußte, und paddelte damit ans Ufer zurück. Dann fuhr ich mit Codys Cherokee fast bis nach Hause.

Um keine Fingerabdrücke zu hinterlassen, wischte ich innen alles sorgfältig ab. Dann zündete ich ihn sicherheitshalber auch noch an. Ich schaffte es problemlos nach Hause und hatte bis Tagesanbruch sogar noch etwas Zeit.

Nancy A. Collins

Catfish Gal Blues

Flyjar ist die Art von Südstaatenstadt, wo Zeit nicht viel bedeutet. Vielleicht liegt das daran, daß sich beim Wechsel der Jahreszeiten nicht sehr viel ändert – der Unterschied zwischen Winter und Sommer beträgt im Durchschnitt lediglich an die acht Grad. Und wenn man so arm ist wie die meisten Leute in Flyjar, dann ist auch der Unterschied zwischen einem Jahrzehnt und dem nächsten nicht sonderlich groß – der von einem Jahrhundert zum nächsten übrigens erst recht nicht.

Die zwei Konstanten in Flyjar sind die Armut und der Fluß. Das Städtchen klammert sich an den Mississippi wie ein Kind an den Kittelschurz seiner Mama, und sein Schicksal – im guten wie im bösen – hängt fester am Big Muddy als Schurzzipfel. Es gab einmal eine Zeit, als Flyjar als Treibstoffstation für die Flußboote diente, die den Vater aller Gewässer hinauf und hinunter verkehrten. Aber jene Tage liegen weit zurück, und alles was von »der guten alten Zeit« übriggeblieben ist, sind ein paar verfallende, hölzerne Piers am Ufer.

Da die meisten Kais ziemlich weit ins Wasser hineinreichten, gab es darunter eine Menge Barsche, Welse und Hechte für jeden, der sie haben wollte, vorausgesetzt man wußte, wie man sie fing, und verfügte über die nötige Geduld, wie Sammy Herkimer, einer von Flyjars besseren Fischern, es gern jedem erzählte, der ihm zuhören mochte.

Es gab mehrere Stege zur Auswahl, aber Sammy zog den beim Steamboat Bend vor. Er war etwa eine Meile vom Städtchen entfernt und deshalb nicht gerade im besten Zustand. Und weil das bedeutete, daß man aufpassen mußte, wo man hintrat, benutzten ihn die wenigsten Einheimischen, was Sammy aber gerade recht war. Eines Tages saß er so auf dem Steg, trank Eistee aus einer Thermosflasche und stellte überrascht fest, daß sich ausgerechnet Hop Armstrong zu ihm gesellte.

Hop war in Flyjar so etwas wie ein Zuhälter, da der Herr es für richtig gehalten hatte, ihn zwar mit gutem Aussehen auszustatten, ihn dafür aber in der Abteilung Ehrgeiz hatte zu kurz kommen lassen. Wenn es darum ging, Gitarre zu spielen oder Frauen dazu zu bewegen, für ihn zu bezahlen, dann konnte niemand Hop das Wasser reichen. Aber wenn körperliche Arbeit gefragt war ... nun, das war eine völlig andere Geschichte.

»Allmächtiger, Hop!« rief Sammy, der seine Überraschung nicht zu verbergen vermochte. »Was machst du denn hier? Hat jemand dein Haus angezündet?«

»Könnte man sagen«, knurrte Hop. »Meine Alte hat gesagt, daß ich Abendessen nach Hause bringen muß.«

»Tatsächlich?« sagte Sammy und schob eine Augenbraue in die Höhe.

Hops neueste Sugar Mama war Lucinda Solomon, die Besitzerin des örtlichen Schönheitssalons. Lucinda sah gut aus und war recht wohlhabend, wenigstens nach den Maßstäben von Flyjar. Außerdem war sie dafür bekannt, einen ausgeprägten Willen zu haben, und es ging das Gerücht, daß Hop sich, indem er sich von Lucinda aushalten ließ, endlich einigermaßen harte Arbeit eingehandelt hatte.

Sammy warf einen Blick auf die Ausrüstung des Jüngeren und stellte mit einer gewissen Belustigung fest, daß Hop zwar daran gedacht hatte, seine Gitarre mitzubringen, sich aber nicht die Mühe gemacht hatte, ein Netz einzupacken. Er wandte seinen Blick wieder dem Fluß zu und schüttelte den Kopf. Nachdem eine lange Weile Schweigen zwischen den beiden geherrscht hatte, ergriff der ältere Mann plötzlich das Wort.

»Weißt du eigentlich, warum man dieses Stück Fluß Steamboat Bend nennt, Hop?«

»Ich hab mir gedacht, weil der Fluß hier 'ne Biegung macht und da mal Dampfboote runtergekommen sind«, sagte der mit einem Achselzucken.

»Deswegen auch, aber das ist nicht alles. Vor langer Zeit einmal gab es dieses große alte Schaufelradboot, das den Fluß rauf und runtergefahren ist, die *Delta Blossom*. Ein wirklich klasse Boot war das, mit Kaminsimsen aus Marmor und Kristallüstern und goldenen Türgriffen. Wenn die Leute hörten, daß sich die *Delta Blossom* näherte, kamen sie aus den Häusern und von den Feldern gerannt, um zuzusehen, wie sie vorbeifuhr. Jedenfalls ist die *Delta Blossom* eines Tages etwa da vorn mit Mann und Maus untergegangen«, sagte Sammy und deutete auf die Mitte des Flusses.

»Warum ist sie denn gesunken?« fragte Hop, in dessen Stimme sich dabei ein Hauch von Interesse geschlichen hatte.

»Das weiß keiner ganz genau. Manche behaupten, die Kessel sind in die Luft geflogen. Andere wieder, daß unter Deck ein Feuer ausgebrochen ist. Vielleicht ist sie auch an einen im Wasser treibenden Baum gestoßen, der ihr den Rumpf aufgerissen hat. Wer kann das schon genau wissen nach all der Zeit? Aber meine alte Oma hat Stein und Bein geschworen, daß die *Delta Blossom* von Catfish Girls versenkt worden ist.«

Hop sah den älteren Mann finster an. »Du machst dich doch nicht etwa über mich lustig, was, Sammy?«

»Nein, ganz bestimmt nicht!« sagte der bedächtig und schüttelte dazu den Kopf. »Bevor es hier irgendwelche Schwarze oder Weiße oder gar Indianer gegeben hat, waren hier Katzenwelsmädchen. Sie leben im Fluß, ganz unten, wo er schlammig und tief ist. Sie haben den Oberteil von Frauen und sind von der Hüfte abwärts so was wie Katzenwelse. Sie zeigen sich dem Menschen nicht und sind die meiste Zeit ganz friedlich. Manche Leute behaupten, die Catfish Girls hätten die *Delta Blossom* versenkt, weil eine von ihnen sich im Schaufelrad verfangen hat und dabei zerdrückt worden ist.«

Hop drehte sich halb herum und fixierte den Älteren mit einem neugierigen Blick. »Hast du je eines von diesen Katzenwelsmädchen *gesehen*, Sammy?«

»Nein, habe ich nicht, hab allerdings auch nie nach ihnen Ausschau gehalten. Aber meine Oma hat gesagt, daß ihretwegen nur ganz selten Leute so dumm sind, im Fluß schwimmen zu gehen. Sie schnappen sich die ertrunkenen Leichen und stecken sie ganz tief in den Schlamm, bis sie ganz aufgedunsen sind. Auf die Weise kann man ihr Fleisch leichter essen ...«

Hop verzog das Gesicht. »Jetzt hör schon auf damit! Ist schon schlimm genug, daß meine Alte mich hier herschickt, und jetzt erzählst du mir, daß die Katzenwelse Tote fressen!«

»Tut mir leid, hab ja nicht gewußt, daß du da so empfindlich bist.« Nachdem wieder eine längere Zeit Schweigen zwischen den beiden geherrscht hatte, deutete Sammy mit einer Kopfbewegung auf die Gitarre. »Also – wenn du zum Fischen hier bist, warum dann das Ding da?«

»Man kann doch schließlich mehr als eine Sache auf einmal tun, oder etwa nicht?«

»Glaub schon – aber ich würd's dir nicht empfehlen. Du verscheuchst damit nur die Fische.«

»Vielleicht lach ich mir statt dessen so 'n Katzenwelsmädchen an«, sagte Hop grinsend.

»Wenn einer das kann, dann wohl du, schätze ich«, sagte Sammy und seufzte, während er seine Leine einholte. »Also, ich hab für heute genug gefangen. Ich geh jetzt lieber nach Hause, damit ich die Barsche noch rechtzeitig zum Abendessen putzen kann. Viel Glück mit den Catfish Girls, Hop. Mach's gut.«

»Du auch, Sammy«, antwortete Hop abwesend, den Blick starr auf den Fluß gerichtet.

Hop mußte zugeben, daß es gar nicht so schlimm war, an einem Tag wie heute draußen in der Sonne zu sein. Es war nicht sonderlich heiß, und vom Wasser wehte eine hübsche Brise herein ... und außerdem war da noch der Vorteil, daß er außer Sichtweite seiner Alten war.

Lucinda war gar nicht so leicht zufriedenzustellen, und wenn sie schlechter Laune war, war es wirklich schwer mit ihr auszukommen. Und schlechter Laune war sie meistens. Inzwischen kannte Hop die Anzeichen dafür nur zu gut, um sich darüber im klaren zu sein, daß seine Tage der Muße auf Kosten der reizbaren Miz Solomon sich dem Ende zu neigten, aber er zog nicht gern Leine, solange keine neue Freundin in Sicht war. Unglücklicherweise bot die Damenwelt Flyjars für einen Mann seines Geschmacks und seiner Neigungen keine übermäßig reichliche Auswahl – und deshalb sah es so aus, als müßte er sich noch eine Weile mit Lucinda abfinden. Zum Glück war der Steamboat Bend weit genug entfernt, daß die Wahrscheinlichkeit, Lucinda würde tatsächlich herausbekommen, mit welchem Nachdruck er sich darum bemühte – oder eben nicht bemühte –, bis zum Sonnenuntergang etwas zum Abendessen herbeizuschaffen, zu seinen Gunsten sprach.

Hop zog ein gabelförmiges Stück Ast aus seinem Kasten und verkeilte es zwischen den losen Brettern des Stegs. Nachdem er einen Köder auf den Haken gesteckt hatte, warf er die Leine in das trübe Wasser und arretierte die Rolle. Mit einem Auge auf dem Schwimmer, lehnte Hop sich gegen einen Pfosten und griff nach seiner Gitarre.

Solange er sich erinnern konnte, hatte es für ihn nie eine Zeit gegeben, wo die Musik sich nicht leicht bei ihm eingestellt hätte. Seit er ein Dreikäsehoch gewesen war, hatte er noch immer jede Gitarre dazu bringen können, genau das zu tun, was er von ihr wollte. Mit Frauen war es im großen und ganzen ähnlich. Gitarre spielen war für ihn etwas so Natürliches wie atmen oder essen – und viel angenehmer als Baumwolle zu zupfen oder einen Traktor zu fahren.

Sein Blick wanderte über die täuschend ruhige Oberfläche des Flusses. Er war so breit, daß man Mühe hatte, die Strömung mit bloßem Auge richtig einzuschätzen. Um festzustellen, wie schnell der Fluß tatsächlich dahinfloß, mußte man auf die Größe des Treibholzes achten und wie schnell es vorbeizog. Es gab Tage, wo ausgewachsene Eichen sich in Richtung auf den Golf von Mexiko ein Rennen lieferten. Heute war es relativ ruhig, und nur ein paar Prügel von der Größe von Eisenbahnschwellen waren flußabwärts unterwegs.

Hop ertappte sich dabei, wie seine Gedanken sich erneut der Geschichte zuwandten, die Sammy ihm erzählt hatte. Nicht das mit den Katzenwelsmädchen – das war natürlich vollendeter Quatsch. Was seine Phantasie anstachelte, war die *Delta Blossom*. Hop fragte sich, wie es wohl in jener Zeit gewesen sein mochte, als die Dampfschiffe auf dem Fluß kreuzten und Wohlstand und den Glanz der weiten Welt in Kaffs wie Flyjar brachten.

Man stelle sich vor, daß keinen Steinwurf von der Stelle entfernt, wo er gerade saß, einer der imposantesten alten Schaufelraddampfer sein Ende gefunden hatte, um seine ganze Pracht im Schlick auf dem Grunde des Mississippi zu vergraben. Alles, was Hop je auf dem Fluß gesehen hatte, waren flache Schleppkähne und gelegentlich ein Frachter oder kleine Vergnügungsfahrzeuge gewesen. Das war ganz gewiß nicht die Art von Booten, die die Phantasie anstachelte und einem das Herz schneller schlagen ließ. Die Leute drängten nicht zu den Bootsländen, um zuzusehen, wie ein Frachtkahn vorüberzog.

Hop fragte sich, ob wohl auf dem Grund des Steamboat Bend noch etwas von der alten *Delta Blossom* übrig sein mochte. Man würde das wohl nie erfahren; der Fluß pflegte seine Geheimnisse nicht so ohne weiteres preiszugeben. Das hielt Hop aber nicht davon ab, sich der müßigen Hoffnung hinzugeben, die Umrisse des versunkenen Dampfers zu entdecken.

Vor seinem inneren Auge konnte er den lang versunkenen schwimmenden Palast sehen, weiß wie frisch gepflückte Baumwolle, mit hoch aufragenden doppelten Schloten, vor sich hin paffend, wie reiche Männer ihre Zigarren rauchen, wie er sich seinen Weg den Mississippi hinauf und hinunter bahnte. Er konnte sich Südstaatenschönheiten in Reifröcken ausmalen, die die Promenade im Oberdeck des Schiffes säumten, mit seidenen Fächern, die wie Vögel in Käfigen flatterten, während die Spieler in ihren Leinenanzügen und breitkrempigen Hüten Silberdollars und Goldstücke auf den grünen Filz der Spieltische warfen. Hop sah sich selbst, gekleidet wie Clark Gable in *Vom Winde verweht*, wie er seinen Hut vor den jungen, modischen Damen lüftete, die sich im Salon der *Delta Blossom* für die abendliche Unterhaltung versammelt hatten. Für ihn gab es nicht den leisesten Zweifel, daß er damals bei den Damen großen Erfolg gehabt hätte.

Als seine gut gekleidete Phantasiegestalt anfing unter den schwankenden Kristallüstern mit einer jungen Frau zu tanzen, die eine verblüffende Ähnlichkeit mit Vivien Leigh hatte, lieferten Hops geschickte Finger dazu die Musik. Zugegeben, »Goodnight Irene« hatte es damals noch nicht gegeben, aber das Ganze war ja schließlich sein Traum, oder nicht?

Wie er so spielte, bemerkte Hop eine plötzliche Bewegung mitten im Fluß. Von der Stelle aus, wo er saß, hatte es den Augenschein, als ob mitten in der Flußbiegung ein Schwimmer aufgetaucht wäre, ganz in der Nähe der Stelle, wo Sammy behauptet hatte, daß die *Delta Blossom* untergegangen sei, um dann ebenso schnell wieder unterzutauchen. Aber das war absolut unmöglich.

Im Mississippi zu schwimmen war nur geringfügig weniger gefährlich, als sich die Zähne mit angezündetem Dynamit zu putzen. Es kam immer mal wieder vor, daß irgendein Schwachkopf sich mit Whiskey vollaufen ließ und dann versuchte, im Fluß zu schwimmen – um dann spurlos, keine drei Schritte vom Ufer entfernt, zu verschwinden. Wenn seine Familie Glück hatte, tauchte die Leiche dann ein paar Tage später fünfzig Meilen flußabwärts auf, in den Ästen eines Baums an der Hochwasserlinie verhängt und eher einem ertrunkenen Schwein als einem menschlichen Wesen gleichend. Aber was Hop da gesehen hatte, war ihm keineswegs wie eine an die Oberfläche getragene schwimmende Leiche vorgekommen. Zum einen blieb es an einer Stelle und bewegte sich nicht mit der Strömung. Hop hielt sich die Hand über die Augen, um sie vor der Sonne zu schützen, und sah angestrengt hin, aber da war nichts. Dann wurde seine Aufmerksamkeit auf eine Stelle näher am Ufer gelenkt, weil sein Schwimmer anzeigte, daß offenbar etwas angebissen hatte. Hop ließ die Gitarre fallen, schnappte sich die Angelrute und zog einen zehnpfündigen Katzenwels herein.

Es sah so aus, als würde Lucinda heute abend keinen Anlaß haben, ihm Vorwürfe zu machen, soviel stand fest.

Aber als er nach Hause zurückging, die Angelrute über der einen Schulter, die Gitarre am Gurt über der anderen, konnte Hop das Gefühl nicht abschütteln, daß er beobachtet wurde – und zwar nicht nur von dem Katzenwels, der an seinem Gürtel hing.

Als er in jener Nacht im Bett lag, begleitet vom Schnarchen Lucindas, fing Hop zu überlegen an.

Vielleicht war das gar nicht alles Blödsinn, was Sannny Herkimer über Katzenwelsmädchen erzählt hatte. Hop erinnerte sich daran, in einer dieser Zeitschriften mit den gelben Umschlägen, die beim Friseur auflagen, etwas über eine Gattung von Fischen gelesen zu haben, die alle für ausgestorben hielten und von denen man vor ein paar Jahren welche irgendwo in einem anderen Land gefunden hatte. Außerdem, wer war er denn schon, um zu entscheiden, daß es so etwas wie Katzenwelsmädchen nicht gab, wo er doch keine Menschenseele kannte, die schon einmal auf dem Grund des Mississippi gewesen war und das überlebt und davon erzählt hatte?

Am Tag darauf ging Hop fischen, ohne daß Lucinda ihm das aufgetragen hatte.

Er beschloß, sein Glück wieder am Steamboat Bend zu versuchen. Als er am Steg ankam, stellte er zu seiner Erleichterung fest, daß er allein war. Hop richtete sich auf dem Steg ein, wie er das am Tag zuvor auch getan hatte, aber nachdem er eine halbe Stunde dagesessen und darauf gewartet hatte, daß etwas passierte, legte er die Angel beiseite und nahm die Gitarre, um sich die Zeit zu vertreiben.

Als er etwa in der Mitte von »Moanin' at Midnight« war, hörte Hop etwas, das so klang, als ob in der Nähe ein Fisch aus dem Wasser gesprungen wäre. Als er hinsah, um sich zu vergewissern, was das Geräusch verursacht hatte, erschrak er dermaßen über das, was er sah, daß er beinahe die Gitarre ins Wasser fallen gelassen hätte.

Da war ein menschlicher Kopf, der höchstens dreißig Schritte vom Steg entfernt im Wasser trieb. Auf Hops verblüfftes Schnaufen hin tauchte der Kopf unter die schlammige Wasserfläche, ohne daß sich die Wellen auch nur im geringsten gekräuselt hätten. Und im gleichen Augenblick zerrte etwas so heftig an seiner Angelschnur, daß davon beinahe die ganze Rute in den Fluß gerissen worden wäre.

Obwohl Lucinda über den fünfzehn Pfund schweren Katzenwels, den er am Abend nach Hause brachte, höchst erfreut war, erwähnte Hop kein Wort von dem, was er auf dem Fluß gesehen hatte. Es gab da eine innere Stimme, die ihm zuraunte, daß er das, was immer dort draußen am Steamboat Bend war, am besten für sich behielt.

Am nächsten Tag machte sich Hop nicht einmal die Mühe, seine Angel auszuwerfen. Er wußte, was das Ding im Fluß an den Steg lockte, und seine Köder waren das ganz gewiß nicht.

Er ging auf dem Steg ganz nach vorn, wobei er sorgfältig darauf achtete, nicht auf die gelockerten Planken zu treten oder gar in eines der Löcher, dort wo die Planken fehlten, setzte sich dann hin und ließ die Beine über den Rand baumeln. Nachdem er eine Weile nachgedacht hatte, gelangte er zu dem Entschluß, daß »They Call Me Muddy Waters« eine gute Wahl wäre.

Wie beim letzten Mal tauchte das Ding auf, als er mitten im Stück war. Hops Herzschlag raste so, daß er mühevoll nach Luft ringen mußte, aber er zwang sich weiterzuspielen. Er wollte es nicht verscheuchen, also spielte er weiter und wechselte zu »Pony Blues« über, nachdem er mit dem ersten Stück fertig war.

Während er spielte, blickte Hop nicht auf und beachtete sein Publikum so wenig wie möglich. Als er schließlich auf »Circle Round the Moon« überging, riskierte er einen Blick in die Richtung, wo er das Ding vermutete, nur um festzustellen, daß es sich unmittelbar unter seinen herunterbaumelnden Füßen befand und ihn aus großen, dunklen Augen anstarrte, die fast nur aus Pupillen zu bestehen schienen.

Hop staunte, wie menschlich das Katzenwelsmädchen aussah. Nach dem, was Sammy erzählt hatte, wäre so etwas wie ein Fisch mit einer Perücke eher das gewesen, was er erwartet hätte, aber das war keineswegs der Fall. Zum Teufel, er hatte beim Kirchgang schon Frauen gesehen, die bei weitem nicht so gut aussahen.

Ihre Oberlippe war sehr breit, mit dem vertrauten Welsschnurrbart versehen, und anstelle einer Nase hatte sie Schlitze, aber wenn man einmal davon absah, war sie gar nicht *so* häßlich. Ihr Haar freilich war eine ziemliche Katastrophe, und in den zerzausten Locken hing alles mögliche, angefangen von Ästen und Zweigen bis hin zu etwas, das wie lebende Elritzen aussah. Wie sie unter der Wasserfläche aussah, konnte er nicht erkennen, auch wenn er an beiden Seiten ihres Halses einen Blick auf senkrechte Schlitze erhaschte, die sich öffneten und schlossen.

Hop konnte sich eines Lächelns nicht erwehren, als er sah, wie das Katzenwelsmädchen ihn anblickte. Halb Fisch oder nicht, er wußte sehr wohl, was ein solcher Ausdruck im Gesicht einer Frau bedeutete. Sie hing fest am Haken, und jetzt war der richtige Augenblick, um sie einzuholen.

Hop sah dem Katzenwelsmädchen in die Augen und lächelte. »Hallo, kleines Fischlein. Bist wohl gekommen, um mich spielen zu hören?«

Der verträumte Blick des Katzenwelsmädchens war wie weggewischt, und an seine Stelle trat Überraschung. Sie sah sich um, als wäre sie von ihrer Umgebung verwirrt, und schoß dann rückwärts davon wie ein Delphin, der sich auf seinen Schwanz gestellt hat.

»Bitte! Geh nicht weg!« rief er und streckte die Hand aus, wie um sie aufzuhalten.

Zu seiner Überraschung blieb das Katzenwelsmädchen plötzlich stehen und musterte ihn neugierig, sank ein wenig tiefer, tauchte wieder auf, ganz so wie ein junges Mädchen, das in einem Schwimmbecken Wasser tritt.

»Du brauchst keine Angst zu haben, kleines Fischlein«, sagte Hop und lächelte aufmunternd. »Ich tu dir nichts zuleide. Soll ich noch ein wenig für dich spielen?« fragte er dann und hob die Gitarre hoch.

Das Katzenwelsmädchen nickte, streckte einen tropfnassen Arm in die Höhe und deutete mit einem Zeigefinger, an dem man deutlich Schwimmhäute erkennen konnte, auf die Gitarre. Hop lächelte und tat ihr den Gefallen. Er spielte da weiter, wo er sich bei »Goin' Down Slow« unterbrochen hatte.

Als die Sonne sich schließlich anschickte unterzugehen, waren Hops Hände verkrampft und seine Fingerkuppen blutig. Er hatte ein klein wenig von praktisch allem gespielt –

Blues, Bluegrass, Honky Tonk, Wanderlieder, sogar ein paar Kinderlieder –, um damit herauszubekommen, was dem Katzenwelsmädchen gefiel und was nicht; dabei stellte sich heraus, daß sie Blues mochte – was einleuchtete, wenn man bedachte, daß der Blues letztlich von den Ufern des Mississippi stammte.

Als er schließlich die Gitarre beiseite legte, verschwand das Katzenwelsmädchen in den schlammigen Wellen des Flusses. Ein paar Sekunden später kam ein großer Katzenwels aus dem Wasser geflogen, wie von einem Katapult geschleudert, und landete neben ihm auf dem Steg. Er hob den zappelnden Fisch auf und schüttelte den Kopf.

»Ich weiß die gute Absicht zu schätzen«, sagte er laut. »Aber das ist es nicht, worauf ich aus bin.« Nachdem er den Fisch wieder ins Wasser zurückgeworfen hatte, griff Hop in die Tasche und zog einen Silberdollar heraus, den er so zwischen Daumen und Zeigefinger hielt, daß die verblassenden Strahlen der Sonne darauf fielen. »Wenn du willst, daß ich weiterspiele, mußt du das Kätzchen füttern. Und das hier ist es, was das Kätzchen frißt.«

Das Katzenwelsmädchen tauchte wieder auf, starrte die glitzernde Münze eine Sekunde lang an, und tauchte dann wieder unter. Hop rutschte unruhig herum, während eine Minute um die andere verstrich, ohne daß von dem Katzenwelsmädchen eine Spur zu sehen gewesen wäre. Vielleicht war er voreilig gewesen, hätte ein wenig mehr Geduld haben sollen …

Etwas Schweres, Feuchtes schlug gegen seine Brust und fiel dann mit einem metallischen Laut auf die Bretter. Hop hob das runde, flache Stück schlammverkrustetes Metall, das zu seinen Füßen lag, mit zitternden Händen auf. Er kratzte mit dem Daumennagel an der Oberfläche und wurde nicht etwa mit dem Glitzern von Silber belohnt – sondern dem weichen, warmen Leuchten von Gold.

Er stieß einen Freudenschrei aus und sah sich dann um, ob vielleicht jemand beobachtet hatte, was ihm da für ein Glück widerfahren war, aber er war ganz allein auf dem Steg, zumindest was menschliche Gesellschaft anging. Und da sollte einer davon reden, daß man in einen Honigtopf fallen konnte.

Und alles bloß für ein bißchen Musik.

Als der Sommer weiter ins Land zog, wurde Hop Armstrong ein regelmäßiger Besucher am Steamboat Bend. Er tauchte früh am Morgen auf, blieb bis zum Abend und ging immer mit schweren, wenn auch ein wenig feuchten Taschen nach Hause. Wenn Sammy Herkimer dort fischte, sah Hop sich gezwungen abzuwarten, bis der alte Angler gegangen war, aber die meiste Zeit brauchte er sich keine Sorgen zu machen, entdeckt zu werden.

Zuerst hatte Lucinda sein neuentdecktes Interesse am Fischen mit argwöhnischen Blicken bedacht, aber da er beim Nachhausekommen nie nach Parfum roch oder Lippenstift am Kragen hatte, hielt sie sein neues Hobby allmählich für echt. Lucinda konnte natürlich nichts von der Kaffeedose voller alter Gold- und Silbermünzen wissen, die er in der Garage versteckt hielt, oder von dem Sack mit goldenen Türknöpfen, den er in dem Holzstapel hinter dem Haus verborgen hatte. Hop sah keine Notwendigkeit, ihr etwas von seinem frischbegründeten Wohlstand preiszugeben. Sie hätte dann bloß angefangen, Fragen zu stellen, wo das alles herkomme, und was würde dann sein?

Wenn er Lucinda von dem Katzenwelsmädchen erzählte, würde jeder Mann, jede Frau und jedes Kind in Flyjar auf dem Steg erscheinen und sämtliche Instrumente vom Banjo bis zur Maultrommel spielen, um sich in seine Nummer hineinzudrängen. So wie Hop das sah, hatte er nicht den geringsten Anlaß, sich selbst die Tour zu vermasseln.

Sobald von Lit'l Fishie, wie er sie nannte, nichts mehr kam, hatte er vor, seine Kaffeedose voll antiker Münzen und seinen Sack mit Türknäufen zu nehmen und in die Großstadt zu gehen – Jackson zum Beispiel, oder Greenville. Zum Teufel, vielleicht würde er sogar nach New Orleans gehen – vielleicht sogar nach Biloxi! Ihm war ziemlich egal, wo er sich schließlich niederließ, solange es nur ein Ort war, wo die Frauen hübscher und jünger waren als die in Flyjar und wo man am Sonntag Bier kaufen konnte. Danach zu schließen, wie Lit'l Fishie sich bei seinen letzten Serenaden verhalten hatte, sollte es nicht mehr lange dauern, bis ihre Quelle sozusagen versiegt war.

Sie wechselte immer noch zwischen ausgesprochen scheuem Verhalten – verschwand jedesmal, wenn ein Ochsenfrosch quakte – und damit, mit ihrem wie eine Satteltasche aussehenden Mund Kußbewegungen zu machen. Hop war vielleicht kein sehr gebildeter Mann, aber mit Frauen kannte er sich aus, und Lit'l Fishie zeigte sämtliche Anzeichen einer Sugar Mama, der allmählich das Geld ausging.

Als Hop an jenem Tag zum Steamboat Bend ging, war für ihn ziemlich klar, daß das seine letzte Serenade für das Katzenwelsmädchen sein würde – und sein letzter Tag als Bürger von Flyjar. Jetzt, wo er sein Glück gefunden hatte, war für ihn die Zeit gekommen, hinaus in die Welt zu ziehen und Kapital aus seinem Ruhm zu schlagen.

Hop ließ den Blick über den Himmel wandern und runzelte die Stirn, als er die aufziehenden Wolken sah. Seit Sonnenaufgang hatte es immer wieder kurz geregnet, und entlang dem ausgetretenen Feldweg, der zu dem baufälligen Steg beim Steamboat Bend führte, waren überall Pfützen. So ungern er auch durch den Schlamm stapfte, bedeutete schlechtes Wetter jedoch, daß er sich keine Sorgen zu machen brauchte, daß da jemand herumschnüffelte.

Hops schloß die Hand fester um den Riemen, an dem er die Gitarre trug, und er eilte zum Ufer hinunter auf den verlassenen Steg. Er setzte sich ans Ende, so wie er das immer tat, ließ die Beine über dem Wasser baumeln und fing an, »See My Grave Is Kept Clean« zu spielen.

Normalerweise tauchte Lit'l Fishie in dem Augenblick, in dem er zu spielen anfing, vielleicht einen Steinwurf entfernt durch die Wasseroberfläche auf und kam dann näher, bis sie wie ein von einer Schlange hypnotisierter Vogel zu ihm heraufstarrte. Hop kannte jenen Blick nur allzu gut. Er sah ihn immer wieder in den Augen der Frauen, wenn er in den Kneipen spielte. Er wußte ganz genau, daß er bloß ein Wort zu sagen brauchte, und Lit'l Fishie würde sich in Maismehl wälzen, um sich dann mit dem größten Vergnügen in eine heiße Bratpfanne zu stürzen.

Er beendete das Stück und fing mit Leadbelly an, aber das Katzenwelsmädchen war bis jetzt noch nicht erschienen. Hop runzelte die Stirn. Vielleicht konnte sie ihn nicht hören. Er wußte nicht genau, wo sie wohnte, aber er vermutete, daß sie sich nicht sehr weit von der Flußbiegung entfernen würde. Er wechselte von Leadbelly zu Son House, vielleicht mochte sie ja »Cotton Fields« nicht. Nachdem Lit'l Fishie sich immer noch nicht zeigte, vertieften sich die Runzeln auf Hops Stirn. Jetzt mußte er aber wirklich loslegen. Er begann eine ihrer Lieblingsnummer zu spielen: »Up Jumped the Devil«.

Unmittelbar unter ihm war ein glucksendes Geräusch zu hören. Hop sah mit einem wissenden Lächeln auf die Silhouette, die dicht unter dem schlammigen Wasser lauerte, das gegen den hölzernen Träger schwappte. Robert Johnson hatte die Frauen noch immer verzaubern können – ob sie nun zweibeinig waren oder Kiemen hatten.

»Warum plötzlich so scheu, Darlin'?« rief er. »Warum zeigst du mir nicht dein süßes Gesicht?«

Die Blasen am Ende des Stegs wurden größer, so als ob das Wasser kochen würde. Hops Blick verfinsterte sich; er beugte sich hinunter und starrte zwischen seinen baumelnden Füßen auf die schlammige Wasserfläche.

»Lit'l Fishie – bist du das?«

Zwischen dem Augenblick, wo das Ding mit der buckligen Haut und dem riesigen Maul voll scharfer Zähne aus dem Wasser sprang, und dem, wo dessen kräftige Kinnladen sich über Hops Beinen schlossen, lag nicht einmal ein Herzschlag. Hop konnte bloß einen kurzen Schrei ausstoßen – ein hohes Kreischen fast wie von einer Frau –, bevor er mitsamt der Gitarre in den Fluß gerissen wurde.

Das letzte was Hop sah, bevor die schlammigen Wellen des Mississippi sich über ihm schlossen, war das Katzenwelsmädchen, das mit trauriger Miene in ihren verschwollenen Augen zusah, wie er ertrank.

Nachdem Hop Armstrong fischen gegangen und nicht mehr zurückgekommen war, waren die meisten Leute in Flyjar der Meinung, er habe eine neue Freundin gefunden und Lucinda verlassen, weil das Gras in Nachbars Garten eben grüner sei. Eine kleinere Gruppe dachte, der gutaussehende Tunichtgut habe sich betrunken und sei durch den baufälligen Steg in den Fluß gefallen. Jedenfalls war niemand sonderlich betrübt, und als zwei, drei Wochen verstrichen waren, gab es wieder neuen Gesprächsstoff im Friseurladen.

Etwa drei Monate nachdem Hop verschwunden war, verhängte sich Sammy Herkimers Angelschnur in etwas unter dem Steg am Steamboat Bend. Zuerst dachte er, sie hätte sich bloß im Schilf verheddert. Als er dann aber seine Leine einholte, hing auf einmal Hops Gitarre am Haken.

Von der Gitarre, die so viele Ladies aus ihrer Wäsche und um ihre Ersparnisse gezaubert hatte, tropfte jetzt der Schlamm, der Hals war abgebrochen und der Korpus ziemlich mitgenommen. Sammy wiegte den Kopf, während er das Instrumentenwrack aus der Leine befreite. Eigentlich überraschte ihn das, was er da gefunden hatte, gar nicht sonderlich. In gewisser Weise gab er sogar sich die Schuld für das, was dem armen Hop zugestoßen war. Schließlich hatte er, als er ihm von den Catfish Girls erzählt hatte, ganz zu erwähnen vergessen, daß sie nicht die *einzigen* Dinger waren, die am Steamboat Bend zu Hause waren.

Und die Gator Boys sind für ihre Eifersucht bekannt.

T. C. Boyle

Stones in My Passway, Hellhound on My Trail

> I got stones in my passway
> and my road seems black as night.
> I have pains in my heart,
> they have taken my appetite.
> Robert Johnson (1914?–1938)

Samstagabend, ein Auftritt im House Party Club in Dallas. Er singt seinen Blues, sucht die Töne mit einem Taschenmesser. Seine Stimme steigt zu einem schwirrenden Falsett auf, das die Männer zum Johlen bringt, und sinkt dann ab zu grottenartigem Grollen, so daß es den Frauen kalt über den Rücken läuft, dazu peitschen rauhe Akkorde, sein linker Fuß stampft wie ein Hammer. Die Gäste des Clubs – Pflücker und Feldarbeiter – trampeln auf den Dielen herum wie beim Start zum Derby und schlagen den Takt. Röcke fliegen, so mancher Strohhut rutscht über die Augen, Drinks werden verschüttet, geglättetes Haar kräuselt sich wieder. Von Kabeln an der Decke baumeln zwei trübe Glühbirnen; das Licht wird von Zigarettenrauch gedämpft, es ist schmuddelig und braun. Der Boden glänzt von Spucke und Tabaksaft. Aus dem Hinterzimmer kommt der Geruch nach Spiegelei. Und nach Bohnen.

Huddie Doss, der Besitzer, hat in der Ecke eine Theke aufgestellt: zwei Fässer mit Dachpappennägeln, darüber ein Kieferbrett. Auf dem Brett mehrere Fünf-Liter-Krüge, eine Flasche mit mexikanischem Rum, ein Meßbecher aus Zinn und drei Zitronen. Robert sitzt auf einem Hocker am anderen Ende des Raums, eingezwängt zwischen Männern mit bunten Halstüchern, Frauen in bedruckten Kattunkleidern. Die Männer beobachten seine Finger, die Frauen sehen ihm in die Augen.

Wir sind im Jahr 1938, in der Dust Bowl von Texas und Oklahoma, im New Deal. Im Radio spricht Roosevelt, irgendwer in Robinsonville benennt sein Baby nach Jesse Owens. Einmal hat Robert auf der Straße nach Natchez einen Pierce-Arrow vorbeifahren sehen und noch eine ganze Woche lang davon erzählt. Ein andermal war er anderthalb Monate in Chicago, ohne zu merken, daß gerade die Weltausstellung lief. Jetzt spielt er seine Gitarre den Mississippi rauf und runter, in Louisiana, Arkansas und Texas. Er hat noch nie von Hitler gehört und seit zwei Tagen nichts gegessen.

Mit fünfzehn sah er einmal, wie ein vergifteter Hund sich die Eingeweide herausriß. Das ging so:

Sie waren draußen auf dem Feld, als jemand brüllte: »Loup ist toll geworden!«, und dann rannte er zusammen mit den anderen den Abhang hinunter und über die staubrote Straße, vorbei an den Baracken und in die Rinne hinein, wo die Leute ihren Müll abluden, und der Hund heulte zur Sonne empor, dann bellte er so tief wie die Krater auf dem Mond. Es war ein Coonhound, gelbbraun, schwere Knochen, ein Fell wie ein Löwe. Robert schob sich durch die Menschenmenge und sah zu, wie das Tier sein Hinterteil über den Boden schleifte, als wäre es eine gebärende Hündin, die kläglichen Hoden schleiften hinterher. Jetzt jaulte der Hund, sein hohes Wimmern zerrte an jedem Atemzug, und dann bellte er wieder, brüllte seinen Tod hinaus, bis die Luft davon erfüllt war, bis es jedem die Ohren und die Magengrube davon umdrehte. Einer der Männer sagte knapp und grimmig: »Los, geh Turkey Nason holen, er soll seine Flinte mitbringen!« Darauf löste sich ein Junge aus der Menge und flitzte den Abhang hinauf.

In diesem Augenblick fiel der Hund krachend auf die Seite, er atmete schwer und fing an, sich mit langen, wütenden Tritten seiner Hinterläufe den Bauch aufzukratzen. Gelber Schaum trat aus der schwarzen Schnauze, das Blut strömte hell aus den Nüstern. Der Hund heulte auf und kratzte, kratzte weiter, bis die Haut wund war und er die Wunde mit den Zähnen öffnen konnte, um an das graue Gedärm heranzukommen; zuerst zerrte er eine Schlinge heraus, dann packte er einen schmalen Strang, als wäre es Schmutzwäsche. Der

Mann mit der Flinte tauchte nicht auf. Die Frau neben Robert begann zu weinen, ein Geräusch wie zerknülltes Papier. Dann trat einer der Männer vor, in der Hand eine Schaufel. Er traf den Hund einmal quer übers Auge, und das Tier warf sich in seine Richtung. Die Schaufel fiel noch zweimal, und der Hund erstarrte. Seine gelben Augen fixierten den Kreis der Männer, die herumliegenden Flaschen, die Dosen und die rostigen Maschinen, der Kopf schwankte auf dem kräftigen, muskulösen Hals, blieb einen schrecklichen Moment lang in der Schwebe, und dann war es vorbei. Später ging Robert ganz nahe heran: um das erstarrte Gebiß zu sehen, die hageren, verkrampften Glieder, die grünen Fliegen auf den rosa Innereien.

Zwischen den Auftritten ist Robert mit einem Mädchen namens Beatrice hinter der Bühne, und das findet Ida Mae Doss, Huddies Tochter, überhaupt nicht gut. Als er wieder auf dem Hocker Platz nimmt und nach seiner Gitarre greift, sieht er hinüber zu dem Kieferbrett, zu den Fässern und zu Ida Mae, die hinter der Bar steht. Sie starrt ihn an – kalt, hart, ihre Augen sind wie Rasiermesser. Was kann er schon tun? Er grinst verlegen. Aber dann kommt Beatrice hereingedampft, eine Duftwolke aus Schweiß um sich, das blaue Kattunkleid klebt an ihr wie ein nasses Laken. Sie tänzelt durch die Menschentraube, die sich um Robert schart, und sagt zu ihm: »Spiel doch mal was Sanftes, ja?« Robert packt den Hals seiner Gitarre, schlägt zweimal in die Saiten und fängt dann an mit ›Phonograph Blues‹:

Wir spielten's auf dem Sofa, und wir spielten's auch im Flur
Doch dann war meine Nadel rostig, Jungs, von Spielen keine Spur.

Die Männer boxen einander in die Seite. Ida Maes Blicke sind Dolche. Beatrice zuckelt auf den Tanzboden hinaus, hebt die Arme über den Kopf und fängt einen langsamen, schiebenden Shuffle zum Rhythmus der Gitarre an.
    Niemand weiß, wie Robert an seine Gitarre gekommen ist.

Mit sechzehn verschwand er von Lettermans Farm, dann tauchte er anderthalb Jahre später mit einer nagelneuen Harmony Sovereign wieder auf. Er spazierte beim Rooster Club in Robinsonville/Mississippi herein und lehnte sich da an die Wand, bis Walter Satter mit seiner Nummer fertig war. Als Satter an die Theke kam, trat Robert neben ihn. »Hab deine Platte gehört«, sagte Robert. Er war klein und dünn, sah eher aus wie zwölf als wie achtzehn.

»Und, gefällt sie dir?«
»Hab 'ne Menge von gelernt.«
Satter grinste.
»Was dagegen, wenn ich beim nächstenmal mitspiele?«
»Klar doch – wenn du meinst, du bringst das.«

Robert spielte mit. Seine Stimme war eine Dusche, sein Sound ein Gewitter. Die satten Slides seiner Leadgitarre durchschnitten die Atmosphäre wie Blitze die Dämmerung. Satter spielte eine Zeitlang Rhythmus dazu, dann ging er von der Bühne.

Die Zitronen sind zermanscht, die Gläser mit Rum geleert, die Krüge viel leichter. Stimmen dringen durch die offene Tür, Glühwürmchen punktieren die schwarzen Dachsparren. Es ist heiß wie im Dschungel, dunkel wie in einer Höhle. Die Gäste des Clubs sind stiller geworden – manche lehnen an der Wand, andere sind über die Theke gesunken, ihre Finger klopfen den Rhythmus wie Taktstöcke mit. Die Ausnahme ist Beatrice. Sie ist immer noch auf dem Tanzboden, ihr Kopf wiegt sich im Takt zur Musik, die Füße zucken, auf ihrem Gesicht glänzt der Schweiß – sie tanzt. Ein Glas in der Hand. Doch auf einmal knickt ihr Bein ein, sie kippt nach links und geht zu Boden. Man hört das Klirren von Glas, dann ist es still.

Robert hat zu spielen aufgehört. Der letzte Akkord hängt noch in der Luft, wie geköpft; plötzlich durchdringt eine unnatürliche Stille die Rauchschwaden, senkt sich herab wie ein Strafgericht. Robert legt die Gitarre quer über den Hocker und stapft zu Beatrice hinüber. Sie liegt am Boden, rollt sich langsam auf die Seite, lacht und lallt vor sich hin. Robert packt sie unter den Achseln, hilft ihr auf und führt sie zu einem Stuhl in der Ecke – und dann ist es vorbei. Die Männer reißen wieder Witze, es kommt Leben in die Bar, die Frauen reden und lachen lauthals.

Beatrice sackt auf dem Stuhl zusammen, das Kinn sinkt ihr auf die Brust, und sie fängt an zu schnarchen – ganz leise und unregelmäßig, eine schnurrende Katze. Robert grinst und tätschelt ihr den Kopf – dann dreht er sich zur Theke. Dort steht Ida Mae und schenkt Drinks aus. Ihr Augen glänzen feucht. Robert preßt eine ausgelutschte Zitrone in sein Glas, gießt es halbvoll mit Rum und drückt ihr ein Fünf-Cent-Stück in die Hand. »Na, Ida Mae, was brutzelt denn heute bei dir?«

Im Ausschnitt ihres Baumwollkleids hängt ein dünnes Silberkettchen. Der Anhänger ist ein Gitarrenplektron aus Holz, auf Hochglanz lackiert, geformt wie ein Samenkorn.

»Eier gibt's«, sagt sie. »Und Bohnen.«

Lubbock, Natchez, Pascagoula, Dallas, Eudora, Rosedale, Baton Rouge, Memphis, Friars Point, Vicksburg, Jonesboro, Mooringsport, Edwards, Chattanooga, Rolling Fork, Commerce, Itta Bena. Thelma, Betty Mac, Adeline, Harriet, Bernice, Ida Bell, Bertha Lee, Winifred, Maggie, Willie Mae. »Robert übernimmt sich 'n bißchen«, sagten die Leute. »Der fliegt sicher bald aufs Maul.«

1937 belagerte Franco Madrid, die Japaner plünderten Nanking, Amelia Earhart ging über dem Pazifik verloren, und Robert nahm mehrere Schallplatten für Victrix Records auf. Damals war er dreiundzwanzig. Oder zweiundzwanzig. Das Geld für die Zugfahrt nach New Orleans schickte ihm der Mann von Victrix per Adresse High Times Club in Biloxi. Robert schlitzte den Umschlag mit dem Taschenmesser auf und fuhr mit dem Daumen über die grünsilbernen Ein-Dollar-Scheine, während der Barkeeper ihm den Brief vorlas. Robert war ausgelassen. Er küßte Frauen, tanzte auf den Tischen, kaufte sich eine Havanna – aber die Scheine raschelten ihm durch die Finger, und er schaffte es nicht zum Bahnhof. Eine Woche später schickte der Mann ihm dann eine einfache Fahrkarte, die sich nicht rückerstatten ließ.

Der Mann erwartete ihn schon, als der Zug in New Orleans in den Bahnhof einfuhr. Robert stieg mit seiner zerschrammten Harmony Sovereign und einem Pappkoffer aus. Der Gestank nach Öl und Kohle waberte durch die Luft. Vor dem Bahnhof standen geparkte Automobile, wie ein Traum des zwanzigsten Jahrhunderts. »Walter Fagen«, stellte sich der Mann vor und streckte die Hand aus. Robert musterte die weißblonden Haarsträhnen, die blaßblauen Augen, den roten Schlips, dann senkte er den Blick auf eine abgerissene Fahrkarte auf dem Bahnsteig. »Nett, Sie kennenzulernen«, murmelte er. Die eine Hand umfaßte den Gitarrenhals, die andere steckte in der Tasche. »Na los, her mit der Hand«, sagte Fagen. Robert gab sie ihm.

Fagen brachte ihn zu einer Pension, bezahlte die dicke Frau mit Kopftuch, die am Eingang saß, und trug Robert auf, am nächsten Morgen zu ihm ins Arlington Hotel zu kommen. Dann gab er ihm zwei Dollar Vorschuß. Drei Stunden später wurde Fagens Abendessen durch einen Anruf der Polizei von New Orleans abrupt unterbrochen: Robert saß wegen Ruhestörung im Gefängnis. Fagen rief sich ein Taxi und fuhr hin, legte fünf Silberdollars auf den Tisch und holte seinen Plattenstar raus. Roberts rechtes Auge war zugeschwollen; seine Gitarre war weg. Robert hatte nichts zu sagen. Als das Taxi vor der Pension stehenblieb, gab ihm Falten fünfunddreißig Cent fürs Frühstück und sagte, er solle sich jetzt schlafen legen.

Im Arlington Hotel setzte sich Falten wieder in den Speisesaal und bestellte noch einmal. Er nippte gerade an einem Gimlet, als ihn ein Page zum Telefon rief. Es war Robert. »Ich bin einsam«, sagte er.

»Einsam?«

»Na ja – hier ist 'ne Frau, die verlangt vierzig Cent, und da fehlt mir ein Fünfer.«

Die Stimmen umschwirren sie wie Vögel am Morgen, wie ein umnachteter griechischer Chor. Rauch und schaler Schweiß, der Duft von Zitronen. Sie beißt die Zähne zusammen. »Na, dann gib mir da mal 'nen Teller von, Mädel«, sagt er gerade.

»Hab schon seit zwei Tagen nichts gegessen.« Dann ist sie im Hinterzimmer, rührt Bohnen und schlägt Eier auf, eine Frau, die verschmäht worden ist. Die Eier, vier Stück, starren ihr entgegen wie Augen. Winzige Embryos. Auf dem Regal über dem Herd: Pfefferstreuer, Salzfaß, ein Messer und das Pulver, mit dem man Ratten und Kakerlaken umbringt.

Agamemnon, nimm dich in acht!

In Roberts Traum wogen Frauenschenkel, gesungene und noch ungesungene Songs zerfließen ineinander, da sind blitzende Radkappen und schnittige Kotflügel, der Sumpf, die Bäume, Hochspannungsleitungen und die Straße – die Straße, die endlos abrollt wie Garn von einer Spule, wie Adern, Blutstrom und Herz, Ferne ohne Ende, ohne Horizont.

Der letzte Auftritt an diesem Abend. Alles verliert an Schwung. Beatrice ist auf dem Stuhl zusammengesackt, der Rock ist ihr über die Knie hochgerutscht, ihre Brust hebt und senkt sich im sanften Rhythmus des Schlafs. Neben ihr drückt ein Mann mit roten Hosenträgern eine Frau gegen die Wand. Robert sieht den Händen der Frau zu, die wie dunkle Tiere über die Hüfte des Mannes huschen. Früher am Abend hat ein Pflücker einen Messerstich in den Nacken gekriegt, nach einem Streit übers Würfeln, über Frauen oder über Schnaps, und eine alte Frau ist im Suff gestürzt und hat sich den Kopf an der Kante einer Sitzbank aufgerissen. Jetzt aber verliert alles an Schwung. Die Stimmen sind gedämpft, Zigaretten glühen unbeachtet, das Mondlicht malt die Fenster weiß.

Robert stützt die Gitarre auf dem Knie ab und singt ein Lied über einen Bahnhof, einen Koffer und die Augen einer Frau. Sein Blick ist traurig, trostlos wie Nieselregen, und die Gitarre jammert über allem wie ein ferner Schrei. »Ja!« rufen sie ihm zu. »Robert!« Jemand stößt einen Pfiff aus. Dann klatschen sie, Wellen am Felsenriff, Rauch steigt auf wie aus einem Spalt in der Erde. Zur Antwort klettert die Gitarre tief hinab zu den Anfangstakten von Roberts Erkennungsmelodie, es ist sein Finale, aber irgend etwas stimmt nicht – die

Akkorde zucken anfallsartig, torkeln unschlüssig und brechen ins Leere ab.

Ein Anfall. So heftige Krämpfe, daß es ihm die Finger von den Saiten reißt. Er fängt nochmals an, seine Stimme zittert, wie erfroren: »Got to keep moving, got to keep moving / Hellhound an my trad.« Und dann bricht die Stimme erstickt ab, er würgt, die Gitarre gleitet mit dumpfem Hallen zu Boden. Seine Gedärme brennen wie Feuer. Er steht auf, greift sich an den Bauch, fällt auf Hände und Knie nieder. »Hat wohl zuviel von dem mexikanischen Fraß probiert, der Junge«, sagt jemand. Er blickt auf, von einem Schwert durchbohrt, keucht, die Schockwellen durchzucken seinen ganzen Körper, er blickt auf zu dem Kieferbrett, zu den Fässern, zu den kalten, harten Zügen des Mädchens mit dem Silberkettchen in der Hand. Blickt auf – und knurrt.

Robert Gernhardt

Elch, Bär, Biber, Kröte

Das Paar stand an dem kleinen Waldsee, an welchem es schon so oft gestanden hatte, und blickte, wie so oft schon, auf das gegenüberliegende Ufer. Beide hatten gerade gebadet, nun ließen sie sich von der Sonne trocknen. Das gegenüberliegende Ufer befand sich im Schatten, nur in den Kronen größerer Bäume fing sich gleißend das Licht der hoch stehenden Sonne. Stunde des Pan, kein Geräusch außer dem Geraschel der Eidechsen im trockenen Gras, keine Bewegung außer dem unsteten Flug der Libellen über dem blendenden Wasser. Kein Anlaß, irgend etwas zu sagen, was nicht hundertmal gesagt worden war. Daß es doch an ein Wunder grenze, daß sie die einzigen an diesem schönen See seien, mitten im Sommer und mitten in Italien, sagte sie. Daß heute besonders viele besonders schöne Libellen unterwegs seien, sagte er. Daß sich der gegenüberliegende Wald ganz außerordentlich schön spiegle, versicherten sie einander. Daß es überhaupt nicht schöner sein könnte, bemerkte sie derart gedankenverloren und abschließend, daß er sich unvermutet genötigt sah, alle noch verfügbaren Geister des Widerspruchs zu mobilisieren.

Oh, er könnte sich alles noch viel schöner vorstellen.

Wie?

Dort – er zeigte auf eine Lichtung des gegenüberliegenden Ufers – könnte ein Elch aus dem Walde treten, um ein Bad im See zu nehmen. Und da – er deutete auf eine kleinere Bucht – könnte ein Braunbär nach Fischen Ausschau halten. Und hier schließlich – er wies auf einen kleinen Pfad, der zum See führte – könnte ein Biber seinen Geschäften nachgehen.

»Ein Biber?«

Oder mehrere Biber. Wobei er nicht auf mehrere Biber fixiert sei. Auf *einem* Biber freilich müsse er bestehen. Und auf einem Braunbär. Und auf dem Elch sowieso.

Ein Leuchten teilte die Wasseroberfläche. Für einen Augenblick stand ein glänzender Fisch senkrecht vor dem Dunkel der sich spiegelnden Bäume. Gleich darauf fiel er hörbar zurück, dann waren da nur noch Wellenkreise, die sich stetig ausdehnten.

»Was du dir da gewünscht hast, den Elch, den Bär und den Biber, das soll in Erfüllung gehen«, sagte sie leichthin. »Und zwar zu deinem nächsten Geburtstag.«

Er hörte ihr zu, ohne den Blick vom Wasser zu wenden. Immer noch waren da Wellenkreise zu sehen, doch nun verloren sie sich unmerklich.

»Und was wünsche ich mir?«

Er riß den Kopf herum und starrte sie entgeistert an. »Was heißt das: Und was wünsche ich mir?«

Träge wandte sie sich ihm zu.

»Du hast dir was gewünscht – jetzt kann ich mir auch etwas wünschen.«

»Du? Wieso denn?«

»Wieso denn nicht? Oder glaubst du, nur du könnest dir hier was wünschen?«

»Könnest?« fragte er mit schlecht verhohlener Ironie. »Könnest?«

»Dann eben: kannst.«

»Könntest immer noch, könntest.«

»Na gut. Könntest du eben nämlich nicht.«

»Kannst. Das heißt: Ich könnte es schon, doch du kannst dich leider nicht jenseits jeglicher Grammatik verständigen. Nach der aber lautet deine Frage plus Aussagesatz – abgesehen davon, ob das alles inhaltlich zutrifft –: Oder glaubst du, nur du *könntest* dir hier was wünschen? Nein, das *kannst* du nicht.«

»Kannst du auch nicht.«

Erregt setzte er sich auf. Ob sie denn wisse, was sie da rede?

»Aber klar weiß ich das. Jetzt bin ich nämlich mit Wünschen dran. Und deshalb wünsche ich mir, daß dort –«

Aber er habe sich doch überhaupt nichts gewünscht, fiel er ihr schneidend ins Wort.

»Nein?«

Nein! Er habe den See lediglich mit sehr persönlichen Bildern seiner Einbildungskraft besetzt, mit Wunschvorstellungen –

»Also doch mit Wünschen«, sagte sie heiter.

Eben nicht! Sie erst habe aus den Wunschbildern schlichte Wünsche gemacht. Schlimmer noch: sie habe sich seiner Phantasien bemächtigt, und das gleich in dreifacher Weise. Zuerst habe sie seine urpersönlichsten Bilder zu Wünschen degradiert, sodann habe sie sich die Fähigkeit angedichtet, diese selbstgeschaffenen Wünsche zu erfüllen, und schließlich habe sie sich auch noch das Recht angemaßt, sich ihrerseits etwas zu wünschen.

»Das mache ich jetzt auch«, erklärte sie mit strahlender Bestimmtheit. »Dort« – sie zeigte auf eine kleine Holzbrücke, die über den auszementierten Abfluß des Stausees führte – »dort sollen zwanzig Erdmännchen sitzen. Und zwar alle auf den Hinterpfoten und alle die Köpfe der Sonne entgegengereckt.«

»Da werden keine Erdmännchen sitzen!« Er war aufgesprungen und hatte damit begonnen, stampfend auf und ab zu gehen. Erdmännchen kämen überhaupt nicht in Frage, wiederholte er, die Fäuste ballend, von wegen Erdmännchen!

»Wieso denn nicht?«

Ja, ob sie denn gar nicht begriffen habe, was all seine Tiere miteinander verbinde? Ob ihr das seiner Vision zugrundeliegende Muster denn so gänzlich verborgen geblieben sei?

»Vision?«

»Dann eben nicht Vision. Auf jeden Fall waren meine Tiere alles nordische Tiere. Ausdruck meiner Nordsehnsucht, wenn du so willst. Und ich kann es ganz einfach nicht dulden, daß du dich da mirnichtsdirnichts mit südafrikanischen Wühlmäusen einklinkst.«

»Erdmännchen immer noch.«

»Dann eben Erdmännchen.«

Sie zupfte das Handtuch zurecht, legte sich auf den Bauch und bettete den Kopf in die verschränkten Arme. Ein Auge auf den immer noch Stehenden gerichtet, sagte sie versöhnlich: »Aber wenn es unbedingt nordische Tiere sein müssen, dann wünsche ich mir eben zwanzig Lemminge.«

Er wandte sich jäh ab. Als ob er den See zum Zeugen anriefe, breitete er die Arme aus. Die gespreizten Hände schüttelnd, setzte er zu einem leidenschaftlichen Plädoyer an. Daß ihm hier Unrecht angetan werde, rief er in die Stille. Daß es nicht um die Frage ›Erdmännchen oder Lemminge‹ gehe, ja daß Lemminge das Unrecht keineswegs milderten, sondern es bis zur völligen Unerträglichkeit verstärkten, da dieses Einlenken schmerzlich die gänzliche Verständnislosigkeit der vermeintlich Einlenkenden offenbare. Daß er sich nicht wegen irgendwelcher Nager errege, sondern deshalb, weil ihm hier das Recht auf eigene Bilder, und das meine zugleich auch auf eigene Geschichte, abgesprochen werde, und das ausgerechnet von einem Menschen, dem er sich nahe geglaubt habe. Daß es offensichtlich gerade diese Nähe sei, die den nahen Menschen dazu ermutige, ja geradezu erfreche, immer näher und näher zu rücken, bis er nicht nur die leibliche Gegenwart des anderen, sondern auch noch dessen Phantasien okkupiere. Daß jener Respekt voreinander, der im sonstigen menschlichen Zusammenleben so fraglos geachtet werde, ausgerechnet dort, wo er die einzige Garantie für das gemeinsame Überleben – richtiger: das Überleben der Gemeinsamkeit – darstelle, fortwährend mit Füßen getreten werde, beim Paar nämlich. Daß kein anderer Mensch der Welt es gewagt hätte, aus der Tatsache, daß er sich was wünsche, ebenfalls Wünsche abzuleiten. Daß dieser Akt totaler Nichtachtung sonst selbstverständlicher Grenzen ausgerechnet ihr vorbehalten geblieben sei. Daß ihre, ja ihre, Erdmännchenherde mehr zertrampelt habe als nur eine flüchtige Laune seiner Einbildungskraft, daß ihm diese unerhörte Nagerinvasion einmal mehr … einmal mehr – nach Worten suchend ließ er den Blick schweifen, über den See, den Waldrand, die Holzbrücke und die Liegende, die sich bei seinen letzten Worten ein wenig aufgestützt und damit begonnen hatte, einen Turm aus kleinen Steinen zu bauen.

»Einmal mehr?« fragte sie lächelnd.
»Na, du weißt schon.«
»Nichts weiß ich.«
»Und ob du es weißt! Wer, wenn nicht du?«

Am Abend empfing das Paar den Besuch eines befreundeten Paares. Als er damit begann, die Teller abzuräumen und in die Küche zu tragen, fing sie damit an, den Gästen die mittägliche Auseinandersetzung zu schildern; als er den Kaffee auf die Terrasse hinausbrachte, kam er gerade noch zurecht, um entscheidende Einzelheiten richtigzustellen – »Nein, ich habe mir nie einen Elch *gewünscht*, sondern –« und »Nein, nein, sie wünschte sich nicht gleich Lemminge, erst hat sie –« und »Nein, nein, nein, ich habe nichts gegen Erdmännchen, nur ...« – doch während er, durch Zuspruch und Gelächter bestärkt, nach Kräften dazu beitrug, die Vorfälle des Mittags vollständig in Unernst und parodistischen Schaukampf zu überführen, wußte er doch zugleich, daß all die Worte lediglich verhindern sollten, daß das zur Sprache kam, was er bereits am See nicht hatte sagen können. Aber was war das gewesen?

Es fiel ihm wieder ein, als er im Morgengrauen auf die Terrasse trat, um – schlafen konnte er ohnehin nicht mehr – wenigstens einen Blick auf die aufgehende Sonne zu werfen. Da saß auf dem Mäuerchen, auf das er sich hatte setzen wollen, bereits eine große, fahle, braungesprenkelte Kröte, inmitten einer ausgedehnten Lache, an deren Rand etwas lag, glänzend schwarz, gut fingerdick, fast daumenlang, etwas, das sich an beiden Enden verjüngte und an einer Stelle so weit aufgeplatzt war, daß seine Beschaffenheit sichtbar wurde: eine Vielzahl winziger Kügelchen – Kerne? –, auch sie schwarz und glänzend wie der Stoff, der sie zusammenhielt und umschloß.

Schon als sich der Frühaufsteher ihr vorsichtig genähert hatte, war die Kröte an den Rand des Mäuerchens gesprungen, nun, da er sich niederließ, um das seltsame Schauspiel in Augenschein zu nehmen, feuchtete sie rasch auch noch diesen Rand ein wenig ein, um sich sodann Hals über Kopf auf die Terrasse zu stürzen, die sie breitbeinig und zielstrebig überquerte, bis sie sich zwischen engstehenden Blumentöpfen verlor.

Jetzt erst konnte der, welcher die Kröte bei ihren Geschäften gestört hatte, sich eingehender mit den Ergebnissen dieser Geschäftigkeit befassen. Er rollte das glänzende Etwas ein wenig und roch an seinem Finger. Er mochte den Geruch nicht, der fremd und streng war. Er begriff, daß es sich um Krötenkot handelte, und weigerte sich trotzdem, dem Augenschein zu glauben. Er hatte diese Exkremente bereits in den vergangenen Tagen hin und wieder auf der Terrasse gefunden, sie jedoch stets einem weit größeren Tier zugeordnet, dem Stachelschwein, obwohl er sich der Unwahrscheinlichkeit dessen bewußt gewesen war, daß ein Stachelschwein sich so nahe an das Haus gewagt haben sollte. Noch unwahrscheinlicher allerdings schien ihm, daß die Kröte wirklich dieses mächtige Stück Dreck hervorgebracht haben konnte. Das war ja fast so groß wie sie selber! Trotzdem war kein Zweifel möglich, und mit einemmal überkam ihn die Erkenntnis, daß er ein Eingeweihter war. Was er erlebt hatte, hatten nur die wenigsten erlebt. Was er wußte, wußten nur Auserwählte. Auf keinen Fall aber wußte sie es. Sie, deren steter Schlaf ihn die eigene Schlaflosigkeit so deutlich hatte spüren lassen, daß es ihn schließlich nicht mehr im Zimmer gehalten hatte. Sie, mit der er wiederholt an heißen Vormittagen über die Herkunft der merkwürdigen schwarzen Hinterlassenschaften gerätselt hatte, ohne doch deren wahre Herkunft erraten zu können. Nun hatte sich ihm, nur ihm, des Rätsels Lösung enthüllt, während sie, bewahrte er das Geheimnis nur fest genug in seinem Herzen, weiterhin in schwärzester Unwissenheit dahinleben mußte.

Schau mal, das Stachelschwein scheint wieder dagewesen zu sein, würde sie sagen, er aber würde ihre Worte vieldeutig belächeln können: Rede nur, rede, du redest, wie du's verstehst. So vieles hatte er geteilt, freiwillig erst, dann notgedrungen, nun endlich hatte er etwas, das er ganz und gar für sich behalten konnte. Konnte? Mußte! Während sich die Sonne herrlich durch den Kamm des Gebirges fraß, wußte er, was er zu tun hatte. Alles würde gut werden. Hier und heute begann ein neues Kapitel seiner Geschichte, und sie würde niemals sagen können, sie sei dabeigewesen. Äußerlich und innerlich erwärmt, suchte er noch einmal das Bett auf.

Als er es wieder verließ, saß sie bereits am Frühstückstisch. Ob ihr denn nichts aufgefallen sei, wollte er wissen, während er wiederholt auf das Mäuerchen deutete. Ob sie denn der Meinung sei, Stachelschweine könnten so hoch springen, hakte er nach, als sie noch immer nichts begriff. Das sei nämlich so gewesen, begann er eilig, um sogleich eingehend zu beschreiben, von wo er sich genähert, wohin die Kröte sich entfernt und was es mit dem glänzenden Dreck auf sich hatte. Kaum konnte er sich noch ein wenig an ihrem Erstaunen weiden, da trat auch schon das befreundete Paar blinzelnd und grüßend auf die Terrasse.

Als er, um ihnen zuvorzukommen, rasch ins Bad ging, hörte er gerade noch, wie sie den erstaunten Freunden fast triumphierend die Lösung des schwarzen Rätsels mitteilte.

»Es gibt kein richtiges Leben im falschen«, tröstete er sich, während er die Dusche aufdrehte. »Was nicht ist, kann ja noch werden«, dachte er, als er erfrischt am Frühstückstisch Platz nahm und nach dem Yoghurt griff.

So lebten sie weiter.

Raymond Carver

Federn

Dieser Freund aus der Arbeit, Bud, der hat Fran und mich zum Abendessen eingeladen. Ich kannte Buds Frau nicht, und Bud kannte Fran nicht. Also waren wir quitt. Aber Bud und ich, wir waren Freunde. Und ich wußte, daß es bei Bud zu Hause ein Baby gab. Es muß an die acht Monate alt gewesen sein, als Bud uns zum Essen einlud. Wo sind diese acht Monate nur hin? Wo, zum Teufel, ist die ganze Zeit seit damals nur hingekommen? Ich erinnere mich noch, wie Bud eines Tages mit 'ner Kiste Zigarren zur Arbeit kam. Er hat sie in der Kantine verteilt. Drugstore-Zigarren, Marke *Dutch Masters*. Aber jede Zigarre hatte ein rotes Schildchen und eine Banderole mit der Aufschrift: EIN JUNGE! Normalerweise rauche ich keine Zigarren, aber diesmal hab' ich eine genommen. »Nimm dir gleich 'n paar«, sagte Bud. Und dazu hat er die Kiste geschüttelt. »Ich selber bin auch nicht scharf auf Zigarren. War ihre Idee.« Er meinte seine Frau. Olla.

Ich kannte Buds Frau nicht, aber einmal hatte ich ihre Stimme am Telefon gehört. Es war ein Samstagnachmittag, und ich wußte nichts mit mir anzufangen. Also rief ich Bud an. Wollte sehen, ob er nicht eine Idee hatte. Und da hat diese Frau abgehoben. »Hallo«, hat sie gesagt. Das brachte mich aus dem Konzept, und ihren Namen hab' ich auch nicht mehr gewußt. Buds Frau. Dabei hatte er mir gegenüber ihren Namen was weiß ich, wie oft, erwähnt. Aber er ist immer beim einen Ohr rein und beim anderen wieder raus. »Hallo«, sagte sie noch einmal. Ich hab' einen Fernseher gehört. Dann hat sie gesagt: »Wer spricht denn?« Und dann hat ein Baby losgeplärrt. »Bud!« rief die Frau. »Was ist los?« hörte ich Bud fragen. Der Name fiel mir noch immer nicht ein. Also hab' ich aufgelegt. Als ich Bud das nächste Mal in der Arbeit begegnet bin, hab' ich ihm natürlich kein Sterbenswort von meinem Anruf erzählt. Aber den Namen von seiner Frau, den hab' ich ihm bei dieser Gelegenheit rausgequetscht. »Olla«, hat er gesagt. Olla, hab' ich gedacht. *Olla*.

»Nix Großartiges«, sagte Bud. Wir saßen gerade in der Kantine beim Kaffee. »Bloß wir vier. Du und deine Gnädigste, ich und Olla. Kein großes Tamtam. Kommt gegen sieben. Um sechs kriegt der Kleine die Brust, und danach kommt er ins Bett, und dann können wir essen. Unser Haus ist zwar nicht schwer zu finden, aber ich hab' dir einen Plan mitgebracht.« Er gab mir ein Blatt Papier mit allen möglichen Linien drauf, die die Haupt- und Nebenstraßen und die Wege und so weiter anzeigten, und mit vier Pfeilen für die Himmelsrichtungen. Ein dickes X bezeichnete sein Haus. Ich sagte: »Wir freuen uns.«

Aber Fran war nicht besonders begeistert.

Am Abend, beim Fernsehen, hab' ich sie gefragt, ob wir nicht was mitbringen sollten. »Und was?« sagte Fran. »Hat er gesagt, wir sollen was mitbringen? Woher soll *ich* wissen, was? Mich darfst du nicht fragen.« Dabei hat sie die Schultern gezuckt und mir diesen Blick zugeworfen. Sie hat sich das Thema Bud davor schon öfter anhören müssen. Aber sie kannte ihn nicht und war auch nicht scharf drauf, ihn kennenzulernen. »Wir könnten eine Flasche Wein mitbringen«, sagte sie. »Aber mir ist es egal. Warum bringst du nicht einfach Wein mit?« Sie schüttelte den Kopf. Ihr langes Haar streifte ihre Schultern. Wozu brauchen wir andere Leute? schien sie zu sagen. Wir haben doch uns. »Komm her«, hab' ich gesagt. Sie ist ein Stückchen näher zu mir rübergerutscht, und ich hab' sie an mich gedrückt. Meine Fran, das ist ein großer, anständiger Schluck Wasser. Sie hat dieses blonde Haar, das den ganzen Rücken runterhängt. Ich nahm ihr Haar in die Hand und roch dran. Ich wickelte meine Hand rein. Sie ließ zu, daß ich sie an mich drückte. Ich hab' mein Gesicht mitten in ihr Haar gesteckt und sie noch 'n bißchen mehr gedrückt.

Manchmal sind ihr die Haare im Weg und sie muß sie hochheben und zurückstreichen. Dann kriegt sie eine Wut. »Diese Haare«, sagt sie. »Nichts wie Ärger.« Fran arbeitet in einer Molkerei und muß sich die Haare aufstecken, wenn sie in die Arbeit geht. Sie muß sie jeden Abend waschen, und wenn wir vor dem Fernseher sitzen, muß sie sie bürsten. Ab und zu droht sie, daß sie sie abschneiden wird. Aber ich glaub' nicht, daß sie's wirklich tun würde. Sie weiß, wie gut sie mir gefallen. Sie weiß, daß ich ganz verrückt danach bin. Ich sag' immer, daß ich mich wegen ihrer Haare in sie verliebt habe. Und ich sag' immer, daß sich das ändern könnte, wenn sie sie abschneidet. Manchmal nenne ich sie »Schwedin«. Man könnte sie wirklich für eine Schwedin halten. Wenn wir am Abend so beieinander saßen, hat sie sich die Haare gebürstet, und wir beide haben laut aufgezählt, was wir alles gern gehabt hätten. Einen neuen Wagen hätten wir gerne gehabt – so was hätten wir gern gehabt, ja. Und wir wären gern mal für 'n paar Wochen nach Kanada gefahren. Aber eins haben wir uns nie gewünscht: Kinder. Wir wollten keine Kinder, und deshalb hatten wir auch keine. Vielleicht später mal, haben wir uns gesagt. Aber damit wollten wir erst mal warten. Wir dachten, wir könnten ruhig noch ein bißchen warten. Ab und zu sind wir am Abend ins Kino gegangen. Die anderen Abende blieben wir zu Hause und sahen fern. Manchmal hat Fran für mich was gebacken, und wir haben's immer gleich auf einen Sitz aufgegessen, egal, was es war.

»Vielleicht trinken sie gar keinen Wein«, sagte ich.

»Nimm trotzdem welchen mit«, sagte Fran. »Wenn sie keinen trinken, dann trinken eben wir ihn.«

»Weißen oder roten?« sagte ich.

»Wir bringen was Süßes mit«, hat sie dann erklärt, als hätte ich überhaupt nichts gesagt. »Aber mir ist es egal, ob wir was mitbringen. Das ist deine Show. Machen wir bloß keine Staatsaktion draus – sonst komm' ich überhaupt nicht mit. Ich kann einen Himbeerkuchen backen. Oder vielleicht einen Napfkuchen.«

»Für die Nachspeise haben sie bestimmt gesorgt«, sagte ich. »Man lädt sich doch nicht Leute zum Essen ein, ohne daß man eine Nachspeise hat.«

»Kann sein, daß die 'nen Reispudding machen. Oder Schwabbelpudding. Irgendwas, was wir nicht mögen«, sagte sie. »Ich kenn' diese Frau ja nicht. Woher sollen wir wissen, was sie kocht? Und was ist, wenn sie uns Schwabbelpudding vorsetzt?« Fran schüttelte den Kopf. Ich zuckte mit den Schultern. Aber sie hatte natürlich recht. »Diese ollen Zigarren, die er dir verehrt hat«, sagte sie. »Bring doch einfach die mit. Dann könnt ihr Herren euch nach dem Essen in den Salon zurückziehen und Zigarren rauchen und Portwein trinken – oder was immer die Leute in den Filmen trinken.«

»Also gut«, sagte ich, »dann bringen wir eben nur uns selber mit.«

Fran sagte: »Wir nehmen einen Laib von dem Brot mit, das ich selbst gebacken hab'.«

Bud und Olla wohnten etwa zwanzig Meilen außerhalb der Stadt. Wir wohnten schon seit drei Jahren dort, aber weiß der Teufel, bis jetzt hatte es bei Fran und mir noch nicht einmal für eine Spritztour in die Umgebung gereicht. Es tat gut, die schmalen, kurvigen Straßen entlangzufahren. Es war noch früh, ein schöner, warmer Spätnachmittag, und wir fuhren an Viehweiden vorüber, an niedrigen Zäunen und an Milchkühen, die gemächlich zu alten Ställen zockelten. Amseln saßen auf den Zäunen, und Tauben zogen über Heuschobern ihre Kreise. Und so Gärten gab's, und Wiesenblumen blühten, und etwas abseits von der Straße standen kleine Häuser. »Ich wollte, wir hätten ein Haus hier draußen«, sagte ich. Es war bloß so ein Gedanke, einer von diesen Wünschen, bei denen man sich nichts weiter denkt. Fran erwiderte nichts; sie war mit Buds Plan beschäftigt. Wir kamen an die Stelle, wo im Plan eine Kreuzung von vier Straßen eingezeichnet war. Wir hielten uns an die Anweisungen, bogen zuerst nach rechts ab und fuhren dann genau dreieinviertel Meilen geradeaus. Links von der Straße sah ich ein Maisfeld, einen Briefkasten und eine lange, kiesbestreute Zufahrtsstraße. Am Ende der Zufahrt stand hinter ein paar Bäumen ein Haus mit einer vorgebauten Veranda. Auf dem Haus war ein Schornstein. Es war aber Sommer, also stieg auch kein Rauch draus auf. Ich fand trotzdem, daß es hübsch aussah, und sagte das zu Fran.

»Das ist der Arsch der Welt hier draußen«, sagte sie. Ich bog in die Zufahrt ein. Zu beiden Seiten des Fahrweges schoß

Mais in die Höhe. Der Mais war höher als unser Wagen. Ich hörte den Kies unter den Reifen knirschen. Als wir uns dem Haus näherten, sahen wir den Garten, in dem grüne baseballgroße Dinger an Ranken hingen.

»Was ist das denn?« sagte ich.

»Woher soll ich das wissen?« sagte sie. »Kürbisse vielleicht. Ich hab' keinen Schimmer.«

»He, Fran«, sagte ich. »Immer schön mit der Ruhe.«

Sie sagte kein Wort. Sie zog ihre Unterlippe zwischen die Zähne und schob sie wieder vor. Knapp vor dem Haus hat sie das Radio abgedreht.

Im Hof stand eine Kinderschaukel und auf der Veranda lagen ein paar Kinderspielsachen. Ich fuhr bis knapp davor und hielt den Wagen an. Und da haben wir dann dieses schreckliche Kreischen gehört. Es gab ein Baby im Haus, stimmt, aber für ein Baby war dieser Schrei zu laut gewesen.

»Was für ein Geräusch war denn das?« sagte Fran.

Dann flatterte von einem der Bäume etwas von der Größe eines Geiers schwerfällig herunter und landete direkt vor unserem Auto. Es schüttelte sich. Es drehte seinen langen Hals zum Wagen, reckte seinen Kopf vor und beäugte uns.

»Verdamm mich«, sagte ich. Ich saß da, die Hände auf dem Lenkrad, und starrte das Ding an.

»Ist das zu fassen?« sagte Fran. »Ich hab' noch nie einen echten gesehen.«

Natürlich wußten wir beide, daß es ein Pfau war, aber laut gesagt haben wir's nicht. Wir beobachteten ihn bloß. Der Vogel reckte seinen Kopf in die Höhe und stieß wieder diesen heiseren Schrei aus. Er hatte sich aufgeplustert und sah nun ungefähr doppelt so groß aus wie bei der Landung.

»Verdamm mich«, sagte ich wieder. Wir blieben im Wagen vorn sitzen und rührten uns nicht von der Stelle.

Der Vogel bewegte sich ein Stückchen vor. Dann wandte er seinen Kopf zur Seite und gab sich einen Ruck. Sein glitzerndes Auge sah uns an. Sein Schweif ragte in die Höhe, wie ein übergroßer Fächer, der zusammengeklappt und aufgefaltet wurde. Sämtliche Farben des Regenbogens glänzten auf diesen Schwanzfedern.

»Mein Gott«, sagte Fran leise. Sie legte mir die Hand aufs Knie.

»Verdamm mich«, sagte ich. Es war das einzige, was es dazu zu sagen gab.

Der Vogel stieß wieder dieses unheimliche Klagegeheul aus. Es klang so: »*Mei-ohh, mei-ohh!*« Hätte ich das zum ersten Mal mitten in der Nacht gehört, ich hätte geglaubt, daß es von einem Sterbenden kommt oder von irgendwas Verrücktem oder Bedrohlichem.

Die Eingangstür ging auf, und Bud trat auf die Veranda. Er knöpfte sich das Hemd zu. Seine Haare waren naß. Er sah aus, als käme er direkt vom Duschen.

»Willst du wohl still sein, Joey!« sagte er zum Pfau. Er klatschte in die Hände, und das Ding zog sich ein Stück zurück. »Jetzt reicht's aber! Du hast richtig gehört, du sollst deinen Schnabel halten! Du hältst jetzt den Schnabel, du altes Miststück!« Bud kam die Stufen herab. Er stopfte sich das Hemd in die Hose, während er zum Wagen kam. Er trug die gleichen Kleider wie in der Arbeit – Blue Jeans und ein Hemd aus Baumwolldrillich. Ich hatte meine lange Hose und ein kurzärmeliges Freizeithemd an. Und meine Sonntagsschuhe. Als ich Buds Aufzug sah, paßte es mir überhaupt nicht, daß ich mich so herausgeputzt hatte.

»Schön, daß ihr kommen konntet«, sagte Bud und trat ans Auto. »Kommt rein.«

»Tag, Bud«, sagte ich.

Fran und ich stiegen aus dem Wagen. Ein Stück weiter weg stand der Pfau, der seinen heimtückisch aussehenden Kopf einmal hierhin, einmal dorthin duckte. Wir gaben darauf acht, daß zwischen ihm und uns immer ein gewisser Abstand blieb.

»Hat's Schwierigkeiten gemacht, herzufinden?« sagte Bud zu mir. Fran hatte er noch nicht angesehen. Er wartete drauf, daß ich sie einander vorstellte.

»Prima Anweisungen«, sagte ich. »Also, Bud, das hier ist Fran. Darf ich vorstellen, Fran: Bud. Sie kennt dich schon aus meinen Erzählungen.«

Er lachte, und sie schüttelten einander die Hand. Fran war größer als Bud. Bud mußte zu ihr aufsehen.

»Er erzählt viel von Ihnen«, sagte Fran. Sie zog ihre Hand zurück. »Bud dies, Bud jenes. Sie sind so ziemlich der einzige, von dem er erzählt. Mir kommt's so vor, als würd' ich Sie schon kennen.« Dabei ließ sie den Pfau nicht aus den Augen. Er stand jetzt in der Nähe der Veranda.

»Der Bursche ist ja auch mein Freund«, sagte Bud. »Da möcht' ich wohl meinen, daß er von mir erzählt.« Als er es sagte, grinste er und versetzte mir einen leichten Schlag auf den Arm.

Fran hielt noch immer den Brotlaib in der Hand. Sie wußte nicht, wohin damit. Sie überreichte ihn Bud. »Wir haben euch was mitgebracht.«

Bud nahm den Laib. Er drehte ihn hin und her und sah ihn an, als hätte er noch nie einen Brotlaib gesehen. »Das ist wirklich nett von euch.« Er hob ihn hoch und roch dran.

»Fran hat dieses Brot höchstpersönlich gebacken«, sagte ich zu Bud.

Er nickte. Dann sagte er: »Gehn wir rein, damit ich euch Weib und Mutter vorstellen kann.«

Damit meinte er natürlich Olla. Olla war die einzige Mutter weit und breit. Bud hatte mir erzählt, daß seine eigene Mutter tot war und daß sich sein Vater aus dem Staub gemacht hatte, als Bud noch ein kleiner Junge war.

Der Pfau trippelte vor uns her und hüpfte auf die Veranda hinauf, als Bud die Tür öffnete. Er wollte ins Haus rein.

»Oh«, sagte Fran, als sich der Pfau an ihrem Bein vorbeidrückte.

»Verdammt noch mal, Joey«, sagte Bud. Er gab dem Pfau eins auf den Kopf. Der Vogel zog sich auf die Veranda zurück und schüttelte sich. Dabei klapperten die Federkiele in seinem Schwanz. Bud holte aus, wie um ihm einen Fußtritt zu versetzen, und der Pfau zog sich noch ein Stückchen weiter zurück. Dann hielt Bud uns die Tür auf. »Sie läßt dieses verdammte Biest ins Haus. Wird nicht lange dauern, und er wird an dem verdammten Tisch essen und in unserem verdammten Bett schlafen wollen.«

Fran blieb gleich hinter der Tür stehen. Sie blickte auf das Maisfeld zurück. »'n hübsches Plätzchen habt ihr«, sagte sie. Bud hielt noch immer die Tür auf. »Findest du nicht auch, Jack?«

»Aber ganz bestimmt«, sagte ich. Es überraschte mich, daß sie das sagte.

»So 'n Haus ist auch nicht so toll, wie's immer heißt«, sagte Bud, noch immer die Tür in der Hand. Er drehte sich um und drohte dem Pfau. »Hält einen ständig auf Trab. So was wie Langeweile gibt's nicht.« Dann sagte er: »Kommt doch rein, Leute.«

»Sag mal Bud, was ist denn das, was da drüben wächst?« sagte ich.

»Tomaten sind das«, sagte Bud.

»Ein Spitzenlandwirt, den ich mir da aufgegabelt hab'«, sagte Fran und schüttelte den Kopf.

Bud lachte. Wir gingen rein. Im Wohnzimmer wartete schon diese kleine pummelige Person mit dem hochgesteckten Haarknoten auf uns. Sie hatte ihre Hände in die Schürze gewickelt. Ihre Backen waren hochrot. Zuerst dachte ich, sie ist außer Atem oder hat auf irgendwas eine Stinkwut. Sie musterte mich einmal kurz, dann wanderte ihr Blick zu Fran. Nicht unfreundlich, bloß neugierig. Sie starrte Fran an und lief dabei noch mehr an.

»Olla, das ist Fran«, sagte Bud. »Und das ist mein Freund Jack. Von Jack weißt du sowieso schon alles. Leute, das ist Olla.« Er drückte ihr das Brot in die Hand.

»Was is'n das?« sagte sie. »Oh, selbstgebackenes Brot. Ach, vielen Dank. Setzt euch doch, macht's euch bequem. Bud, warum fragst du die beiden denn nicht, was sie zu trinken haben möchten. Ich hab' was auf dem Herd«, sagte Olla und verschwand samt Brot wieder in der Küche.

»Nehmt Platz«, sagte Bud. Fran und ich ließen uns aufs Sofa fallen. Ich holte meine Zigaretten heraus. Bud sagte: »Da ist der Aschenbecher.« Er hob etwas Schweres vom Fernseher herunter. »Bitte sehr«, sagte er und stellte das Ding auf den Couchtisch vor mir. Es war einer von diesen Glasaschenbechern, die wie ein Schwan aussehen. Ich zündete ein Streichholz an und ließ es in die Vertiefung im Schwanenrücken fallen. Ich sah dem dünnen Rauchfaden nach, der aus dem Schwan in die Höhe stieg.

Der Farbfernseher war eingeschaltet, also sahen wir ein Weilchen zu. Auf dem Bildschirm rasten Tourenwagen im Kreis. Der Tonfall des Kommentators war feierlich. Gleichzeitig klang er aber auch so, als ob er eine Überraschung in petto hätte. »Wir warten noch immer auf die offizielle Bestätigung«, sagte der Kommentator.

»Habt ihr Lust, euch das anzusehn?« sagte Bud. Er hatte sich noch nicht hingesetzt.

Ich sagte, mir sei alles recht. Und das war es auch. Fran zuckte mit den Schultern. Was soll's? schien sie zu sagen. Der Tag war ohnehin im Eimer.

»Sind bloß noch so zwanzig Runden bis zum Schluß«, sagte Bud. »'s geht jetzt hart auf hart. Vorhin hat's 'ne Massenkarambolage gegeben. Dabei sind ein halbes Dutzend Wagen draufgegangen. Ein paar Fahrer hat's erwischt. Sie haben noch nicht gesagt, wie schwer.«

»Laß ihn ruhig eingeschaltet«, sagte ich. »Sehn wir's uns an.«

»Vielleicht explodiert einer von diesen Scheißwagen direkt vor unserer Nase«, sagte Fran. »Oder vielleicht fliegt einer in die Haupttribüne rein und auf den Burschen drauf, der diese miesen Hot dogs verkauft.« Sie wickelte sich eine Haarsträhne um die Finger und starrte auf den Fernsehschirm.

Bud warf ihr einen Seitenblick zu, weil er wissen wollte, ob sie's ernst meinte. »Die Geschichte dazu, die Karambolage, das war vielleicht 'n Ding. Ging alles ruck, zuck. Autos, Wrackteile, Leute, ein einziges Durcheinander. Also, was darf ich euch bringen? Wir haben Bier, und außerdem gibt's noch eine Flasche Old Crow.«

»Was trinkst du?« fragte ich Bud.

»Bier«, sagte er. »Ist gut und kühl.«

»Ich nehm' ein Bier«, sagte ich.

»Ich hätte gern was von diesem Old Crew mit 'nem Schuß Wasser«, sagte Fran. »In einem großen Glas, bitte. Und Eis. Danke schön, Bud.«

»Wird gemacht«, sagte Bud. Er sah noch einmal kurz zum Fernseher rüber und marschierte in Richtung Küche.

Fran stieß mich mit dem Ellbogen an und wies mit ihrem Kopf zum Fernseher. »Schau – da oben«, flüsterte sie. »Siehst du, was ich sehe?« Ich sah in die Richtung, in die sie schaute. Da oben stand eine schmale rote Vase, in die jemand Gänseblümchen aus dem Garten gesteckt hatte. Und neben der Vase lag auf einem Deckchen der Gipsabdruck des monströsesten Sammelsuriums kreuz und quer stehender Zähne, das ich jemals gesehen hatte. Lippen hatte dieses gräßliche Ding keine, Kieferknochen ebensowenig – bloß diese Gipszähne, die in etwas drinsteckten, das an kräftiges, gelbliches Zahnfleisch erinnerte.

Genau in diesem Augenblick kam Olla mit einer Dose gemischter Nüsse und einer Flasche Root-Bier zurück. Ihre Schürze hatte sie jetzt abgelegt. Sie stellte die Dose mit den Nüssen neben dem Schwan auf dem Couchtisch ab. Sie sagte: »Bedient euch. Bud bringt gleich was zu trinken.« Sie kriegte wieder ein rotes Gesicht, als sie das sagte. Sie setzte sich in einen alten Schaukelstuhl aus Bambusrohr und fing zu schaukeln an. Sie nahm einen Schluck von ihrem Root-Bier und blickte zum Fernseher. Bud kam mit einem kleinen Holztablett, auf dem Frans Whisky mit Wasser und eine Flasche Bier für mich standen. Für sich hatte er ebenfalls eine Flasche Bier draufgestellt.

»Möchtest du ein Glas?« fragte er mich.

Ich schüttelte den Kopf. Er klopfte mir aufs Knie und wandte sich zu Fran.

Sie nahm Bud das Glas ab und sagte: »Danke.« Wieder wanderte ihr Blick zu den Zähnen. Bud bemerkte, wohin sie sah. Die Autos rasten im Kreis. Ich nahm das Bier und widmete mich dem Fernseher. Diese Zähne gingen mich nichts an. »So haben Ollas Zähne ausgesehen, bevor sie ihre Spangen gekriegt hat«, sagte Bud zu Fran. »Ich hab' mich schon dran gewöhnt. Aber wahrscheinlich sehen sie komisch aus dort oben. Ich hab' keine Ahnung, warum sie sie aufhebt, Ehrenwort.« Er sah zu Olla hinüber. Dann sah er mich an und zwinkerte. Er setzte sich in seinen La-Z-Boy-Sessel und schlug die Beine übereinander. Er nahm einen Schluck Bier und schaute Olla an.

Olla wurde von neuem rot. Sie hielt ihre Flasche Root-Bier fest. Sie nahm einen Schluck. Dann sagte sie: »Sie sollen mich daran erinnern, wie viel ich Bud zu verdanken habe.«

»Was haben Sie gesagt?« sagte Fran. Sie stocherte in der Dose Nüsse und suchte sich die Cashewnüsse heraus. Jetzt hörte sie damit auf und schaute Olla an: »Entschuldigen Sie, aber ich hab' nicht zugehört.« Sie starrte die Frau an und wartete ab, was als nächstes kommen würde.

Wieder wurde Olla rot. »Gibt 'ne Menge Dinge, für die ich dankbar sein kann«, sagte sie. »Und das ist eins von denen, für die ich's bin. Ich habe sie aufgehoben, damit sie mich daran erinnern, wie viel ich Bud verdanke.« Sie nahm einen Schluck Root-Bier. Dann ließ sie die Flasche sinken und sagte: »Ihre Zähne sind hübsch, Fran. Das hab' ich gleich gesehen. Aber meine Zähne, die sind kreuz und quer rausgekommen, wie ich ein Kind war.« Sie tippte mit dem Fingernagel an zwei Schneidezähne. »Meine Leute haben's sich nicht leisten können, Zähne regulieren zu lassen«, sagte sie. »Meine Zähne, die kamen so raus, wie's ihnen gerade paßte. Meinem ersten Mann war's egal, wie ich aussah. Ja, ganz egal! Dem war alles egal, außer wo er seinen nächsten Schnaps herkriegt. Er hatte nur einen Freund auf der Welt, und das war die Flasche.« Sie schüttelte den Kopf. »Und dann kam Bud, und er hat mich aus diesem Schlamassel rausgeholt. Das erste, was Bud gesagt hat, wie wir zusammen waren, das war: ›Diese Zähne, die werden wir schnellstens regulieren lassen.‹ Dieser Abdruck ist gemacht worden, nachdem wir uns das erste Mal getroffen hatten, bei meinem zweiten Besuch beim Kieferorthopäden. Kurz bevor ich die Zahnspangen reingekriegt hab'.«

Ollas Gesicht war unverändert rot. Sie starrte das Bild auf dem Fernsehschirm an. Sie nahm einen Schluck von ihrem Root-Bier und schien dem Ganzen nichts mehr hinzuzufügen zu haben.

»Dieser Kieferorthopäde muß eine Kanone gewesen sein«,

sagte Fran. Sie sah wieder zu diesen Horror-Show-Zähnen hin, die auf dem Fernsehapparat standen.

»Der war Spitze«, sagte Olla. Sie drehte sich in ihrem Stuhl um und sagte: »Sehn Sie mal.« Dann öffnete sie ihren Mund und ließ uns noch mal einen Blick auf ihre Zähne werfen. Sie war jetzt kein bißchen mehr scheu.

Bud war zum Fernseher gegangen und hatte die Zähne heruntergeholt. Er ging zu Olla und hielt sie ihr an die Wange. »Vorher und nachher«, sagte er.

Olla streckte die Hand aus und nahm den Abdruck an sich.

»Wissen Sie was? Dieser Kieferorthopäde, der wollte ihn behalten.« Sie hielt den Abdruck beim Sprechen in ihrem Schoß. »Nichts zu machen, hab' ich gesagt. Ich hab' ihm klargemacht, daß das *meine* Zähne waren. Also hat er statt dessen von dem Abdruck Fotos gemacht. Er hat gesagt, daß er die Fotos in einer Zeitschrift veröffentlichen will.«

Bud sagte: »Das muß man sich mal vorstellen, was das für 'ne Art Zeitschrift sein soll. Ich kann mir nicht denken, daß der Bedarf für solche Publikationen besonders groß ist«, sagte er, und wir lachten alle.

»Ich hab' mir beim Lachen immer die Hand vor den Mund gehalten, auch als die Spangen schon wieder draußen waren. So«, sagte sie. »Das mach' ich jetzt noch manchmal. Reine Gewohnheit. Bud hat einmal zu mir gesagt: ›Das kannst du jetzt ruhig bleiben lassen, Olla. So schöne Zähne braucht man nicht verstecken. Deine Zähne sehen jetzt prima aus.‹« Olla blickte Bud an. Bud zwinkerte ihr zu. Sie grinste und sah zu Boden.

Fran trank einen Schluck aus ihrem Glas. Ich nahm einen von meinem Bier. Ich wußte nicht, was ich dazu sagen sollte. Fran ging es nicht anders. Mir war allerdings klar, daß Fran später 'ne ganze Menge dazu zu sagen haben würde.

»Olla, ich hab' einmal bei euch angerufen«, sagte ich. Sie sind an den Apparat gegangen. Aber ich hab' wieder aufgelegt. Warum ich aufgelegt hab', weiß ich selbst nicht.« Nachdem ich das gesagt hatte, nippte ich an meinem Bier. Keine Ahnung, weshalb ich das gerade jetzt aufs Tapet gebracht hatte.

»Kann ich mich nicht dran erinnern«, sagte Olla. »Wann soll denn das gewesen sein?«

»Ist schon 'ne Weile her.«

»Kann ich mich nicht erinnern«, sagte sie und schüttelte den Kopf. Sie befingerte die Gipszähne in ihrem Schoß. Dann wandte sie sich wieder dem Autorennen zu und fing zu schaukeln an.

Fran sah zu mir herüber. Sie zog ihre Unterlippe zwischen die Zähne, sagte aber nichts.

»Nun, und was gibt's sonst Neues?« sagte Bud.

»Nehmen Sie sich doch noch ein paar Nüsse«, sagte Olla. »Bis zum Essen dauert's noch ein bißchen.«

Aus einem Zimmer im hinteren Teil des Hauses kam ein Schrei.

»Das hat noch gefehlt«, sagte Olla zu Bud und verzog das Gesicht.

»Der gute alte Junior«, sagte Bud. Er lehnte sich in seinem Sessel zurück, und wir sahen uns das Rennen zu Ende an, drei, vier Runden, und keiner sagte was.

Ein- oder zweimal hörten wir wieder das Baby jammern – leise, mißmutige Schreie, die aus dem Zimmer im hinteren Teil des Hauses kamen.

»Ich weiß nicht«, sagte Olla. Sie stand auf. »Jetzt wäre langsam alles so weit, daß wir uns an den Tisch setzen könnten. Ich brauche bloß noch die Soße fertig zu machen. Aber ich glaub', es ist besser, ich schau' erst noch zu ihm rein. Vielleicht geht ihr schon mal voraus und setzt euch inzwischen an den Tisch. Ich bin gleich wieder da.«

»Ich würde das Baby gern mal sehen«, sagte Fran.

Olla hielt das Gebiß noch immer in der Hand. Sie ging zum Fernseher und legte es obendrauf. »Das würde ihn jetzt vielleicht aufregen«, sagte sie. »Er ist keine fremden Menschen gewohnt. Vielleicht krieg' ich ihn wieder zum Einschlafen. Dann können Sie kurz einen Blick reinwerfen. Wenn er wieder eingeschlafen ist.« Nach diesen Worten ging sie den Flur entlang zu einem Zimmer und öffnete die Tür. Sie ging leise hinein und schloß die Tür hinter sich. Das Baby hörte zu schreien auf.

Bud drehte den Fernseher ab, und wir gingen in die Küche und setzten uns an den Tisch. Bud und ich redeten über die Arbeit. Fran hörte zu. Dann und wann stellte sie sogar eine Zwischenfrage. Aber es war klar, daß sie sich langweilte, und vielleicht ärgerte sie sich, weil Olla ihr nicht erlaubt hatte, das Baby anzuschauen. Sie ließ ihren Blick durch Ollas Küche schweifen. Sie wickelte sich eine Haarsträhne um die Finger und musterte Ollas Sachen.

Olla kam wieder in die Küche und sagte: »Ich hab' ihn frisch gewickelt und ihm seine Gummiente gegeben. Vielleicht läßt er uns jetzt in Ruhe essen. Aber 'ne Wette würde ich nicht drauf abschließen.« Sie lüpfte einen Deckel und nahm eine Pfanne vom Herd; sie goß rote Soße in eine Schüssel und stellte die Schüssel auf den Tisch. Sie hob von ein paar anderen Töpfen die Deckel ab und sah nach, ob alles fertig war. Gebackener Schinken stand auf dem Tisch, Süßkartoffeln, Kartoffelbrei, Limabohnen, gebratene Maiskolben, gemischter Salat. Den Ehrenplatz neben dem Schinken nahm Frans Brotlaib ein.

»Ich hab' die Servietten vergessen«, sagte Olla. »Fangt schon mal an. Wer will was zu trinken haben? Bud trinkt immer Milch zum Essen.«

»Milch ist prima«, sagte ich.

»Ich hätte gern Wasser«, sagte Fran. »Aber das hol' ich mir selbst. Sie müssen mich nicht bedienen. Sie haben schon genug zu tun.« Sie machte Anstalten, sich vom Tisch zu erheben.

Olla sagte: »Aber ich bitte Sie. Sie sind doch unser Gast. Bleiben Sie sitzen. Lassen Sie mich gehen.« Wieder wurde sie rot.

Wir saßen da und warteten, die Hände im Schoß. Ich dachte an diese Gipszähne. Olla kehrte zurück und brachte die Servietten, je ein großes Glas Milch für Bud und mich und ein Glas eisgekühltes Wasser für Fran. »Danke«, sagte Fran.

»Is' schon in Ordnung«, sagte Olla. Dann setzte auch sie sich. Bud räusperte sich. Er senkte den Kopf und sprach ein kurzes Tischgebet. Seine Stimme war so leise, daß ich die Worte kaum verstehen konnte. Ihren Sinn aber kriegte ich ungefähr mit – er dankte dem Allmächtigen für das Essen, das wir in Kürze wegputzen würden.

»Amen«, sagte Olla, als er fertig war.

Bud reichte mir die Platte mit dem Schinken und deckte sich selbst mit Kartoffelbrei ein. Dann machten wir uns ran. Wir verschwendeten nicht viele Worte, nur Bud oder ich sagten ab und zu: »Der Schinken ist wirklich verdammt gut.« Oder: »Das ist der beste Zuckermais, den ich in meinem ganzen Leben gegessen hab'.«

»Dieses Brot, das ist das Tüpfelchen auf dem i«, sagte Olla.

»Ich hätte gern noch etwas Salat. Darf ich, Olla?« sagte Fran, die jetzt vielleicht eine Spur zugänglicher war.

»Nimm dir noch was von dem da«, sagte Bud, um mir dann entweder die Platte mit dem Schinken oder die Schüssel mit der roten Soße zu reichen.

Hin und wieder machte sich das Baby bemerkbar. Olla wandte den Kopf und horchte, um sich dann, beruhigt, daß es nur ein bißchen greinte, wieder auf das Essen vor ihr zu konzentrieren.

»Irgendwas stimmt heute mit dem Kleinen nicht«, sagte Olla zu Bud.

»Ich würd' ihn mir wirklich gerne anschauen«, sagte Fran. »Meine Schwester hat ein Baby. Aber die beiden leben in Denver. Wann komm' ich schon nach Denver? Da hab' ich eine Nichte und hab' sie noch nicht einmal gesehen.« Fran dachte einen Augenblick lang darüber nach und fing dann wieder an zu essen.

Olla schob mit der Gabel ein Stück Schinken in den Mund.

»Wir können nur hoffen, daß er einschläft«, sagte sie.

Bud sagte: »Ist von allem noch 'ne Menge da. Nehmt euch doch noch Schinken und Süßkartoffeln, Leute.«

»Ich krieg' keinen Bissen mehr runter«, sagte Fran. Sie legte ihre Gabel auf den Teller. »Schmeckt alles toll, aber ich kann einfach nicht mehr.«

»Sie müssen sich noch etwas Hunger aufheben«, sagte Bud. »Olla hat Rhabarberkuchen gebacken.«

Fran sagte: »Wenn ihr anderen auch soweit seid, dann bring' ich vielleicht noch ein Stückchen davon rein.«

»Ganz meinerseits«, sagte ich. Aber ich sagte es aus purer Höflichkeit. Mit dreizehn war mir einmal schlecht geworden, weil ich Rhabarberkuchen mit Erdbeereis gegessen hatte, und seither war er mir verhaßt.

Wir aßen unsere Teller leer. Da hörten wir wieder diesen verdammten Pfau. Diesmal war das Biest auf dem Dach. Wir hörten ihn über unseren Köpfen. Es klapperte, als er auf den Schindeln herumwanderte.

Bud schüttelte den Kopf. »Noch eine Minute, und Joey macht Feierabend. Jetzt dauert's nicht mehr lange, und die Augen fallen ihm zu und er ist weg«, sagte Bud. »Er schläft in einem der Bäume da draußen.«

Noch einmal stieß der Vogel seinen Schrei aus: »Mei-ohh!« Keiner sagte ein Wort. Was hätte man dazu auch schon sagen sollen?

Dann sagte Olla: »Er will rein, Bud.«

»Nun, er kann aber nicht rein«, sagte Bud. »Mag sein, daß es dir entgangen ist, aber wir haben Gäste. Diese Leute sind nicht daran interessiert, daß dieses gottverdammte alte Biest im Haus herumrennt. Dieser dreckige Vogel und deine vergammelten Zähne! Was sollen sich die Leute denn denken?« Er schüttelte den Kopf. Dann lachte er. Wir lachten alle. Auch Fran lachte mit.

»Er ist nicht *dreckig*«, sagte Olla. »Was ist denn auf einmal mit dir los? Du hast ihn doch gern. Seit wann sagst du, daß Joey dreckig ist?«

»Seit er uns damals auf den Teppich geschissen hat«, sagte Bud. »Entschuldigen Sie bitte«, sagte er zu Fran. »Aber ich kann Ihnen sagen, manchmal könnte ich diesem alten Vogel den Kragen umdrehen. Zu schade, um sich das Messer an ihm schmutzig zu machen – stimmt's vielleicht nicht, Olla? In der Nacht haut's mich manchmal fast aus dem Bett, wenn er so schreit. Keinen Pfennig ist der wert – was, Olla?«

Olla schüttelte über den Unsinn, den Bud redete, bloß den Kopf. Sie schob ein paar Limabohnen auf ihrem Teller im Kreis herum.

»Wie seid ihr überhaupt zu dem Pfau gekommen?« wollte Fran wissen.

Olla blickte von ihrem Teller auf. Sie sagte: »War schon immer mein Traum, einen Pfau zu haben. Schon seit ich als kleines Mädchen einmal in einer Zeitschrift ein Foto von einem gesehen hab'. Für mich war das das Schönste auf der ganzen Welt. Ich hab' das Bild ausgeschnitten und überm Bett aufgehängt. Ich hab' das Bild ewig aufgehoben. Und als dann wir beide hierher gezogen sind, da hab' ich mir gedacht, das ist *die* Chance. Ich hab' zu Bud gesagt: ›Du, ich möcht' einen Pfau haben.‹ Bud hat bloß gelacht.«

»Aber dann hab' ich mich doch umgehört«, sagte Bud.

»Ich hab' gehört, daß es im Nachbarbezirk einen alten Burschen gibt, der welche züchtet. Paradiesvögel hat er sie genannt. Hundert Piepen haben wir für diesen Paradiesvogel auf den Tisch gelegt,« sagte er. Er schlug sich gegen die Stirn. »Allmächtiger Himmel, die Frau meiner Wahl hat einen teuren Geschmack.« Er grinste zu Olla hinüber.

»Bud«, sagte Olla, »du weißt ganz genau, daß das nicht stimmt. Und abgesehen von allem anderen ist Joey ein treuer Wachhund«, sagte sie, zu Fran gewandt. »Jetzt, wo wir Joey haben, brauchen wir keinen Wachhund. Er hört praktisch alles.«

»Falls die Zeiten schlechter werden sollten, und das kann ja allemal passieren, steck' ich Joey in den Kochtopf«, sagte Bud. »Mitsamt den Federn und allem Drum und Dran.«

»Bud! Das ist überhaupt nicht witzig«, sagte Olla. Sie lachte dabei aber, so daß wir uns ihr Gebiß noch einmal gründlich ansehen konnten.

Wieder plärrte das Baby. Diesmal hörte es nicht wieder auf. Olla legte ihre Serviette hin und stand auf.

Bud sagte: »Kaum gibt der eine Ruhe, fängt der andre an. Hol ihn her, Olla.«

»Bin schon dabei«, sagte Olla, und sie ging das Baby holen.

Wieder stieß der Pfau sein Klagegeheul aus, und ich spürte, wie sich mir im Nacken die Haare sträubten. Ich blickte Fran an. Sie hob ihre Serviette auf und legte sie wieder hin. Ich warf einen Blick zum Küchenfenster. Es war dunkel draußen. Das Fenster war in die Höhe geschoben, in den Rahmen war ein Fliegengitter eingelassen. Ich dachte, ich hätte den Vogel auf der Veranda vor der Tür gehört.

Fran wandte ihren Kopf, um den Flur hinunterzusehen. Sie hielt Ausschau nach Olla und dem Baby.

Es dauerte eine Weile, bis Olla mit ihm zurückkam. Ich sah das Baby an und holte tief Luft. Olla setzte sich mit dem Baby an den Tisch. Sie stützte es unter den Armen, so daß es in ihrem Schoß stehen konnte und uns das Gesicht zukehrte. Zuerst sah sie Fran an, dann mich. Jetzt wurde sie nicht rot. Sie wartete drauf, daß einer von uns beiden was sagte.

»Ah!« sagte Fran.

»Was ist?« fragte Olla rasch.

»Nichts«, sagte Fran. »Ich hatte mir eingebildet, ich hätte am Fenster etwas gesehen. Ich hab' geglaubt, ich hätte eine Fledermaus gesehen.«

»In der Gegend hier gibt's keine Fledermäuse«, sagte Olla.

»Vielleicht war's ein Nachtfalter«, sagte Fran. »Irgendwas war jedenfalls da. Na«, sagte sie, »das ist aber wirklich ein Mordskerl.«

Bud sah das Baby an. Dann blickte er zu Fran. Er lehnte sich in seinem Stuhl zurück, bis der Stuhl nur mehr auf den hinteren Beinen stand, und nickte. Er nickte noch mal und sagte: »Ist schon in Ordnung, denken Sie sich nichts dabei. Wir sind uns völlig darüber im klaren, daß er im Augenblick keinen Schönheitswettbewerb gewinnen könnte. Ein Clark Gable ist er nicht. Aber lassen Sie ihm Zeit. Mit 'nem bißchen Glück mausert er sich noch raus, und am Ende sieht er aus wie sein alter Herr.«

Das Baby stand auf Ollas Schoß und guckte uns der Reihe nach an. Ollas Hände hielten es jetzt in Hüfthöhe fest, so daß das Baby auf seinen fetten Beinen hin und her schaukeln konnte. Es war ausnahmslos das abscheulichste Baby, das ich jemals gesehen hatte. Es war so häßlich, daß mir die Spucke wegblieb. Ich brachte keinen Ton über die Lippen. Damit will ich nicht sagen, daß ihm was gefehlt hätte oder daß es verunstaltet gewesen wäre. Nichts dergleichen. Es war bloß häßlich. Es hatte ein großes, rotes Gesicht, vorquellende Augen, eine mächtige Stirn und diese breiten, wulstigen Lippen. Hals war so gut wie keiner da, dafür hatte es drei oder vier feiste Doppelkinne. Sie bildeten Wülste, die bis zu den Ohren reichten, und die Ohren standen von dem kahlen Schädel ab. Fettwülste quollen über die Handgelenke. Die Arme und Finger waren fett. Selbst der Begriff »häßlich« ist noch geschmeichelt.

Das häßliche Baby gab Laute von sich und hopste im Schoß seiner Mutter auf und ab. Dann hörte es zu hopsen auf. Es beugte sich vor und versuchte mit seiner fetten Hand in Ollas Teller zu greifen.

Ich habe schon etliche Babys gesehen. Ich war noch nicht erwachsen, als meine beiden Schwestern zusammen schon sechs Kinder hatten. Als Kind hab' ich viel mit Babys zu tun gehabt. In Geschäften hab' ich Babys gesehen, und so weiter. Aber dieses Baby schlug einfach alles. Auch Fran starrte es an. Ich glaub', auch sie hat nicht gewußt, was sie dazu sagen sollte.

»Das ist ein Riesenkerl, was?« sagte ich.

»Der Teufel soll mich holen, wenn der nicht schon in Bälde Footballspieler ist«, sagte Bud. »Und so viel ist todsicher: Der wird kein Kostverächter sein.«

Als wollte sie sich vergewissern, spießte Olla mit ihrer Gabel ein paar Süßkartoffeln auf und hielt sie dem Baby unter die Nase. »Bist mein kleines Baby, was?« sagte sie zu dem Fettkloß und ignorierte uns dabei vollständig. Das Baby beugte sich vor und sperrte den Mund für die Süßkartoffeln weit auf. Es faßte nach der Gabel, während Olla ihm die Kartoffeln vorsichtig in den Mund schob, und aß gierig. Das Baby kaute mit vollen Backen und schaukelte wieder auf Ollas Schoß hin und her. Seine Augen quollen so weit hervor, daß es aussah, als wäre es in einen Stromkreis geraten.

»Das ist wirklich ein Mordskerl, Olla«, sagte Fran.

Das Baby verzog sein Gesicht. Wieder fing es zu quengeln an.

»Laß Joey rein«, sagte Olla zu Bud.

Bud setzte die Vorderbeine seines Stuhls wieder auf den Boden. »Da sollten wir wohl erst mal die Leute hier fragen, ob ihnen das recht ist«, sagte Bud.

Olla blickte zuerst Fran an, dann mich. Ihr Gesicht war wieder angelaufen. Das Baby hörte nicht auf, in ihrem Schoß auf und ab zu springen, und zappelte mit den Beinen, weil es runter wollte.

»Wir sind doch Freunde«, sagte ich. »Tut euch keinen Zwang an.«

»Vielleicht gefällt's ihnen nicht, wenn so ein riesiger alter Vogel wie Joey frei im Haus rumläuft«, sagte Bud. »Hast du dir das schon mal überlegt, Olla?«

»Macht's euch was aus?« sagte Olla zu uns. »Wenn wir Joey reinlassen? Irgendwas stimmt mit dem Vogel heut abend nicht. Und mit dem Baby auch nicht, glaub' ich. Er ist daran gewöhnt, daß Joey vor dem Schlafengehen kurz reinkommt und mit ihm rumalbert. Die zwei können sich heute abend einfach nicht beruhigen.«

»Da brauchen Sie uns doch nicht fragen«, sagte Fran. »Mir macht's nichts aus, wenn er reinkommt. Ich war bloß noch nie so nah an einem dran. Aber mir macht's nichts aus.« Jetzt sah sie mich an. Ich hätte schwören können, daß sie wollte, daß ich was sagte.

»Himmel, nein«, sagte ich. »Laßt ihn doch rein.« Ich griff nach meinem Milchglas und trank es leer.

Bud erhob sich von seinem Stuhl. Er ging zur Eingangstür und machte sie auf. Er schaltete die Außenbeleuchtung ein.

»Wie heißt denn der Kleine?« wollte Fran wissen.

»Harold«, sagte Olla. Sie gab Harold noch ein paar Süßkartoffeln von ihrem Teller. »Er ist ein gewitzter Bursche. Schlau wie 'n Fuchs. Weiß immer ganz genau, was man gerade zu ihm sagt. Stimmt's, Harold? Warten Sie nur ab, bis Sie selbst 'n Baby haben, Fran. Dann werden Sie's sehen.«

Fran schaute sie bloß an. Ich hörte, wie die Eingangstür auf- und wieder zuging.

»Ein ganz gewitzter Bursche, da hat sie recht«, sagte Bud, als er wieder in die Küche kam. »Ganz der Daddy von Olla. Das war vielleicht ein gewitzter Bursche, den hättet ihr kennen sollen.«

Ich schaute an Bud vorbei und konnte wieder diesen Pfau sehen, der sich im Wohnzimmer herumtrieb und seinen Kopf einmal dahin, einmal dorthin drehte – wie einen Handspiegel, den man hin- und herwendet. Er schüttelte sich, und das hörte sich an, als würde im Nebenzimmer jemand ein Paket Spielkarten durchmischen. Er tat einen Schritt vor. Dann noch einen.

»Darf ich mal das Baby halten?« sagte Fran. Sie sagte es so, als würde Olla ihr damit einen Gefallen tun.

Olla reichte ihr das Baby über den Tisch. Fran versuchte das Baby auf ihren Schoß zu setzen. Aber es fing wieder zu zappeln und zu quengeln an.

»Harold«, sagte Fran.

Olla sah Fran zu, wie sie mit dem Baby umging. »Harolds Großvater, hat sich im Alter von sechzehn Jahren vorgenommen, die Enzyklopädie von A bis Z durchzuackern. Und er hat's wirklich getan. Mit zwanzig war er durch. Kurz bevor er meine Mutter kennengelernt hat.«

»Und wo ist er jetzt?« fragte ich. »Was macht er?« Ich wollte wissen, was aus einem Mann geworden war, der sich so was vorgenommen hatte.

»Er ist tot«, sagte Olla. Sie beobachtete noch immer Fran, die das Baby jetzt auf den Rücken quer über ihre Knie gelegt hatte. Sie kitzelte es unter einem der Doppelkinne. Dann redete sie in der Babysprache mit ihm.

»Er hat im Wald gearbeitet«, sagte Bud. »Holzfäller haben einen Baum auf ihn drauffallen lassen.«

»Mama hat von der Versicherung Geld gekriegt«, sagte Olla. »Sie hat's aber verbraucht. Jetzt überweist ihr Bud jeden Monat welches.«

»Nicht viel«, sagte Bud. »Wir haben ja selbst nicht viel. Aber schließlich handelt's sich ja um Ollas Mutter.«

Jetzt hatte der Pfau endlich all seinen Mut zusammengenommen und wagte sich mit kleinen, ruckartigen, schwingenden Bewegungen in die Küche vor. Sein Kopf war in die Höhe gereckt, aber schief, so daß sein starres, rotes Auge uns ständig ansah. Sein Kamm, ein winziges Büschel Federn, ragte ein paar Zoll hoch über seinen Kopf. Aus seinem Schwanz standen ein paar extralange Federn ab. Der Vogel blieb ein paar Schritte vom Tisch entfernt stehen und unterzog uns einer eingehenden Prüfung.

»Heißen nicht umsonst Paradiesvögel«, sagte Bud.

Fran sah nicht auf. Ihre gesamte Aufmerksamkeit gehörte dem Baby. Sie spielte mit ihm Backe-backe-Kuchen, und das schien ihm ein bißchen Spaß zu machen. Das heißt, es hatte zumindest aufgehört zu quengeln. Sie hob es hoch, so daß sein Kopf an ihrem Hals lag, und flüsterte ihm etwas ins Ohr.

»Du darfst aber niemandem weitererzählen, was ich dir gerade gesagt habe«, sagte sie.

Das Baby starrte sie mit seinen vorquellenden Augen an. Dann packte es zu, und schon hatte es eine Babyfaustvoll von Frans blondem Haar zu fassen gekriegt. Der Pfau trat ein Stück näher an den Tisch heran. Keiner von uns sagte was. Wir blieben bloß ganz still sitzen. Da entdeckte Klein-Harold den Vogel. Er ließ Frans Haare los und richtete sich in ihrem Schoß auf. Mit seinen fetten Fingern zeigte er auf den Vogel. Er hopste auf und ab und gab Laute von sich.

Der Pfau trippelte rasch um den Tisch herum und lief auf das Baby zu. Er strich mit seinem langen Hals über die Beine des Kleinen. Mit seinem Schnabel fuhr er unter das Oberteil des Babypyjamas und wedelte mit seinem vorgereckten Kopf hin und her. Das Baby lachte und schlug mit den Beinen aus. Es warf sich auf den Rücken und strampelte sich von Frans Knien auf den Boden hinunter. Immer wieder stieß der Pfau gegen das Baby, so als spielten die beiden miteinander ein Spiel. Fran preßte das Baby an ihre Beine, während es sich abstrampelte, um zum Pfau hinzukommen.

»Das ist doch einfach nicht zu glauben«, sagte sie.

»Dieser Vogel spinnt, das ist alles«, sagte Bud. »Das verdammte Biest weiß einfach nicht, daß es ein Vogel ist – das ist sein Problem.«

Olla grinste und zeigte abermals ihre Zähne. Sie blickte zu Bud hin. Bud stieß sich mit seinem Stuhl vom Tisch ab und nickte.

Das Baby *war* häßlich. Aber soweit ich das beurteilen kann, spielte das für Bud und Olla vermutlich keine große Rolle.

Und wenn doch, dann sagten sie sich vielleicht einfach: Also gut, dann ist's eben häßlich. Es ist unser Kind. Und außerdem ist das nur ein Stadium. Danach kommt ein anderes Stadium. Jetzt ist dieses Stadium dran, dann das nächste Stadium. Auf lange Sicht wird schon alles in Ordnung kommen – wenn's erst einmal sämtliche Stadien durchgemacht hat. Irgendwas in dieser Richtung werden sie wohl gedacht haben.

Bud hob das Baby in die Höhe und wirbelte es über seinem Kopf im Kreis, bis es kreischte. Der Pfau sträubte seine Federn und sah zu.

Wieder schüttelte Fran den Kopf. Sie strich die Stelle ihres Kleides, auf der das Baby gelegen hatte, glatt. Olla nahm ihre Gabel auf und stocherte zwischen ein paar Limabohnen auf ihrem Teller herum.

Bud drückte das Baby an seine Hüfte und sagte: »Es gibt noch Kaffee und Kuchen.«

Dieser Abend bei Bud und Olla, das war was ganz Besonderes. Ich wußte, daß es was Besonderes war. An diesem Abend hatte ich in bezug auf fast alles in meinem Leben ein gutes Gefühl. Ich konnte es gar nicht abwarten, daß ich mit Fran wieder alleine war, um ihr zu sagen, was ich empfand. Und ich hab' mir etwas gewünscht an diesem Abend. Wie ich dort an dem Tisch saß, hab' ich einen Augenblick lang meine Augen zugemacht und ganz fest nachgedacht. Hier mein Wunsch: Daß ich diesen Abend mein ganzes Leben lang nicht vergessen und immer mit diesem Gefühl dran denken würde. Zumindest dieser eine Wunsch ist in Erfüllung gegangen. Mein Pech, daß es so kam. Aber das hab' ich damals natürlich nicht wissen können.

»Woran denkst du, Jack?« sagte Bud zu mir.

»Ich denk' einfach nach«, sagte ich. Ich grinste ihm zu.

»Ich würd' was drum geben, wenn ich wüßte, an was Sie denken«, sagte Olla.

Ich grinste noch 'n bißchen mehr und schüttelte den Kopf.

Als wir nach diesem Abend bei Bud und Olla wieder zu Hause waren und unter unserer Bettdecke lagen, sagte Fran: »Füll mich mit deinem Samen, Liebling!« Wie sie das gesagt hat, da hab' ich es bis in die Zehenspitzen hinunter gehört, hab' aufgebrüllt und losgelegt.

Später, als für uns alles anders geworden war und unser Kind da war und so weiter, da hat sich Fran manchmal an diesen Abend bei Bud erinnert und in ihm den Anfang der Veränderung gesehen. Aber sie täuscht sich. Die Veränderung trat erst später ein – und als es passierte, da war es wie etwas, das anderen Leuten zustößt, und nicht wie etwas, das uns jemals zustoßen konnte.

»Diese idiotischen Leute mitsamt ihrem häßlichen Baby«, sagt Fran jetzt, wenn wir mal spätabends vor dem Fernseher sitzen, ohne jeden Grund. »Und dieser Vogel mit seinem Mief«, sagt sie dann. »Jesus, Maria, wer braucht denn so was!« sagt Fran. Sie sagt dauernd so Zeug, obwohl sie Bud und Olla seit dem einen Mal damals nicht wiedergesehen hat.

Fran arbeitet nicht mehr in der Molkerei, und es ist schon lange her, daß sie sich ihre Haare abgeschnitten hat. Und dick geworden ist sie auch. Das übergehen wir aber stillschweigend. Was soll man dazu schon sagen?

Bud sehe ich noch immer in der Fabrik. Wir arbeiten zusammen, und wir packen zusammen unsere Lunchpakete aus. Wenn ich ihn danach frage, erzählt er mir von Olla und Harold. Joey ist nicht mehr mit von der Partie. Eines Abends ist er in seinen Baum raufgeflogen, und das war sein Ende. Er ist nicht mehr runtergekommen. Vielleicht Altersschwäche, sagt Bud. Dann haben sich die Eulen eingenistet. Bud zuckt mit den Achseln. Er verdrückt sein Sandwich und behauptet, Harold wird eines Tages noch im Mittelfeld spielen. »Du solltest dir den Burschen mal ansehen«, sagt er. Ich nicke. Wir sind noch immer miteinander befreundet. Daran hat sich nicht das geringste geändert. Aber jetzt paß' ich immer darauf auf, was ich zu ihm sage. Und ich weiß, daß er's spürt und daß er wollte, es wäre nicht so. Das wollte ich auch.

Alle heiligen Zeiten erkundigt er sich nach meiner Familie. Und wenn er's tut, dann erkläre ich ihm: alle wohlauf. »Alle wohlauf«, sage ich. Ich packe meinen Lunch wieder ein und hol' die Zigaretten heraus. Bud nickt und nippt von seinem Kaffee. Um die Wahrheit zu sagen: Mein Kleiner hat ein bißchen was Hinterhältiges. Aber darüber sage ich nichts. Nicht einmal zu seiner Mutter. Zu ihr schon gar nicht. So wie's im Augenblick aussieht, reden wir immer weniger miteinander. Wir beschränken uns mehr oder minder aufs Fernsehen. Aber dieser Abend – den vergeß ich nie. Ich seh' noch vor mir, wie der Pfau seine grauen Füße gehoben und sich dann Zentimeter um Zentimeter an den Tisch nähergeschoben hat. Und dann, wie uns mein Freund und seine Frau auf der Veranda Gute Nacht gesagt haben, und wie Olla Fran ein paar Pfauenfedern mit nach Hause gegeben hat. Ich erinnere mich noch, wie wir uns alle die Hände geschüttelt, uns umarmt und irgendwas gesagt haben. Und beim Wegfahren ist Fran im Wagen ganz nah zu mir rübergerutscht. Die ganze Zeit lag ihre Hand auf meinem Bein. Und so sind wir vom Haus meines Freundes bis zu uns nach Hause gefahren.

Jurij Trifonow

An einem Mittag im Sommer

In ihrem vierundsiebzigsten Lebensjahr beschloß Olga Robertowna, eine Reise in ihre Heimat zu unternehmen. Schon seit vielen Jahren wollte sie diese Reise machen, aber ihr eigenes Leben und die Zeitumstände hatten immer wieder die Verwirklichung dieses Planes vereitelt.

So war es gekommen, daß Olga Robertowna, seit sie im Jahre 1906 ihre Vaterstadt verlassen hatte, nie mehr dorthin zurückgekehrt war. Sie hatte bereits ihre Muttersprache etwas vergessen, da sie sie nicht mehr benutzte: Mann und Kinder sprachen Russisch und sie selbst hatte sich in den zweiundfünfzig in Rußland verbrachten Jahren in eine Russin verwandelt, nur ihr Vatersname »Robertowna« und ihr leichter Akzent, den die Balten bis zu ihrem Tode nicht verlieren können, verrieten sie.

An einem Sommerabend im Juni fuhr Olga Robertowna zum Bahnhof, ihre Schwiegertochter und ihre Enkelin begleiteten sie. Die Enkeltochter war schwanger, im sechsten Monat, sie tat sich schwer; ihr Gesicht war gealtert, es war abgemagert und unschön geworden. Olga Robertowna machte sich Sorgen um sie und war nicht damit einverstanden, daß die Enkelin von der Datscha aus zum Bahnhof gekommen war. Der Abend war schwül, jenseits von Moskau entlud sich ein Gewitter. Olga Robertowna liebte ihre Enkeltochter; gegen die Schwiegertochter aber verhielt sie sich abweisend, in der Tiefe ihres Herzens hielt sie die Schwiegertochter für beschränkt, spießig und war davon überzeugt, daß ihr Sohn es keine fünf Jahre mit ihr ausgehalten hätte. Der Sohn Olga Robertownas war mit fünfunddreißig Jahren gestorben. Olga Robertowna hatte drei Töchter gehabt: eine war als kleines Kind gestorben, die zwei anderen wuchsen heran, heirateten, bekamen Kinder, wohnten aber getrennt von Olga Robertowna. Olga Robertowna konnte nicht bei ihnen leben. Die älteste Tochter zog nach Baku, dort war es zu heiß, und die andere wohnte in Moskau, sie lebte aber in der großen Familie ihres Mannes, zusammen mit seinen Eltern.

Die Schwiegertochter, eine leichtfertige Person, mit schönem, durchsichtigem Gesicht und einem Zwicker, wiederholte immer wieder, Olga Robertowna solle sich vor plötzlichem Wetterumschwung hüten, der könnte den Blutdruck zu sehr in die Höhe treiben.

»Und ich bitte dich, geh am Abend nicht mehr aus dem Haus!«

Es hatte den Anschein, als würde sie sich sehr darüber beunruhigen, Olga Robertowna die Reise alleine antreten zu lassen. Aber natürlich freute sie sich im Grunde, daß Olga Robertowna wegfuhr, wenn es auch nicht für lange, vielleicht nur für einige Tage war, und auch der jetzige Mann der Schwiegertochter war froh darüber. Aber das berührte Olga Robertowna nicht. Sie liebte die Enkeltochter und die Enkeltochter liebte sie, sie wußte es, obwohl die Enkeltochter kein Wort gesagt hatte, mit keinem Wort ihre Sorge ausgedrückt, sondern sie nur gebeten hatte, ihr kleine Porzellantöpfchen für Grützearten mit der Aufschrift: ›Reis‹, ›Hirse‹, ›Grieß‹ mitzubringen. Die Enkelin hatte solche Porzellantöpfchen bei ihrer Freundin gesehen, sie waren in der gleichen Stadt gekauft worden, in die Olga Robertowna nun fuhr.

Als der Zug sich in Bewegung setzte, liefen die Schwiegertochter und die Enkelin noch kurz neben ihm am Fenster her und winkten Olga Robertowna; sie mußten schnell gehen, Olga Robertowna sorgte sich um die Enkelin, sie bedeutete mit Gesten, sie solle doch zurückbleiben, aber sie verstanden nicht, und die törichte Schwiegertochter beschleunigte sogar ihren Schritt und winkte dabei aus Leibeskräften. Im übrigen war all das von ihrer Seite aus ohne Falsch. Dann endlich beschleunigte der Zug allmählich sein Tempo, und sie verloren einander aus dem Blickfeld.

Es war schon dämmerig, und im Abteil wurde das Licht angemacht. Olga Robertowna saß lange am Fenster und dachte an die Schwiegertochter, an ihre beiden Töchter, an den jungen Ehemann der Enkelin, der sich vor kurzem in ihre Wohnung eingenistet hatte; sein Benehmen setzte Olga

Robertowna doch ein wenig in Erstaunen: er schien ihr nicht genügend bescheiden zu sein und hatte es faustdick hinter den Ohren. Es war sogar sehr gut möglich, daß er die Enkelin nur geheiratet hatte, um eine Unterkunft in Moskau zu bekommen. Er stammte aus Rostow, wo er in einem Wohnheim gewohnt hatte. Olga Robertowna hatte den Eindruck, als würde er ihr gegenüber einen wenig ehrerbietigen Ton anschlagen, und sie mußte ihn streng rügen, als er es sich einfallen ließ, sie einfach »Großmütterchen« zu nennen.

Der Zug fuhr in die Gewitterzone hinein. Sturzregen klopfte auf das Dach, und das Licht im Abteil erlosch. Im warmen Coupé, das ab und zu von einem grellen Blitzstrahl erleuchtet wurde, lag Olga Robertowna unter einer Decke und schlief ein.

Der Traum versetzte sie augenblicklich in frühere Zeiten: sie saß in einem Salonwagen, der mit rotem Holz getäfelt und mit bronzenen Wandleuchten ausgestattet war, es roch nach Leder und Machorka, auf dem Dach hörte man das Klopfen schneller Schritte, auf jeder Station wurde geschossen – es war 1919, der Zug fuhr an die Südfront. Sergej Iwanowitsch sah im Traum anders aus als im Sommer 1919, er war jung, ganz jung, so wie damals, als sie sich das erste Mal in jenem unfreundlichen Sommer auf der Meierei getroffen hatten; Elsa machte sie miteinander bekannt, er trug eine Brille mit dünnem Stahlrahmen und hatte einen rotgoldenen kleinen Bart wie ein Deutscher. Sie nahmen ihre Fahrräder und fuhren den kleinen, schmalen Pfad entlang zum Meer. Es war sehr windig, die Rockschöße seines Leinenjacketts blähten sich auf, und wie immer, wenn sie Fahrrad fuhr, fürchtete sie sich vor dem Absteigen. Aber er war neben ihr, er fuhr nur zwei Schritte von ihr entfernt, und das beruhigte sie. Plötzlich dachte sie, das könnte doch wohl nicht wirklich sein: er war ja tot! Schon vor langer Zeit war er gestorben, und es war unmöglich, daß er jetzt neben ihr auf dem Fahrrad saß.

Mitten in der Nacht wachte Olga Robertowna auf. Zwei Mitreisende schnarchten, über ihr klirrte irgend etwas rhythmisch – eine Schnalle oder ein kleiner Kofferschlüssel schaukelte im Takt des Zuges.

Olga Robertowna kam plötzlich der Gedanke, daß es wahrscheinlich eine große Dummheit von ihr gewesen war, sich auf diese Reise zu begeben. Ja, wenn es zwanzig Jahre früher gewesen wäre, aber jetzt war es zu spät, sie war alt, ihr Leben neigte sich dem Ende zu, und die ihr Nahestehenden waren schon lange tot. Wen würde sie dort treffen? Die Alten haben keine eigene Kindheit mehr. Die Alten denken an die Kindheit ihrer Kinder zurück. Man hatte sie mit Einladungen bestürmt, ihr Briefe geschickt, Telegramme; vor allem Nikulschin hatte sie sehr bedrängt. Er war ein liebenswürdiger Mann, dieser Nikulschin, aber die Zusammentreffen mit ihm waren für Olga Robertowna lästig.

»Mein Gott, warum habe ich eigentlich zugesagt?« dachte sie mit Bedauern. »Es heißt, dort herrsche ein schwer zu ertragendes Klima, der Luftdruck schwanke ständig ...« Sie bemerkte nicht, daß sie an ihre Heimat wie an ein fremdes Land dachte.

Der Morgen war klar, die Sonne schien hell, man näherte sich bereits der Stadt. Olga Robertowna blickte bewegt auf die in Grün eingebetteten kleinen Häuschen, auf die mit Ziegeln gedeckten Dächer, die Leute auf den Fahrrädern, Fabrikschornsteine, Zäune, auf die alten, schon dunkel gewordenen Ziegelwände mit den Spuren halbverwischter Aufschriften.

Auf dem Bahnsteig wurde Olga Robertowna von Nikulschin, Pionieren mit Blumen, einem jungen Mann – er arbeitete im Museum – und drei alten Frauen, die Nikulschin »unsere Veteraninnen« nannte, in Empfang genommen. Die alten Frauen schneuzten sich bewegt die Nasen, wischten mit den Taschentüchern ihre Augen und küßten Olga Robertowna. Nichts dergleichen hatte sie erwartet. Man fotografierte sie. Die Pioniere sangen ein Lied in ihrer Muttersprache. Olga Robertowna hörte angestrengt zu und bemühte sich, jedes Wort zu verstehen; zum Zeichen dafür, daß es ihr gelang, nickte sie mit dem Kopf. Trotzdem aber verstand sie zwei oder drei Worte nicht, es war ein neues Lied, die Kinder sangen nicht sehr deutlich und es konnte auch sein, daß sich in fünfzig Jahren die Aussprache etwas verändert hatte. Dann setzte Nikulschin Olga Robertowna in sein kleines Auto und fuhr sie zum Hotel.

Vom Autofenster aus sah sie Straßen, ihre altertümlichen Windungen, ihre Krümmungen, Biegungen, Häuser eilten an ihr vorbei, offenstehende, dunkel gähnende, prunkvolle Eingangstüren, und sie wußte, daß sie alles schon einmal gesehen hatte und es sich jetzt nur noch ins Gedächtnis zurückrufen mußte. Mit sachter, aber ständig zunehmender Erregung zwang sie sich, sich zu entsinnen. Aber trotz allem kam die Erinnerung nicht.

»Irgendeinmal habe ich dieses zweistöckige Haus mit dem Türmchen schon einmal gesehen«, redete sie sich zu, »und auch diesen Platz mit dem Springbrunnen und auch dieses schäbige vielstöckige Haus, dessen Fensterkreuze an andere Kreuze erinnern, und diese beiden Alten hier, die zufrieden auf der kleinen Bank neben dem Eingang sitzen, sind mit mir alt geworden.«

Nikulschin fragte:

»Nun, wie steht es mit den heimatlichen Penaten?* Erkennen Sie sie wieder?«

»Wissen Sie, meiner Meinung nach ... wenn ich ehrlich bin, erkenne ich nichts wieder!« Olga Robertowna lachte sogar. »Alterssklerose.«

»Ach was!« sagte Nikulschin und lachte ebenfalls. »Das hat nichts zu bedeuten, das ist nur anfangs so. Später werden Sie sich wieder erinnern. Ich selbst stamme ja aus Grosnyi, und nachdem ich das Institut absolviert hatte, fuhr ich auch zu den heimatlichen Penaten, wissen Sie, so ist es immer ...«

Er war ziemlich jung, dieser Nikulschin, ungefähr fünfunddreißig Jahre alt, aber trotzdem schon ziemlich beleibt und grauhaarig, und er hatte purpurfarbene Hängebacken. Olga Robertowna hatte schon in Moskau bemerkt, daß er dumm und nur um seine persönlichen Angelegenheiten besorgt war, aber all das sah sie ihm nach: war doch Nikulschin der erste, der nach so vielen Jahren des Schweigens gut über Sergej Iwanowitsch sprach und jetzt eine Broschüre über ihn schrieb.

---

* Hausgötter

Sie wußte, diese Einladung in ihre Heimatstadt war mit vieler Mühe von ihm über das Kultusministerium erwirkt worden – natürlich hatte er dabei irgendwelche einfältigen privaten, kommerziellen Ziele im Auge, aber trotzdem war sie ihm dankbar.

Nachdem sich Olga Robertowna im Hotel etwas erholt und erfrischt hatte, wurde sie von Nikulschin von dort aus in seine Wohnung zum Essen mitgenommen. Sie war nicht sehr entzückt, sogleich eingeladen zu werden, aber es war nicht leicht, abzusagen. Lieber wäre sie allein geblieben und durch die Straßen gegangen. Jetzt allmählich erinnerte sie sich, erinnerte sich an eine oder zwei Straßen oder vielleicht auch an alle zusammen. Etwas aus dem Gedächtnis Entfallenes kam langsam in ihrem Inneren an die Oberfläche, etwas, von dem sie nicht einmal eine Ahnung gehabt hatte, daß es in ihr überhaupt vorhanden war. Es kam mit der Luft der Straßen, mit ihrem Geruch: sie öffnete ein Fenster in ihrem Hotelzimmer und sie erkannte die alten Ziegeldächer wieder, die vom Rand her eingedunkelt waren, die Ziegeldächer mit ihren kalkigen Taubenmistflecken; sie erkannte den raucherfüllten Himmel und sog die frische Luft ein, und plötzlich erinnerte sie sich.

Aber den ganzen Tag über gelang es Olga Robertowna nicht, auf der Straße zu sein, bis zum Abend war sie bei Nikulschin zu Gast. Man aß lange, es waren viele Leute da, einige Lehrer, ihre Frauen, Jugendliche. Dann brachte man einen weißhaarigen, bleichen, rotäugigen Alten an, der versicherte, er kenne Sergej Iwanowitsch von der Verschickung nach Wologda her und er habe ihn in der zweiten Armee getroffen, im Jahre 1920. Olga Robertowna erinnerte sich nicht an diesen Alten, und sein Familienname war ihr unbekannt. Sie mochte die Leute nicht, die Sergej Iwanowitsch gekannt hatten, von denen sie selbst aber nichts wußte: sie erschienen ihr nicht vertrauenswürdig, verdächtig; für sie erhoben sie einen Anspruch auf etwas, was nur ihr alleine gehörte. Und so verhielt sie sich dem rotäugigen Alten gegenüber unfreundlich.

Gegen Abend gingen alle Gäste, aber Nikulschin bat Olga

Robertowna, noch etwas zu bleiben und das erste Kapitel der Broschüre über Sergej Iwanowitsch anzuhören. Das Kapitel handelte davon, wie Sergej Iwanowitsch im Jahre 1902 von der Universität Petersburg nach Dwinsk zurückkehrte, und trug die Überschrift: »Zurück zu den heimatlichen Penaten.«

Nikulschin schrieb sehr schwülstig, so, wie man in Zeitungen schreibt, und Olga Robertowna gefiel es nicht. Aber sie schwieg, sie wußte, daß man über Revolutionäre so schwülstig schrieb, und daß es nicht wichtig war, in welcher Sprache die Broschüre geschrieben war, sondern daß sie überhaupt nach so vielen Jahren des Schweigens mit diesem Porträt erschien.

Nikulschins Frau aber, eine kleine rundliche Brünette, die während der Lesung im Zimmer saß und Erdbeeren putzte, begann plötzlich mit Nikulschin wegen eines Satzes zu streiten. Nikulschin erwiderte mit unerwarteter Schärfe. Der Disput über den Satz wurde plötzlich zu einem abgeschmackten und kleinlichen und so sehr alltäglichen Streit, daß die Anwesenheit eines fremden Menschen unerträglich wurde. Nikulschins Frau ergriff die Tasche mit den Erdbeeren und lief ins andere Zimmer. Nikulschin folgte ihr. All das war unangenehm und wohlbekannt: Olga Robertowna hatte viele derartige Streitigkeiten zwischen ihrer Schwiegertochter und ihrem jetzigen Mann miterlebt, und im Anfangsstadium hatte sie es neulich auch zwischen ihrer Enkelin und dem jungen Mann aus Rostow beobachtet. Diese sinnlosen, kleinlichen Streitigkeiten kommen wohl daher, daß die Menschen gedankenlos und oberflächlich dahinleben.

Olga Robertowna ging ruhigen Schritts ins Nebenzimmer, wo sich die Ehegatten halblaut beschimpften, und beschwichtigte sie. Es war ein Leichtes, zwischen ihnen Frieden zu stiften, die Angelegenheit war ihnen peinlich.

Dieser ganze lange Tag, die seelischen Erregungen und Gespräche hatten Olga Robertowna erschöpft, und im Hotel bekam sie nun starkes Herzklopfen und ihr Kopf schmerzte. Nachdem sie zwei Tabletten Dibasol genommen hatte, legte sie sich sofort ins Bett. In der Nacht schreckte sie hoch. Sie hatte wieder starkes Herzklopfen, und das Atmen fiel ihr schwer. Olga Robertowna läutete nach dem Zimmermädchen, aber niemand kam, die Klingel funktionierte nicht. Sie knipste das Licht an, nahm vierzig Tropfen Valocordin, öffnete das Fenster und setzte sich neben dem Fenster in einen Sessel.

Es war vier Uhr morgens. Die Dunkelheit der Nacht ließ nach. Der lichte Himmel erwies sich als sehr makellos, an ihm waren weder Wolken noch Blau noch Sterne, nur Helligkeit. Die Giebel der gegenüberliegenden Häuser tauchten aus dem weißen Dunst auf, unten aber verdichtete sich der Nebel, er verbarg die Straße.

Olga Robertowna stieß den Fensterflügel auf. Draußen waren feuchte Ziegel, Häuser mit dunklen Fenstern, schlafenden Tauben, Nacht. Auf dem Gehsteig ging jemand, man hörte das Aufsetzen des Spazierstocks auf dem Pflaster. Das Herzklopfen ließ etwas nach, allmählich wurde ihr Kopf etwas freier.

Olga Robertowna hatte schon einmal eine solche Nacht in dieser Stadt erlebt. Damals war sie achtzehn Jahre alt gewesen und Sergej Iwanowitsch einundzwanzig; sie kamen von einem kleinen Fest, er hatte etwas in der Aktenmappe, das er unverzüglich jemandem, der nach Petersburg fuhr, übergeben sollte. Sie kannten sich noch nicht lange, zwischen ihnen war noch nichts gewesen. Damals war es die erste Nacht, eine weiße Nacht, eine ebensolche Nacht wie heute. Er war groß, um einen Kopf größer als sie, und obwohl er schon seit zwei Jahren nicht mehr an der Universität studierte, trug er immer noch seine Studentenmütze. Sie sprach schlecht Russisch, er unterrichtete sie und sie lachte; in jener Nacht lachte sie sehr viel, weil er komische Dinge erzählte und sie auf dem Fest Wein getrunken hatten.

Aus dem Nebel tauchte jetzt hier eben diese Straße auf, sie war ganz nahe am Wasser, und es roch nach Meer. Eine Steintreppe führte in den ersten Stock hinauf, das Zimmer hatte ein halbrundes Fenster, und sie beide wußten, daß es nicht richtig war, weil doch dieser Mensch, der nach Petersburg fuhr, auf sie wartete, aber sie war erst achtzehn und er einundzwanzig. Er mietete bei einer alten Deutschen ein Zimmer, deutsche Denksprüche in gotischer Schrift, auf kleine Holztäfelchen geschrieben, hingen an allen Wänden, standen auf dem Tisch. Auf einem Regal, das an der Rückenlehne des Sofas befestigt war, standen in einer Reihe zehn kleine Elefanten aus Bernstein. Sie hüpften, wenn das Regal in Bewegung geriet, und fielen einer nach dem andern um. Sie sah zu, wie sie hüpften und vom Brett kippten. Dies hat nie jemand erfahren, dies wird keiner erfahren und niemand soll es erfahren, aber sie erinnerte sich ihr ganzes Leben über daran, wie die kleinen Elefanten herabfielen; alle zehn kamen herunter, am Anfang auf ihn, dann auf den Fußboden, und sie fürchtete, daß sie zersprängen, aber nicht ein einziger erlitt Schaden. Lange Zeit gab es bei ihnen dann den Ausspruch: »Daß die Elefanten fallen«. Niemand verstand, was das bedeutete. Manchmal, wenn Gäste zum Essen kamen, sagte er: »... und die Elefanten sollen ruhig fallen!« Dabei blinzelte er ihr zu. Die Gäste dachten, hinter diesem Toast verberge sich ein besonders tiefer Sinn, und so stießen sie mit ihnen an und wiederholten: »Ja, ja, die Elefanten sollen ruhig fallen!« – Sie ahnten nicht, welchen Scherz er hier trieb. Er war ein großer Spaßmacher, niemand wußte, was für ein Schalk er war. Nach dem Essen trank er immer ein oder zwei Gläschen Likör. Ob irgend jemand in der Lage war, alles das so zu beschreiben, wie es gewesen war?

Der Nebel zerteilte sich. Der Himmel war schon hell, und die unteren Stockwerke der Häuser kamen zum Vorschein. Jetzt konnte man schon die Aufschrift über der dunklen Toröffnung lesen: ›Annahmestelle‹.

Am anderen Tag führte Nikulschin Olga Robertowna ins Museum, dann, nach dem Mittagessen, in die Bibliothek, und während der vier folgenden Tage trat Olga Robertowna ununterbrochen irgendwo auf, traf sich mit jemandem, sprach über Sergej Iwanowitsch und hörte geduldig Nikulschins langem und geschwollenem Vortrag über das Jahr 1905 zu. Dann führte sie Nikulschin zu einem verwahrlosten altertümlichen Haus am Kai – vom Autofenster aus sah sie die glatte Wasserfläche, die gleichen Segelboote wie damals. Ein Sonnenstrahl lag genau auf der Stelle, wo die Badenden von den Booten aus ins Wasser sprangen, und plötzlich erinnerte sie sich an ihren Vetter Jan, den sie seit fünfzig Jahren ganz vergessen hatte. Die Segelboote ließen ihn vor ihr auferstehen.

Er hatte keine Furcht gekannt und war als Junge mit einem Jachtschiff nach Deutschland gefahren und dann weiter nach Amerika. Seine Mutter hatte sehr geweint. Olga Robertowna sah ihn vor sich, seine kastanienbraunen, zur Seite gescheitelten Haare und das rötliche, kecke, gute Jungengesicht mit den hellen Wimpern – sie stiegen die Treppe zum ersten Stock hinauf, durchschritten den Korridor, und durch ein kleines Fensterchen reichte man Olga Robertowna fünfzig Rubel. Nikulschin bekam auch einen Geldschein. Olga Robertowna war verwirrt, im ersten Augenblick wollte sie das Geld sogar zurückweisen, doch dann dachte sie, wie dumm es doch wäre, es nicht anzunehmen – es war doch sehr angenehm, ebenso angenehm wie alles übrige, und ein Verzicht ihrerseits könnte auch Nikulschin beleidigen.

Am gleichen Tag kaufte Olga Robertowna in einem Kommissionsgeschäft einen sehr hübschen Schal für die Enkelin. Er kostete genau fünfzig Rubel.

Olga Robertowna versuchte, einige Leute, die sie in ihrer Jugendzeit gekannt hatte, ausfindig zu machen, und Nikulschin war ihr dabei behilflich. Es waren nur wenige gewesen, sie war zu früh von hier weggezogen. Jetzt gelang es ihr nicht, auch nur einen einzigen Menschen zu finden: die einen waren tot, die anderen hatten in den Revolutionsjahren die Heimat verlassen und waren nach Rußland gezogen. Von ihnen fehlte jede Spur, eine Familie war während des letzten Krieges im Ghetto umgekommen.

Am Donnerstag fuhr Olga Robertowna in das Filmstudio, wo Nikulschins Drehbuch über das Revolutionsthema diskutiert wurde (der Wahrheit entsprechend, war Sergej Iwanowitsch einer der Haupthelden der Handlung, und deshalb war die Anwesenheit Olga Robertownas sehr wichtig), und am Samstag entschloß sie sich, wieder nach Hause zu fahren. In den Nächten schlief sie schlecht: sie dachte an die Enkelin, sie machte sich Sorgen, war unruhig.

Aus irgendeinem Grunde hatte man Nikulschins Drehbuch über die Revolution nicht angenommen, und Nikulschin war darüber so verstört, daß er sich mit Herzbeschwerden zu Bett legen mußte, er konnte Olga Robertowna am Samstag nicht begleiten. Sie verabschiedete sich telefonisch von ihm. Der Zug fuhr am Abend.

Dieser Tag war nun völlig frei, Olga Robertowna war von niemandem mehr irgendwohin eingeladen. Alle Einkäufe waren erledigt, auch die kleinen Porzellanschüsselchen mit den Aufschriften ›Reis‹, ›Hirse‹, ›Grieß‹ hatte sie besorgt. Sie setzte sich in einen Autobus und fuhr aus der Stadt hinaus, zur alten Fabrik, wo sie früher einmal Arbeiterin gewesen war.

Der Autobus jagte lange auf der Chaussee dahin, es nieselte. In den Gärten standen dunkle Apfelbäume, sie waren windschief und von einer kaum wahrnehmbaren Regendampfwolke eingehüllt.

Die Ziegeltore der Fabrik waren immer noch dieselben wie vor fünfzig Jahren. Olga Robertowna betrat den Hof, rechts sah sie ein zweigeschossiges, langgestrecktes Gebäude mit großen Fenstern – das hatte es früher nicht gegeben – links hinter den Linden – die Bäume waren gewaltig geworden, hatten sich ungewöhnlich ausgewachsen – sah sie einen dunkelgrün gestrichenen Zaun und hinter ihm ein Blechdach; dieser Anblick ließ ihr Herz schneller schlagen. Dieses Metalldach schnellte ihr, wie ihr Vetter Jan, ins Bewußtsein. Unter diesem Dach mußte die Baracke gewesen sein, die Holzbaracke, in der Olga Robertowna als junges Mädchen nahezu ein ganzes Jahr gewohnt hatte. Diese Baracke hatte sie ganz und gar vergessen. Niemals hatte sie an sie zurückgedacht.

Olga Robertowna überquerte rasch den Hof, durchschritt das Tor im dunkelgrünen Zaun und sah die Baracke. Sie war ockerfarben verputzt worden. Auf dem Dach standen Fernsehantennen. Aber es war die gleiche Baracke, in der Olga Robertowna mit zwei Freundinnen eines der Zimmer bewohnt hatte.

Über den Hof schlurfte eine kleine gebeugte Alte in Galoschen. Sie trug eine Tasche mit zwei Milchflaschen und einem

Brot. Über den Kopf und ihren gebeugten Rücken hatte sie als Regenschutz ein blaues Plastiktuch gelegt.

Olga Robertowna sah die Alte und hielt inne. Dann ging sie ihr entgegen.

»Martha!« sprach Olga Robertowna sie an, und die Greisin hob ihr altes, von vielen Runzeln durchfurchtes Gesicht mit der großen bleichen Nase und den bläulichen Augenhöhlen. Olga Robertownas Herzschlag stockte.

»Helga, bist du's? Ich habe dich erkannt.« Die Alte lächelte. Die bläulichen Augenhöhlen füllten sich mit Tränen. »Mein Gott, du bist ja ganz alt geworden, Helga! Wie geht es dir?«

»Sehr gut«, sagte Olga Robertowna ganz außer Atem. »Und dir?«

»Warum bist du nicht einmal zurückgekommen, Helga? Du hattest versprochen, wiederzukommen. Ich habe auf dich gewartet. Du hast nicht ein einziges Mal geschrieben!«

Die Alte lachte nicht mehr, sie neigte ihren Kopf zur Seite. Die Kunststoffolie glitt langsam von ihren Schultern, und Olga Robertowna umarmte die kleine ausgedörrte Alte, die ihren Rücken nicht mehr geradezubiegen vermochte, und nahm ihr behutsam die Tasche aus der Hand.

»Ich helfe dir!« sagte Olga Robertowna kaum vernehmbar, denn ihre Kräfte waren noch nicht wieder zurückgekehrt. »Du wohnst dort?«

»Ja, ja«, sagte die Alte. »Hast du das wohl vergessen?«

Auf dem schmalen ziegelgepflasterten Weg, der mit einem niederen Holzzaun abgegrenzt war, bewegten sie sich langsam auf die Baracke zu. Es nieselte immer noch. Menschen eilten ihnen entgegen. Einige junge Leute übersprangen den Zaun, um den Weg abzukürzen, und liefen über den Rasen.

Die beiden Alten gingen schweigend nebeneinander her. Olga Robertowna hatte Martha untergefaßt und hatte vor Augen, wie sie hier voneinander Abschied genommen hatten, hier auf dem Hof. Damals war er nicht asphaltiert, sondern staubig, erdig gewesen; es war an einem Mittag im Sommer, Sergej Iwanowitsch wartete auf den Kutscher, Martha mit ihren vielen hellen Locken weinte: sie versprachen, einander zu schreiben, niemals schrieben sie, alles war für immer vorbei. Es begann Rußland, die Verschickung; das Wasser war bis zum Morgen im Eimer gefroren, die Kinder wuchsen gesund heran, ein Schiff fuhr an einem heißen Junitag auf dem Jenissej; es kam der Krieg und dann später Petrograd, die Wohnung auf der Ligowka, im Taurischen Palais eine Menschenmenge, die die ganze Nacht über Hurra« schrie; er wurde im Juli verwundet, starb beinahe an Typhus, war dann drei Jahre an der Front; Eisenbahnwagen, Versammlungen, Brotrationierung, Moskau, »Die Alpenrose«; dann Gnesdnikowskij, Hunger, Theater, Arbeit in einem Bücherversand, die Kinder wurden größer, im Oktober fuhren sie plötzlich ohne Kinder auf die Krim, mit dem Zug bis Simferopol, dort in der Krankensammelstelle gaben sie Sergej Iwanowitsch einen ›Ford‹ mit Karbidlampen, und nachts ging immer wieder etwas am Auto kaputt; ihre Habe hatten sie aufs Dach gebunden, einen Koffer verloren sie unterwegs, und das perlgraufarbene Meer lag tief unten; lange Zeit saßen sie beide auf einer Klippe, während der Chauffeur irgendwohin gegangen war, um den Schaden am Auto zu beheben, und ein Tschekist suchte nach dem Koffer, fand ihn aber nicht, und etwas Schöneres als diese Morgendämmerung über dem Meer hatte sie in ihrem ganzen Leben nicht mehr gesehen.

Dann vergingen viele Winter, Sommer, Tage, Juliabende auf der kleinen Terrasse bei geöffneten Fenstern, durch die von den Blumenbeeten her ein süßer Geruch nach Tabak hereindrang. Er vermischte sich mit den halblaut geführten Gesprächen, die die Kinder nicht hören sollten, aber die Kinder wußten Bescheid. Und einmal sagte er dann: »Sei darauf gefaßt, daß mir das auch passiert.« – Aber es traf nicht ihn, sondern sie. Er starb plötzlich, aus der Heimat vertrieben, aber in einer eigenen Wohnung, auf der Wosdwischenka, und daß er gestorben war, erfuhr sie erst drei Jahre später, im fernen Osten. Ihre Vorfahren hatten ihr das schwere, baltische Blut vererbt, ihre Hände scheuten keine Arbeit, sie wurden runzelig, wie die Hände einer Tagelöhnerin. Sie arbeitete, ertrug alles, kehrte zurück. Der Sohn war nicht mehr da, die Töchter sahen sie mit fremden Augen an und sagten ›Sie‹ zu ihr. Und sie ertrug alles, sie hatte den ganzen, langen Weg durchgehalten, der hier begonnen hatte, hier auf dem staubigen Hof, auf den die Sonne heiß brannte, der mit Garnresten verschmutzt war. Und jetzt überquerte sie ihn.

Sie stand vor der Treppe zur Baracke. Martha streckte die Hand aus, um ihre Tasche zu nehmen.

»Warum nur hast du niemals geschrieben?« sagte Martha. Sie sah Olga beinahe verzweifelt an.

»Verzeih mir«, sagte Olga Robertowna. Die kleine Alte tat ihr leid, sie beugte sich zu ihr hinunter und küßte sie auf die Schläfe. »Verzeih mir, Martha, es ist eben so gekommen. Ich habe wahrhaftig keine Schuld.«

»Nun ja. Ist schon gut. Geh in die Küche und setze den Teekessel auf. Du erinnerst dich, wo die Küche ist?«

Olga Robertowna stieg die Treppe hinauf, drückte gegen die Brettertür. Sie öffnete sich. Der Korridor war dunkel, er schien endlos zu sein.

Am Montagmorgen stand Olga Robertowna wieder in der Schlange beim ›Gastronom‹ um Milch an und erzählte einer ihr bekannten Frau aus der Nachbarschaft vom Wetter in den Ostseestaaten: die ganzen fünf Tage hatte es beinahe ununterbrochen geregnet.

Italo Calvino

Abenteuer einer Badenden

Als Frau Isotta Barbarino am Strand von ... badete, traf sie ein bedauerliches Mißgeschick. Sie war weit hinausgeschwommen, und als sie sich wieder dem Ufer zuwendete, weil ihr die Zeit zur Umkehr gekommen schien, bemerkte sie, daß sich etwas ereignet hatte, was nicht wieder gutzumachen war. Sie hatte ihren Badeanzug verloren.

Sie konnte nicht sagen, ob er ihr gerade in diesem Augenblick heruntergerutscht war, oder ob sie schon eine Weile lang ohne ihn schwamm; von ihrem neuen Zweiteiligen war ihr nur das Oberteil geblieben. Bei einer Bewegung der Hüfte mußten einige Knöpfe abgesprungen sein, und der auf ein formloses Fetzchen Stoff reduzierte Slip war ihr über das andere Bein hinuntergeglitten. Vielleicht sank er gerade einige Spannen unter ihr in die Tiefe; sie versuchte, sich unter die Oberfläche sinken zu lassen, aber sofort bekam sie keine Luft mehr, und nur undeutliche, grüne Schatten tanzten vor ihrem Blick.

Sie unterdrückte die aufsteigende Angst und versuchte, mit Ruhe ihre Gedanken zu ordnen. Es war Mittag, das Meer war voller Menschen, die in Paddel- und Kufenbooten fuhren oder auch schwammen. Sie kannte niemanden; sie war erst am Vortag mit ihrem Mann angekommen, der leider gleich wieder in die Stadt hatte zurück müssen. Es gab jetzt keinen anderen Ausweg, dachte Frau Isotta – und sie wunderte sich über ihre klaren und ruhigen Überlegungen –, als zwischen den Booten einen Bademeister zu finden, den es ja irgendwo geben mußte, oder besser irgend jemanden, der ihr Vertrauen einflößte, und ihn zu rufen, sich ihm zu nähern und ihn gleichzeitig um Hilfe und Diskretion zu bitten.

All dies überdachte Frau Isotta, indem sie sich fast zusammengekauert dicht unter der Oberfläche hielt und nicht wagte, sich umzusehen. Nur ihr Kopf schaute hervor, und plötzlich senkte sie das Gesicht zum Wasserspiegel, nicht um ihm das Geheimnis zu entreißen, das ihm als unverletzlich anvertraut war, sondern mit der Bewegung, mit der man Augenlider und Schläfen gegen Laken oder Kopfkissen streicht, um die Tränen über einen nächtlichen Gedanken zu verscheuchen. Und es war wirklich ein Andrang von Tränen, der auf ihre Augenwinkel drückte, und vielleicht geschah dieses instinktive Neigen des Kopfes wirklich, um die Tränen im Meer zu trocknen: so groß war ihre Verwirrung und so groß war in ihr der Unterschied zwischen Überlegung und Gefühl. Sie war also nicht ruhig: sie war verzweifelt. Mitten in diesem unbeweglichen Meer, das in langen Abständen von kaum spürbaren Wellenbergen durchlaufen wurde, verhielt auch sie sich reglos, keine langsamen Armstöße mehr, nur eine flehentliche Bewegung der Hände unter dem Wasser, und das beunruhigendste Anzeichen ihres Zustandes, den sie vielleicht selbst nicht ganz begriff, war dieser Geiz mit den Kräften, den sie an sich beobachten mußte, so als hätte sie sehr lange und nervenaufreibende Stunden vor sich.

Den zweiteiligen Badeanzug hatte sie heute morgen zum ersten Mal angezogen, und auf dem Strand, inmitten so vieler unbekannter Menschen, war es ihr vorgekommen, als fühle sie sich seinetwegen nicht ganz wohl. Sobald sie sich jedoch im Wasser befand, war sie glücklich, freier in den Bewegungen, und sie hatte größere Lust zu schwimmen. Frau Isotta liebte es, lange weit draußen zu schwimmen, nicht der Sport machte ihr Spaß, denn sie war ein wenig rundlich und faul; das, was sie daran reizte, war der vertraute Umgang mit dem Wasser, das Gefühl, eins zu sein mit dem heiteren Meer. Der neue Badeanzug verstärkte dieses Gefühl; ja, das erste, was sie beim Schwimmen dachte, war: »Ich fühle mich nackt.« Das einzig Unangenehme war der Gedanke an den übervölkerten Strand und auch nur darum, weil ihre zukünftigen Badebekanntschaften sich vielleicht beim Anblick ihres Badeanzuges ein Bild von ihr gemacht hatten, das sie irgendwie würden ändern müssen: nicht so sehr, was ihre Anständigkeit betraf, denn nachgerade liefen alle am Meer so herum, aber indem sie zum Beispiel glaubten, sie sei sportlich oder sehr modern, während sie doch in Wirklichkeit eine solide und häusliche Frau war.

Und vielleicht hatte sie, als sich das Mißgeschick ereignete, eben deshalb nichts bemerkt, weil sie spürte, anders als gewöhnlich zu sein. Das vorher am Strand wahrgenommene Unbehagen, der neue Eindruck des Wassers auf der nackten Haut, die unbestimmte Sorge, zu den Badenden zurückkehren zu müssen, alles wurde aufgebauscht und von dem neuen Gefühl tiefer Bestürzung verschlungen.

Das, was sie jetzt um keinen Preis sehen wollte, war der Strand. Trotzdem sah sie dorthin. Es schlug zwölf Uhr, und auf dem Sand warfen die Sonnenschirme mit den schwarzen und gelben Kreisen dunkle Schatten, in denen Körper sich ausstreckten, und das Gewimmel der Badenden ergoß sich ins Meer, und keines der Kufenboote war mehr am Strand, und sobald eines zurückkehrte, wurde es im Sturm genommen, ehe es noch das Land berührte, und der dunkle Rand der blauen Fläche wurde belebt von weißen Wasserstrahlen, die unaufhörlich in die Höhe spritzten, besonders hinter den Tauen, wo die Kinderschar tobte, und bei der leisesten Welle erhob sich ein Geschrei, das sofort von der Brandung verschluckt wurde. Und draußen auf dem offenen Meer war sie, Frau Isotta, nackt.

Das hätte niemand vermutet, der nur ihren Kopf aus dem Wasser schauen sah, und ein wenig die Arme und die Brust, während sie behutsam schwamm, ohne je den Körper an die Oberfläche zu bringen. Sie konnte also ihre Suche nach Hilfe fortsetzen, ohne sich zu sehr bloßzustellen. Und um zu ergründen, wieviel von ihr fremde Augen zu sehen vermöchten, hielt sie immer wieder inne und versuchte, sich zu betrachten, indem sie fast aufrecht schwamm. Mit Unruhe sah sie im Wasser die hellen unterseeischen Reflexe der Sonnenstrahlen funkeln und schwimmende Algen und blitzschnelle Schwärme gestreifter Fische und unten auf dem Grund den gewellten Sand und darüber ihren Körper beleuchten. Mit eng geschlossenen Beinen bemühte sie sich vergebens, ihn vor ihrem eigenen Blick zu verstecken: die Haut des weißen Bauches leuchtete zwischen dem Braun der Brust und der Schenkel verräterisch auf, und weder die Bewegung einer Welle noch die unter der Oberfläche schwimmenden, halb versunkenen Algen verwischten das Dunkle und das Helle ihres Schoßes. Frau Isotta begann wieder auf ihre unnatürliche Weise zu schwimmen; ohne innezuhalten, ließ sie ihren Körper so tief wie möglich eintauchen und drehte den Kopf, um aus den Augenwinkeln über die Schulter zu schauen: und bei jedem Stoß erschien die ganze weiße Fülle ihrer Person in ihren deutlichsten und geheimsten Umrissen. Und sie mühte sich ab, Art und Richtung ihres Schwimmens zu ändern, beobachtete jede Beugung in jedem Licht, drehte sich um sich selbst; und immer kam ihr dieser kränkende nackte Körper nach. Es war eine Flucht vor ihrem Körper, der sie herausforderte, als gehöre er einer anderen Person, die sie, Frau Isotta, nicht aus einer schwierigen Lage retten und schließlich nur noch ihrem Schicksal überlassen konnte. Und doch war ihr üppiger und so schwer zu verbergender Körper einst einer ihrer Trümpfe gewesen, ein Anlaß zur Zufriedenheit; nur eine sinnlose Reihe von scheinbar einleuchtenden Umständen konnte aus ihm einen Grund zur Scham machen. Oder vielleicht auch nicht, vielleicht war ihr Leben immer nur das einer angezogenen Dame, die sie schließlich ihr Leben lang gewesen war, und ihre Nacktheit gehörte so wenig zu ihr; sie war ein zufälliger Naturzustand, der sich von Zeit zu Zeit enthüllte und die Menschen und besonders sie selbst verwunderte. Jetzt erinnerte sich Frau Isotta daran, daß sie auch allein oder mit ihrem Mann ihr Nacktsein immer mit einer Miene des Schuldgefühls, einer bald verlegenen, bald katzenartigen Ironie begleitet hatte, als ob sie gleichzeitig ein lustiges, aber unsinniges Kostüm überzöge für eine Art heimlichen Karneval zwischen Eheleuten. Nach den ersten romantischen Jahren voller Enttäuschungen hatte sich Frau Isotta ein wenig widerstrebend daran gewöhnt, einen Körper zu haben, und sie hatte sich gewöhnt an ihn wie jemand, der lernt, über ein von vielen ersehntes Besitztum zu verfügen. Jetzt, angesichts des lärmenden Strandes, machte das Bewußtsein dieses Rechtes wieder den alten Ängsten Platz.

Als der Mittag vorüber war, begannen die Badenden sich langsam wieder dem Ufer zu nähern; es war Zeit für das Essen in den Pensionen, den Imbiß vor den Kabinen und auch die Stunde, in der man den glühenden Sand unter der senkrechten Sonne genießt. Und die Kiele der Paddelboote und die Kufen der anderen Schiffe fuhren dicht an Frau Isotta vorüber, und sie musterte die Gesichter der Männer an Bord, und manchmal war sie nahe daran, ihnen entgegenzuschwimmen; aber jedesmal schlugen ein Aufblitzen der Augen unter den Brauen, ein leichtes ruckartiges Zucken mit Schultern oder Ellenbogen sie in die Flucht, und sie schwamm davon, mit scheinbar unbefangenen Stößen, deren Ruhe eine schon gefährliche Müdigkeit verbarg. Wenn die Leute in den Booten, die allein oder in Gruppen fuhren, Burschen, die sich nur für körperliches Training interessierten, oder Herren mit hintergründigen Absichten und aufdringlichen Blicken, ihr begegneten, wie sie verloren im Meer schwamm, mit kummervollem Gesicht, das eine ängstliche, bittende Unruhe schlecht verbarg, mit der Bademütze, die ihr einen puppenhaften, leicht beleidigten Ausdruck verlieh, und mit den weichen, unsicher kreisenden Schultern, dann fuhren sie aus ihrer Versunkenheit und ihren Träumen auf, und die zu mehreren waren, machten mit einer Bewegung des Kinnes oder mit einem Augenzwinkern auf sie aufmerksam, und die allein kamen, bremsten mit einem Ruder die Fahrt ab, um ihr mit dem Bug den Weg abzuschneiden. Ihrer Suche nach vertrauenswürdigen Menschen antwortete die sich aufrichtende Wand von Bosheit und Hintergedanken, ein Dornengestrüpp von stechenden Pupillen, von schneidendem, zweideutigem Lachen, von plötzlichem, fragendem Innehalten der Ruder über dem Wasser; und es blieb ihr nichts übrig, als zu fliehen. Einige Schwimmer, die mit ihren flachliegenden Köpfen blind in die Flut stießen und Wasserstrahlen ausschnaubten, kamen vorbei, ohne den Blick zu erheben; aber Frau Isotta mißtraute ihnen und floh. Und andere machten, von einer plötzlichen Müdigkeit gepackt, toten Mann und verursachten durch Strampeln mit den Beinen ein unsinniges Plätschern und zogen um sie herum, bis sie ihre Verachtung zeigte, indem sie davonschwamm.

Und schon war das Netz der zwangsläufigen Anspielungen um sie gespannt, als wollte es sie in die Enge treiben; als träumte jeder dieser Männer seit Jahren von einer Frau, der das passierte, was ihr passiert war; als verbrächten sie alle die Sommer am Meer in der Hoffnung, im rechten Augenblick zur Stelle zu sein. Es gab keinen Ausweg, die Front der zwangsläufigen männlichen Absichten vereinte alle Männer, und es gab keine Bresche; es war jetzt sicher, daß es den Retter nicht geben konnte, den sie sich eigensinnig als ein möglichst anonymes, fast engelhaftes Wesen erträumt hatte, als einen Bademeister, einen Matrosen. Der Bademeister, den sie vorbeikommen sah, gewiß der einzige, der auf einem so ruhigen Meer hin und her fuhr, um mögliche Unglücksfälle zu verhindern, hatte so fleischige Lippen, und seine Muskeln schienen so eins mit seinen Nerven zu sein, daß sie nie den Mut gehabt hätte, sich seinen Händen anzuvertrauen, wenn es auch nur gewesen wäre – dachte sie ohne weiteres in der Aufregung des Augenblicks –, um sich von ihm eine Kabine aufschließen oder einen Sonnenschirm aufstellen zu lassen.

In ihrer enttäuschten Vorstellung waren die Personen, an die sie sich zu wenden gehofft hatte, immer Männer. Sie hatte nicht an Frauen gedacht, und doch mußte mit ihnen alles viel einfacher sein: Ein Gefühl weiblicher Zusammengehörigkeit hätte sich in dieser schwierigen Lage und bei ihrer Angst, die nur eine von ihnen wirklich begreifen konnte, sicher geregt. Aber die Gelegenheiten, mit Personen ihres eigenen Geschlechtes Verbindung aufzunehmen, waren seltener und ungewisser im Gegensatz zu der Leichtigkeit des Zusammentreffens mit Männern; bei weiblichen Wesen hemmte sie ein gegenseitiges Mißtrauen. Die meisten Frauen fuhren auf Kufenbooten zusammen mit einem Mann vorüber, eifersüchtig und unerreichbar, und suchten das weite Meer, wo ihr Körper, von dem sie selbst nur die passive Schande empfand, für jene zur Waffe eines vorausberechenbaren Angriffs wurde. Einige Boote näherten sich, beladen mit kichernden und erhitzten jungen Mädchen, und Frau Isotta dachte, wie weit die grobe Gewöhnlichkeit ihrer Qual von der flüchtigen Gedankenlosigkeit der Mädchen entfernt war; sie dachte daran, wie oft sie ihr Rufen wiederholen müßte, weil sie beim erstenmal nichts verstehen würden; sie dachte an die Veränderung in ihren Gesichtern bei der Neuigkeit und konnte sich nicht entschließen, sie zu rufen. Es fuhr auch eine braungebrannte Blondine allein in einem Paddelboot vorbei, voller Selbstgefälligkeit und Egoismus, die gewiß draußen ein Sonnenbad nehmen wollte und der nicht der leiseste Gedanke kam, daß diese Nacktheit ein Unglück oder eine Verdammung sein könnte. Frau Isotta wurde sich klar darüber, wie allein eine Frau ist, wie selten unter ihresgleichen (vielleicht zerstört durch die enge Verbindung mit dem Mann) eine solidarische und ursprüngliche Güte zu finden ist, eine Güte, die dem Hilferuf zuvorkommt und mit einem Zeichen des Einverständnisses im Augenblick des geheimen, dem Mann unverständlichen Unglücks hilft. Nie würde sie von Frauen gerettet werden: Und es fehlte ihr der Mann. Sie fühlte sich am Ende ihrer Kräfte.

Eine kleine rostfarbene Boje, die bis jetzt von einer Bande tauchender Burschen bestürmt worden war, blieb plötzlich, nach einem allgemeinen Davontauchen, leer ... Eine Möwe setzte sich auf sie, fächelte mit den Flügeln und flog fort, weil Frau Isotta sich an ihrem Rand festklammerte. Sie würde ertrinken, wenn es ihr nicht gelang, rechtzeitig anzufassen ... Aber selbst der Tod war nicht möglich, nicht einmal dieser kaum zu rechtfertigende, unmäßig teuer bezahlte Ausweg war ihr gelassen; denn als sie schon fühlte, daß ihr das Bewußtsein schwand, und es ihr nicht mehr gelang, das Kinn, das hinab zum Wasser zog, hochzuhalten, hatte sie noch gesehen, wie die Männer auf den Booten ringsum sich plötzlich aufrichteten, bereit, sich zu ihrer Hilfe ins Wasser zu stürzen: sie wollten sie nur retten, um sie nackt und ohnmächtig durch ein fragendes und neugierig zuschauendes Publikum zu tragen, und ihre Todesgefahr hätte nur den lächerlichen und gemeinen Ausgang gehabt, dem sie umsonst zu entfliehen suchte.

Als sie von der Boje aus die Schwimmer und die Ruderer betrachtete, die nach und nach vom Ufer verschluckt zu werden schienen, erinnerte sie sich an die wunderbare Müdigkeit bei solcher Rückkehr; und die Rufe von einem Boot zum anderen: »Wir sehen uns noch am Ufer!« oder: »Los, wer zuerst ankommt!« erfüllten sie mit grenzenlosem Neid. Aber allein der Anblick eines mageren Mannes, der mit merkwürdigen langen Tauen auf dem Meer zurückgeblieben war, aufrecht auf einem ruhig liegenden Motorboot, und der irgend etwas im Wasser betrachtete, verwandelte ihren Wunsch nach Rückkehr in den Drang, sich hinter der Boje zu verstecken.

Sie erinnerte sich nicht mehr, wie lange sie schon hier war: schon wurde der Strand leerer, und die Paddelboote lagen wieder in einer Reihe auf dem Trockenen, und von den Sonnenschirmen, die einer nach dem anderen zugeklappt wurden, blieb nur noch ein Friedhof von stumpfen Stangen, und die Möwen flogen dicht über dem Wasser, und von dem stillstehenden Motorboot war der magere Mann verschwunden und an seiner Stelle beugte sich der erstaunte Kopf eines lockigen Jungen über den Rand; und die Sonne wurde kurz verdeckt von einer Wolke, die ein kaum erwachter Wind zu dichten Wolkenhallen über dem Gebirge trieb. Frau Isotta dachte daran, wie diese Stunde auf dem Land aussah, dachte an die festlichen Nachmittage, an das durch bescheidene Eleganz und ehrbare Freuden gekennzeichnete Leben, für das sie sich bestimmt glaubte, und an den lächerlichen Widerspruch, der sich ihr jetzt entgegenstellte, als wäre er die Strafe für eine nicht begangene Schuld. Nicht begangen? Aber vielleicht waren ihr Alleinsein an einem Badeort, ihr Wunsch, allein zu schwimmen, die Freude über den eigenen Körper in einem mit zuviel Dreistigkeit gewählten zweiteiligen Badeanzug nichts als die Zeichen einer seit langem begonnenen Flucht, die Herausforderung an einen Hang zur Sünde, eine Etappe in dem unsinnigen Rennen nach dem Zustand der Nacktheit, der sich ihr jetzt in all seiner armseligen Schalheit zeigte. Und diese Männerbande, inmitten derer sie sich unberührt wie ein großer Schmetterling zu bewegen glaubte, indem sie eine puppenhafte Unbefangenheit vortäuschte, die auch sie schuldig machte, enthüllte jetzt ihre angebotene Grausamkeit, ihr doppelbödiges, diabolisches Wesen: sie erinnerte an das Vorhandensein eines Übels, gegen das sie sich nicht hinreichend gerüstet hatte und das gleichzeitig ein Folterinstrument zu ihrer Strafe war.

Während sich Frau Isotta mit blutleeren, vom langen

Schwimmen rilligen Fingern an die Schrauben der Boje klammerte, fühlte sie sich von der ganzen Welt verstoßen, und sie verstand nicht, warum diese Nacktheit, die alle seit jeher mit sich herumtrugen, jetzt nur sie mit einem Bann belegte, als ob sie das einzige nackte Wesen sei, das einzige Geschöpf unter dem Himmel, das nackt bleiben mußte. Als sie aufblickte, sah sie auf dem Motorboot jetzt beide stehen, den Mann und den Jungen, und ihr ein Zeichen geben, als wollten sie ihr sagen, sie solle dort bleiben und sich nicht aufregen. Sie waren ernst und verständnisvoll, die beiden, im Gegensatz zu allen vorher, als teilten sie ihr einen Richtspruch mit: sie habe sich damit abzufinden, sie sei dazu ausersehen, für alle zu zahlen; und gestikulierend versuchten sie, ihr zuzulächeln, ohne eine Spur von Bosheit; vielleicht eine Aufforderung, ihre Strafe freiwillig auf sich zu nehmen.

Plötzlich verschwand das Boot, schneller als man es ihm zugetraut hätte, und die beiden achteten auf den Motor und auf den Kurs und drehten sich nicht mehr nach ihr um. Frau Isotta versuchte nun ihrerseits, ihnen zuzulächeln, als wolle sie ihnen ihre Bereitwilligkeit zeigen: wenn man sie nur dafür anklagte, so beschaffen zu sein, daß alle sie liebten und eifersüchtig auf sie waren, wenn sie nur für alle weichen Körper büßen sollte, gut, dann würde sie zufrieden die ganze Schuld auf sich nehmen.

Das Boot mit seinem geheimnisvollen Kommen und Gehen und der verwirrte Knoten ihrer Überlegungen hatten sie so lange in ängstlicher Erregung gehalten, daß sie erst jetzt die Kälte bemerkte. Eine zärtliche Rundlichkeit erlaubte Frau Isotta sonst lange und eisige Bäder, die ihren Mann und alle anderen mageren Bekannten mit Bewunderung erfüllten. Aber jetzt befand sie sich schon zu lange im Wasser, und die Sonne war trüb geworden, und ihr glatter Körper bedeckte sich mit einer Gänsehaut, und langsam bemächtigte sich eine eisige Kälte ihres Blutes. Da, bei den Schauern, die sie durchliefen, fühlte Isotta, daß sie lebte, daß sie in Todesgefahr schwebte und unschuldig war. Denn die Nacktheit, die sie plötzlich mit sich trug, hatte sie nie als Vergehen angesehen, sie bedeutete eher ihre ängstliche Unschuld, ihre geheime

Verbrüderung mit den Mitmenschen, Ausdruck und Ursache ihrer Existenz in der Welt; die anderen jedoch, die hintertriebenen Männer in den Paddelbooten und die dreisten Frauen unter den Sonnenschirmen, die ihre Nacktheit nicht akzeptierten und für die sie ein Verbrechen, einen Grund zur Anklage bedeuteten, nur sie waren schuldig. Sie wollte nicht für sie zahlen, und angeklammert an die Boje wand sie sich mit klappernden Zähnen und Tränen auf den Wangen hin und her ... Da kam vom Hafen her das Motorboot wieder zurück, schneller noch als vorher, und der Junge schwenkte vom Bug aus ein schmales, grünes Segel: ein Kleid!

Als das Boot neben ihr hielt und der magere Mann ihr eine Hand entgegenstreckte, um ihr an Bord zu helfen, und sich mit der anderen lächelnd die Augen zuhielt, war Frau Isotta bereits so fern von der Hoffnung, daß jemand sie retten könnte, und ihre Gedanken kreisten schon um so andere Dinge, daß sie einen Augenblick lang ihre Gefühle nicht mit ihrem Denken und ihren Bewegungen zusammenzubringen vermochte; und sie streckte ihre Hand der des Mannes entgegen, ehe sie noch begriff, daß es sich nicht um ein Phantasiegebilde handelte, sondern um ein wirkliches Motorboot, das tatsächlich ihr zu Hilfe gekommen war. Dann verstand sie plötzlich, und alles wurde gut und mußte so sein, und Sorgen, Kälte und Angst waren vergessen. Ihre Blässe wich einer feurigen Röte, und aufrecht im Boot stehend zog sie sich das Kleid über, während sich der Mann und der Junge nach dem Horizont umgewandt hatten und die Möwen betrachteten.

Sie ließen den Motor an, und sie saß am Bug des Schiffes in einem grünen Kleid mit orangefarbenen Blumen und sah auf dem Boden des Bootes die Tauchermaske für den Fischfang unter Wasser, und sie verstand, wie die beiden hinter ihr Geheimnis gekommen waren. Der Junge hatte sie gesehen, als er mit Maske und Harpune herabgetaucht war, und er hatte den Mann benachrichtigt, der seinerseits getaucht hatte, um sie zu sehen. Dann hatten sie ihr ein Zeichen gegeben, daß sie auf sie warten solle, ohne jedoch verstanden zu werden, und sie waren schnell zum Hafen gefahren, um sich das Kleid einer Fischersfrau zu verschaffen.

Die beiden saßen hinten im Boot, die Hände auf den Knien, und lächelten: der Junge, ein Lockenkopf von etwa acht Jahren, war ganz Auge und schaute erstaunt wie ein Füllen, der Mann mit seinem struppigen, grauen Kopf und seinem ziegelroten, muskulösen Körper lächelte ein wenig traurig, eine erloschene Zigarette im Mundwinkel. Frau Isotta kam in den Sinn, daß die beiden sich vielleicht jetzt, wo sie angezogen war, an ihren Anblick unter Wasser zu erinnern suchten; aber der Gedanke verursachte ihr kein Unbehagen. Da sie ja doch von jemandem gesehen werden mußte, war sie im Grunde zufrieden, daß es gerade diese beiden waren; und auch, daß sie dabei Neugier und Vergnügen empfunden hatten.

Um zum Strand zu gelangen, fuhr der Mann mit dem Boot die Mole entlang und dann am Hafenviertel und an den Gärten am Meer vorbei; und wer sie vom Land aus sah, glaubte gewiß, daß die drei eine kleine Familie bildeten, die wie jeden Abend vom Fischfang zurückkehrte. Um den Landungssteg drängten sich die grauen Fischerhäuser, und rote Netze waren zwischen kurzen Pfählen gespannt, und aus den vertrauten Booten hoben einige Burschen bleifarbene Fische und übergaben sie stämmigen Mädchen, die viereckige Körbe mit flachen Rändern auf ihre Hüften stützten, und Männer mit winzigen goldenen Ohrringen saßen mit ausgestreckten Beinen auf der Erde und knüpften endlose Netze, und Tannin wurde zum Färben in Bütten gekocht, und Steinmäuerchen trennten die Gärten am Meer, wo die Boote neben dem Schilf lagen, das die Beete umgab, und Frauen mit dem Mund voller Nägel halfen den Männern, die ausgestreckt unter den Bootskielen die Risse reparierten, und auf den rötlichen Häusern trockneten auf einem Rost die eingesalzenen Tomatenhälften, die ein Schutzdach überdeckte, und unter den Spargelstauden suchten die Kinder Regenwürmer, und einige alte Männer bestäubten ihre Mispelbäume mit Insektenpulver, und gelbe Melonen wuchsen unter kriechenden Blättern, und alte Frauen brieten in ihren Pfannen kleine Tintenfische und Polypen und in Mehl gewälzte Kürbisblüten, und Schiffsrümpfe, die noch nach frischgehobeltem Holz dufteten, erhoben sich auf der kleinen Werft, und die an den Booten arbeitenden Jungen, zwischen denen ein Streit ausgebrochen war, bedrohten sich mit schwarzen Teerpinseln, und dann begann der Strand mit den kleinen Sandschlössern und Burgen, die die Kinder verlassen hatten.

Frau Isotta, die in ihrem knalligen grün-orangefarbenen Kleid mit den beiden im Motorboot saß, wäre gern noch weiter gefahren. Aber der Bug des Bootes war schon zum Ufer gerichtet, und die Bademeister trugen die Liegestühle fort, und der Mann hatte sich über den Motor gebeugt und kehrte ihr den Rücken: den ziegelroten Rücken, mit den Wirbeln des Rückgrates in der Mitte, über den eine harte und salzige, wie von einem Seufzer bewegte Haut sich spannte.

Peter Ustinov

Die Grenzen des Meeres

Alte Männer sitzen auf Mauern und beobachten das Meer; junge Männer tun's ebenso, aber aus Pflichtgefühl. Zwischen Netzen und grünen Glaskugeln tun sie es, scheinen den Himmel zu lesen wie eine Zeitung. An allen vier Ecken des Kompaß sitzen sie auf Mauern, als wäre das Meer eine weite Arena voll Schauspiel und Pomp und Bedeutung, was es für sie auch ist. Der Duft von Teer und brackigem Wasser, dick wie Blut für die Riechnerven, schwebt um die Ränder dieser Arena, und die alten Männer bemerken ihn nicht mehr. Sie sind weit hinaus über so banale Beobachtungen, auf die eine Landratte in den Ferien begeistert fliegen mag; sie sind über Dichtung und Wahrheit hinaus, in jenem Reich letzter Einfachheit, das sie vom Leben so sicher trennt, wie das Glück und die Seemannskunst sie stets vom Tod geschieden haben. Sie verbringen ihre Tage in einem wortlosen Limbus des Begreifens. Sie denken an nichts und verstehen.

Festgepflanzt wie Bäume oder eher wie Masten und auf den besten Plätzen, starren sie mit der leuchtenden Geduld alter Hunde auf das weite Jagdrevier. Sie sind Teil der Meereslandschaft, und oft scheint es, daß sie – Asche zu Asche und Staub zu Staub – langsam in die Natur zurückkehren, ohne Erstaunen und ohne Angst vor dem Tod. Die Muscheln am Strand sehen aus wie abgeworfene Fußnägel dieser alten Männer, und sie sind schöner als an den Zehen, dort zwischen all den anderen Überresten der Vergängnis, den zerbrochenen Ankerflügeln, den sandverklebten Krabben, den Silberfischen mit ihren überraschten Augen, dem einsamen Damenschuh, dem verrosteten Spielzeug. Gereinigt durch Salz und durch Jod, sterilisiert im großen Spital des Meeres, sind Verfall und Auflösung dort an der Küste genauso beziehungsreich wie die geborstenen Säulen und nasenverletzten Götter im Binnenland, und sie sind noch älter. Hier gibt es keinen Kompromiß. Unnötig, sich die Fernsehantennen wegzudenken, die als Silhouetten vor dem pfirsichfarbenen Himmel über dem Kolosseum stehen; unnötig, halb die Augen zu schließen, um diese Autostrada auszulöschen, die sich um bröckelnde Tempel und starre Palisaden schwingt. Die See ist, was sie immer war, und wenn ein Flugzeug für ein Weilchen darüber hinpfeift und -heult, wischt sie es weg, wie ein Pferd eine Fliege verscheucht. Der Landmensch hat noch kein Mittel gefunden, vom Meer Besitz zu ergreifen, es zu zähmen und es dem eiskalten Willen der Mechanik zu unterwerfen, während der Seemann etwas Besseres weiß, als dies zu versuchen.

Mit großer Nachsicht und ohne Kritik beobachten die alten Männer die Urlauber: diese krampfadrigen Säulen weißen Fleisches, die wie geäderte Marmorbrocken unter den Baldachinen geraffter Röcke im seichten Wasser stehen; diese fülligen Bäuche, die sanft zum Krater des Nabels ansteigen; diese kleinen Kinder (die einzig Vernünftigen, nach unausgesprochener Meinung der alten Männer), die sich vor Wut und Angst das Herz aus dem Leibe schreien, während ihre lachenden Eltern (diese Idioten) mit Gewalt versuchen, sie Schwimmen zu lehren; diese gebräunten Damen, im Fettglanz stinkender Salben, die mit der gleichen tiefen Hingabe die Sonne anbeten, wie ihre Vorfahrinnen sie einst Gott vorbehielten, und nur ein sündhaft teures Taschentüchlein zwischen sich selbst und einem Skandal.

Dort fahren die Kabinen-Yachten; ihre Besitzer tragen flotte Mützen mit Ankern und Flechtkordeln über dem Schirm – und kein Fünkchen, kein blasser Dunst von Himmelsnavigation bei ihnen allen. Und dort die Playboys und Freizeitmädchen; kreischend flitzen sie auf parallelen Holzplanken vorbei, stehen erst auf dem einen Bein, dann auf dem anderen und versinken dann zwischen den Kämmen der Dünung.

All dies war ein hochsommerlicher Wahnsinn, eine Art Hitzekrankheit. Die Leute von jenseits der Berge haben Köpfe wie leere Eierschalen, und der erste Sonnenstrahl, die erste Brise Seeluft stürzen sie in einen geisteskranken Flirt mit dem seichten Wasser. Die alten Männer überblicken dies alles mit dem Gestus großer Liebender, die eine lebenslange Leidenschaft für eine anspruchsvolle Geliebte hinter sich haben. Sie sind in die Tiefen der Trauer getaucht, haben sich auf die Gipfel der Wonne geschwungen, schweigend und einsam und für ein ganzes Leben. Geistesabwesend registrieren sie diese nichtigen kleinen Ekstasen, diese unwürdige, hinterngrapschende Verführung ihres Elements. Kaum hören sie die Saxophone und zischenden Schlagzeugbesen, wenn belangloser Lärm nächtelang aus den Kneipen blafft. Geduldig warten sie auf den Herbst.

In dem Dorf San Jorge de Bayona war einer dieser alten Männer Vicente Mendendez Balestreros, und für einen Mann mit so klangvollem Namen war es vielleicht verwunderlich, daß er weder lesen noch schreiben konnte. In Wahrheit brauchte er's nicht zu können, denn er bekam nur Briefe von den Behörden, und solche Briefe waren keiner Antwort wert. Er sprach nicht viel, doch seine Gedanken, wenn auch selten, waren geheimnisvoll und abstrakt. Er hatte keine Frau, denn er besaß wenig genug, auch ohne es teilen zu müssen. Geld hatte ihn nie gekümmert, doch er bewahrte sich eifersüchtig die stille Kathedrale seines Geistes.

Der Sommer war jetzt vorbei, Dank sei Gott, dem Schöpfer aller Jahreszeiten. Die Kneipen hatten geschlossen oder waren gedemütigt durch die Anwesenheit der Einheimischen. Die kleinen Boutiquen, mit Namen wie Eros oder Conchita, waren verriegelt, ihre winzigen Schaufenster leer. Die zwei modernen Touristenhotels, El Fandango und die Hacienda Goya, hatten die Rolläden heruntergelassen, und es gab keine Bikinis auf den Balkons aufzuhängen. Die Nächte waren wieder geräuschlos, abgesehen vom tiefen Atmen der See.

Vicente, ohne eine Frau, die ihn gescholten hätte, und ohne großen Appetit, saß länger als die anderen alten Männer auf der Mauer. Nie sagten sie gute Nacht, wenn sie ihn verließen, so neidisch waren sie auf seine Freiheit. Irgendwie hatte er sich im hohen Alter seine Jugend bewahrt, während sie voluminöse Gattinnen hatten, die in ihren Zweizimmerhütten auf sie warteten, ehrwürdige Vetteln mit Haaren am Kinn, wie die Borsten, die aus überreifen Sofas hervorstechen, und mit

Brüsten, die wie Traglasten eines Esels herabhingen. Sie hatten auch lithographierte Heiligenbilder überall an den Wänden. Die Religion kommt mit den Frauen ins Haus. Der Priester kleidet sich sogar wie eine Frau, um zu missionieren.

Vicente war Katholik, aber er glaubte nicht an Gott, falls man den Glauben ans Meer nicht als Form eines Glaubens an Gott auffassen wollte. Wohl murmelte er und machte Handzeichen und kniete und küßte wie alle anderen, weil er nach dieser Art erzogen worden war, doch was den Glauben betraf, konnte er sich nur der Führung der Vernunft unterwerfen, gemildert stets durch die herben Paradoxien der Erfahrung. Priester waren für ihn nicht Männer mit einer göttlichen Berufung, sondern Männer, die sorgfältig jede Arbeit mieden. Die Orgel schmerzte ihn in den Ohren, und je besser sie gespielt wurde, desto heftiger litt er. Gleichzeitig hatte er keine Geduld mit Angehörigen anderer Religionen, sofern sie nicht Seeleute waren, in welchem Fall sie Besseres zu tun hatten, als sich um Dogmen zu kümmern.

Eines Abends – es war weit nach zehn, der Mond stand voll, und schwarze Wolken jagten in geordneten Formationen über den Himmel – war Vicente noch immer auf seiner Mauer, und allein. Plötzlich zitterte er, und die Zehen seiner nackten Füße krümmten sich auf wie in höchster Bedrängnis. Ein kühler Wind seufzte aus unerwarteter Richtung, und Geräusche wie von einem fernen Kavallerieangriff drangen in unregelmäßigen Abständen vom Horizont herüber. Ein Laken an einer Wäscheleine flatterte wie ein Segel, wenn das Schiff seine Richtung ändert. Er stand auf. Sein Gesicht legte sich in Falten, während seine haselbraunen Augen in die Ferne blickten, wo die letzten Farben des Tages jetzt nur noch angedeutet waren in einer Spur Grün, einer malvenfarbenen Nuance und einem Schildpattflecken Schwarz und Orange.

Er humpelte zur nächsten Hütte und pochte an die Tür. Eine der kolossalen Frauen öffnete und fragte, was er wolle. Zu dieser nächtlichen Stunde, beinah zu jeder Stunde, gab es eine Schranke zwischen jedem Mann und der Außenwelt. Vicente verriet nicht, was er wollte. Er deutete nur mit dem

Kinn zum Horizont. Schließlich erschien der Mann. Es war Paco Miranda Ramirez.

»Was siehst du dort?« fragte er.

Nachdem Vicente sich nicht dazu bewegen ließ, es zu sagen, marschierte Paco in Unterhosen hinaus, schob das Gekreisch seiner Frau beiseite und warf selbst einen gemessenen Blick zum Horizont.

»Es ist zu dunkel, um etwas zu sehen«, sagte Paco.

Vicente schüttelte kurz den Kopf, um zu widersprechen.

»Was siehst du?«

»Komm herein!« schrie die Frau.

»Still, Frau!« überschrie sie der Mann, der in Gegenwart eines anderen Mannes immer mutig war.

»Ein Schiff?« fragte er Vicente.

Vicente nickte.

»In Not?«

Vicente machte eine Gebärde, eine müde, alles umfassende Armbewegung, und warf den Kopf zurück, um anzudeuten, wie ungeheuer die Not sei.

Paco stolperte barfuß davon und weckte mit seinem Gerede von Schiffbruch eine Anzahl anderer Männer. Der Grund, warum die Männer seinem Ruf so bereitwillig folgten, war dieser: Vor beinah zwanzig Jahren hatten sie eine belgische Yacht in Sicherheit geschleppt und waren mit der Hälfte ihres Kaufpreises belohnt worden, was einem Gesetz der Seefahrt entspricht. Dieses Prisengeld hatte viel Glück ins Dorf gebracht, und einer der Männer, ein gewisser Diego Liñares Montoya, konnte sich aufgrund dieser Gabe vom Himmel sogar seinen lebenslangen Traum erfüllen, an Leberzirrhose zu sterben. Auch damals hatte Vicente, in jener Zeit neu auf der Mauer am Strand, in den pechschwarzen Himmel gespäht und ein Unglück vorausgeahnt. Er war in der ganzen Gegend berühmt für die Schärfe seiner Sinne, denn die anderen erkannten, nicht ohne Verbitterung, daß er den Mut gehabt hatte, Junggeselle zu bleiben, und daß, wie zur Belohnung, sein Auge und Ohr, vor allem aber sein telepathisches Gefühl klar und ungeschwächt blieben.

»Ich möchte wetten, diesmal hat er sich geirrt«, brummte

José Machado Jaen, der mithalf, das schwere Boot ins Wasser zu schieben.

»Und wenn du deine zehntausend Peseta hast, will ich zuschauen, wie du an deinen Worten erstickst«, sagte Paco.

Die Frauen standen als wimmernde Phalanx am Rande des Wassers, ihre Taschentücher an den Mund gedrückt, nach Tragödie gierend und Gebete murmelnd. Wie ein Odysseus stand Vicente im Heck, die Ruderpinne umklammernd, und steuerte das Boot hinaus in die Zone des jähen Windes. Die Frauen sahen ihre Männer verschwinden, wieder auftauchen, verschwinden, noch einmal auftauchen und schließlich im Dunkel verschwinden. Nur der Rhythmus der Ruder war noch ein Weilchen zu hören, dann wurde auch er verschluckt vom anschwellenden Sturm.

Die Wellen türmten sich hoch wie Berge, aber die Männer achteten kaum darauf. Erst als Vicente die Hand hob und sie zu rudern aufhörten, wurden sie sich bewußt, welch ein Wahnsinn dies alles war. Jetzt regnete es, und Brecher stürzten auf sie herein und tauchten ihre Füße bis über die Waden in Springfluten hysterischen Wassers.

»Wir werden alle ertrinken, es wird ein prächtiges Begräbnis geben!« brüllte José Machado Jaen.

»Der Alte weiß, was er tut!« schrie Paco.

Vicentes Miene blieb ungerührt, als er sich umsah – sein hageres Gesicht feucht von der Gischt. Er gab mit der Hand ein Zeichen, und die Männer stellten das Boot quer zu den Wellen, wobei es fast kenterte. Da war nichts zu sehen von Mast oder Rumpf, kein Laut zu hören, nur das fröhliche Toben der See. Die Männer blickten ängstlich auf Vicente, und plötzlich straffte sich seine Gestalt. Sie folgten seinem starren Blick, und plötzlich tauchte ein dunkler Gegenstand auf, nur um gleich wieder in einem tiefen Wellental zu versinken. So sehr sie sich anstrengten, es schien unmöglich, ihn zu erreichen. Das Meer zerstört jedes Gefühl für Entfernung. Mal trieb der dunkle Gegenstand davon, mal war er neben ihnen, wie festgesaugt an der Seite des Bootes. Es war ein Mensch.

Die Füße der spanischen Fischer waren geschickt, sie waren gewandt wie Affenfüße, und jetzt hängten sich die Männer gefährlich weit über die Bordwand, und auch wenn eine elementare Angst sie zuweilen erfaßte, hielten sie ihn fest, den armen Kerl, und endlich gelang es ihnen, ihn in das Boot zu ziehen. Niemand konnte Vicente zum Vorwurf machen, daß es diesmal kein Prisengeld gab. Seine Sinne waren so scharf gewesen wie eh und je, und es war klar, daß er das Werk Gottes verrichtete, das, wenngleich weniger lukrativ als manches Menschenwerk, das Gewissen im voraus für die nächste Todsünde salvieren konnte. Die Besatzung fühlte sich demütig und tugendhaft, während sie mit kräftigem Ruderschlag zum Dorf zurückkehrte. Sie durften sicher sein, daß es ihnen vergönnt war, an einem Wunder mitzuwirken.

Der Gerettete war mehr tot als lebendig, als sie ihn an Land schleppten. Er trug eine weiße Hose aus grober Leinwand, aber sein Oberkörper war nackt und entsetzlich mager. Seine Haut war dunkel, doch man sah, es war ein Fremder. Seine ergrauten Augenbrauen stießen über dem Rücken seiner Adlernase zusammen, und seine vollen Lippen zeigten jene sinnliche Arroganz, die Menschen vom östlichen Mittelmeer oft mit ihren Kamelen gemein haben.

Die Männer waren so stark vom Gefühl eines biblischen Wunders ergriffen, daß es sich auch auf die Frauen übertrug, und so wetteiferten die Paare, dem halbtoten Mann ihre Gastfreundschaft anzutragen – fast kam es zu Prügeleien im Kampf um ein Visum zum Himmel. Schließlich beschloß man, daß die Ehre, diesem triefenden Häuflein Mensch das eigene Sofa zu opfern, einem gewissen Antonio Martinez Mariscal zuteil werden solle; er war der älteste unter den Rettern und würde, wahrscheinlich früher als alle anderen, ein Plus auf der Habenseite des Seelenkontos benötigen. Der nächste Arzt wohnte in Maere de las Victorias, einer Kleinstadt, vielleicht achtzehn Kilometer landeinwärts. Paco Miranda Ramirez strampelte los, auf einem rostigen Fahrrad ohne Beleuchtung, um ihn zu holen. Da ihm die eine Chance für eine gute Tat entgangen war, riß er sich um eine andere, wenn auch anstrengendere und schwierigere. Eusebio Sanchez Marin war bereit, zu Fuß nach Santa Maria de la Immaculada Conception zu laufen, um aus dem Nachbardorf den Priester zu holen: Die gute Tat sollte doch von der richtigen Autorität registriert werden. Die übrigen Dorfbewohner schauten den beiden Freiwilligen nach – eifersüchtig wie Flagellanten in der Karwoche, die feststellen müssen, daß es nicht genügend Geißeln für alle gibt.

Es war schon fast vier Uhr früh, und am Horizont breitete sich federförmig ein schwacher Lichtschimmer aus, als Dr. Valdes in seinem rachitischen Auto eintraf. Auf dem Trittbrett stand Paco Miranda und hielt sein Fahrrad auf dem Wagendach fest. Einer der schwächlichen Scheinwerfer am Auto des Doktors blinzelte unentwegt zweideutig, wie ein alter Lüstling am hinteren Bühneneingang. Der Arzt und sein Wagen glichen sich, waren sich ähnlich geworden wie Herr und Hund.

»Laßt mal dieses Wunder sehen«, schnaufte er, während er Antonios Hütte betrat. Vicente zeigte mit einem Kopfnicken auf den Fremden. Die Frauen machten ehrfürchtig Platz, und der Doktor sah einen verängstigten kleinen Mann in einem um etliche Nummern zu großen Hemd auf Antonios Bett liegen – wie das Modell einer Rembrandtschen Anatomievorlesung. Der ängstliche Ausdruck in seinem Gesicht war zweifellos bedingt durch diese Runde gigantischer Frauen, die über Nacht bei ihm gewacht hatten, murmelnd, ihren Rosenkranz betend und sein Gesicht nach einem überirdischen Zeichen absuchend. Alles in allem war das sicherlich nervenaufreibender gewesen als ein Schiffbruch.

»Er ist kein Spanier«, verkündete Pacos Gemahlin mit finsterem Blick – und dies bedeutete, daß ihm der Segen des wahren Kreuzes vielleicht verwehrt bleiben müsse. Die anderen Gattinnen wollten in ihren Vermutungen nicht so weit gehen, sie hielten ihn für einen Basken, einen Portugiesen aus einer fernen Provinz, vielleicht gar einen Südamerikaner. Der Arzt erkundigte sich, wie der Mann sich fühle. Er grinste ausdruckslos; anscheinend merkte er am Tonfall der Stimme, daß er angesprochen wurde, schien aber nicht fähig oder willens, eine Antwort zu geben.

»Meiner Meinung nach«, sagte der Arzt, »ist er ein Spanier wie jeder andere hier im Raum, aber geistig zurückgeblieben; oder er steht unter einem traumatischen Schock, der ihm die Sprache geraubt hat.«

»Ist er ein Spanier, Vicente?« fragte Paco.

Vicente schüttelte den Kopf.

»Was, zum Teufel, weiß denn der Alte?« ereiferte sich der Arzt. »Kann weder lesen noch schreiben, und plötzlich maßt er sich die Entscheidung an, ob jemand Spanier ist oder nicht!«

Vicente zuckte mit den Schultern – wie ein Kind, dem es ganz schnuppe ist, ob es bestraft wird.

Als Pater Ignacio, der Priester, eintraf, konnte Pacos Frau ihn in Kenntnis setzen, daß Gott ein Wunder an einem Narren gewirkt habe, der von vernünftigen Leuten aus tobender See gerettet worden sei. Dies habe, so deutete sie an, einen Ruch von christlicher Nächstenliebe, gewürzt mit einer Prise himmlischen Wohlgefallens.

Pater Ignacio, einer der Armen im Geiste, wie auch an Leib und Gliedern, war bestens bewandert in jenem Niemandsland skeptischer Erwartungen, wo manche Dorfpriester ihre Gedanken zur Weide führen. Kurz, er wußte, daß Wunder zu anderen Zeiten, an anderen Orten geschehen waren, und hatte dennoch die traurige Gewißheit, daß ihm selbst niemals etwas Außerordentliches widerfahren würde. Und falls doch, so hätte er sicher nicht gewußt, wie er sich verhalten sollte.

Plötzlich sprach der kleine Mann, er sagte etwas, das sich anhörte wie »Shkipra«.

»Shkipra, Shkipra«, wiederholte er beharrlich, als man ihn um eine Erklärung bat.

Die Frauen äußerten wilde Spekulationen über den Sinn dieses undefinierbaren Wortes, und endlich einigten sie sich, es müsse dem Wahnsinn entspringen. Doktor Valdes zerbrach sich den Kopf, ob es eine Krankheit dieses Namens gäbe – doch er hatte vor sehr langer Zeit sein Examen gemacht, und von seinen Patienten erwartete er, daß sie an wenigen, wohldefinierten Leiden erkrankten. Shkipra war da nicht vorgesehen.

Plötzlich reckte sich Pater Ignacio auf und sagte aus heiterem Himmel: »Senatus Populusque Romanus.«

Die Frauen blickten ihn fragend an.

»Was sagte der hochwürdige Vater?« fragte Pacos Frau.

»S.P.Q.R.«

»Shkipra«, bejahte der kleine Mann und deutete aufgeregt auf seine Brust.

»Der Mann ist zweifellos Römer«, erklärte Pater Ignacio, und seine Augen funkelten durch den Blechrahmen seiner Brille. »Das ist's, was er uns sagen will.«

»Ein Römer?« stammelte Doktor Valdes. »Wie haben Sie das herausgefunden?«

»Senatus Populusque Romanus«, antwortete Pater Ignacio, »der Senat und das Volk von Rom ... Ich erinnere mich, diese Worte auf jeder Mülltonne der Ewigen Stadt gesehen zu haben.«

»Rom ist die Heimat unserer Mutter Kirche«, besann sich Pacos Gattin, mit einem blassen Anflug von Heiligkeit. »Die Heimstatt aller Wunder.«

»Was wollen Sie damit sagen, verdammt?« polterte Doktor Valdes. Er hatte einst in der Todesschwadron des Caudillo gedient und überlebt. »Spanien hat mehr Wunder hervorgebracht als jedes andere Land der Erde, und ohne Hilfe des Auslands. Die weinende Jungfrau von Fuenteleal, die blutspendende Quelle von San Leandro, der kopfnickende Christus vom Dornbusch ...«

Pater Ignacio hob eine nachsichtige, doch gebieterische Hand.

»Es schickt sich nicht, weltlichen Streit zu führen über die Größe unserer Wunder, verglichen mit jenen anderer Völker, zumal unser Reichtum an solchen göttlichen Erscheinungen uns Toleranz befiehlt gegen alle, die weniger reich gesegnet sind. Dennoch bleibt die Tatsache bestehen, daß dieser einfache römische Bauer sein Leben einer himmlischen Macht verdankt: Sie hat unseren guten Vicente heimgesucht und sein Auge auf einen bestimmten Punkt in den tosenden Wellen gelenkt. Also mag es genügen, daß dieser arme Bauer den einen wahren Glauben mit uns teile. Es ist eine vollkommene

Legende – ihre Moral ist so klar und so schön wie eine Blume. *Deo gratias*.«

»Amen«, murmelten die Frauen.

Die Tür wurde aufgestoßen, und dort stand Sergeant Cuenca Loyola, auf dem Kopf die unheilverkündende Mütze der Guardia Civil, in deren Plastikschirm sich das zitternde Kerzenlicht spiegelte. Hinter ihm stand Baez, sein Assistent.

»Was ist hier passiert?« knurrte Sergeant Loyola.

»Ein Wunder!« kreischten die Frauen.

»Ein Wunder? Ich bin sehr überrascht. Überrascht und empört über euch alle – Pater Ignacio, Doktor Valdes, Paco, Vicente … Wißt ihr denn nicht, Männer, daß ihr mich sofort von der Ankunft eines Fremden benachrichtigen müßtet? Ich könnte euch verhaften für diesen Versuch des Menschenschmuggels nach Spanien.«

»Wäre ich nicht gerufen worden, dann wär's ein Leichenschmuggel«, zischte Dr. Valdes.

»Man hätte mich gleichzeitig benachrichtigen müssen!« Zu diesem Zugeständnis fand sich Sergeant Cuenca Loyola bereit. »Jetzt aber an die Arbeit!« rief er, und Baez zog ein Notizbuch und einen Bleistift hervor.

»Ich frage mich, zum Teufel, was Sie eigentlich auf Ihren Block schreiben wollen«, kicherte Dr. Valdes.

»Was wir auf unseren Block schreiben, ist eine Amtshandlung, und ich verbitte mir jeglichen Kommentar«, verkündete der Sergeant.

»Ich habe in der Todesschwadron gedient!« protestierte Dr. Valdes. »Ich kenne die amtlichen Vorschriften, und ich respektiere sie. Aber selbst General Millan-Astray, der ein Genie war – seine Seele ruhe in Frieden –, hätte das Schweigen des Kameraden hier nicht zu deuten vermocht.«

»Wir werden ihn zum Sprechen bringen!« rief der Sergeant. Er war überzeugt, daß auch ein Unwissender absichtlich versuchte, seine Unwissenheit zu verheimlichen. »Nun also, Sie heißen?«

Der Fremde nickte und lächelte.

Dr. Valdes stieß ein asthmatisches Kichern aus.

»Sie sehen, er gibt Ihnen recht, Sergeant.«
»Ruhe! Ich frage Sie nach Ihrem Namen!«
»Shkipra.«
»Er ist Analphabet«, erklärte der Sergeant. »Baez, halten Sie den Namen in Lautschrift fest. Nun, in welcher Provinz sind Sie geboren?«
»Shkipra.«
»Geburtsdatum?«
»Shkipra.«
Der Sergeant explodierte. »Und Ihr Vater, Ihr Beruf, Ihre militärische Einheit – sie heißen wahrscheinlich allesamt Shkipra!«
»Shkipra.«

Später am Morgen bremste eine prächtige Limousine vor dem Polizeiposten von San Jorge de Bayona, der drei Offiziere der Guardia entstiegen. Sergeant Cuenca Loyola hatte sie in dringender dienstlicher Sache herbeigerufen. Als sie den weißgekalkten Raum betraten, wo Stille herrschte – bis auf das böse Summen der inhaftierten Fliegen –, sprang der Sergeant auf und bedeutete Shkipra, es ihm gleichzutun. Der arme Shkipra, der die Unmöglichkeit einer Kommunikation allmählich bedrückend empfand, saß einfach da und schwieg geduldig und starrte auf den Boden, als sähe er dort irgendwelche faszinierenden Schauspiele.
»Schon gut, schon gut«, lächelte Major Gallego y Gallego wohlwollend. Er setzte sich auf eine hölzerne Bank und winkte seine Kollegen zu sich heran.
»Nun, Sergeant, wo liegt die Schwierigkeit?«
Der Sergeant hob den Kopf. Er kam aber nicht dazu, das Wort zu ergreifen, denn plötzlich war das ganze Dorf vor dem kleinen vergitterten Fenster zusammengeströmt – ganz zu schweigen von Vicente, der in der offenen Tür lehnte, mürrisch und geistesabwesend an einem Ort, wo er nichts zu suchen hatte.
»Weg da! Weg vom Fenster! Hinaus, hinaus!« brüllte der Sergeant.
»Ruhe«, sagte der Major. »Wir wollen doch Haltung be-

wahren, ich muß sehr bitten. Also, Sergeant, erstatten Sie uns Bericht.«

Dem Sergeanten war peinlich bewußt, daß er sein Gesicht verloren hatte. Er verfluchte die dienstlichen Vorschriften, die einen Mann manchmal zwangen, höhere Mächte zu Hilfe zu rufen. Er räusperte sich.

»Diese Person, Señor, hat gestern abend, zwischen dreiundzwanzig und vierundzwanzig Uhr, auf ungesetzliche Art und Weise spanischen Boden betreten.«

Der Major lächelte.

»Hat der Mann sich bei der Polizei gemeldet?« fragte Hauptmann Zuñiga.

»Hatte er Waren zu verzollen?« fragte Leutnant Quiroga, der Kommandant der örtlichen Zollbehörde.

Der Major hob die Hand und bat um Ruhe.

»Was verstehen Sie unter ungesetzlicher Art und Weise?« erkundigte er sich.

Der Sergeant zögerte.

»Eine Art und Weise, die nicht mit der üblichen gesetzlichen Art und Weise der Einreise ins Land übereinstimmt«, sagte er.

»Falls ein Engel vom Himmel plötzlich auf Ihrem Dach landen sollte – würden Sie dies als ungesetzliche Art und Weise der Einreise ins Land bezeichnen?«

»Nein, Señor.«

»Warum nicht?«

Der Sergeant spähte nervös nach dem Priester, der, weil er mit dem ganzen Dorf vor dem geschlossenen Fenster stand, von dem Wortwechsel nichts gehört haben konnte.

»Nun ja, Señor. Äh, ich würde dies als ungesetzlich betrachten, falls ich keine diesbezügliche Dienstanweisung erhalten hätte.«

»Von wem?«

»Von Ihnen, Señor.«

Der Sergeant fuhr sich mit einem Tuch über die Stirn.

»Warum von mir?«

»Von Ihnen oder von Pater Ignacio.«

»Sehr gut.« Der Major grinste.

»Wären Sie nun bereit, Sergeant, mir den genauen Hergang zu schildern, wie diese Invasion die spanische Grenze verletzte?«

»Diese Invasion?«

»Nun, dieser Mann.«

»Er wurde von den Dorfbewohnern an Land geholt. In einem Boot.«

»In einem Boot? – Mit anderen Worten, er stand im Begriff, in spanischen Hoheitsgewässern zu ertrinken?«

Der Sergeant verabscheute den Ton des Majors, ohne ihn ganz zu verstehen.

»Er ertrank, jawohl, oder zumindest schwamm er im Wasser.«

»Auch eine Art, die Kosten alltäglicher Verkehrsmittel einzusparen. Obwohl es anstrengend sein könnte, wenn man viel Gepäck hat.«

Der Major wandte sich an Quiroga, den Herrn der Zölle. »Wir dürfen doch mit hoher Wahrscheinlichkeit annehmen, Quiroga, daß dieser Mann bei der Einreise nur sehr wenig zu verzollen hatte. – Wie war er bekleidet, Sergeant?«

»Mit einer Hose, Señor.«

»Einer Hose – war das alles?«

»Nur eine Hose, Señor.«

»Falls er irgend etwas zu verzollen hatte, Quiroga, dürfte es dasjenige Teil gewesen sein, das jedes Mitglied des männlichen Geschlechts schamhafterweise verbirgt.« Er lachte über seine eigene Frivolität, dann sagte er mit gespielter Besorgnis: »Der Priester kann, hoffe ich, nicht am Fenster lauschen?«

»Nein, Señor.«

»Was aber, Sergeant, gab dieser Mann zu Protokoll, nachdem er sich einigermaßen erholt und die Sprache wiedergefunden hatte?«

»Nichts, Señor. Er weigerte sich hartnäckig, etwas zu sagen.«

»Er weigerte sich? Kamen Sie nicht auf die Idee, er könnte unfähig sein, etwas zu sagen?«

»Doch, er sagte *ein* Wort, Señor.«

»Ein *Wort*, Sergeant? Folglich hat er nicht *nichts* gesagt, wie Sie behaupten.«

Wieder fuhr sich der Sergeant über die Stirn.

»Wie lautet dieses Wort, Sergeant?«

»Shkipra.«

»Und was bedeutet es?«

»Ich weiß nicht, Señor.«

Der Major seufzte.

»Auf welche Frage antwortete er mit diesem Wort – wie hieß es doch gleich?«

»Shkipra, Señor. Auf alle Fragen, Señor.« Der Sergeant hielt zwei Blätter seines Formulars empor. »Ich weiß nicht, in welche Spalte ich die Antwort eintragen soll, Señor.«

Der Major wandte sich an den Fremden.

»Wie heißen Sie?«

»Shkipra.«

»Wie gefällt es Ihnen in Spanien?«

»Shkipra.«

»Verstehe, was Sie sagen wollen.«

Der Major zog ein Päckchen Bisontes aus der Tasche und bot dem Mann eine an.

»Zigarette!« rief der Mann erfreut und nahm sich eine.

»Er spricht zumindest *zwei* Wörter, Sergeant«, drohte der Major. »›Shkipra‹ und ›Zigarette‹.«

»Zigarette«, pflichtete der Mann eifrig bei.

»Nun, ich weiß, was wir tun werden«, sagte der Major. »Olá, Sie da«, rief er dem in der Tür lehnenden Vicente zu. »Laufen Sie rasch ins Schulhaus, und holen Sie einen Weltatlas.«

»Es ist sinnlos«, seufzte der Sergeant. »Er kann weder lesen noch schreiben.«

»Haben Sie verstanden?«

Vicente ersparte sich eine Antwort, setzte sich aber gemächlich in Bewegung.

Die Dorfbewohner staunten nicht wenig, als sie Vicente bald darauf mit einem Globus daherkommen sahen, den er wie eine Speckseite hoch über dem Kopf trug.

»Ist nicht gerade das, was ich meinte«, sagte der Major. »Aber es muß genügen.« Er wandte sich an den Fremden. »Shkipra?« fragte er.

Der Fremde runzelte angestrengt die Stirn. Er hatte Probleme mit der merkwürdigen Form dieser Landkarte, fuhr aber mit einem tastenden Finger auf ihr herum. Plötzlich stoppte er den kreisenden Globus und zeigte auf ein kleines Land, wobei er aufgeregt rief: »Shkipra! Shkipra!«

Der Major setzte seine Brille auf und musterte das angegebene Territorium.

»Albanien«, verkündete er.

»Albanien«, hallte das Echo durch den Raum.

»Unmöglich«, sagte Zuñiga.

»Tirana?« fragte der Major.

»Tirana«, erwiderte der Fremde. »Dürres, Elbasan, Shkoder.«

»Also, es ist Albanien«, erklärte der Major und klappte seine Brille zusammen.

»Aber, dies ist ein kommunistisches Land«, wandte Quiroga ein.

»Es ist auch ziemlich weit für einen einsamen Schwimmer« grübelte der Major.

»Was tun wir jetzt?«

Der Major überlegte einen Moment, dann sagte er: »Dies ist ein Fall für Madrid.«

»Einstweilen werde ich den Mann in Haft nehmen«, meldete sich der Sergeant erneut zu Wort.

Der Major musterte seinen Mann.

»Oh, ich denke, das wird kaum nötig sein, Sergeant. Geben Sie ihm etwas zu tun. Ich vermute, er ist keine große Gefahr für unsere Sicherheit.«

Bevor der Sergeant protestieren konnte, ließ Vicente ein Zungenschnalzen hören, das ihm die Aufmerksamkeit aller Anwesenden eintrug. Mit einem Wink seiner Augen forderte er den Fremden auf, ihm zu folgen. Der Fremde sprang auf, ohne zu fragen und ohne jemanden um Erlaubnis zu bitten, und ging mit Vicente fort.

»Wer ist das?« fragte der Major bewundernd. Selten hatte

er eine so eindrucksvolle Haltung der Autorität erlebt, wie Vicente sie zur Schau trug.

»Ach, ein armer Ignorant«, erwiderte der Sergeant mit schlecht verhohlenem Haß. »Er war es, der El Albanes gerettet hat.«

»Dann ist es gut, daß sie Freunde werden«, sagte der Major. »Kommen Sie, wir müssen unseren Bericht für Madrid aufsetzen.«

Mit einer nachsichtigen Abschiedsgebärde, die bewies, daß der Major gar kein so furchterregender Mann war, erklärte er dem Sergeanten, daß es nicht nötig sei, das Formular auszufüllen. Der Sergeant aber konnte in solcher Milde nichts anderes als eine Kränkung sehen, denn in seinen Augen war ein Sergeant ohne ein ausgefülltes Formular nur ein halber Sergeant.

Tag für Tag, manchmal bis spät in die Nacht, saßen nunmehr zwei Gestalten auf der Mauer am Meer. Sie sprachen nie miteinander – es gab nichts zu sagen und keine gemeinsame Sprache, in der etwas gesagt werden konnte. Ihre Augen richteten sie unverwandt auf diese mächtige Winterlandschaft mit ihren kreischenden Möwen und ihren großen Ungewißheiten. Manchmal drehten sie sich eine Zigarette; manchmal knüpften sie nutzlose Knoten in herumliegende Fetzen alter Fischernetze und lösten sie dann wieder auf. Hin und wieder weckte irgend etwas ihre Aufmerksamkeit; sie hoben den Kopf, nahmen Kenntnis oder lächelten sogar. Das Äußerste, was sie im Sinne eines normalen Gesprächs je erreichten, geschah, wenn einer fragend eine Wolke betrachtete und der andere bedächtig nickte oder halb die Schulter hochzog. Die Dorfbewohner hüteten sich, in dieses große Schweigen einzudringen; es war für sie ein Quell der Ruhe geworden, ein guter Einfluß auf alle, die dafür empfänglich waren – und die Vorgeschichte kannten. Gelegentlich kam Pacos Frau oder eine andere dieser stattlichen Damen mit einem Leckerbissen, der übriggeblieben oder extra für die zwei Alten gekocht worden war. Und jeden Morgen befragten die Fischer Vicente nach dem Wetter, und er antwortete mit einer bejahenden oder verneinenden Gebärde. Der Albaner, der solche Fragen mühelos verstand, antwortete schweigend und auf die gleiche Art wie Vicente – aber mit freundlicheren und weniger knappen Gebärden als sein Freund: Gebärden, die einer schmeichelnden Choreographie entsprangen.

Lärmende Kinder verstummten für einen Moment, wenn sie auf dem Schulweg oder zurück an der Mauer am Meer vorbeikamen; räudige Hunde, verwildert und scheu, die jedem Menschen in weitem und mißtrauischem Bogen auswichen, verdächtig zitternd und ängstliche Blicke aus gelben Augen werfend, trabten zutraulich zu den beiden Alten hin, wedelten mit dürrem Schwanz und blickten wachsam. Manchmal täuschte sie der Albaner, indem er so tat, als schleudere er einen Stein. Die Hunde wirbelten herum, lauerten auf das Geräusch des fallenden Kiesels, und wenn es ausblieb, wandten sie langsam den Kopf – mit dem geduldigen Blick von Genasführten. Manchmal pfiff dennoch ein Steinchen durch die Luft, hüpfte fröhlich über andere Steine, während die Hunde ihm jaulend nachjagten und verblüfft vor einem Meer von Kieseln stehenblieben, ohne den einen entdecken zu können, der durch die Luft geflogen war und jetzt so reglos dalag wie alle anderen. Dann mochte irgendein harmloser Dorfbewohner vorbeikommen, und wieder ließen die Hunde die Köpfe hängen, fletschten ihre ungesunden Zähne und trippelten, wie auf Zehenspitzen, in scheinbar ziellosen und haßerfüllten Kreisen um den Eindringling herum.

Eines Tages fuhr Major Gallego y Gallego wieder in seinem blauen Auto vor, und El Albanes wurde fortgebracht. Vicente lehnte sich gegen die Tür des Wagens, und der Major mußte ihn auffordern zurückzutreten. Er weigerte sich. Der Wagen fuhr los, und Vicente stolperte hinter ihm auf die Straße. Fast einen Kilometer weit lief er hinter dem Auto her – dann blieb er stehen, mitten in dieser kahlen spanischen Landschaft. So weit vom Meer entfernt, fühlte er sich verloren. Die Straße führte nirgendwohin. Nur Staub und Trockenheit gab es hier. Die Bäume schienen abgestorben, die Büsche waren grau vor Wassermangel. Sogar das erregte Zirpen der Zikaden war für Vicentes Ohren ein fleischloser Ton, ein Aneinanderschaben bleicher Knochen, fast ein Signal des Todes. Bedrückt wandte er sich ab und kehrte zum Meer zurück, zu den Grenzen seines Begreifens. Sein Gesicht war voll Trauer – ein Gefühl, soviel schlimmer als Schmerz, weil es beharrlicher war.

Zurückgekehrt, legte er sich an den Strand und schlief ein. Als es dämmerte, wachte er auf, wollte aber nicht aufstehen. Die Dorfbewohner waren beunruhigt, als sie ihn dort liegen sahen; noch beunruhigter waren sie, ihn nicht auf der Mauer sitzen zu sehen. Pacos Frau kochte etwas für ihn, aber er weigerte sich, es anzurühren. Die Besorgnis der Dorfbewohner verwandelte sich in Wut.

»Warum durfte El Albanes nicht hierbleiben?« kreischte die Gattin des José Machado Jaen. »Was hatte er denen getan?«

Die Männer waren weniger sentimental. Sie waren tolerant gegen Formulare und Fragebogen und Soldatendienst und Krieg. Auch wenn sie diese Dinge nicht völlig verstanden, waren es immerhin Schranken, die der Einfluß einer Frau nicht zu durchdringen vermochte. Die Regionen maskulinen Schwachsinns sind gut bewacht.

Erst nachdem allen klar wurde, daß Vicente sterben wollte, vereinigten sich die Männer mit dem Chor der Klageweiber.

Pater Ignacio kam, über seine Soutane stolpernd, herunter zum Strand. Er versuchte Vicente zu überzeugen, daß Selbstmord eine Todsünde sei. Doch alle Hinweise auf Feuer und Schwefel der Hölle verhießen nur Erlösung vom sinnlosen Schmerz dieser Welt.

Auch Dr. Valdes stattete dem Strand einen Besuch ab, auf Bitten des Paco Miranda Ramirez, der wieder auf seinem Fahrrad nach Maera de las Victorias gestrampelt war.

»Wenn Sie nicht essen wollen«, keuchte Dr. Valdes, »lasse ich Sie fortschaffen. Und im Krankenhaus von Maera wird eine schreckliche und verschrumpelte alte Nonne etwas mit Ihnen machen, was man als intravenöse Ernährung bezeichnet. Wissen Sie, Don Vicente, was das ist? Man wird Ihnen ein fingerdickes Loch in den Arm stoßen und Fleischbrühe hineinpumpen, bis sie Ihnen aus den Augen fließt. Ich kannte mal eine Frau, der, immer wenn sie weinte, Fleischbrühe über die Wangen floß. Jeder sah ihre Schande, und statt Mitleid mit ihrem Kummer zu haben, sagten die Leute: ›Aha, sie war bei den guten Schwestern im Hospital von Maera, sie wurde intravenös ernährt, die verworfene Seele.‹«

Es war vergeblich. Immer wenn Dr. Valdes Vicente den Puls fühlen oder ihm ins Gesicht sehen wollte, wälzte sich dieser auf die andere Seite. Schließlich gab der Arzt sein Bemühen auf und fragte nur noch, wer sein Honorar zu bezahlen gedächte.

In letzter Not baten die Dorfbewohner den Sergeanten, Cuenca Loyola, an den Strand zu kommen. Es gab wenig Hoffnung, daß er Erfolg haben würde, wo andere vor ihm gescheitert waren. Dennoch machte er einen tapferen Versuch.

»Hör mich mal an, *hombre*«, sagte er und versuchte, sich in den Sand zu knien, ohne seine Uniform zu beschmutzen. »Du hast keinen Grund, traurig zu sein. El Albanes wird nach Hause fahren, hörst du, nach Albanien, oder wo immer diese Leute wohnen, diese Shkipras. Wie würdest du es finden, in einem Land zu leben, wo du die Sprache nicht verstehst?«

Vicente sah ihn müde an. Doch sein Gesicht verriet, daß er es wunderbar finden würde.

»Und jetzt sieh zu, daß du etwas in den Bauch bekommst. Sei doch kein Narr. Ich kann dir nicht befehlen, etwas zu essen. Ich kann dich nur bitten, weißt du, was ich hiermit tue. Du hast gute Arbeit geleistet mit El Albames, jetzt mach nicht alles kaputt. Ich habe einen Bericht geschrieben, und du bist darin erwähnt. Einen Bericht an die Behörden in Madrid. Dein Name liegt also zur Stunde auf einem Schreibtisch in Madrid!«

Das Rettungswerk an Vicente hielt alle in Atem. Tagsüber gab es kaum einen Moment, in dem nicht irgend jemand bei ihm war, sogar Journalisten aus der nächsten Stadt. Und der erste, der morgens aufstand, erzählte den anderen, daß Vicente noch am Leben sei.

»Was sollen wir machen?« fragte Major Gallego y Gallego, den man in seiner dienstlichen Funktion hinzugezogen hatte. Wie immer war er fasziniert von den Launen des Schicksals und von der unergründlichen Dummheit der Menschen. »Einen Mann, der sterben will, kann man nicht am Sterben hindern«, sagte er. »Vielleicht würde solch ein Versuch sogar die Würde und Freiheit des Individuums verletzen, egal, was Mutter Kirche sagen mag. Aber welchen Grund hat dieser Mann, sterben zu wollen? Jedem aufgeklärten und gebildeten Menschen mag es lächerlich vorkommen, und dennoch: Hat die Schlichtheit und Reinheit dieses Wunsches nicht etwas Erhabenes? Erinnert er nicht an die junge Liebe zweier Schulkinder oder gar an die bedingungslose, stumme Anhänglichkeit eines Hundes? Ja, eines Hundes! Dies ist kein entwürdigender Vergleich: Denn sosehr ich meine Frau und meine Kinder liebe, ist mein Hund doch das einzige Wesen auf dieser Welt, dem ich immer vertrauen kann – gerade weil er stumm ist. Wörter betrügen nur, sie machen alles so kompliziert. Ich weiß nicht, wie ich ohne sie leben könnte, aber gelobt seien diejenigen, die es können.«

»Ach, können wir ihm denn gar nichts sagen, was ihn aufheitern würde?« fragte Pater Ignacio, der bei jedem auch nur entfernt Voltainischen Gedanken schamhaft errötete und vermeiden wollte, sich in einen Disput mit dem Major verwickeln zu lassen – hauptsächlich aus Angst vor Ansteckung durch den Zweifel.

»Ich bin überzeugt, es wäre ein Trost für unseren armen Freund, wenn wir ihm sagen könnten, daß El Albanes wohlbehalten seine Heimat erreicht hat; daß er wieder glücklich mit seiner Familie vereint ist.«

»Wir können es ihm sagen, aber es wäre eine Lüge.«

»Lügen dürfen wir nicht. Nein, das dürfen wir nicht«, erwiderte Pater Ignacio. »Aber gibt es denn keinen fröhlichen Aspekt der Wahrheit, den wir noch etwas fröhlicher ausschmücken könnten?«

»Noch nicht. Man hat ihn nach Madrid gebracht. Zur Zeit gibt es nur zwei albanische Flüchtlinge in Spanien, und beide werden von der Polizei als politisch unzuverlässig eingestuft.

Was die Frage betrifft, wieso der Albaner in unseren Hoheitsgewässern schwamm, tappen wir noch immer völlig im dunkeln. Wir haben keine diplomatischen Beziehungen mit Albanien, darum sind wir auf die Schweiz angewiesen, um ihn dorthin zu bringen, woher er gekommen ist. Außerdem gab es leider eine Verzögerung. Die Amerikaner haben Wind von der Sache bekommen und wollten den Mann verhören, denn sie befürchten, daß albanische und sogar chinesische Unterseeboote in diesen von einer amerikanischen Flotte befahrenen Gewässern operieren. Ein Admiral, ein Vizeadmiral und drei Konteradrimale haben ihn drei Stunden lang verhört.«

»Was hat er gesagt?« fragte Zuniga.

Der Major lächelte.

»Shkipra«, sagte er.

Eines Morgens, man hatte schon alle Hoffnung aufgegeben – der Fall dieses Mannes am Strand beschäftigte die ganze spanische Presse und sogar die internationalen Nachrichtenagenturen, und die Polizei hatte beschlossen, Vicente mit Gewalt in ein Krankenhaus zu bringen –, bat der Alte mit schwacher Stimme Pacos Frau um ein Stück Brot. Er aß ein paar Brocken, trank einen Schluck Fleischbrühe, und nach einer Weile stolperte er unsicher, Schritt für Schritt, bis zur Mauer, wo er sich hinsetzte, tief durchatmete und zufrieden aufs Meer blickte.

Manche, wie Dr. Valdes, äußerten ihr Bedauern, daß er nicht gestorben sei: Es wäre ihm eine Lehre gewesen. Pater Ignacio ahnte ein neues Wunder und ließ aus Dankbarkeit die Kirchenglocken läuten. Der Sergeant hätte Vicente lieber im Hospital gesehen, »wo solche armen Irren hingehören«. Nur Paco und die Fischer wußten, daß Vicentes plötzliche Rückkehr auf die Mauer mehr mit Vernunft zu tun hatte als mit Verzweiflung.

»Die Angst vor dem Sterben hätte nicht ausgereicht, ihn zur Besinnung zu bringen«, erklärte Paco mit einem Blick nach der wunderlichen kleinen Gestalt, die wieder auf ihrem alten Platz saß.

In Wahrheit aber hatte es für Vicente nichts Rätselhaftes, wenn ein Albaner vor den Küsten Spaniens im Wasser schwamm. Er wäre auch nicht überrascht gewesen, hätte der Mann sich als Pygmäe oder als Kopfjäger aus Borneo herausgestellt. Das Meer ist das Meer, ein Ort ohne Grenzen und ohne Überraschungen. Seine Gesetze sind älter und unerbittlicher als das Gesetz der Menschen. Ein Mann, der über Bord gefallen ist, wird gerettet, gleichgültig welcher Rasse und welchen Glaubens er ist. Zumindest versucht man, ihn zu retten, und äußerstenfalls kann nur Heldenmut, nichts Geringeres, dem alten Gesetz gehorchen. Ein Kriegsschiff könnte einer offenen Stadt einen Freundschaftsbesuch abstatten; aber wer hätte je davon gehört, daß eine Infanterieeinheit in freundlicher Absicht eine Stadt besetzte?

Das Land ist's, wo die Schwierigkeiten beginnen. Diese Straßen, die nirgendwohin führen, Staub und Sand und verdurstende Bäume, und all diese Menschen, zusammengepfercht auf einen wimmelnden Haufen, diese Kasernen und Kirchen, und diese schmutzigen Fluten der üblen Nachrede, des Gerüchts und der Denunziation.

All dies dachte Vicente nicht. Er brauchte keine solchen Gedanken, um zu wissen, daß er seinen eigenen, bescheidenen Einsichten folgen sollte. Und diese waren hell und klar. Seine Ahnungen waren unfehlbar, sein Begreifen so tief, daß es selbst für einen Dichter unaussprechlich gewesen wäre.

Wenn er also beschlossen hatte, auf seine Mauer am Strand zurückzukehren, so deshalb, weil etwas in ihm – vielleicht seine Zehen, seine Augen, sein inneres Ohr oder eine Regung des Herzens – ihm sagte, daß irgendwo, an einer anderen Stelle dieser weiten Arena, ein Freund wieder an seinen Platz auf der Tribüne zurückgekehrt war – und dort wohl auf einer anderen Mauer saß, vor einem anderen Haufen von Kieseln am Strand, seine Sinne auf einen anderen Horizont gerichtet, der nicht derselbe, aber dennoch in etwa der gleiche war.

Quellenverzeichnis

JOAN AIKEN (geb. 1924); engl. Schriftstellerin. »Auf der Suche nach dem Sommer« aus *Ein Kichern in der Luft. Zwölf haarsträubende Geschichten.* Übers. Irmela Brender. Copyright © 1984 by Verlag Friedrich Oetinger, Hamburg. Abdruck mit freundlicher Genehmigung.

MARTIN AMIS (geb. 1949); engl. Schriftsteller. »Einsichten am Flame Lake« aus *Einsteins Ungeheuer. Träume im Schatten der Bombe. Erzählungen.* Übers. Bernhard Robben. Copyright © 1988 by Rowohlt Taschenbuch Verlag, Reinbek. Abdruck mit freundlicher Genehmigung.

STEFAN ANDRES (1906–1970), dt. Schriftsteller. »Bootspartie zu dritt« aus *Die schönsten Novellen und Erzählungen.* Band III. Copyright © 1982 by R. Piper & Co. Verlag, München. Abdruck mit freundlicher Genehmigung.

AMBROSE BIERCE (1842–1914); amerik. Schriftsteller. »Der mittlere Zeh des rechten Fußes« aus *Horrorgeschichten.* Übers. Gisbert Haefs. Copyright © 1988 by Haffmans Verlag AG, Zürich. Abdruck mit freundlicher Genehmigung.

WOLFGANG BORCHERT (1921–1947) , dt. Dichter. »Schischyphusch oder Der Kellner meines Onkels« aus *Das Gesamtwerk.* Copyright © 1949 by Rowohlt Verlag, Hamburg. Abdruck mit freundlicher Genehmigung.

ELIZABETH BOWEN (1899–1973); ir.-engl. Schriftstellerin. »Menschliche Ansiedlung« aus *Der dämonische Liebhaber. Ausgewählte Erzählungen.* Übers. Annette Charpentier. Copyright © 1984 by Klett-Cotta, Stuttgart. Copyright © 1981 by Curtis Brown, Ltd. Abdruck mit freundlicher Genehmigung.

T. Coraghessan Boyle (geb. 1949); amerik. Schriftsteller. »Stones in My Passway, Hellhound on My Trail« (Übers. Jürgen Langowski und Werner Richter) aus *Greasy Lake und andere Geschichten*. Copyright © 1993 by Carl Hanser Verlag, München/Wien. Abdruck mit freundlicher Genehmigung.

Hermann Broch (1886–1951); österr. Dichter. »Vorüberziehende Wolke. Novelle« aus *Kommentierte Werkausgabe*. Hrsg. von Paul Michael Lützeler, Band 6: Novellen. Copyright © 1980 by Suhrkamp Verlag, Frankfurt am Main. Abdruck mit freundlicher Genehmigung.

Italo Calvino (1923–1985); ital. Schriftsteller. »Abenteuer einer Badenden« aus *Abenteuer eines Lesers*. Übers. Julia M. Kirchner. Copyright © 1986 by Carl Hanser Verlag, München. Abdruck mit freundlicher Genehmigung.

Raymond Carver (1939); am. Schriftsteller. »Federn« aus *Kathedrale. Erzählungen*. Übers. Klaus Hoffer. Copyright © 1985 by Piper Verlag, München. Abdruck mit freundlicher Genehmigung.

Nancy A. Collins (geb. 1959); am. Schriftstellerin. »Catfish Gal Blues« (Übers. Heinz Zwack) in: *Al Sarantonio* (Hrsg.), 999. Copyright der deutschen Ausgabe © 1999 by Wilhelm Heyne Verlag, München. Copyright © 1999 by Nancy A. Collins. Abdruck mit freundlicher Genehmigung.

Christa Estenfeld (geb. 1947); dt. Autorin und Illustratorin. »Die Menschenfresserin« aus *Die Menschenfresserin. Erzählungen*. Copyright © 1999 by Haffmans Verlag AG, Zürich. Abdruck mit freundlicher Genehmigung.

Robert Gernhardt (geb. 1937); dt. Schriftsteller (unter vielem anderem). »Elch, Bär, Biber, Kröte« aus *Kippfigur. Erzählungen*. Copyright © 1986 by Haffmans Verlag AG, Zürich. Abdruck mit freundlicher Genehmigung.

Peter Jacobi (geb. 1951) ; dt. Schriftsteller und Hörspielautor. »Sommervirus« ist eine Erstveröffentlichung mit freundlicher Genehmigung des Autors. Copyright © 2000 by Peter Jacobi.

Dean Koontz (geb. 1946); am. Schriftsteller. »Kätzchen« (Übers. Alexandra v. Reinhardt) aus *Highway ins Dunkel. Stories*. Copyright © 1997 der deutschen Übersetzung by Wilhelm Heyne Verlag GmbH & Co. KG, München. Copyright © 1995 by Dean R. Koontz. Abdruck mit freundlicher Genehmigung.

Brigitte Kronauer (geb. 1949); dt. Schriftstellerin. »Meer« aus *Hin- und herbrausende Züge. Erzählungen*. Copyright © 1993 by Klett-Cotta, Stuttgart. Abdruck mit freundlicher Genehmigung.

Juri Kuranow (geb. 1931); russ. Schriftsteller. »Die vorüberziehende Gewitterwolke« (Übers. Elisabeth Mahler) in: Elisabeth Mahler und Karin Wiesmann von Jutrzenka-Trzebiatowski (Auswahl und Redaktion), *Moderne Erzähler der Welt: Rußland*. Copyright © 1973 by Horst Erdmann Verlag für Internationalen Kulturaustausch, Tübingen und Basel. Abdruck mit freundlicher Genehmigung.

Karin Kusterer (geb. 1955); dt. Schriftstellerin. »Der Feuerschlucker« aus *Sturzflüge. Zweiundzwanzig Anleitungen zum Abheben*. Copyright © 1999 by Haffmans Verlag AG, Zürich. Abdruck mit freundlicher Genehmigung.

Richard Laymon (geb. 1947); am. Schriftsteller. »Die Nixe« in: Nancy A. Collins u.a. (Hrsg.), *Schwingen der Finsternis*. Übers. Sepp Leeb. Copyright der deutschen Ausgabe © 1997 by Wilhelm Heyne Verlag, München. Copyright © 1995 by Richard Laymon. Abdruck mit freundlicher Genehmigung.

David Lodge (geb. 1935); engl. Schriftsteller. »In schwülen Klimazonen dieser Welt« aus *Sommergeschichten – Wintermär-*

chen. Übers. Renate Orth-Guttmann. Copyright © 1996 by Haffmans Verlag AG, Zürich. Abdruck mit freundlicher Genehmigung.

JAVIER MARÍAS (geb. 1951); span. Schriftsteller. »Sonntag mit Fleisch« aus *Als ich sterblich war. Erzählungen.* Übers. Elke Wehr. Copyright © 1999 by Klett-Cotta, Stuttgart. Abdruck mit freundlicher Genehmigung.

FANNY MORWEISER (geb. 1940); dt. Schriftstellerin. »Weißer Fingerhut« aus *Indianer-Leo und andere Geschichten aus dem Wilden Westdeutschland.* Copyright © 1977 by Diogenes Verlag AG, Zürich. Abdruck mit freundlicher Genehmigung.

MILENA MOSER (geb. 1963); lebt und schreibt in Zürich. »Der Ausflug« aus *Das Schlampenbuch. Erzählungen.* Copyright © 1993 by Rowohlt Taschenbuch Verlag, Reinbek. Abdruck mit freundlicher Genehmigung.

HANS ERICH NOSSACK (1901–1977); dt. Schriftsteller. »Der Jüngling aus dem Meer« aus *Die Erzählungen.* Hrsg. von Christof Schmid. Copyright © 1987 by Suhrkamp Verlag, Frankfurt am Main. Abdruck mit freundlicher Genehmigung.

SEÁN O'FAOLÁIN (eigtl. John Francis Whelanon; 1900–1981); ir. Schriftsteller. »Der Mann, der die Sünde erfand« aus *Lügner und Liebhaber. Ausgewählte Erzählungen III.* Übers. Elisabeth Schnack. Copyright © 1980 by Diogenes Verlag AG, Zürich. Abdruck mit freundlicher Genehmigung.

GERHARD POLT (geb. 1942); dt. Schriftsteller, Kabarettist, Schauspieler. »Menschenfresser« aus *Menschenfresser und andere Delikatessen.* Copyright © 1997 by Haffmans Verlag AG, München. Abdruck mit freundlicher Genehmigung.

MARGIT SCHREINER (geb. 1953); österr. Schriftstellerin. »Die Eskimorolle« aus *Die Unterdrückung der Frau, die Virilität der*

Männer, der Katholizismus und der Dreck. Roman in Geschichten. Copyright © 1995 by Haffmans Verlag AG, Zürich. Abdruck mit freundlicher Genehmigung.

ACHIM SZYMANSKI (geb. 1959); dt. Autor und Journalist. »Cabrios und Coladosen« ist eine Erstveröffentlichung mit freundlicher Genehmigung des Autors. Copyright © 2000 by Achim Szymanski.

JURIJ TRIFONOW (geb. 1925); russ. Schriftsteller. »An einem Mittag im Sommer« (Übers. Elisabeth Mahler) in: Elisabeth Mahler und Karin Wiesmann von Jutrzenka-Trzebiatowski (Auswahl und Redaktion), *Moderne Erzähler der Welt: Rußland*. Copyright © 1973 by Horst Erdmann Verlag für Internationalen Kulturaustausch, Tübingen und Basel. Abdruck mit freundlicher Genehmigung.

PETER USTINOV (geb. 1921); engl. Schriftsteller, Regisseur und Schauspieler russ. Abstammung. »Die Grenzen des Meeres« aus *Gott und die Staatlichen Eisenbahnen. Erzählungen*. Übers. Thomas Lindquist. Copyright © 1992 by Econ Verlag, Düsseldorf, Wien, New York, Moskau. Die deutsche Erstausgabe erschien bei der Deutschen Verlagsanstalt, Stuttgart, 1969. Abdruck mit freundlicher Genehmigung.

KETO VON WABERER (hat u.W. noch in keiner Verlagspublikation ihr Alter preisgegeben); dt. Architektin, Übersetzerin, Journalistin und Schriftstellerin. »Am Meer« aus *Der Mann aus dem See. Erzählungen*. Copyright © 1983 by Verlag Kiepenheuer & Witsch, Köln. Abdruck mit freundlicher Genehmigung.

In den Fällen, in denen es nicht möglich war, den Rechtsinhaber resp. Rechtsnachfolger zu eruieren, konnte ausnahmsweise keine Nachdruckerlaubnis eingeholt werden. Honoraransprüche der Rechtsinhaber bleiben gewahrt.

David Lodge

»Witzig, geistreich und intelligent.«
Marcel Reich-Ranicki

» ... David Lodge ist einer der besten Erzähler seiner Generation.«
Anthony Burgess

»Unbedingt zur Lektüre zu empfehlen.«
Frankfurter Rundschau

Saubere Arbeit
01/8871

Neueste Paradies-Nachrichten
01/9531

Ins Freie
01/9858

Literatenspiele oder das kreative Wochenendseminar für kommende Schriftsteller
Eine Komödie
01/10324

Die Kunst des Erzählens
62/9

Therapie
62/107

01/8871

HEYNE-TASCHENBÜCHER

Max Goldt

»Aus der Welt des Fußballs wissen wir, daß es viel schwieriger ist, einen Ball lässig ins Tor zu schlenzen, als ihn mit aller Gewalt hineinzudonnern. Max Goldt hat sich ganz aufs Schlenzen verlegt. Sehen Sie sich diese Bewegung in der Wiederholung an, meine Damen und Herren: Je genauer Sie sie erkunden, desto rätselhafter wird sie Ihnen erscheinen.« *Manfred Papst*

Schließ einfach die Augen und stell dir vor, ich wäre Heinz Kluncker
Ausgewählte Texte 1991-1994
01/10103

Die Kugeln in unseren Köpfen
01/10348

Ä
01/10642

Quitten für die Menschen zwischen Emden und Zittau
62/64

Die Radiotrinkerin
62/103

Okay Mutter, ich nehme die Mittagsmaschine
Im Heyne Hörbuch als CD oder MC lieferbar.

01/10642

HEYNE-TASCHENBÜCHER

Das anspruchsvolle Programm

Robert Gernhardt

Gernhardts satirische Texte »haben keine Pointe, sondern sie sind die Pointe vom ersten Satz an.«
Süddeutsche Zeitung

Ich Ich Ich
Roman
62/68

Lug und Trug
Drei exemplarische
Erzählungen
62/84

DIANA-TASCHENBÜCHER